KB245744

학교교육과정 실행과
사회과교육의 탐구

학교교육과정 실행과 사회과교육의 탐구

한국사회과교육연구회 지음

한국학술정보㈜

학교교육과정 실행과 사회과교육 탐구 및 접근의 길라잡이

교육과 사회! 그 심오한 관계의 범주는 곧 인간 삶의 현장이다. 인간의 삶에서 사회를 떠나서 존재하는 것은 없다. 우리 생활에서 교육과 사회를 아우르는 사회과교육을 제외하고 무엇을 생각할 수 있겠는가? 현대 세계화 사회는 글로벌(global) 다문화사회이다. 급격한 사회변동 속에서 오늘날 우리가 함께 사는 현대 사회를 지식기반 사회, 지식정보화 사회, 세계화·정보화 사회 내지 시대라고 일컫는다. 지식과 정보가 가히 폭발적으로 증가하며, 제반 사회사상(社會事象)의 모습이 역동적으로 변화하는 사회와 시대를 의미하는 것이다. 이러한 변화무쌍한 사회를 앞장서서 이끄는 견인차가 곧 교육이다. 모름지기 이 시대 진정한 교육은 그야말로 시대를 비추어 보는 거울이며, 사회를 담는 그릇의 역할을 한다. 진정으로 교육과 사회, 사회와 교육의 관계는 아주 밀접한 관계인 것이다.

사회과교육은 사회사상(社會事象)을 그 핵심내용으로 한다. 즉, 시공간적인 시대와 사회에서 일어나고 있는 현상과 모습이 곧 사회과의 교육내용인 것이다. 본질 교과로서의 사회과(社會科)의 궁극적 목적은 민주시민의 자질 육성이다. 아울러 사회사상(社會事象)의 참모습인 사회현상을 올바르게 인식하고, 사회적 지식습득과 함께 건전하고도 원만한 사회생활 영위에 필요한 소양과 기능을 익히며, 민주사회 구성원들에게 요청되는 바람직한 가치와 태도를 지님으로써 민주시민적 자질, 세계시민적 소양을 함양시키는 데 교과교육의 초점을 두고 있다.

이와 같은 교육과정과 사회과의 개념 정의를 바탕으로 하면 사회과교육과정은 사회과교육이 학교현장에서 바람직하고도 적절하게 전개, 적용될 수 있도록 계획된 총체적 프로그램이라고 할 수 있다. 그런 의미에서 본다면 사회과교육과정은 사회과교육의 성패를 가름하는 중차대한 요소인 것이다. 특히 사회과가 역동적이고도 동태적인 사회사상을 대상으로 한다는 점을 전제하면 사회과교육과정의 중요성은 아무리 강조해도 지나치지 않은 것이다.

사실 해방과 함께 미국에서 도입된 한국의 사회과교육과정은 교수요목에서부터 '2009 개정 교육과정'에 이르기까지 그동안 열 차례의 제정·개정이 있었다. 이제 갑년(甲年)을 넘긴 한국 사회과가 정체성을 갖고 바로 서기 위해서는 우리 현실에 적합한 사회과교육과정이 주춧돌로 떠받쳐야 한다는 점은 재론(再論)의 여지가 없는 것이다. 그동안 우리나라 사회과에 미친 미국의 사회과 및 사회과

교육과정, 일본의 사회과 및 사회과교육과정을 전면적으로 부정할 수는 없지만, 이제 사회과교육과 사회과교육과정의 정체성(正體性) 확립은 이 시대 우리에게 부여된 소명인 것이다.

본서는 전국 초·중·고교 및 대학교 교원들로 조직된 '한국사회과교육연구회'의 연차 논문집이다. 전국 각지의 각급 학교에서 참스승으로 열심히 사도를 실천하고 있는 사회과교육 전공 교원들의 1년간 연구 산출물이다. 따라서 회원들의 땀과 고뇌의 열정이 오롯이 배인 아주 소중한 논문이다. 특히 본서의 특징은 학교현장에서 사회과를 직접 지도하고 있는 현장 사회과 교원들이 실제 적용하고 결과를 도출한 내용의 결정체(結晶體)라는 점이다. 따라서 본서는 '학교교육과정의 실행과 사회과교육의 탐구'라는 제목처럼 학교교육과정을 기저로 하여 사회과교육학과 사회과교육과정, 사회과 교수학습 등의 기초와 본질, 핵심적 내용, 실천적 방법, 발전적 대안 등에 초점을 맞추어 집필하였다.

본서는 총 9편의 사회과교육 관련 논문과 1편의 사회과교육 연구보고서 등 10편으로 구성되어 있다. 이 10편의 논문과 보고서에는 학교교육과정, 사회과 교육과정, 사회과 교과교육학, 사회과 교과내용학 등이 현장에서 구현되고 실행되는 다양한 내용과 연구결과가 수록되어 있다. 따라서 사회과교육을 연구하고 담당하는 다양한 독자가 두루 유용하게 활용할 수 있을 것이다. 특히 일선 사회과 교육현장에서 두루 활용할 수 있도록 이론과 실제를 연계하고자 노력하였다. 즉 본서는 학교교육과정과 사회과교육 실행의 가교 역할을 자임하는 것이다.

처음 집필에 들어갈 때에는 옥고로 훌륭한 책을 펴내겠다고 야심차게 출발하였으나, 탈고하고 보니 여러 가지 제약으로 만족할 만한 성과를 거두지 못한 것 같아 못내 아쉽기만 하다. 다만, 본서가 사회과교육 연구자들과 사회과교육 실행자들에게 두루 활용되기를 기대한다. 특히 사회과의 예비교사인 교육대학교, 사범대학 학생들과 현직 교사인 초·중·고교 사회과 교사, 사회과 전공 교육전문직, 사회과 교육학자들의 사회과교육 연구와 학교 교육과정 탐구에 두루 활용되었으면 하는 작은 소망을 갖고 있다. 아울러 사회과교육과정에 대한 다양한 연구를 위한 안내서·이정표가 되기를 기대하는 바이다.

사회과교육학은 사회과교육에 대한 학문적·이론적·실제적인 정체성 확립에 접근이다. 즉, 사회과교육학은 사회과교육에 대한 학문적·이론적 정선이며, 나아가 현장 사회과교육의 실천적 적용과 밀접하게 관련되어 있다. 사회과교육과정의 개선 없이 사회과교육의 혁신은 공염불에 불과하다는 점을 전제하면, 사회과교육과정은 사회현실을 바탕으로 계속적으로 일신우일신(日新又日新)해야 할 것이다. 그러한 사회과교육과정 개선, 사회과교육의 혁신적 선구자적 역할을 일선 학교 사회과 교사, 사회과교육 전문가, 사회과교육학자들이 앞장서서 담당해야 할 것이다. 모든 교과가 마찬가지지만 일선 학교 교과 교육현장의 개선을 간과한 교육개선, 교과혁신이란 탁상공론(卓上空論)에 불과하듯이, 교사와 학생들의 역동적인 상호작용을 강조하는 사회과교육의 바람직한 변화와 발전은 일선 초·중·고등학교의 교육과정 혁신과 사회과 교수학습 개선에서부터 비롯되어야 하는 것이다.

본서를 세상에 내놓으면서 도움을 주신 많은 분들에게 삼가 고마운 인사를 드린다. 특히 학생교육과 담당업무, 연구회 업무 등으로 눈코 뜰 새 없이 바쁜 가운데 옥고를 주신 여러 회원님께 거듭 감사를 드리는 바이다. 아울러 본서 출판을 위하여 기획에서부터 편집, 교정, 디자인에 이르기까지 꼼꼼히 챙기는 등 수고를 아끼지 않은 본 회 회장 박은종 박사, 사무국장 신재한 박사, 여교원교육연구팀장 김현숙 박사에게 고마운 인사를 드린다. 또 본 회 전승환 부회장·고등학교교육연구팀장·정보교육팀장, 권민석 초등학교교육연구팀장, 노문영 중학교교육연구팀장에게도 감사드린다. 또 항상 본 회 발전에 노력하고 각종 연구물 출판을 내 일처럼 지원하고 수고해주는 강성종 박사, 오광옥 회원, 김현진 회원 등의 노고에 거듭 감사를 드린다.

끝으로 최근 출판시장의 여러 가지 어려움을 무릅쓰고 본서를 출판하여 세상의 빛을 보게 해주시고, 본 회 회원들에게 연구의욕을 북돋워주시는 한국학술정보(주)의 채종준 대표이사님을 비롯한 출판사업부 권성용 대리님, 디자인편집부의 김은정 님, 추정미 님, 홍은표 님 등 관계자 여러분께도 심심한 사의를 표하는 바이다. 그리고 연구와 출판에 도움을 주신 한국교원단체총연합회 안양옥 회장님과 조직지원국 이동주 연구원님에게도 감사를 드린다. 모든 분에게 앞으로 더욱 열심히 노력할 것을 약속드리며, 거듭 감사의 말씀을 드리는 바이다. 충심으로 모든 분에게 고마운 감사의 인사를 드린다.

2012년 성하(盛夏)에 우면산 기슭의 연구실에서
한국사회과교육연구회 교재연구개발출판소위원회 팀원 일동

목차

제7장　한·중·일 3국의 역내교역 의존도 분석연구

제8장　놀이학습을 활용한 초등 사회과 창의·인성교육 방안

제9장　통일교육의 활성화 방안과 교수학습 방법론 연구

<table>
<tr><td>제10장</td><td>사회과 교과서 속 과학문화재 탐구</td></tr>
</table>

제**1**장

'2010 특수교육 교육과정' 적용 효율성을 위한 학교수준 교육과정 '개발' 방안

<요 약>

　최근 세계 각국은 교육개혁을 통하여 교육의 정상화를 꾀하고 있는데, 그중에서 학교수준 교육과정 개발은 교육과정 개혁의 중요한 과제로 부각되고 있다. 우리나라 역시 예외는 아니어서 국가수준 교육과정 정상화를 통하여 국가발전과 교육발전을 동시에 기대한다고 보아야 할 것이다. 이러한 맥락에서 한국 특수교육에서도 '2010 특수교육 교육과정'이 개정·고시되어 2011년 3월 1일부터 유치원, 초등학교 1·2학년, 고등학교 1학년부터 순차적으로 적용하고 있다. 그러나 '2010 특수교육 교육과정'이 고시된 후 학교현장 적용과정에서 보완조치 등과 관련하여 행정절차가 산발적으로 이루어지고 있는 실정이다. 따라서 학교현장에서는 이러한 보완조치 등을 반영한 학교수준 교육과정 개발·적용에 어려움을 겪고 있는 실정에 본 연구는 주목하였다.

　이에 학교현장의 교육과정 정상화 도모라는 관점에서 국가수준인 '2010 특수교육 교육과정'의 효율적인 학교현장적용을 위한 학교수준 교육과정 '개발' 방안을 제시하는 데 연구목적이 있었다. 이러한 연구목적을 달성하기 위하여 설정한 연구내용은 첫째, 학교수준 교육과정을 개발하기 위한 국내외의 동향 비교·고찰을 통하여 그 시사점을 도출하였다. 둘째, 학교수준 교육과정 개발 제 이론 분석을 통하여 그 시사점을 추출하였다. 셋째, 이상의 결과를 근거로 우리 실정에 부합하는 학교수준 교육과정 '개발' 방안을 제안하였다. 이상에서 얻은 연구결과는 학교현장에서 학교수준 교육과정을 개발·적용하는 데 유용한 자료가 될 것으로 판단한다.

[주제어] 국가수준 교육과정, 지역수준 교육과정, 학교수준 교육과정 개발, 2010 특수교육 교육과정

Ⅰ. 문제의 제기

　최근 세계 각국은 교육개혁을 통하여 국가위상 정립과 더불어 교육의 정상화를 꾀하고 있으며, 이러한 교육개혁은 곧 교육과정 개혁으로 이어지고 있다. 그 대표적인 예로 미국의 「낙오학생방지법」(No Child Left Behind Act, 2002)과 전략계획(Strategic Plans, 2002~2007), 영국의 초등교육전략(Excellence and Enjoyment, 2003), 일본은 레인보우플랜 중점전략(レインボープラン重点戰略, 2002) 등을 수립하여 지속적으로 교육개혁을 추진해오고 있다(강성종, 2009, p.245).

　우리나라도 예외는 아니어서 국가수준 교육과정인 '제6차 교육과정' 시기부터 도입하기 시작한 학교수준 교육과정 개발이 '제7차 교육과정'과 '2007 개정 교육과정', '2009 개정 교육과정' 시기로 이어지면서 교육과정 개혁의 주요 과제가 되고 있다. 이 교육과정 개발·적용 시점에서 '국가교육과학

기술자문회의 교육과정특별위원회'를 발족시켜 '미래형 교육과정'이라는 표제어로 국민대토론회와 언론 등을 통한 홍보, 학술 세미나 등이 각처에서 이루어졌다. 여기서 주요 관점은 국가수준 교육과정을 어떠한 교육목표와 교육내용 그리고 교육방법과 평가를 통해 실제적 학교수준 교육과정으로 전환시키는 데 있다고 해도 과언이 아니다. 이러한 맥락에서 질 높은 학교수준 교육과정 개발은 교육개혁의 성공이라는 의미로 환언이 가능할 것이다.

우선 학교수준 교육과정의 개발방안에 대한 논의를 시작하기 전에 그 개념을 검토해볼 필요가 있다. 곽병선(1997, p.150)에 의하면 학교수준 교육과정에 대하여 "학습자에게 교육성취를 의도하여 학교에서 유효할 수 있도록 지식, 사고의 양식, 경험 등 문화의 내용을 재구성한 모든 수준의 계획"이라고 정의하고 있다. 이러한 학교수준 교육과정의 정의가 일반적인 것이라고 한다면, 이와는 달리 Sabar(1985, p.36)는 학교수준 교육과정 개발 정도에 따라 '자체개발, 재구성, 채택' 세 가지 유형으로 구분하여 정의하면서 학교수준 교육과정의 의미를 창안(creating), 선택(selecting), 수정·보완(adaption) 세 가지 활동유형으로 구분하고 있다. 즉, 전형적인 학교수준 교육과정 개발은 단위학교가 종래와는 전혀 새로운 교육과정을 창안해내는 일이지만, 그 속에는 기존의 다양한 교육과정 자료들 가운데에서 선택 혹은 채택하는 일도 포함할 수 있으며, 나아가서는 기존의 교육과정을 단위학교 실정에 맞게 수정·보완하는 작업도 포함될 수 있다. 이와 유사하게 호주의 교육과정 개발센터(Curriculum Development Center)에서는 학교수준 교육과정을 비교적 제한적 의미로 규정하고 있다(DEST, 2009). 이에 대해 이원희 외(2008, pp.299~300)는 비록 학교수준 교육과정 개발이 교육과정 개발 및 실행에 교사의 참여를 보장하는 체제이기는 하지만, 그렇다고 해서 교사들이 교육과정을 독창적으로 창안해내는 일은 아니며 기존의 교육과정을 채택하거나 상황에 맞게 재구성하는 것이라고 밝히고 있다.

우리나라 국가수준 문서에서 제시하고 있는 학교수준 교육과정의 개념을 살펴보면, 전술한 바와 같이 교육과정의 접근방식과 활동범위를 고려하여 정의한 것과 유사하게 「초·중등교육법」 제23조 제1항에 "학교는 교육과정을 운영하여야 한다"라고 규정하고 있다. 즉, 학교수준 교육과정은 단위학교의 교육목표와 중점, 학년·교과·영역별 교육내용과 방법, 평가 및 교육과정의 구체적인 실천방안을 핵심요소로 하여 체계적이고 일관성 있게 구성해야 한다는 것이다. 아울러, 이들 요소에 영향을 주는 요인과 융통성 있는 운영방식도 중시되어야 한다고 볼 수 있다(교육과학기술부, 2008a, p.140; 교육과학기술부, 2008b, p.137).

이상에서 살펴본 바와 같이 교육의 정상화를 위한 교육과정 개혁은 국내외를 막론하고 그 중요성이 대두되고 있으며, 학교교육의 실제인 학교수준 교육과정의 관심은 더해 간다고 할 수 있다. 그러나 현재 우리나라 학교수준 교육과정 개발에 있어서는 여전히 교육과정의 핵심적인 질문인 '학생들에게 무엇을? 어떻게?'라는 교육과정의 본질적 측면보다는 형식적인 학교조직과 교육과정 구성, 교육환경 개선 등에 치중함으로써 교육의 본질적 접근에는 미약함을 보이고 있는 실정(강성종, 2009, pp.100~101)이며 이러한 문제는 학교교육의 정상화를 위하여 필히 보완하거나 해결되어야 할 것이다.

본 연구를 수행하기 위하여 일반학교 교육과정의 내용을 주로 언급하였다. 즉, 국가수준 교육과정·개정과정들이 일반학교 교육과정의 중요내용들이라고 할 수 있다. 그러나 특수학교 교육과정은 일반학교 교육과정으로의 접근성을 강조하는 취지에서 개정되었기 때문에 일반학교 교육과정과 특수학교 교육과정은 불가분의 관계에 있다는 점이다. 이러한 맥락에서 본 연구의 목적을 구체적으로 제시하면 국가수준 교육과정인 '2010 특수교육 교육과정'을 학교현장에 효율적으로 적용하기 위한 학교수준 교육과정 '개발' 방안에 있다. 이러한 연구목적을 달성하기 위하여 설정한 구체적인 연구내용을 제시하면 다음과 같다. 첫째, 국내외 교육과정 개발동향의 비교·고찰을 통하여 학교수준 교육과정 개발을 위한 시사점을 도출한다. 둘째, 학교수준 교육과정 개발 제 이론 분석을 통하여 학교수준 교육과정 개발에 대한 시사점을 추출한다. 셋째, 이상의 결과를 토대로 우리나라 실정에 부합하는 학교수준 교육과정 개발 방안을 제안한다.

따라서 본 연구에서 얻은 결과는 단위학교의 학교수준 교육과정 개발에 있어서 깊은 성찰 없이 개발하는 현실에 작은 경종과 함께 기초자료로 활용할 수 있을 것이다. 덧붙여 학교수준 교육과정 개발이란 용어는 국가수준 교육과정 문서와는 달리 학자들에 따라 다양하게 명명하고 있는 실정인데, 그 예가 학교중심 교육과정 개발(school-centered curriculum development), 학교초점 교육과정 개발(school-focused curriculum development), 학교수준 교육과정 개발(school-level curriculum development) 등을 들 수 있다. 이 문제에 관하여 이원희 외(2008)는 국가 및 지방정부 수준의 중앙집권적 교육과정에 상대되는 개념으로서 학교나 교사들 수준에서 주도적으로 개발되는 분권적 교육과정의 성격을 일컫기 위해 사용되어 오는 동안 Marsh(1990, p.298) 등이 지적한 대로 학교중심 교육과정 개발(school-based curriculum development)로 통일되는 경향을 보이고 있다고 하였다. 그러나 본 연구에서는 '국가수준 교육과정'에서 '지역수준 교육과정'과 '학교수준 교육과정'으로 전달체제를 갖춘 우리나라 교육과정 맥락에 따라 '학교수준 교육과정 개발(school-level curriculum development)'로 용어를 통일하여 사용할 것이다.

Ⅱ. 외국의 학교수준 교육과정 개발 동향

이 절은 학교수준 교육과정 '개발' 방안을 제시하기 위한 첫 번째 연구내용으로서, 학교수준 교육과정 개발동향에 대한 외국의 사례 고찰을 통하여 시사점을 도출하게 될 것이다. 그 대상국은 미국을 중심으로 한 영어권 나라와 아시아권을 대표해서 일본, 유럽 국가들 중에 독일을 선정하였으며, 선행연구와 공신력이 담보된 각국의 교육부 홈페이지 탑재내용과 문서, 선행연구물 등을 중심으로 고찰하고자 한다. 아울러 세계 여러 나라 교육특성을 우리나라 교육현실에 그대로 적용하거나 비교할 수는 없을 것이다. 그러나 각국마다 추구하는 교육의 본질은 동일하다고 볼 때 그 의미는 충분할 것으로 판단하며 밝혀진 시사점은 학교수준 교육과정 '개발' 방안에 활용하고자 한다.

1. 미국

흔히 주지하다시피 미국의 교육제도는 우리나라와 비교할 때 차이가 있는데, 우리의 관점에서 보면 독특한 교육제도를 가지고 있다. 그러나 교육본질이라는 측면의 동질성을 전제로 한다면 교육과정 개발에 대한 고찰은 그 의미를 충분히 담보할 수 있을 것이다. 미국은 연방국가로서 50개 주(州)로 구성되어 있으며, 연방정부와 주(州)정부가 입법·사법·행정의 통치조직을 공유하면서도 각각 독립적으로 주권을 행사하고 있는 나라이다. 연방교육부의 역할은 전통적인 지방자치제에 따라 주(州)정부마다 독특한 교육과정의 표준을 마련하고 시행해왔기 때문에 문서상으로는 국가수준의 교육과정이 없다고 할 수 있다. 또한 교육과정 정책에 관해서는 연방교육부도 중요한 역할을 하지만 교육의 실제에서는 연방교육부보다 주정부가 책임을 지고 있다(USCOE, 2009). 이상과 같은 미국 교육제도의 특징을 근거로 주정부 교육부(State Department of Education: 이하 주교육부라 칭함)의 교육과정 관련 주요사항을 고찰해보고자 한다.

미국의 각 주교육부에서 개발한 교육과정은 내용표준(Content Standard)과 평가표준(Performance Standard)으로서 크게 두 가지 영역으로 구분할 수 있다. 첫 번째는 각 학년과 교과마다 학생들이 어떤 지식과 기능을 익혀야 할 내용을 구체적으로 설명하는 내용표준으로서, 우리나라 국가수준 교육과정에서 제시한 각 교과의 '교육내용'에 해당한다고 할 수 있다. 두 번째는 이 내용표준에 따른 평가표준은 각 학년에서 학생들이 무엇을 할 수 있어야 하는지를 제시한 것으로서 우리나라 교육과정의 '교육평가'에 해당한다고 볼 수 있다(강경숙 외, 2004, p.43).

각 주교육부에서는 교육 관련 연방법에 준하여 주(州)의 교육내규를 결정하고, 해당 주(州)의 특성을 고려하여 교육과정의 내용표준과 평가표준을 개발하고 있다. 예를 들어 캘리포니아 특별자치주의 경우, 주교육부 내에 각종 위원회가 설치되어 있어서 교육과정 개발 및 관련 장학자료들을 개발하고 있다. 교육과정 및 장학자료 개발위원회(Curriculum Development and Supplemental Materials Commission)가 주축이 되어 약 12단계의 과정을 거쳐 교육과정을 개발하게 되는데 도식화하여 나타내면 <그림 1-1>과 같다.

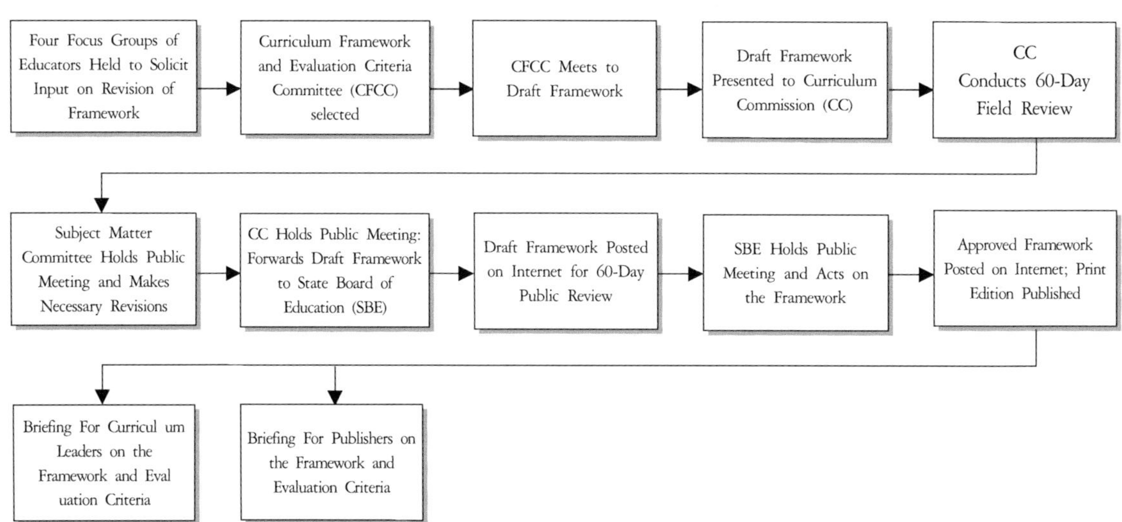

〈그림 1-1〉 캘리포니아 특별자치주 교육과정체제 개발과정과 승인절차
(A Department of Education-Created on June 4, 2008)

우리나라 교육실정과 차이는 있지만 미국의 교육정책과 실행에 참여하는 대표기관들을 보면 첫째로 법원이 있다. 연방정부와 주(州)의 법원은 교육의 질, 학교재정, 평등한 교육기회와 학교에서의 종교와 같은 다양한 주제를 포함하여, 교육에 직간접적으로 관련 있는 공공정책 토론의 방향을 제시하고 해결하는 데 중요한 역할을 한다. 둘째, 비정부단체이다. 많은 비정부기구들도 정부의 정책과 학교교육 관행에 중요한 역할을 한다. 이러한 단체들의 임무와 기능은 다양하고 교육연구 활동지원과 수행, 교육 관련 서비스 제공, 교육정보 발표, 입법과 여론에 영향을 끼치기 위해 노력하고 있다. 셋째, 기업이다. 기업계 또한 다양한 방법으로 교육을 지원하고 교육정책에 영향을 미친다. 민간 기업체들은 근처의 학교에 자금을 기부하기도 하고 종업원들로 하여금 개인교사나 다양한 분야에서 학교를 위해 자원봉사를 하게 한다. 이들 기업체 대표들은 교육 관련 공청회에 참석하거나 교육 관련 자문위원으로 봉사하기도 한다(교육인적자원부 · 경상남도교육청, 2008, p.41).

우리나라에서도 국가수준 교육과정 개발문서에 미국과 같이 전술한 점들, 즉 국가수준 교육과정에서 철저한 교육과정의 질적 관리, 교육과정 개발 초기부터 다양한 부처와 민간단체의 책임 있는 관여와 협력 등을 학교수준 교육과정 개발절차에 포함하도록 하고 있다. 그러나 학교수준 교육과정과 관련하여 교육과정 관련 부처의 정책자료, 선행연구들의 내용을 종합해보면 전술한 내용들에 대한 방안들이 학교현장의 학교수준 교육과정에 정착되고 있는지는 미지수이다. 따라서 미국의 교육과정 개발체제는 우리나라 모든 수준의 교육과정 개발과 적용과정에서 도입 · 검토되어야 할 시사점으로 사료된다.

2. 영국

오늘날 세계의 교육에서 가장 선진국으로 손꼽히고 있는 영국은 1970년대 후반 IMF체제에 들어가면서부터 대폭적인 교육개혁을 시도하였다. 1988년부터는 전통적으로 시행해오던 지방분권형 교육과정 체제의 일환인 학교수준 교육과정을 바꾸어 국가수준 교육과정 체제를 제시하고 있다. 이후 밝히겠지만 영국의 교육과정 특징은 완전한 지방분권형도 중앙집권형도 아닌 절충형의 교육과정 체제를 취하고 있는 것으로 볼 수 있다(강성종, 2009, pp.105~106).

1988년 「교육개혁법」(The Educational Reform Act, 1988)은 전국의 모든 공립학교는 새로운 교육법에 따라 국가수준 교육과정(National－level Curriculum)을 이행하도록 하였다. 대영제국(The United Kingdom) 전체를 아우르는 교육기관 및 교육과정 문서가 존재하지 않고 잉글랜드(England), 웨일스(Wales), 스코틀랜드(Scotland), 북아일랜드(Northern Ireland)의 교육과정이 독립적으로 운영된다(QCA, 2009). 영국 잉글랜드 주(州)의 국가수준 교육과정[이하 각 주(州)의 교육과정을 의미함] 개관을 살펴보면 첫째, 국가수준 교육과정 개관(기존 교육과정, About national－level curriculum)은 기존 교육과정에 대한 개관으로서 국가수준 교육과정 소개, 교육과정의 가치와 교육목적과 목표 진술, 주요 단계별 초 · 중등 교육과정 소개, 교수 · 활동에 일반적인 필요사항 등을 다루고 있다. 둘째, 중등 교육과정(개정 교육과정, The new secondary curriculum)은 2008년 9월부터 중등교육 단계에 적용하고 있는 새로운 교육과정으로 볼 수 있다. 셋째, 교육과정 개관(Introduction)은 2008년 9월부터 시행하는 새로운 교육과정에 대한 개관으로서 학교수준 교육과정, 교육과정의 가치와 목적과 목표 진술, 학습프로그램과 성취목표, 법

령으로 지정된 교육과정 등을 다루고 있다. 넷째, 2008년 9월부터 시행하는 새로운 교육과정의 개정 내용 및 개정이유(What has changed and Why)를 소개한 문서로서 여기에는 새로운 교육과정의 특징, 융통성과 일관성, 교육목표, 개별화 평가, 학교교육의 지원체제 등의 내용을 다루고 있다(교육인적자원부 · 경상남도교육청, 2008, p.39).

영국의 국가수준 교육과정은 학교수준 전체 교육과정을 모두 제시하고 있는 것이 아니라 학교수준 교육과정의 중요한 요소만 제시하고 있다. 학교수준 교육과정은 학교가 학생을 위해 계획하고 제공하는 모든 학습과 경험을 말하며, 각 학교는 특정 요구와 상황을 반영하여 고유의 학교수준 교육과정을 개발할 수 있는 재량권을 가지고 있다. 이러한 맥락을 반영한 영국의 학교수준 교육과정을 종합 정리하면 다음과 같다. 영국의 학교수준 교육과정은 크게 두 가지 큰 목표를 지향하고 있다. 첫 번째는 학교수준 교육과정은 모든 학생들에게 배우고 성취할 기회를 제공하는 것을 목표로 한다. 즉, 학교수준 교육과정은 학생들에게 최고의 성취와 최선의 발전을 자극하고 격려하기 위한 수단이 되어야 하며 학습에 대한 참여와 흥미를 개발해야 한다. 두 번째는 학교수준 교육과정은 학생들의 정신적 · 도덕적 · 사회적 · 문화적 발달을 촉구하고 모든 학생들이 삶의 기회와 책임, 경험을 준비하도록 한다. 즉, 학교수준 교육과정은 학생들의 정신적 · 사회적 · 문화적 발달을 촉진시켜야 하고 특히 옳음과 그름을 구별하는 원칙을 발전시켜 주어야 한다(강경숙, 2004, p.128; 교육인적자원부 · 경상남도교육청, 2008, pp.14~15; QCA, 2009)는 것이다.

영국의 학교수준 교육과정은 국가수준 교육과정에 제시한 기준에 따라 학교에서 지역사회와 학생들의 특성을 반영하여 만들어 가는 형태에 따라 독특한 교육과정을 개발하고 있는 것으로 파악된다. 또한 영국의 학교수준 교육과정에 관하여 강경숙 외(2004, p.128)에 의하면, 전통적으로 학교 서열을 중시하는 영국에서는 국가수준 교육과정의 8단계 평가체계(National Curriculum eight-level scale)에 의한 표준화 학력고사 성적이 발표되면, 우리나라처럼 학부모들이 자기 자녀들을 좋은 학교에 입학시키기 위해 온갖 노력을 다하게 된다고 하였다. 우리나라처럼 국가수준에서 편찬하는 교사용 지도서 같은 자료가 없을 뿐만 아니라, 학생들을 위한 특정의 교과서가 없기 때문에 교사들은 직접 학생들에게 필요한 교육을 국가수준 교육과정에 근거하여 교수학습 계획을 수립하고, 학교별로 교재나 학습자료를 선정해야 한다고 밝히고 있다. 그러나 학교교육활동에 직접적으로 활용할 수 있는 자료가 아닌 학교수준 교육과정 개발에 필요한 안내자료를 제공하고 있었다.

또한 영국 교육과정평가원(QCA)에서는 교사들이 교육과정을 개발할 때 활용할 수 있는 안내자료인 『기초 교육과정의 개발과 운영(Designing and time-tabling the primary curriculum)』을 개발 · 보급하고 있다. 영국 교육과정평가원에 의하면 각 학교마다 독특한 교육과정을 개발하기 위해서는 다음과 같은 사항들을 고려할 수 있다고 제시하고 있다. 첫째, 가치와 목표(values aims)는 무엇인가? 둘째, 교육과정 우선순위 과제와 강조해야 할 것은 무엇인가? 셋째, 국가수준 교육과정에 포함되어야 할 것은 무엇인가? 넷째, 교육과정을 어떻게 조직하고 명칭을 부여할 것인가? 다섯째, 교육과정을 어떻게 각 단계별로 배분할 것인가? 여섯째, 학생들의 능력에 따라 교육과정을 어떻게 통합시키거나 개별화시킬 것인가? 일곱째, 다음 단계로 전환시킬 때 어떻게 교육과정의 지속성을 유지할 것인가이다(QCA, 2009).

영국의 국가수준 교육과정 개발지침에 따른 학교수준 교육과정 개발과정과 적용 현실을 우리나라 현실과 비교해보면, 교육과정의 구조와 내용에 치우친 경향에 비해 영국의 교육과정은 실제적인 학교수준 교육과정을 개발하는 데 중요한 지침으로 제시하고 있다. 이러한 영국의 교육과정과 관련한 시사점들은 수용해볼 가치가 있는 것으로 고려해볼 수 있을 것이다.

3. 독일

독일은 16개의 각 지방정부로 구성된 연방체제의 나라로 각 주(州)의 독립적인 주권을 명확하게 보장하고 있다. 독일의 교육제도를 보면 기본적으로 미국이나 유럽의 다른 나라들과는 상이한 독자적인 교육체제를 채택하고 있는데 이러한 연유는 본 연구에서 독일을 선정한 이유이기도 하다. 왜냐하면 독특성은 창의성이 될 수 있기에 창의적인 학교수준 교육과정 개발에 충분한 수용가치가 있는 것으로 사료되기 때문이다. 여하간 이러한 교육체제의 근본적인 취지는 '우수한 인력의 조기 발견'과 '직업교육을 통한 경제인력의 확보'로 볼 수 있다. 독일의 교육은 각 주(州)에서 전적인 책임을 지는데 16개 주(州)에서는 상이한 교육체제와 학교유형들이 있다. 의무교육, 편제, 수수료 인정 등의 기본구조는 각 주(州) 간의 협정에 따라 공통적이며 서로 다른 교육정책에 대해서는 '주 문화 · 교육장관 상설회의'를 통해 의견을 조율하게 된다(소경희 외, 2000, p.238).

독일의 연방수준 교육과정에 대한 선행연구 문서를 요약하여 제시하면 독일의 교육제도(Das Bildungswesen in der Bundesrepublik Deutschland, 2005)에는 교육 전반에 대한 내용을 담고 있다. 즉, 취학 이전 교육, 초등교육, 중등교육의 순서로 역사적 개관부터 현안문제와 장래발전, 세부 법률규정, 일반목표, 교육기관의 지역적 분포, 입학요건, 단계 및 학급편성, 시간편성, 교육프로그램, 교육활동 방법, 성취도 평가, 지원책, 사설 교육기관, 기타 조직 모델과 대안구조, 통계자료 등으로 구성되어 있으며, 초등교육과 중등교육에서는 상급학년 진급, 졸업장, 학교상담과 학교에서 직업으로의 이동 등이 추가되어 있다(교육인적자원부 · 경상남도교육청, 2008, pp.54~59).

독일의 학교수준 교육과정 개발은 교육과정 지침, 교수요목, 학습과 시간표의 체제에 기초하고 있으며, 이러한 기본구조는 16개 주 모든 유형의 학교에서 교육과정 개발 시 포함하고 있다. 또한 교육과정 지침은 학교의 운영형태와 직접적인 관계가 있으며 학교의 운영목적과 철학을 담고 있다고 할 수 있다. 그 외에도 각 학교의 주요 업무, 교직원 고용, 과제, 수행평가, 교육의 조직 등에 대해서도 설명하고 있다. 이는 학생들을 위해 고안된 조직체계에 대한 요구들과도 관련이 있는 것으로 파악된다. 또 다른 면은 교육과정에 대한 설명과 몇몇 다른 주(州)의 교육과정은 지침의 문서화뿐만 아니라 교직원과 학생을 위한 다양한 지침을 제공해주고 있다. 이를 전제로 교수 · 활동과 학습과정에서의 교수방법을 보강하는 것은 교사의 몫이며, 결과적으로 교사들은 자신이 맡은 학생들의 특성을 파악하여 수업에 반영할 수 있어야 한다. 즉, 교사만이 자신의 학생들을 위한 적절한 교육과정 지침을 보완할 수 있다는 것이다. 지방정부, 즉 연방주에 있는 문화 · 교육장관은 다양한 형태와 수준의 학교에서 제공되는 교과목에 대한 교육과정의 개발과 수행에 대한 책임이 있으며 국가수준의 교육과정 개발을 감독하게 된다. 또한 교사의 기본임무는 교육과정에 명시된 수행목표를 학생들이 성취할 수 있도록 하는 데 있으며, 이를 위해 다른 교과목의 교사들과 협력하여 학생들을 위한 공통 프로그램들을 실행할 수도 있다.

이상에서 살펴본 독일 연방주의 교육과정을 토대로 학교수준 교육과정 개발의 특성을 살펴보면,

학교교육 프로그램의 중요한 내용에 대해서는 외부 파트너, 학교의 전통, 방과 후 수업, 스터디 그룹, 전일제 학교, 학부모의 투입 프로젝트 날짜 등을 고려하여 다학문적 접근을 통해 결정하고 있다. 이러한 교육활동에서 큰 비중을 차지하는 교육과정 지침은 학교교육시간의 70%를 차지하고 나머지는 학교재량에 맡겨져 있는 특성이라 할 수 있는데(교육인적자원부 · 경상남도교육청, 2008, p.57), 그 예로서 한 교과목의 교사는 연방주에서 인가한 교과서를 선정해야 하고 같은 과목의 동일학급에 들어가는 교사들은 지도안을 작성하거나 시험을 준비하는 데 협력하는 활동 등을 들 수 있을 것이다. 일반적인 교육과정 지침과 각 학교에서 학교수준 교육과정을 개발하고자 할 경우 학생과 지역적 특성을 다양하게 고려하고 있음을 알 수 있다. 이러한 점들은 우리나라의 학교수준 교육과정 개발과 적용에 시사점으로 고려해볼 수 있을 것이다.

4. 일본

일본은 우리나라와 지리적으로 가깝게 위치하고 있기 때문에 역사적으로 교육, 문화, 경제 등 모든 측면들에서 유사한 점이 많은 나라이다. 최근 일본은 교육개혁을 다방면에서 추진하고 있는 나라 중의 하나이기도 하며, 우리나라에 끼치는 시사점도 그만큼 크다고 할 수 있다. 일본의 초 · 중등학교 학제는 우리나라와 같은 6-3-3제 학교체제이며 교육행정기관으로 중앙교육기관인 문부과학성과 지방교육기관인 도도부현(都道府縣) 교육위원회, 시정촌(市町村) 교육위원회 3중층 체제로 구성되어 있다. 일본은 우리나라와 마찬가지로 국가수준 교육과정을 개발하고 운영하는 국가로서 교육과정 개발은 일정한 시간 내에 모든 초 · 중 · 고등학교에서 모든 학년과 교과를 대상으로 이루어지며 위에서 아래로의 전형적인 개발방식을 따르고 있다(주일본대한민국대사관, 2007, p.9).

1947년부터 일본의 교육과정은 약 10년 주기로 개발되는데 이른바 '학습지도요령'으로서 교육과정 심의회의 자문 - 중간보고 - 답신을 거쳐 확정되며, 고시 후 시행되는 시기는 소학교, 중학교, 고등학교마다 1~2년 정도의 시차를 두고 적용한다. 이후 2002년 4월부터 전국 초 · 중 · 고등학교에서 순차적으로 실시되고 있는 '학습지도요령'은 주 5일제 아래 학교가 '특색 있는 교육'을 전개하고, 학생들에게 기초적 · 기본적인 내용을 몸에 익혀 체질화함으로써 스스로 배우고, 생각하는 힘을 기르는 것을 목적으로 하고 있다(주일대한민국대사관, 2007, p.116).

또한 현행 교육과정, 즉 '학습지도요령'이 개발되면서 국가수준에서 통제가 약화된 측면과 강화된 측면이 공존하고 있다. 즉, 약화된 측면은 학교수준 교육과정 개발이라고 할 수 있으며, '학습지도요령'에서 학교수준 교육과정의 모든 면을 제시한 것이 아니라 하나의 '기준'으로 제시하고 있다(문부과학성, 2009). 이는 곧 학교의 재량권 확보를 통한 교육의 정상화 문제와 연결된다고 볼 수 있다. 강화된 측면은 1989년부터 일본 국기(日の丸), 국가(君が代)의 강제문제, 덕육교육의 강화, 대국의식의 고양과 국가주의 확대 등의 내용으로서 국가통제권이 학교교육에 대해 강화된 사례로 들 수 있다.

전술한 내용을 종합하면 일본의 '학습지도요령'은 국가수준 교육과정으로서 학교에서 교육과정이 실행되기 위한 기초 교육과정이라고 할 수 있다. 학교에서 별도의 학교수준 교육과정을 개발해야 하는 규정은 이미 1958년 교육과정 개정에서부터 시작되었다. 이후 오늘날에 이르기까지 교육과정 개발마다 '학습지도요령'의 총론에서는 다음과 같이 학교수준 교육과정 개발권을 규정하고 있다. 각 학교에서는 법령 및 총론에서 제시하는 바에 따라 학생을 한 인간으로서 조화롭게 육성함을 목적으로 지역이나 학교의 실태 및 학생 심신의 발달단계나 특성을 고려하여 적절한 교육과정을 편성하도록 한다(문부과학성, 2009).

이상에서 살펴본 교육을 총체적 개혁(교사 양성제도 개혁, 교육환경 구축, 평생학습 사회교육, 세계교육, 문화예술 입국 교육체제, 국제 교류교육, 사립학교 교육개혁, 스포츠 진흥, 정보교육 등)의 대상으로 보고 교육개혁을 추진하고 있는 것으로 보인다. 또한 현재 일본의 교육과정은 21세기의 지식기반 사회, 정보화 사회에 적응하기 위한 학교수준 교육과정을 개발하고 있으며, 단위학교의 학교수준 교육과정 개발과 운영에 대해서 보다 재량권을 준 것으로 판단된다. 이러한 점들은 우리나라에서도 고려해볼 수 있는 시사점이 될 것이다.

5. 외국의 학교수준 교육과정 동향에 대한 종합 논의

우리나라는 국가수준 교육과정 개발·고시 후 지역수준과 학교수준 교육과정으로 이어지는 하향식 전달체제를 갖추고 있으며 '제6차 교육과정' 시기부터 지방분권 체제의 학교수준 교육과정을 개발하도록 하고 있다. 즉, 우리나라의 교육과정 문서체제는 총론과 각론으로 구분하고 교육의 이념 등을 총론에, 각 교과의 내용을 각론에 담고 있는 단순한 형태를 취하고 있다(강성종, 2009, p.110).

앞서 살펴본 외국의 사례를 보면 국가수준 교육과정 또는 학교수준 교육과정 문서에 직접적인 교육과 관련한 내용 이외에 교육 관련 다양한 변인(관련 법규, 지역환경, 기업체와 인사 참여, 교육재정, 학부모 등)들을 제시하여 하나의 교육과정 교본처럼 활용할 수 있도록 한 점은 인상적이며, 이는 우리나라 교육과정 문서체제에도 수용해볼 만한 가치가 있는 것으로 고려해볼 수 있다. 이러한 관점은 Skilbeck(1984, p.133)이 학교수준 교육과정의 개념에서 표방한 "학교수준 교육과정을 학교 내부에서 이루어지고 있는 유기적인 활동으로 보고 그 내부의 다양한 집단과의 관계망 속에서 교사와 학생수준에서 이루어지는 가치, 규범, 절차, 역할 등을 포함하는 교육과정 의사결정에 초점을 두고 정의하고 있다"는 관점과도 그 맥을 같이한다고 볼 수 있다.

또한 미국, 영국과 일본은 이미 1980년대 들어서면서 범국가적 차원의 대대적인 교육개혁을 추진 중에 있다. 미국의 경우에는 1983년 '위기에 처한 국가(A National at Risk)' 조치 이래로 1991년 부시 행정부의 '2000년대의 미국 신교육전략(America an Educational Strategy, 2000)'을 통해 미국 교육의 국가적 표준을 설정하려는 시도들이 가속화되고 있다. 한편 영국은 1988년 「교육개혁법」(The Educational Reform Act, 1988)을 통하여 국가수준 교육과정을 도입함으로써 전국의 초·중등 교육기관에서 공통적으로 이수해야 할 교과목을 국가 차원에서 처방해주고 있다. 일본은 2000년대 들면서 학습지도요령의 개정, 레인보우플랜 중점전략(レインボープラン重点戰略) 등을 통하여 교육개혁을 가속화하고 있다. 이러한 교육개혁 조치는 전통적으로 주정부나 지역교육청, 학교에 위임해두었던 교육의 관점을 범국가적 관심사로 되돌리면서, 동시에 국가 공통의 교육기준을 통해 교육의 책무성을 강화하고, 국가의 교육 경쟁력을 제고시켜 보려는 것이다. 그러면서도 미국, 영국이나 일본은 지역교육청 및 단위학교의 교육적 전문성과 자율성을 제약하려고 시도하지 않는 것으로 판단된다. 오히려 단위학교의 학교수준 교육과정 개발의 문화를 더욱 성숙시킴으로써 국가의 교육개혁 조치를 지원하기 위한 교

육발전 전략으로 활용하려는 노력의 일환으로 고려해볼 수 있을 것이다.

이들 국가에서 학교수준 교육과정 개발을 강조하는 것은 지역의 다양한 특수성을 교육과정에 반영하여 학습자에 대한 교육내용의 적합성을 제고해보겠다는 의도도 중요하겠지만, 오히려 중앙집권적인 교육과정 개발체제가 안고 있는 개발·적용의 문제점을 극복하기 위한 교육과정적 전략으로 이해하는 것이 보다 타당성이 있을 것이다. 다시 말해 국가수준에서 개발된 단일 교육과정이 교육현장에 보급되어 원래의 의도대로 실현되는 데에는 근본적인 한계가 있다는 반성을 내포하고 있는 것이다. 결국 미국, 영국과 일본은 교육과정 보급 및 실행상의 근본적인 취약점을 극복하기 위한 방편으로서, 즉 교육과정·보급과정의 효율성을 제고하기 위해 학교수준 교육과정 개발을 강조하고 있다고 고려할 수 있으며 본 연구에서 고찰한 타 국가에서도 대동소이하게 학교수준 교육과정 개발에 접근하고 있다.

한편 국가수준의 교육과정 체제를 유지하고 있는 모든 나라들을 살펴볼 수는 없었지만, 일본 등과 같이 중앙집권적 형태를 운영해온 국가들에서 시도되고 있는 학교수준 교육과정 개발의 움직임도 있다. 이들 국가들은 전통적으로 교육의 권한이 중앙정부에 집중되어 있었으며, 교육과정과 관련하여 교사의 역할은 교육과정 실행자, 전달자의 역할에 불과하였다. 중앙정부는 비교적 상세한 국가수준 교육과정 문서를 통해 단위학교의 교육목적, 교과목 선정을 포함한 교육내용 결정권, 그리고 교육방법, 평가의 방향 등을 통제해왔다(이원희 외, 2008, pp.300~301). 이러한 국가들은 중앙집권제의 경직성과 획일성이 학교수준 교육과정 개발의 적합성을 저해한다는 점을 인식하였으며, 이를 해소하기 위하여 국가수준의 교육체제 자체를 중앙집권적인 형태에서 지방분권적인 형태로 이행시켜 가고 있다. 다시 말해 중앙정부는 교육적 통제력을 상당 부분 지역으로 이양하면서 지역 및 단위학교의 교육적 질 향상을 위한 경쟁을 촉진하고 자발적 주도력을 신장하며, 나아가서는 교육의 책무성을 강화하려고 시도하는 것이다.

지금까지 우리나라를 비롯한 중앙집권형 교육과정을 운영해온 대부분의 나라들은 중앙정부 당국에서 고시한 단일 교육과정에 의해 획일적으로 관리되어 왔다. 이러한 교육과정은 직접 학생을 교육하고 있는 교원과 참여자, 관계 전문가들에게뿐만 아니라, 학교를 둘러싼 지역사회나 교육이 실제적으로 행해지는 학교조건과 요구 등을 반영하지 못하여 의도된 교육과정과 전개된 교육과정, 실현된 교육과정 간의 괴리가 있어 왔다는 비판을 받아왔다. 학교교육의 핵심인 교육과정은 교육의 효율성, 적합성, 자율성, 전문성, 다양성을 고양하고 학습자 중심의 교육을 실현하기 위해서도 직접적으로 학생의 교육을 담당하고 있는 단위학교에서 지역의 특성, 학교의 실정, 학생의 요구 등을 반영하여 각 학교나 조건이 유사한 지역별로 교원, 학부모, 지역주민 및 관계 전문가 등이 주축이 되어 학교수준 교육과정 개발방안이 이루어져야 할 것으로 생각한다.

Ⅲ. 학교수준 교육과정 이해와 제 이론 탐색

이 절은 학교수준 교육과정의 '개발' 방안을 제시하기 위한 두 번째 연구내용으로서, 학교수준 교육과정의 이해와 교육과정 개발 제 이론 탐색을 통하여 시사점을 추출할 것이다. 교육과정 개발자들이 교육과정 제 요소들 간의 관련성, 그 요소들의 순서, 그리고 관련된 특정한 모델에 관한 합의를 원만히 이룬다는 것은 상당히 어려운 과제이다(권낙원 외, 2008, p.14; 이원희 외, 2008, p.38; Marsh et al, 1990, p.129). 따라서 학교수준 교육과정의 이해와 교육과정 개발의 대표적 모형인 Tyler의 목표모형, Print의 교육과정 개발모형, Skilbeck의 학교수준 교육과정 모형 등의 고찰을 통하여 우리나라 '제7차 교육과정'과 '2010 특수교육 교육과정'에서 제시한 학교수준 교육과정 편성·운영 절차와 관련해서 종합 논의를 하고자 한다.

1. 학교수준 교육과정 이해

일반적으로 교육과정은 '학습자에게 학습경험을 선정하고 조직하여 교육경험의 질을 구체적으로 관리하는 교육의 기본 설계도'라고 할 수 있다. 따라서 의도된 학교교육에서 '무엇을? 어떻게? 어느 수준과 범위로 가르치고 평가하느냐?'를 문서로 계획한 교육 설계도가 교육과정이기 때문에 교육과정을 단순한 교육내용으로만 볼 것이 아니라 교육목표, 교육내용, 교육방법이나 운영방식, 평가를 포괄하는 폭넓은 개념으로 보아야 한다(교육과학기술부, 2008a, p.3).

학교수준 교육과정은 국가수준 교육과정 기준과 시·도 교육청의 교육과정 편성·운영 지침을 근거로 하여 지역의 특수성과 학교 실정 및 실태에 알맞게 단위학교별로 마련한 '의도적인 교육 실천 계획(School program)'을 의미하고 있다. 즉, 단위학교에 재학하고 있는 학생에게 책임지고 실현하여야 할 교육목표, 교육내용, 교육방법, 교육평가 등에 관한 실천 가능한 구체적인 실행 교육과정이고, 특색 있는 단위학교의 교육 설계도이며 상세한 교육운영 실천계획인 것이다. 학교수준 교육과정에는 교육목표와 교육중점, 경영철학, 전통, 특성 등이 치밀하게 반영되어 있고, 학교의 창의적이고 독특한 교육내용과 방법, 운영방식이 특색 있게 나타나 있어 전국의 각 단위학교가 제각기 다양한 교육 활동의 모습을 보일 수 있게 개발되어야 하는 것이다. 따라서 국가수준 교육과정과 시·도 교육청의 지침에 근거하여 개발하는 단위학교의 학교수준 교육과정도 단순히 교육목표와 교육내용만을 의미하는 협의의 개념으로 볼 것이 아니라, 학습자의 '교육경험의 질'을 관리하는 구체적인 교육프로그램의 계획을 의미하는 실천적이고 포괄적인 개념으로 보아야 한다(교육과학기술부, 2008, p.8; 김용신 외, 2008, p.50).

이상과 같이 학교수준 교육과정은 교육목표, 내용, 방법, 평가, 운영방식 등이 핵심으로 구성되며, 이들 요인에 영향을 주는 조직, 시설, 예산 등 교육의 구조적인 요인에 대한 배려까지도 포함하여야 하는 것이다. 특히 학교수준 교육과정의 교육내용은 지식과 그것을 조직하는 사고의 양식, 생활경험, 공동체 경험 등을 포함하며, 교육방법은 구체적인 교수학습 과정을 의미하므로 학교수준 교육과정 개발의 교육내용을 둘러싸고 있는 제반 관련 요인들과의 상호 유기적인 관계를 중시하는 개념으로 보아야 할 것이다.

2. 학교수준 교육과정 개발의 일반적 모형

일반적으로 '모형(model)'이란 일정한 정도의 구조(structure)와 순서(order)를 갖고 제시되는 현실의 표상(representation of reality)을 의미(김정권·이유훈, 2002, p.213)하는데, 학교수준 교육과정 개발을 논의하기 위해서 교육과정 개발모형을 검토하는 일은 필수적이라고 할 수 있다. 물론 교육과정 개발모형은 지배하는 철학이나 관점, 교육을 둘러싼 사회환경 등 다양한 변인들에 의해 추구하는 바가 상이할 수 있으므로 이에 대한 고려가 반드시 전제될 필요가 있음은 자명하다고 할 수 있다. 이에 본 연구와 관련하여 선정한 학교수준 교육과정 개발모형의 제 이론을 제시하고, 별도의 항을 두어 시사점에 대해서 종합 논의를 할 것이다.

1) Tyler의 목표모형(the objectives model)

Tyler의 목표모형(the objectives model)은 순차적(sequential)·합리적(rational)·논리적(logical)·과학적(scientific)·고전적(classical) 모형 등으로 지칭되는데, 이러한 교육과정에 대한 접근방법은 교육목표로부터 시작해서 교육내용, 교육방법, 평가에 이르기까지 하나의 순차적이고 계열적인 형태를 취하게 된다. 우리나라 학교수준 교육과정 개발맥락, 즉 국가수준 교육과정, 지역수준 교육과정으로 이어지는 절차와 유사하다고 볼 수 있다.

Tyler는 교육과정 개발에 있어서 네 가지 질문에 대한 해답이 개발의 논리적 순서를 이루는 것으로 보았으며 교육목표를 최우위에 두었기 때문에 목표모형이라고 칭한다. 이 절차적 네 단계는 현대적 교육과정 용어로 교체해보면 교육목표(education objectives), 교육내용(education content), 교육방법(education method), 교육평가(education evaluation)로 표현할 수 있는데 이를 도식화하여 제시하면 다음과 같다.

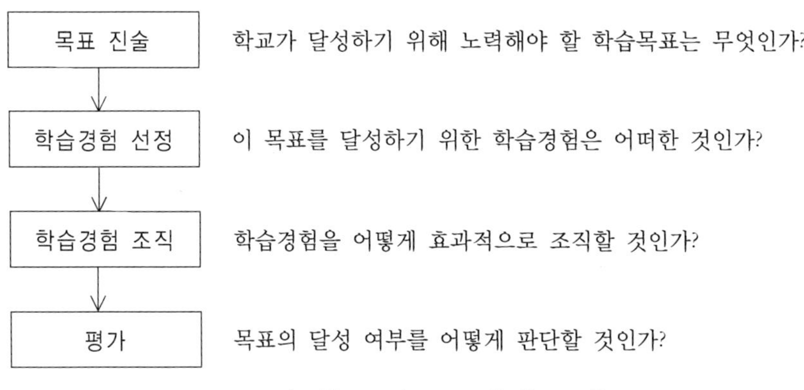

〈그림 1-2〉 Tyler의 목표모형

Tyler의 목표모형은 첫 단계에 의해 이하 나머지 단계가 결정되기 때문에 첫 단계인 목표진술이 가장 중요하다고 보았다. 즉, 목표가 결정되어야 내용이 선정되고 조직될 수 있다고 주장하고 있다. 이러한 관점에 근거할 때 Tyler의 목표모형을 학교수준 교육과정에 적용하기 위해서는 어떠한 장단점이 있는지를 우선적으로 검토할 필요가 있을 것이다. 먼저 장점으로는 첫째, 목표를 최우선 단계로 두고 교육과정 개발자에게 이후 절차에 대한 명확한 방향과 지침을 제공함으로써, 교육과정이 효율적으로 수행될 수가 있다. 둘째, 목표모형은 교육과정 개발의 청사진을 제공한다. 즉, 교육과정 개발절차가 불확실한 상황에 직면했을 때 고정된 단계별 순서가 있는 모형은 교육과정 개발자에게 큰 도움을 줄 수 있다. 셋째, 교육과정 요소들에 대한 순서가 뚜렷한 논리성을 가지고 있다. 즉, 목표진술에서 목표를 달성하기 위한 교육내용과 교육방법을 이끌어낸 뒤 목표가 얼마나 실현되었는가를 평가하는 합리적인 교육과정 개발의 틀을 가지고 있다.

다음은 목표모형이 장점을 가지고 있는 반면에 단점도 가지고 있는데 이러한 문제에 관하여 김정권·이유훈(2002, pp.220~221)의 의견을 제시하면 첫째, 교육과정 개발은 고정되거나 선형적인 절차가 아니다(Macdonald, 1965; Walker, 1969·1971·1975; Bullivant, 1975; Zahorik, 1975; Toomey, 1977; Harrison, 1979; Marsh, 1980). 즉, 목표모형은 현재 상태와 바람직한 상태를 혼동하여 특정한 시간과 장소에서 일어나는 상황을 유일한 최선의 상황으로 가정하고 있다. 둘째, 목표모형과 Tyler의 교육과정 원리는 목표가 어디에서 연유하는지 적절하게 설명하지 못한다. 즉, 목표의 근원은 학교 외부의 상황요소, 내부적 요소, 철학, 심리학, 사회학의 특성에 따라 다양하게 나타날 수 있다. 셋째, 교육목표가 학습경험의 선정과 조직에 선행할 필요는 없다(Macdonald, 1965; Eisner, 1967; Hall, 1975; Walker, 1975; Marsh, 1980). 목표를 우선적으로 진술하는 것이 항상 모든 교과영역 혹은 어떤 교과영역에 효과적인 방법은 아니다. 넷째, 교과주제나 가르칠 내용에 따라 목표의 구체화 정도에 차이가 있음을 고려하지 않는다.

Tyler의 목표모형이 학교수준 교육과정 개발에 주는 시사점은 교육목표가 명세화될 때 이후의 절차가 용이하다는 점은 충분히 고려해볼 가치가 있는 것으로 생각한다. 그러나 장단점을 동시에 내포하고 있는 Tyler의 목표모형은 우리나라 교육과정 개발을 포함한 교육활동 전반에 끼친 영향이 큰 현실을 감안할 때, 학교수준 교육과정 개발모형으로서의 특성 파악이 충분히 전제되고 활용되어야 할 것이다.

2) Print의 교육과정 개발모형

학교수준 교육과정 개발의 실제방식으로서 단계적인 절차에 의해 처방하고 있는 접근방식의 교육과정 개발모형들 중에서 Print의 교육과정 개발모형(1993)을 들 수 있다(권낙원 외, 2008, pp.75~76). 이 모형은 앞서 제시한 목표모형과 내용모형을 여러 측면에서 통합한 형태의 모형이라고 할 수 있다. Print의 교육과정 개발모형의 구조는 학교수준 교육과정의 개발, 학교 내 하위 교육과정 개발, 프로젝트 교육과정의 개발 등 여러 가지 교육과정 맥락에도 응용할 수 있다(김정권·이유훈, 2002, p.227).

또한 학교에서 새로운 교육과정을 개발할 때 학교수준 교육과정을 재구성할 때도 사용할 수 있는 신축성을 가진 모형이라고 할 수 있다. 다시 말해 학교수준 교육과정 개발은 물론 재량활동과 특별활동 교육과정 개발, 교과 교육과정 수정·적용 등에도 적용할 수 있을 것이다. Print(1993)의 교육과정 개발모형을 구체적으로 소개하면 조직, 개발 및 적용이라는 세 가지 계열적인 국면을 상정하고 있다. 즉, 교육과정을 개발하기 이전에 무슨 일이 발생하였으며 교육과정 문서 혹은 자료를 고안해 내는 방식, 문서 및 자료를 실제에 적용하고 수정하는 방식에 관하여 논리적이며 처방적인 접근방식 을 취하고 있는데 이러한 내용을 도식화하여 나타내면 다음과 같다.

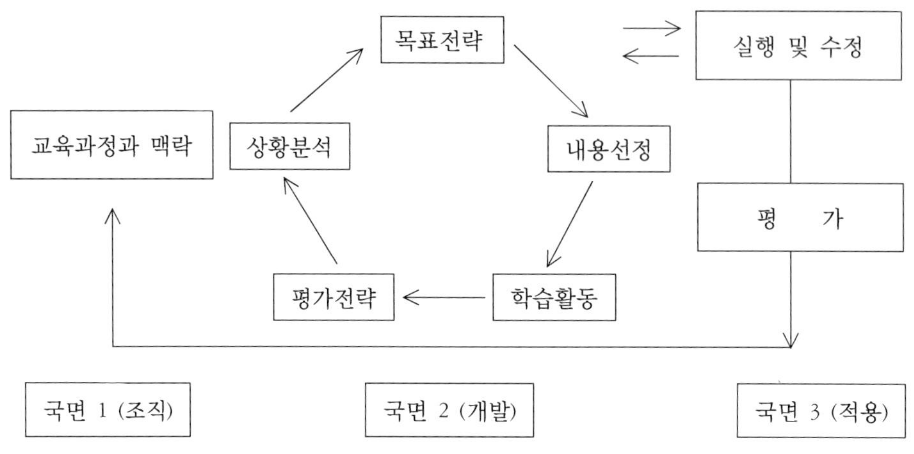

〈그림 1-3〉 Print의 학교교육과정 개발모형

Print의 학교교육과정 개발모형에 의하면 첫 번째 국면은 교육과정 맥락을 공식화하는 단계이다. 즉, 교육과정 개발에 어떤 사람이 참여하며, 어떤 과업을 수행할 것인지, 그리고 어떤 형태의 교육과 정을 개발할 것인지를 결정하는 단계이다. 두 번째 국면은 실제로 교육과정 문서 혹은 자료를 고안 해내는 단계이다. 이 단계에서는 상황분석에서 시작하여 목적 및 목표의 설정, 내용, 학습활동, 평가 로 진행하여 마지막에서 다시 상황을 분석하는 순환적 절차를 거치게 된다. 세 번째 국면은 적용단 계로서 교육과정의 실행과 수정 그리고 교육과정의 실행에 대한 평가와 피드백이 이루어진다.

이상에서 살펴본 바와 같이 Print 학교교육과정 개발모형의 시사점은 교육과정 개발자들이 개발활 동을 국가, 교육청, 학교, 학급 중에서 어느 수준인지에 상관없이 특정한 철학적 관점에 의존하여 지 식과 가치를 결정하게 되고, 사회구성원으로서 사회적·문화적 제 요인들에 근거하여 교육내용을 해 석하고 구성하게 된다는 것이다. 이렇게 구성된 내용은 심리학적 개념, 원리 및 과정을 적용하여 특 정 연령 혹은 발달 특성을 갖는 학습자에게 적합한 교육내용을 선정하는 데 간접적인 도움을 제공 함으로써 학교수준 교육과정을 개발할 수 있게 된다고 하였다(권낙원 외, 2008, pp.61~62).

3) Skilbeck 학교교육과정 개발모형

Skilbeck(1984, p.235)은 교육과정에 있어서 학교 외부의 제 영향력에 의해 교육과정이 결정·실행되 는 것이 아니라 교사, 학습자, 학부모, 교장 나아가서는 지역사회 주민까지 교육과정의 결정에 참여 하여 그들의 의견을 교육과정 개발·운영에 반영하는 것이라고 주장하였다.

Skilbeck의 학교수준 교육과정 개발모형을 보다 구체적으로 살펴보면 다음과 같다. 첫째, 상황분석과정은 상황변화를 학교의 외적 요인과 내적 요인으로 구분하여 상황을 구성하고 있는 요인을 분석한다. 둘째, 목표설정은 기대되는 학습성과의 진술을 포함한 교사와 학생의 행동을 포함하고 있다. 셋째, 프로그램 구성은 교수학습 활동의 설계, 자료의 단원, 교과서 등이 해당된다. 넷째, 해석과 실행은 교육과정에 변화를 야기하는 문제들, 예를 들면 신구세대의 충돌, 저항, 혼란 등이 있을 수 있는 현재의 체제 속에서 개발모형은 이 문제들을 미리 예측하고 경험의 회고, 혁신에 관련된 이론 및 연구의 분석, 상상력 있는 예언을 통해 그러한 문제를 해결한다. 다섯째, 조정, 피드백, 평가, 재구성은 조정 및 의사소통 체제의 설계, 평가의 시간계획, 연속적인 평가과정에서 야기되는 문제, 이 과정들의 계속성 조절 및 유지를 하게 된다.

　Skilbeck이 제안한 학교교육과정 개발모형을 도식화하여 나타내면 다음과 같다.

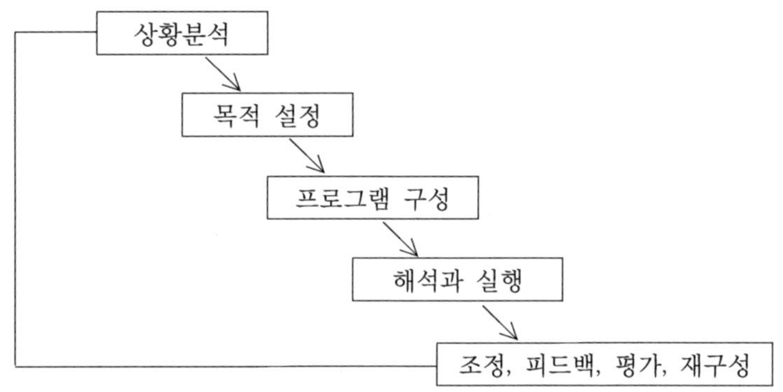

〈그림 1-4〉 Skilbeck의 학교교육과정 개발모형

　이 모형에서 학교수준 교육과정 개발을 위해 상황분석, 목적설정, 프로그램 구성, 해석과 실행, 모니터링, 피드백, 평가, 재구성과 같은 교육과정 개발과정이 필요하다고 주장하였다(권낙연 외, 2008, p.74). 우리나라 국가수준 교육과정 전달체제와 관련하여 시사점을 제시하면 상황분석은 국가수준 문서, 학교실태 파악에 해당할 수 있다. 목적설정은 단위학교가 독특하게 설정할 수 있는 교육목표에 해당할 수 있으며 상황분석 결과를 전제로 한다. 프로그램 구성은 교육내용에 해당하며 해석과 실행은 평가에 해당한다. 그러나 이 모형 자체가 애매하고 비체계적인 접근방식을 취하고 있어서 교육과정 운영 실제가 혼란스럽고 전체를 고려하지 못할 위험성에 대해서 충분히 고려해야 할 것이다.

　이상에서 제시한 학교수준 교육과정 개발모형 이외에 눈여겨볼 수 있는 또 하나의 교육과정 개발모형을 소개하면, 김춘일·이유훈(1994, pp.122~125)은 학교수준 교육과정 개발모형에 대해 편성의 기초 → 편성계획의 작성 및 검토 → 학교교육과정 목표의 설정(활동영역별 목표의 설정) → 편제의 검토(활동영역 및 내용의 선정) → 시간배당 기준의 조정(활동영역별 연·월간 지도계획) → 교육과정 평가와 개선 → 교육과정 편성을 위한 예시자료 제시 등을 제안하고 있다.

3. 학교수준 교육과정 개발에 대한 종합논의

앞서 살펴본 여러 가지 교육과정 개발모형에서 학교수준 교육과정에 어떠한 내용을 담아야 하고, 그 내용이 어떠한 방식으로 구성되며 실천되어야 할 것인가를 생각하는 데 참조의 틀이 될 수 있는 여러 가지 모형들을 고찰해보았다. 이러한 교육과정 개발모형은 경험적인 것이라기보다는 '이래야 할 것이다'라는 규범적인 것이라고 할 수 있으며 학교에서 교육활동의 실제에서 구현되어 사실로 드러날 경우 경험적 성격을 띠게 된다는 기본적 성격을 고려해야 할 것이다.

이에 전술한 학교수준 교육과정 개발모형들을 학교현장 적용 가능성에 대한 시사점을 제시하면, 학교수준 교육과정을 개발하기 전에 상황분석(국가수준 교육과정 문서, 지역수준 운영지침, 학교실태 등), 목표설정(단위학교의 독특한 교육계획), 교육내용 구성, 평가를 통한 피드백의 절차를 제안하고 있다. 이러한 맥락에서 김경자(2000, pp.435~436)는 "학교수준 교육과정을 개발하기 위해서는 거기에 관련된 전문적 지식을 가진 사람들의 적극적인 참여와 협력이 필요하다. 즉, 학문을 교과로 옮겨 오고, 교과를 가르칠 수 있도록 교과서와 교수학습 계획을 하고 교육과정을 개발하는 과정에서 다양한 전문가 집단들이 지속적으로 만나서 숙의하는 과정이 있어야 한다"고 주장하였다.

지금까지 살펴본 학교수준 교육과정 개발모형의 내용을 종합 논의하면, 학교수준 교육과정 개발은 국가수준 교육과정과 분리·독립된 것이 아니라 상호 관련 속에서 단위학교의 교육이 주축이 되어 개발한다는 사실을 인지해야 한다. 이를 구체적으로 살펴보면 학교수준 교육과정 개발은 전면 개편되거나 새로운 교육과정이 개발되어 학교 전체적으로 실행하기도 하지만, 교육과정을 일부에 한정하여 개발할 수도 있고, 교육내용 자체의 수정·보완·조정도 할 수 있다는 것이다. 이는 곧 현재 단위학교의 위계구조처럼 학교 경영자와 교사가 수직적인 관계 속에서 교육과정을 개발하는 것이 아니라, 동료로서 협업적인 관계 속에서 함께 노력하는 협동작업을 통해 융통성 있고 창의적인 교육과정을 개발하는 과정을 의미한다고 볼 수 있다. 이상과 같이 학교수준 교육과정 개발 실제에서 활용 가치가 있는 학교수준 교육과정 개발모형을 살펴보았다. 각각의 모형들 간에 본질적인 차이가 있다기보다는 강조하고 있는 바의 차이가 있다는 점을 시사하고 있다. 이러한 모형들을 통해 교육과정 요소들의 작용 및 그들 간의 관련성을 이해하게 되며 실제 학교수준 교육과정 개발과정에서 많은 시사점을 얻게 될 것이다.

Ⅳ. 학교수준 교육과정 개발방안

학교수준 교육과정은 학생들의 전인적 발달을 책임지고 있는 학교의 주도면밀한 교육계획으로서 어디까지나 단위학교의 책임자인 학교장과 실제 수업 실천자인 교사가 중심이 되어 개발한다. 학교수준 교육과정을 개발하기 위해서는 자연적·사회적·역사적·문화적 특성과 학교별로 시설, 설비, 환경 여건 등 단위학교의 독특한 특성을 반영해야 한다. 또한 학부모의 경제적·사회적 수준, 학습자의 성장배경, 생활경험, 개성, 능력, 소질 등에 따라 다양한 모습의 학교수준 교육과정을 개발할 수 있다. 즉, 학교수준 교육과정 개발을 통하여 학습자의 실태와 학교의 여건, 지역의 실정 등을 고려하여 학습내용, 수준, 분량, 지도 등을 조정해야 한다. 이러한 특성에 맞추는 조치와 배려가 선행될 때 교육의 성과는 기대할 수 있으며 그 중심에 학교수준 교육과정이 있는 것이다.

'제6차 교육과정' 시기부터 우리나라는 교육과정 결정의 분권화, 교육과정 구조의 다양화, 교육과정 내용의 적합화, 교육과정 운영의 효율화를 위하여 교육과정 개발의 역할분담 체제를 개선한 이후 지금까지 단위학교에서는 국가수준, 지역수준의 교육과정에서 제시한 교육과정 개발절차를 토대로 하여 학교실정에 맞는 특색 있는 학교수준 교육과정 개발을 위해 많은 노력을 해왔다(이원희 외, 2008, pp.308~309). '제6차 교육과정' 시기 이후부터 지금까지 단위학교에서 주로 활용하고 있는 학교수준 교육과정 개발절차는 단위학교마다 어느 정도의 차이는 있으나, 대부분 제6, 7차 교육과정 해설서(교육부, 1993 · 1998)에서 제시하고 있는 절차를 적용하고 있는 편이다.

이에 본 절에서는 앞서 고찰한 외국의 학교수준 교육과정 개발동향과 교육과정 제 이론 탐색에서 얻은 시사점과 국가수준의 '2010 특수교육 교육과정'을 토대로 학교수준 교육과정의 개발과 관련하여 구체적인 내용을 어떻게 구성하고 실천할 것인가에 대한 관점을 선행연구와 국가수준 교육과정 개발체제 문서에 입각하여 살펴봄으로써, 학교수준 교육과정 개발 시 단계별(계획 → 편성 → 운영 → 평가) 함의를 제공해보고자 한다.

1. 계획 단계

학교수준 교육과정을 합리적으로 개발하고 효과적으로 운영하기 위해서는 계획단계에서 반드시 수행해야 할 과업이다. 이러한 관점은 앞서 살펴본 외국의 학교수준 교육과정 개발동향에서와 같이 학교수준 교육과정을 중핵에 두고 국가, 지역사회의 다양한 단체들이 직접적으로 참여할 수 있는 체제를 구축하고 반영을 전제로 해야 할 것이다. 다시 말해 단위학교에서 학교수준 교육과정을 독자적으로 개발하는 것이 아니라, 국가와 지역의 지침과 지역사회 인사들의 직접 참여가 전제되어야 한다는 것이다. 이와 같은 맥락에 따라 단위학교에서의 절차는 학교교육과정위원회의 구성 · 운영 → 국가수준 교육과정 기준과 시 · 도 교육청 운영지침 분석 및 학교수준 교육과정 편성계획 수립 → 각종 실태조사 · 분석과 시사점 추출 → 학교수준 교육과정의 기본방향 설정 등 4단계로 세분화하여 계획하는 단계이다. 이를 하위 영역별로 나누어 구체적으로 나타내면 다음과 같다.

1) 학교교육과정위원회 구성 · 운영

학교수준 교육과정을 개발하기 위해서 모든 교직원이 참여하는 학교교육과정위원회와 같은 기구를 조직하고 임무와 역할을 구체화할 필요가 있다. 즉, 학교교육과정위원회는 국 · 공 · 사립학교에 모두 설치해야 하는 조직으로서 학교장이 교육과정 운영에 관한 의사결정을 하는 데 자문 역할을 하며, 교육과정의 합리적 편성과 효율적인 운영을 위하여 교원, 교육과정(교과교육) 전문가, 학부모 등으로 구성하여 운영한다.

또한 교원양성대학, 지역유관단체, 교육전문기관의 교수나 자문위원, 지역 전문가와 함께 협력하여 연계 추진도 필요하다. 현실적으로 보면 구호에 머물고 있는데 학교현장에서는 실제적인 운영이 이루어질 수 있도록 해야 한다. 이 위원회의 주된 기능은 학교수준 교육과정 개발계획을 수립하고 그에 필요한 자료의 수집과 문헌연구를 수행하며, 교직원을 대상으로 한 교육과정 연수 등을 실시하는 것이다.

2) 국가수준 교육과정 기준과 시 · 도 교육청 운영지침 분석 및 학교수준 교육과정 편성계획 수립

학교수준 교육과정 개발을 위한 기초자료를 수립하기 위하여 먼저 국가에서 문서로 고시한 교육과정 기준과 시 · 도 교육청에서 제시한 교육과정 편성 · 운영 지침의 내용을 교과, 재량활동, 특별활동에 따라 분석하고 반영해야 한다. 이때 교육 관련 법령, 교육시책, 교육지표, 중점과제의 내용을 분석하여 학교수준 교육과정에 반영할 시사점을 일관성 있고 체계적으로 추출하여 적용해야 한다. 또한 단위학교의 특수성을 강조하고 특색 있는 학교수준 교육과정을 개발하기 위하여 외국의 사례, 선행연구, 인근 학교 등의 현황과 실태파악의 내용도 참고자료로 활용할 수 있다. 특히 선행연구에 의하면 학교수준 교육과정 개발에서 몇몇 담당부서에서 이루어지고 있음을 밝히고 있는데 이러한 점은 지양되어야 하며 학교 구성원 모두가 참여하는 것이 바람직하다.

3) 각종 실태조사 · 분석과 시사점 추출

지역의 특수성과 학교의 실정에 알맞은 특색 있고 창의적인 교육프로그램을 개발하려면 무엇보다도 중요한 것이 각종 기초조사와 실태분석을 실시하여 학교수준 교육과정에 반영할 시사점을 실천 가능하게 추출하는 과정이 선행되어야 한다. 이를 위해 교직원 현황, 시설 · 재정 · 환경 등의 여건, 학생과 학부모의 실태, 지역사회의 특성(자연환경 – 위치, 지형, 기후, 면적, 개발계획 등, 인문환경 – 교통, 통신, 문화, 보건, 생활모습, 전통문화 등), 교직원 · 학부모의 요구사항(교육적 요구와 교육과정 운영에 관한 내용, 노력 중점에 관한 내용, 교과지도와 평가에 관한 내용 등)을 자세하게 조사 · 분석하고 학생(학업 성취도, 학습태도, 생활태도, 기본생활 습관, 흥미 · 관심, 신체적 발달상황, 체력, 운동기능 등)들이 교과별 성취수준이나 교과, 특별활동의 운영실태도 조사 · 분석할 필요가 있다. 이러한 조사결과는 교육과정 개발 기본방향 설정의 토대가 된다고 할 수 있다.

4) 학교수준 교육과정의 기본방향 설정

위에서 언급한 지역과 학교의 특수성, 교육의 실태, 학생 · 교원 · 주민의 요구와 필요 등에 대한 기초조사를 실시한 조사결과를 토대로 각 단위학교는 학교수준 교육과정 기본방향을 설정하여야 한다. 또한 교육의 사회적 · 개인적 적절성과 유용성, 효율성을 높이기 위하여 학교수준 교육과정 개발에 학생의 개성, 능력, 요구 등을 포함한 기초조사 결과를 활용할 필요가 있다. 이 단계에서는 이러한 자료를 기초로 하여 학교장의 경영방침과 교육목표를 설정하고 교과 · 영역 · 학년별 교육중점을 제시하게 된다. 특히 강조할 점은 이러한 절차들이 형식에 그쳐서는 안 된다는 점을 간과하지 말아야 한다.

2. 편성 단계

이 단계에서는 학교수준 교육과정의 시안 작성과 시안의 심의 및 확정 등 2단계로 구분해볼 수 있다.

1) 학교수준 교육과정 시안 작성

각 단위학교는 국가수준 교육과정 기준과 시·도의 교육과정 편성·운영지침, 지역교육청의 교육과정 편성·운영에 관한 장학자료와 앞에서 논의한 실태분석 등을 통하여 추출된 시사점을 바탕으로 학교 실정에 알맞은 학교수준 교육과정을 개발하기 위한 시안을 작성하여야 한다. 또한 학교수준 교육과정을 개발할 때는 편제와 시간배당, 수업일수, 수업시수 결정, 교과, 특별활동, 재량활동의 연간 운영계획 수립 등의 내용들이 구체적으로 포함되어야 한다. 이러한 내용이 일반적인 검토사항이라면 국가수준의 문서를 상세히 검토하여 단위학교의 특수성을 반영하기 위한 학교수준 교육과정 개발과 관련한 학교 재량권을 충분히 활용할 수 있도록 제반 문서 검토를 소홀히 하지 말아야 한다. 이 과정에서 선행연구, 외국의 사례 등을 폭넓게 검토·반영할 수 있다.

2) 학교수준 교육과정 시안의 심의 및 확정

앞의 절차에 의해 개발된 학교수준 교육과정 시안에 대한 학교수준 교육과정 개발에 참여한 인사들과 자문인사, 학교운영위원회 위원 등의 전문적인 검토나 자문을 받아 시안을 심의하고, 도출된 문제점을 반영하여 시안을 수정·보완한 후 학교수준 교육과정을 확정하게 된다. 특히 학교수준 교육과정 시안을 검토하고 이를 조정하기 위해서는 교육목표, 내용, 수준, 순서, 시간, 강조점, 자료, 유의점, 평가, 연수 등의 내용들을 조정하고, 각 요소들이 단위학교의 성격, 학교교육목표에 비추어 적절한가를 주도면밀하게 검토해야 한다.

학교수준 교육과정 편성은 학생들과 직접적인 관련을 맺게 되는 만큼 신중을 기해야 하는데 유의점을 제시하면 다음과 같다. 첫째, 학교수준 교육과정을 개발하기 위해서는 관련 법규, 기준, 교육과정과 해설서, 교과용 도서 및 각종 계획자료 등을 검토해야 한다. 둘째, 학교교육에 대한 일관적인 생각과 입장을 견지하기 위해 단위학교의 교육철학을 바탕으로 학교교육에 대한 학교상을 정립한다. 셋째, 교과별 교사협의회, 동 학년 협의회, 학교교육과정위원회 업무, 부서별 협의회 등과 같은 교사집단을 어떻게 조직하고 학교수준 교육과정을 개발할 것인가를 연구하고 원칙이 전제되어야 한다.

3. 운영 단계

운영단계는 단위학교에서 실제 학생들과의 상호작용을 하는 교수학습 활동단계로서 위의 계획과 편성 단계를 거쳐 단위학교에서 학교수준 교육과정이 개발되면 연간 운영계획에 따라 융통성 있게 운영하는 것이 중요하며, 학교수준 교육과정을 정상적으로 운영하기 위해서는 다음 사항을 고려해야 할 것이다.

첫째, 교원들이 전문성을 발휘할 기회와 교원연수 기회를 통하여 교육활동 개선에 도움을 주도록 한다. 이를 구체적으로 제시하면 학교수준 교육과정 운영은 교원의 가장 본질적이고 전문적인 영역으로서 교원의 전문성을 요구한다. 이를 위해서는 교사의 교육과정에 대한 이해가 필요한데 학교 자체 내에서의 지속된 연수와 연구활동이 필요하다. 둘째, 학교교육활동 전반을 통하여 인성교육이 이루어지도록 하며, 국가와 범교과 학습활동을 학교실정에 따라 다양하고 특색 있게 운영하도록 한다. 셋째, 매년 단계별, 교과, 학년에 맞는 학교수준 교육과정을 운영할 수 있도록 교실·교사·교수·학습자료 여건과 환경을 갖추어야 한다. 넷째, 학교와 교사의 재량에 따른 시간, 장소, 주제, 조직 등에서 융통성 있는 교육과정 운영이 필요하다. 다섯째, 특별활동 영역을 균형 있게 운영해야 한다. 여섯째, 다양한 학습자료를 활용하고 도서목록의 작성활용 등 특별한 프로그램을 개설하도록 한다. 학교수준 교육과정을 효율적으로 운영하기 위해서는 각종 교내연수를 지속적으로 실시하고, 교내 자율장학을 활성화하며, 학교수준 교육과정 운영과정에서의 문제점에 대해 탄력적으로 대처해야 할 뿐만 아니라, 교내외 장학협의를 통한 교육과정의 수정·보완이 계속 이루어져야 한다.

학교수준 교육과정을 운영하기 위해서는 다음과 같은 운영상의 유의점을 고려하여야 한다. 첫째, 각 교과의 기초적·기본적 요소들이 체계적으로 학습되도록 계획하고, 이를 일관성 있고 지속성 있게 지도한다. 둘째, 각 교과목별 학습목표를 모든 학생이 성취하도록 지도하고, 능력에 알맞은 성취가 가능하도록 다양한 학습의 기회와 방법을 제공하며, 이를 위한 계획적인 배려와 지도를 하여 학습결손이 누적되거나 학습의욕이 저하되지 않도록 노력한다.

4. 평가 단계

평가단계는 절차적으로는 마지막 단계이지만 그 역할은 단위학교의 교육목표 도달 정도, 교수학습 활동에서의 학업성취도 파악 등을 통하여 목표를 수정·보완할 수 있는 단계로서 중요한 단계이다. 우리나라는 국가 수준에서 학업성취도 평가의 중요성을 인식하여 「초·중등교육법」 제9조 제1항의 "교육과학기술부는 학교에 재학 중인 학생의 학업성취도를 측정하기 위한 평가를 실시할 수 있다"의 규정에 따라 매년 학업성취도 평가를 시행하고 있다. 학교수준 교육과정에서의 평가활동은 다음과 같이 이루어져야 한다.

첫째, 평가는 모든 학생들이 교육목표를 성공적으로 달성하기 위한 교육의 과정으로서 실시한다. 둘째, 학교는 다양한 평가도구와 방법으로 학업성취도를 평가하여 학생의 교육목표 도달 정도를 확인하고, 수업의 질 개선을 위한 자료로 활용한다. 셋째, 학교와 교사는 학교에서 가르친 내용과 기능을 평가하도록 한다. 학생이 학교에서 배울 기회를 마련해주지 않고, 학교 밖의 교육수단을 통해서

익힐 수밖에 없는 내용과 기능은 평가하지 않도록 유의한다. 또한 학교수준 교육과정 평가의 개선을 위하여 학교수준 교육과정 운영결과는 매 학년도 말에 전 교직원의 참여 아래 평가되어야 한다. 평가는 학생의 학업성취도 평가와 학교교육과정 자체의 평가, 학교교육과정 실행여건의 평가 등으로 나누어 실시되어야 한다. 이러한 평가결과는 다음 학년도 학교교육과정의 수정·보완·개선에 반드시 반영되어야 한다. 본 연구의 연구절차에 따라 수행된 학교수준 교육과정 개발방안을 도식화하여 제시하면 다음과 같다.

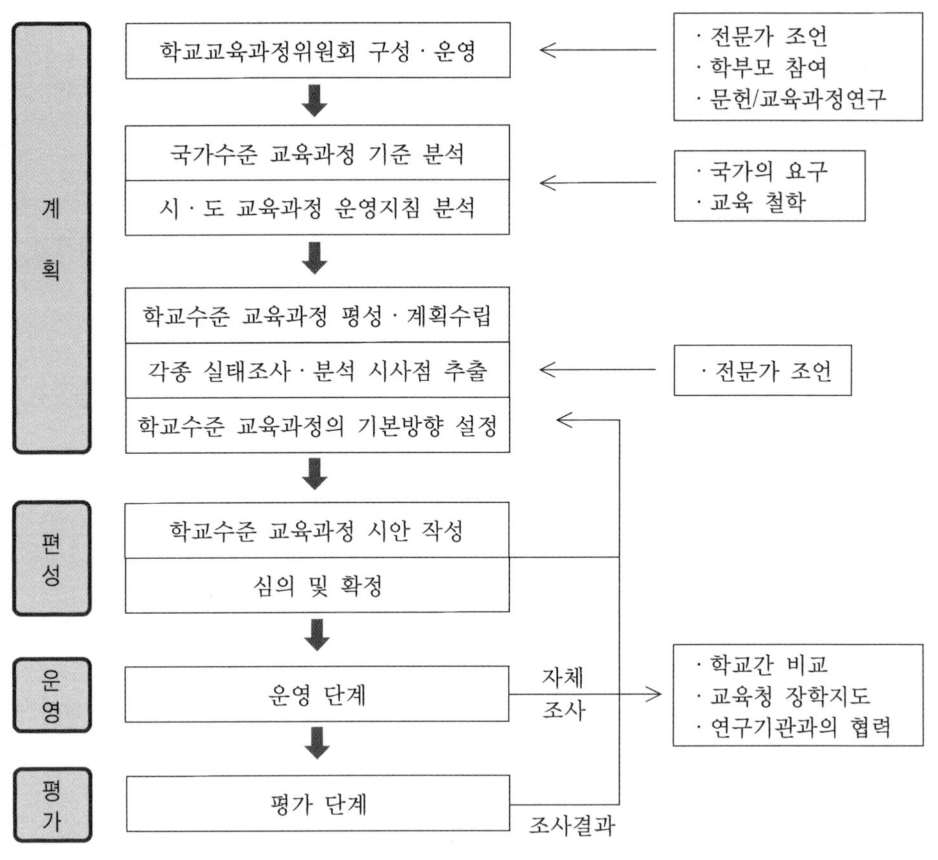

〈그림 1-5〉 학교수준 교육과정 개발 방안

V. 결론 및 제언

세계 각국은 국가의 위상 정립과 국가 발전을 위해 개혁의 대상으로 교육개혁에 초점을 맞추고 있음을 앞서 밝힌 바 있다. 다양한 분야의 교육개혁에서 특히 학교수준 교육과정 개발 측면의 관심은 날로 더해 가고 있다. 우리나라도 예외는 아니어서 '2010 특수교육 교육과정' 고시·적용 시점에

‘국가교육과학기술자문회의 교육과정특별위원회’를 발족시켜 ‘미래형 교육과정’이라는 표제어로 국민대토론회, 언론을 통한 홍보, 학술 세미나 등이 각처에서 이루어지고 있다. 이러한 국가적 차원의 노력은 세계 추세와 대등한 노력이라고 판단한다.

이에 본 연구는 세계교육의 개혁동향에 따른 학교수준 교육과정 개혁이 학교현장에서 미온적으로 이루어지고 있는 현실에 주목하여 학교수준 교육과정의 효율적인 적용을 위한 학교수준 교육과정 개발방안을 제시하는 데 그 목적이 있었다. 이를 위해 국내외 교육과정 개발동향을 분석하고, 학교수준 교육과정 개발과 관련한 제 이론 분석을 통한 시사점을 추출·반영함으로써 향후 단위학교에서의 학교수준 교육과정 개발방안을 제시하였다. 전술된 내용에 근거하여 다음과 같이 종합적인 결론을 내릴 수 있다.

첫째, 우리나라 교육과정 개발체제는 국가수준 교육과정 기준제공을 원칙으로 하고, 학교수준 교육과정에 대해서만 자율성을 부여하고 있어 다소 경직성을 내포하고 있다. 이에 반해 외국의 경우 비영리단체나 기업 등의 참여로 다양한 의사를 반영하고 있는 것으로 나타나, 국가수준 교육과정 개발 시, 보다 합의된 문서를 도출하기 위해서는 우리나라도 다양한 이해 당사자들의 의견을 수렴할 필요가 있으며, 이에 따른 학교수준 교육과정 개발의 융통성과 재량권을 확대해야 할 것으로 생각한다.

둘째, 학교수준 교육과정 개발에 관한 제 이론 분석 결과, 교육과정 개발 시 교육 목표, 내용, 방법, 평가, 운영방법 등이 주요 요인으로 나타났고, 이 외에도 조직, 시설, 예산 등의 환경적 요인 또한 고려되어야 하는 것으로 나타났다.

셋째, 국내외 교육과정 개발동향과 학교수준 교육과정 개발에 대한 제 이론을 종합하여 계획, 편성, 운영, 평가 4단계로 하는 학교수준 교육과정 개발방안을 제시하였다.

물론 본 연구에서 제시한 학교수준 교육과정 개발방안이 독특하게 창안된 것만은 아니라고 할 수 있다. 또한 우리나라에 학교수준 교육과정 개발연구와 방안 제시가 없었던 것도 아니다. 그러나 간과해서는 안 될 점은 학교현장에서 교육과정 문서의 사(死)문서화 현상은 교육활동에 있어서 무엇보다도 불필요해서가 아니라 학교현장의 실정과 괴리되어 있다는 데서 문제의식을 갖는다. 따라서 본 연구결과에서 제시한 학교수준 교육과정 개발방안은 학교현장에서 실제적이고, 가시적이며, 손에 잡히는 교육과정 개발방안을 제시했다는 데 의의가 있을 것이다. 이러한 점은 선진 외국의 학교수준 교육과정 개발방안이 비교적 학교현장에 초점을 맞추고, 교육활동을 위해 제공되는 각종 문서들이 학교현장에 실효성 있게 접근할 수 있도록 계획하고 보급된다는 점과 맥을 같이한다고 볼 수 있다.

향후 단위학교에서 교육활동의 실제적 방향타 역할을 하는 학교수준 교육과정 개발과 적용이 안착되기 위해서는 다음과 같은 제언을 할 수 있다. 국가수준 교육과정 기준, 시·도 교육청 수준의 운영지침, 학교수준 교육과정 개발로 연결되는 전달체제가 공(空)문서가 되지 않도록 장학지도를 강화하고, 개발단계부터 효용가치가 담보되며 학교현장의 학교수준 교육과정에 대한 점검과 지원이 지속적으로 이루어져야 할 것이다.

*연구자 성명 : 강 성 종

소속/직위 : 서울 한국우진학교 교사

e-mail : h-gang@hanmail.net

C·P : 011-342-2403

제**2**장

한·미·일 초등학교 역사 커리큘럼(Curriculum) 검토를 통한 역사 영역의 다문화교육 지도방안

<요 약>

이 연구는 한·미·일 각국의 서로 다른 다문화사회로의 사회적 맥락(social contexts) 변화가 어떻게 초등학교 역사 커리큘럼에 반영되었는가를 검토함으로써 2009 개정 사회과 커리큘럼하에서의 학교 단위의 다양한 역사 커리큘럼 개발의 사례를 제시해보고자 하였다.

세 나라 모두 다문화성이 각국 초등학교 역사 커리큘럼에 구체적으로 반영되어 나타나 있다. 다문화사회로의 사회적 맥락 변화에 따른 지도사례를 제시해본 것과 같이 역사 영역 지도내용에 대해 다민족적·다문화적·세계사적 접근관점을 가지고 다양한 연구·실천이 요구된다.

[주제어] 다문화교육, 다문화성, 미합중국사 스탠더드(national standard), 소학교 학습지도요령, 정체성(identity), 일본 속에서의 다문화, 자민족 중심주의, 반편견, 열린 민족주의, 이문화 이해, 글로벌주의와 국가주의

Ⅰ. 들어가는 글

새로이 개정된 2009 개정 교육과정에서는 학습부진아 및 다문화가정 자녀 등에 대한 배려와 지원 내용이 신설되었다.

사회·도덕 교과군의 경우 3·4학년 272시간, 5·6학년 272시간의 학년 군별 총 시간 수를 도입하였으며, 창의적 체험활동(1·2학년 272시간, 3·4학년 204시간, 5·6학년 204시간)이 도입되었다. 내년부터 전면적으로 실시될 주 5일제의 전면시행 등에 의해 연간 총 사회과 수업시간의 축소 또는 창의적 체험활동과 연계한 수업시간의 확대는 불가피할 것으로 전망된다. 이는 지금까지 오랫동안 문제시된 '사회과(역사) 학습내용 과다의 해결' 등이 맞물려 있다. 범교과 주제는 관련 교과와 창의적 체험활동(민주시민교육, 인성교육, 환경교육, 경제교육, 녹색교육 등)으로 통합 적용하도록 되어 있어서 사회과와 관련된 다양한 활동을 할 수 있는 기회가 주어졌다.

이번 개정 교육과정에서 주목해야 할 것은 '교과별 20% 범위 내에서 시수 증감운영'으로 제시되고 있다는 점이다. 이러한 전환은 커리큘럼 자주적 편성을 넓히는 것을 가능하게 할 수 있었기 때문

에 그 의미가 크다고 할 수 있다.

그렇지만 여기에서 문제 되는 것은 "학년 군별로 어떻게 사회과(역사) 학습내용을 구성할 것인가?"라는 문제일 것이다. 교과별 20% 범위 내에서 시수 증감운영이라면, 지역과 학생들의 실태에 맞게 커리큘럼을 독자적으로 편성하는 필요성이 어느 때보다도 요구되기 때문이다.

편성·운영에 있어서 사회과는 수준별 수업을 하도록 권장하며, 수업은 탐구활동 중심으로 하도록 권장하고 있다. 사회과 등 교과와 창의적 체험활동 내용배정은 조정하여 운영 가능하도록 되어 있는 것이 골자이다.

이러한 것을 종합해서 생각해보면 현장교사들에 있어서 이러한 상황은 사회과에 닥친 위기이자 기회라고 생각한다. 그러므로 2009 개정 사회과(역사) 커리큘럼이 편성되는 것에 따른 다양한 지역별·학교별 사회과(역사) 커리큘럼 개발이 필요하다.

본고에서는 다문화 사회과(역사) 커리큘럼을 검토하고 지역 및 학교 단위의 다양한 사회과(역사) 커리큘럼 개발의 사례로 제시해보고자 한다.

Ⅱ. 다문화 사회과(역사) 커리큘럼(Curriculum)의 검토

1. '2007년·2009 개정 교육과정'에 나타난 다문화성

2009 개정 교육과정 총론에서 '다문화가정 자녀'에 대한 배려와 지원내용을 언급함에 따라 다문화교육이 강화되었다. 하지만 자칫하면 학업성취도 개선에만 초점이 맞추어질 수 있어서 우려가 앞선다.[1] 총론에 반영된 다문화성이 향후 각론에 반영되길 기대하면서, 2007년 개정 교육과정에 나타난 다문화성을 검토해보고자 한다. 2007년 개정 역사 영역 목표 다항에서는 "국사 영역과 세계사 영역을 종합적으로 이해하는 것을 강조"하고 있다. 이것은 세계사적 관점에서 한국사를 바라보거나 또는 한국사적 입장으로부터 세계사를 인식하는 안목을 기르는 필요성[2]에서 반영된 결과이다. 세계사적 관점의 반영은 이원순이 "현대 세계사에 상응하는 역사 자세가 열린 민족주의, 보편성(세계성)의 속에서 개별성·민족성의 역사적 실재의 이데아이다"[3]라고 지적한 것 등 꾸준한 학계의 성과를 반영한 결과이다. 이러한 열린 민족주의는 한국과 다른 민족과 문화, 다른 나라 국민과의 연대·제휴, 교류, 우호와 신뢰를 기반으로 하는 민족주의의 개방적 시점이기도 하다. 그렇기 때문에 역사교육에

---

1) 미국의 경우 소수민족 학생들의 학업성취도는 지난 20년 이상 괄목할 만한 성과를 보였으나, 다른 대부분의 학생들은 같은 기간 동안 별 성과를 거두지 못했음에도 불구하고, 미국의 보수주의적인 우파들의 주장은 다문화교육에 앞서 평준화된 시험에 대한 학생들의 학업성취도 개선을 우선해야 한다는 주장과 일치하기 때문이다.

2) 정재정, 「한국사 교육의 반성과 새로운 방향의 탐색」, 『한·일 양국 간 이해증진을 위한 역사교과서 관계자 학술세미나』, 한국교육개발원, 1991, pp.157~158.

3) 이원순, 『한국에서 본 일본의 역사교육』, 청목서점, 1994, p.167.

있어서도 단순한 문화 영역의 이해뿐만 아니라 역사적·사회적 과제가 다른 민족과 국가로의 시점을 가지고 상호 이해를 하지 않으면 안 된다. 이러한 열린 민족주의와 세계사적 관점으로부터 사회과교육의 중요개념인 인권·평등 등의 전망을 밝게 할 수 있기 때문이다. 2007년 개정에서의 세계사적 관점은 역사교육에 있어서의 다문화교육의 관점을 명백히 한 결과이다.

1) 5학년 사회과교육과정 목표 및 내용분석

〈표 2-1〉 2007년 개정 교육과정의 다문화교육

학년	불일치: 간접 관련 단원 (주된 다문화 지도요소)	부분일치: 중간 관련 단원	전면일치: 직접 관련 단원
5학년	하나 된 겨레(문화이해) 다양한 문화가 발전한 고려(문화이해) 유교 전통이 자리 잡은 조선(문화이해) 조선 사회의 새로운 움직임(문화이해) 새로운 문물의 수용과 민족운동	대한민국의 발전과 오늘의 우리	없음

5학년은 역사교육 내용의 시계열성을 고려하여 국사를 한 학년에 집중적으로 배열하여 일관된 학습이 이루어지도록 하였다. 또한 생활사, 문화사, 인물사 중심으로 우리나라 역사를 쉽게 다룰 수 있도록 내용을 조직하였다.

〈표 2-2〉 2007년 개정 교육과정의 5학년 역사 영역 목표와 강조점

순	2007년 개정 교육과정 목표	강조점
역사영역목표 '다'항	'다'항은 "각 시대의 특색을 중심으로 우리나라의 역사적 전통과 문화의 특수성을 파악하여 우리 문화와 민족사의 발전상을 체계적으로 이해하며, 이를 바탕으로 인류생활의 발달과정과 각 시대의 문화적 특색을 파악한다"이다	- 국사 영역과 세계사 영역을 종합적으로 이해하는 것을 강조 - 역사적으로 구분되는 '각 시대의 특색'을 중점적으로 이해 - 시대의 특색을 중심으로 우리 민족의 '역사적 전통과 문화의 특수성' 파악할 것을 강조 - 시대의 흐름에 따른 전통과 문화의 특수성 파악은 '우리 문화와 민족의 발전상을 체계적으로 이해'하는 데 핵심이 됨 - 한국사 지식을 바탕으로 세계사의 전개과정에서 나타난 '인류생활의 발달과정과 각 시대의 문화적 특색'을 파악할 것이 요구됨
기능영역목표 '마'항	'마'항은 "사회현상과 문제를 파악하는 데 필요한 지식과 정보를 획득, 조직, 활용하는 능력을 기르며, 사회생활에서 나타나는 여러 문제를 합리적으로 해결하	- 지식 영역의 전 목표와 깊은 관련을 가지면서 길러야 할 기능 또는 능력에 대한 것임 - '사회현상과 문제를 파악'하는 데 있어 현상과 문제란 역사, 지리, 제 사회과학과 관련되는 문제들

기능영역목표 '마'항	기 위한 탐구능력, 의사결정능력 및 사회 참여능력을 기른다"이다.	이며, 어느 지식 영역의 학습에서든 '지식과 정보를 획득, 조직, 활용하는 능력'이 필요한 것임 - 사회과의 '탐구능력', '의사결정능력', '사회참여능력' 등은 모든 지식 영역의 학습과정에서 지식의 이해와 함께 추구되는 것이며, 그렇게 될 때 비로소 '사회생활에서 나타나는 여러 문제를 합리적으로 해결'할 수 있는 능력과 의사결정능력이 길러진다는 점을 강조하고 있음
가치·태도목표 '바' 항	'바'항은 "개인과 사회생활을 민주적으로 운영하고, 우리 사회가 당면한 문제들에 관심을 가지고 민족문화 및 민주국가의 발전에 적극적으로 이바지하려는 태도를 가진다"이다.	- 사회과교육에서 정의적 영역의 교육이 중요함을 강조함 - '사회문제들에 관심을 가지는 태도'와 '민주국가 발전에 이바지하려는 태도'는 역사, 지리 및 사회과학의 모든 지식 영역과 관련되어야 한다는 점을 강조함

2. 미국 역사계 '미합중국사 스탠더드(national standard)'에 나타난 다문화성

1980년대 후반 이래 블룸(Bloom, A)과 하쉬(Hirsch, E. D.), 슐레진저(Schlesinger, Jr., A. M.) 등에 의해 다문화주의 교육의 융성에 대한 비판이 계속 이어져, 다문화주의자들 사이에 심한 다문화주의 논쟁이 전개되었다.[4]

이와 때를 같이하여 1996년에는 '역사 미합중국사 스탠더드-기초편(National Center for History in the School)'[5]이 만들어졌다.[6] 여기에는 풍부한 학습사례가 제시되어 있다. 그러나 '미합중국사(national standard)'에 제시되어 있는 학습사례가 모든 마이너리티 집단의 역할이 지나치게 강조되어, '다문화가 지나치다'라는 보수주의자들의 비판을 받는 계기가 되어, 미국 전체에 논쟁이 크게 벌어지게 되었다. 이러한 것은 다문화사회에 있어서 미국 국민의 역사인식 자체이기 때문에 미국 전 국민의 정체성(identity)을 나타내는 것이다. 이러한 비판은 1980년대 후반에 시작된 다문화주의 논쟁과 확대 결부되어, 1996년에는 학습사례가 삭제되기에 이른다. 비록 보수주의자들의 비판을 받아 학습사례가 삭제되었지만, 기본적으로 다문화국가를 전제로 하며, 그 지향점이 다문화적 역사교육이라는 것은 분명하다.

그 예로 U.S. HISTORY의 초등학교 K-4학년의 '세계 속의 많은 문화 민족의 역사(The History of Peoples of Many Cultures Around the World)'의 내용을 보면 "아프리카, 미국 대륙, 아시아 사회에서 뽑은 속성 또는 역사의 개발을 이해하여 유럽, 과학기술 등에 대하여 책임 있는 사회적·경제적인 효과 가운데 몇 개 혹은 주요한 과학자와 발명가의 주요한 발명품을 이해한다"라고 되어 있다.

---

4) 미국 역사학계에 있어서도 『새로운 사회사』를 둘러싸고 역사학 연구에 있어서 다문화주의의 융성에 대한 시비를 묻는 논쟁이 전개되었다. 桐谷正信, 「1980년대 아메리카 역사학에 있어서의 『새로운 사회사』 논쟁-다양성과 통일성에 대한 상황」, 쯔쿠바사회과연구 제17호, 1998.

5) National Center for History In the school ed., 1996, National standards for history, basic edition.

6) 이는 "The Historical Thinking Standards, US History Standards and World History Standards" 세 가지가 통합된 것이다. http://nchs.ucla.edu/Standards/, http://www.educationworld.com/standards/national/soc_sci/index.shtml

이와 같이 '미합중국사 스탠더드'에 있어서는 학생이 학습해야 할 내용으로서 '역사적 지식(Historical Understanding)'은 인간생활의 다양한 영역을 대상으로 삼고 있다. 구체적으로는 '사회적·정치적·과학적/기술적·문화적' 영역이 설정되어 있다. 그리고 역사를 학습하는 것은 "가족, 커뮤니티, 주, 국가, 세계 속의 다양한 사람들을 탐구하는 것"이라 하여, 인간의 현실생활의 다양한 측면을 학습하는 필요성을 제시하고 있다. '역사적 지식'의 구체적인 내용으로 '가족, 커뮤니티, 주, 국가, 세계'의 다섯 가지 영역에 대응한 역사 영역이 구성되어 있는 것이다. 이들 5가지 영역이 '사회사'에 모두 통합되어 있다. 스탠더드의 기본적 방향성으로서 미합중국사를 근대의 '국민국가'의 발전·성립사로서만 있는 것이 아니라 미합중국이라는 하나의 사회발전·성립사로서 보고 있다. 다시 말해 "경제적·종교적·문화적·정치적 변화가 사회생활에 어떠한 영향을 끼치는가를 고찰"하는 구성이 반복되는 것을 보면 알 수 있다. 각 시대마다 항상 '경제적·종교적·문화적·정치적 변화'가 '사회생활'이라는 장에 대한 영향과 그 결과로서 생기는 '일상성'의 변화를 탐구하는 것을 요구한다.

3. 일본 '소학교 학습지도요령'에 나타난 다문화성

일본의 경우 1990년대 교육 패러다임이 '이문화 이해'의 교육으로부터 '다문화교육'으로 변환하였다.[7] 이러한 것을 인식할 수 있는 것이 소학교 학습지도요령이다. 일본 소학교 사회과의 목표를 보면 "사회생활에 대한 이해를 꾀하여 우리나라 국토와 역사에 대한 이해와 애정을 길러(일본인으로서의 자각), 국제사회에 살아가는 평화적이고 민주적인 국가·사회의 형성자로서 필요한 공민적 자질(국제시민으로서의 자질)의 기초를 기른다"이다.[8] 그러나 국제시민으로서의 자질이라는 개념의 내용에 대해서는 정해진 것보다는 "주체성, 협조성, 인류애, 창조적·유연적 사고, 일본인으로서의 정체성(identity), 관용성, 차별성, 개성·창조성, 국제감각" 등 넓은 범위로 해석하고 있다.

이러한 과정 속에서 행해지고 있는 실천적 연구의 관심은 "이질적인 것에서부터 배타성 극복, 외국어교육, 일본의 문화와 전통의 존중, 외국인 자녀의 교육, 국기(國旗)·국가(國歌) 교육, 아이들의 이문화 체험, 토론수업, 국제협력·환경교육" 등이다. 최근에는 일본에 살고 있는 다른 문화를 가진 사람들(아이누, 오키나와, 재일코리안, 재일중국인 등 신도래인)에 눈을 돌리고 있다. 다시 말해 '일본 속에서의 다문화'에 초점을 맞추고 있다. 이러한 일본의 교육 패러다임이 '다문화교육'으로 변환한 것의 의미는 자기 상대화·객관화 등으로 말할 수 있다. 결국 다문화학습이 아닌 자기 문화를 상대화하여 새로운 문화를 창조하려고 하는 것이다. 그리하여 일본사회에서 등질성을 절대시하는 사회풍토, 학교문화, 교실풍토로부터 일본사회를 되돌아보고, 일본 속의 외국인들에 대한 개념도 자민족중심주의(자민족우월사상, ethnocentrism)에서 해방된 인격체로 보려고 한다.[9] 또한 재일조선인 민족문제 교육을 함으로써 유럽중심주의, 대국중심주의를 극복하여 학생들의 세계인식의 단면을 메우려고

---

7) 김영식, 「일본에 있어서 국제이해교육의 현상과 과제 - 다문화교육으로의 패러다임 변환이 시사하는 것」, 나라교육대학, 2000.

8) 문부과학성, 『소학교 학습지도요령』, 2008(平成 20년), p.34.

9) 윌리엄 섬너의 개념.

하고 있다.

하지만 이와는 반대로 한·일 양국 간에는 상호 이해가 왜곡되어 가고 있다. 예를 들면 다음과 같다. "不戰決議에는 반대합니다. 왜냐하면 일본의 과거행위가 나쁘다고 말하는 것은 자기 나라에 대한 자긍심(?)을 빼앗아 버리고 마는 것이 되기 때문입니다. 게다가 현재의 아시아 여러 나라의 경제발전은 일본이 각각의 나라를 구미의 식민지 지배로부터 해방시켜 주었기 때문입니다. 또한 일본이 아시아의 여러 나라에 일본어 교육을 실시한 것에 의해, 그들 나라들의 문화를 고양시키는 데 공헌을 했을 것입니다." 이것은 어느 대학 강의에서 국회부전결의를 요구할 때 여자대학생 A 씨의 의견 개요이다. 과거의 침략행위와 식민지 지배를 정당화하는 자국·자민족 중심의 역사인식이 선명히 나타나 있다.[10)]

이와 같은 보수 우익집단의 주장을 받아들여 최근의 '독도' 교과서 문제에 나타난 바와 같이 어긋난 애국심 강화교육으로 진행되고 있다.[11)] 인권, 자유, 민주, 평화 등 보편적인 인류적 가치를 기초로 한 전후 일본교육의 핵심인 사회과는 '독도'의 사례에서 보듯, 교과서 검정 등에 있어서 대외적으로는 국가주의를 강화하려는 의도가 명확하다. 일본은 섬너가 말한 것과 같이 "외집단에 대한 적의가 내집단에 대한 결속을 강화한다"는 논리에 따르고 있는 것 같다. 자유주의사관[12)]·자학사관[13)] 등에 따라 일본에 부끄러운 역사를 가르치지 않거나 왜곡하는 사례가 지속적으로 진행되고 있음을 이를 통해 짐작할 수 있다. 이와 같은 애국심과 자기가 속한 집단(국가·가족도 포함)에 강한 애착을 가지고 자긍심을 가질수록 외부집단(타국·가족도 포함)에 대한 적의와 경쟁심이 극렬해지는 효과를 노려 떨어진 '애국심'을 강화하려는 수단은 다문화교육에서 빗나간 교육정책이라 할 수 있다.

일본의 다문화성을 구체적으로 알아보기 위해 소학교 학습지도요령을 살펴보면 다음과 같다.

(1) 3·4학년 다문화 관련 목표로는 '지역사회에 대한 자긍과 애정 기르기' 등이며 이에 따른 내용으로는 "① 사람들의 생활, 산업 등에 있어 국내의 타 지역 및 외국과의 관계, ② 현(縣)의 모습에 대해 자료를 활용하거나, 백지도에 정리하는 등으로 조사하여 현의 특색을 생각하도록 한다" 등의 부분이 직접 관련이 있다. 이러한 내용을 다룰 때에는 "일본과 외국에는 국기(國旗)가 있다는 것을 이해시켜, 그것을 존중하는 태도를 기르도록 배려할 것"으로 국기(國旗)교육을 통한 다문화성을 이해

---

10) 김영식, 『특별활동 및 재량활동 시간을 활용한 국제이해교육』, 한일합동교육연구회, 2000. p.161.

11) 加藤文三은 "일본의 역사는 福澤諭吉의 탈아론 이래 中曽根 康弘 전 수상의 '國定일본학'을 만들려고 책동하려는 등 '일본의 역사는 아시아 속에서 특별하다'는 사상이 계속되고 있어 위험하여, 국제문제를 일으키고 있으며, 일본의 史學의 역사는 이러한 '동경제국대학의 관학 아카데미즘'으로부터 독립과 싸움이며, 아직 정확한 사실을 기반으로 하고, 과학적 시점에서 쓴 '일본사학사'를 가지고 있지 않다"고 보고 있다. 加藤文三, 『근대역사학의 100년』, 埼玉대학, 1987, p.49.

12) 藤岡信勝 동경대교수 등의 '자유주의 사관연구회'가 종군위안부 등 아시아로의 침략전쟁에 대해 교육하는 것은 '반일, 자학사관'으로 일본인을 '우열, 잔학, 호색'한 국민으로 떨어뜨린다고 보는 개념. 松井やより, 「일본의 국제신용을 떨어뜨리는 것은 누구인가?」, 『교과서에서 사라질 수 없는 전쟁의 진실』, 청목서점, 1996, p.56 참조.

13) '자학'이라는 것은 자기, 즉 한 사람 한 사람의 일본 서민을 학대하는 것이 아닌 일본이라는 국가를 통치하는 지배자를 학대한다는 의미로서 사용하고 있다. 大槻 健, 「제3차 교과서 공격을 단죄하는 길」, 『교과서에서 사라질 수 없는 전쟁의 진실』, 청목서점, 1996, p.48 참조.

시키려 하고 있다.

(2) 5학년의 다문화 관련 목표로는 "우리나라 국토의 모습, 국토의 경계와 국민생활과의 관련에 대해 이해할 수 있도록 하여, 환경의 보존과 자연재해 방지의 중요성에 대해 관심을 깊게 하여, 국토에 대한 애정을 기르도록 한다"이며, 이에 따른 다문화 지도내용은 다음과 같다. "세계의 주요 대륙과 해양, 주요 나라의 명칭과 위치, 우리나라의 위치와 영토", "여러 가지 식료산업이 국민의 식생활을 떠받치고 있다는 것, 식료 중에는 외국으로부터 수입하는 것도 있다는 것" 등이다. 이러한 내용을 다룰 때에는 "'주요한 나라'라는 것은 이웃의 여러 나라를 포함해서 다룰 것, 이때 우리나라와 여러 다른 나라에는 국기(國旗)가 있다는 것을 이해시키는 동시에 그것을 존중하는 태도를 기르도록 배려할 것" 등이다. 3·4학년과 마찬가지로 5학년에서도 국기(國旗)교육을 통한 다문화성을 이해시키려 하고 있다.

(3) 6학년의 다문화 관련 목표로는 "……우리나라와 관계 깊은 나라의 생활과 국제사회에 있어서 우리나라의 역할을 이해할 수 있도록 하여, 평화를 바라는 일본인으로서 세계 여러 나라의 사람들과 함께 살아가는 것이 중요하다는 것을 자각할 수 있도록 한다"이며, 이에 따른 내용은 다음과 같다. "세계 속의 일본의 역할에 대해…… 외국의 사람들과 함께 살아가기 위해서는 다른 문화와 습관을 서로 이해하는 것이 중요하다는 것(경제와 문화 면에서 깊은 관계가 있는 사람들의 생활모습), 세계 평화의 중요성과 우리나라가 세계에 있어 중요한 역할을 하고 있다는 것(일본의 국제교류, 국제협력 모습, 국제연합)을 생각하도록 하는 것" 등이다. 이러한 내용을 다룰 때에는 "① 관계가 깊은 나라를 예로 들 것 — 이때 다양한 외국문화를 구체적으로 이해할 수 있도록 하며, 일본과 여러 외국의 전통과 문화를 존중하도록 하는 태도를 기르도록 할 것, ② 우리나라 및 외국의 국기(國旗)와 국가(國歌)도 같이 존중하려는 태도를 기르도록 배려할 것" 등을 제시하고 있다.

6학년 역사 영역의 경우 "일본의 국가, 사회발전에 크게 기여한 선인들의 업적과 우수한 문화유산에 대한 흥미와 관심을 깊게 하며, 일본 역사와 전통을 중요하게 여겨, 나라를 사랑하는 심정을 기르는 것"이 첫 번째 목표이다. 이에 따른 주요 내용으로 일본풍의 문화, 새로운 학문이 일어남, 근대화 진전, 일본의 국제적 지위 향상, 국제사회에서 중요한 역할 등을 알게 하도록 하고 있다.

6학년의 경우 일본의 역사를 가르침과 동시에 "세계 여러 나라의 사람들과 함께 살아가는 것이 중요하다는 것" 등 다문화 관련 목표를 구체적으로 제시하고 있는 것이 특징이다.

Ⅲ. 역사 영역에 있어서 '다문화' 수업 방안

1. 다문화 역사수업을 위한 일반화와 유의점

1) 일반화

한·미·일 초등학교 사회과(역사) 커리큘럼에 나타난 다문화성(multiculturalism)은 교육과정 개발로서의 역사교육(민족연구)에 보탬이 될 것이라 생각한다. 세 나라 공히 다문화공생을 추구하는 커리큘럼을 표방하는 것은 명백하다. 민족성(ethnicity)은 오늘날 한국의 생활과 역사에 있어서 설득력 있고 현저한 요인임에 틀림없다. 주변국가의 동향과 통일이라는 우리나라가 처한 현실적 생존권적 문제로서 보면 "국가와 국민의 정체성 수호 노력과 더불어 국민적 자긍심 함양을 통해 앞으로 다가올 통일의 기회도 잡아야 하고, 이를 바탕으로 세계 중심국가로 나아가야 한다"는 분단과 통일의 민족문제가 포함되어 있다.

그러므로 민족성 내용에 대한 검토와 지도는 사회과교육 계획에 있어서 계속적으로 연구·실천되어야 할 부분이다. 더불어 다문화성에 대한 시각은 학생들로 하여금 다른 나라에서뿐만 아니라 우리나라 사회에서의 민족성의 본질에 대한 통찰력을 얻는 데 도움을 줄 수 있기 때문이다.

여기에서 고려해야 할 점은 문화적 동질성과 민족적 정체성만을 강조하는 배타적이고 자민족 중심주의를 띤 한국 민족주의가 갖는 외부적 배타성과 내부적 억압성[14]은 체제 민족주의의 문제로서 우리나라가 갖는 탈식민의 과제 달성에 오히려 저해가 되므로 극복해야 할 과제를 안고 있다는 점을 유의해야 한다.[15]

그리고 우리나라의 열린 민족주의를 바탕으로 한 세계사적 관점은 다른 민족과 국민과의 공생관계를 포함하는 개념이므로 국가의 틀을 초월한 평화와 공생을 바탕으로 하는 아시아(동북아시아) 지역의 형성에도 기여하고 적극적으로 참여할 수 있다는 것이다. 이러한 점에서 일본에서 제기된 민족공생교육과 다문화교육론과의 점에서 유사점을 찾을 수 있으며, 일본 등 이웃나라와의 통일된 논리와 실천이 가능하다는 점이다. 물론 그러기 위해서는 양국 간의 성숙된 시민의식이 전제되어야 한다.[16]

우리나라가 다민족 사회로 전환을 하고 있는 지금, 다민족 내용에 대한 지도는 사회과(역사 영역)의 사회적·역사적 사건을 다루는 데 있어서 미국의 경우 교육과정 개발이 참고가 될 수 있다.[17]

영국계 미국인 중심 모형 → 부가적 민족모형 → 복합 민족모형(다민족적) → 복합국가적 모형 등으로 나누어 궁극적으로는 복합 민족적 모형(다민족적)으로 나아가야 한다는 관점을 통해서 우리나

---

14) 윤해동, 「내파하는 민족주의」, 『역사문제연구 제5호』, 역사문제연구소, 2000, p.180.

15) 권오현, 「탈식민의 과제와 한국의 국사교과서」, 『역사교육론집』, 역사교육학회, 2005, p.49.

16) 坂井俊樹는 『동북아시아 지역의 교육과제와 사회과 시민적 자질론의 재검토』에서 "일본의 시민민주주의 입장에서 아시아의 일원이라는 자각에서 아시아 시민으로서 주체성을 확립해나가야 한다"고 하면서 "사회과교육의 시민적 자질론은 새로운 아시아적 시점에서 보강되어야 한다"고 보고 있다.

17) James A. Banks, 『사회과 교수법과 교재연구』, 교육과학사, 1995, pp.201~203.

라가 나아가야 할 다민족공생, 다문화공생의 방향성에 대한 시사점을 얻을 수 있다.

역사 영역에 있어서 '다문화'를 가르치기 위한 전략으로 James A. Banks의 견해를 참고하고자 한다.[18]

Banks는 역사학의 간학문성을 다음과 같이 설명하고 있다. "역사학은 아주 국가적이며 민족중심적인 경향이 있다. 근래에 역사가들은 모든 다른 민족집단들의 공헌과 노력을 포함하고, 과거의 행동을 설명하기 위해 다른 사회과학의 개념을 사용하는 데 많은 노력을 기울여 왔다"고 한다. 이러한 간학문적인 역사학으로 나아가려는 경향은 계속될 것이므로 "역사학에 관련된 개념뿐 아니라 역사학적 방법에 관한 개념과 일반화를 가르치는 일이 중요하다"고 하면서 일반화 전략을 다음과 같이 소개하고 있다.

- 과거에 대한 역사가의 견해는 증거확보 가능성, 기록에 대한 개인적 편견과 목적 그리고 그가 살고 있고 일하는 사회와 시간의 영향을 받는다.
- 역사가들은 과거를 재구성하기 위해 그리고 과거에 대해 알기 위해 다양한 정보와 자료를 사용한다.

이러한 역사학적 방법의 연구는 현대적인 역사연구 프로그램의 실질적인 부분을 이루어야 한다. 역사가의 방법을 연구함으로써 학생들은 과거의 재구성에 내재하는 어려움을 잘 알 수 있게 되고 탐구기술을 강화할 수 있으며, 역사를 좀 더 총명하게 사용할 수 있다.

과거의 사건을 완전히 재구성할 수는 없지만 적어도 낮은 수준의 일반화는 형성할 수 있다고 보며, 다문화 관련 토의과제를 다음과 같이 제시하였다.

"초등학교용 미국 역사 교과서의 표본에서 흑인, 인디언, 아시아계 미국인, 그리고 푸에르토리코계 미국인을 어떻게 다루고 있는가? 연구해보라. 그 책에서 이들 집단을 다루는 데 대해 어떤 일반화를 수립할 수 있는가? 그 일반화가 초등학교에서 역사를 가르치는 데 어떤 의미를 가지는가?"

2) 유의점

공업화, 도시화, 세계화에 동반하여 세계 각국에서는 문화적인 배경을 달리하는 사람들 간의 상호 접촉과 교류의 기회가 현저히 증가하여 문화융합 내지 문화적 일원화를 추구하고 있다. 그러나 이러한 문화융합 내지 문화적 일원화는 생활양식인 물질적 · 기술적 수준에서 국한되고 있으며 비기술적이고 비물질적인 문화인 가치관과 지향점 등에 있어서는 각 나라가 처한 상황에 따라 각기 다른 양상을 보이기도 한다. 미국의 경우 다문화반대운동이 존재하는가 하면 일본의 경우 영토교육을 통한 애국심교육 강화 등 자국중심주의(ethnocentrism)가 부활하는 등 상당히 복잡한 양상을 띠고 있다. 이는 국가 간 또는 정치세력 간에 있어서 자국중심주의(ethnocentrism) 강조를 통하여 '국가 또는 민족' 속에서 국민들의 정체성(identity)을 찾고자 함일 것이다. 다시 말해 글로벌화된 세계경제체제 속에서 자원획득, 기술경쟁 등을 함에 있어 개인보다는 민족집단이나 국가라는 이익집단의 결속이 큰 위력을 발휘하기 때문이다. 역사 영역에 있어서의 다문화교육도 마찬가지로 '민족 · 국가 집단'의 정치적 이익집단화의 발전과 관계가 깊다.

---

18) James A. Banks, 위의 책, pp.218~240.

우리나라의 경우도 "시대의 흐름에 따른 전통과 문화의 특수성을 파악하는 것은 '자국문화와 민족의 발전상을 체계적으로 이해'하는 데 핵심"이 된다는 것을 알 수 있다.

"한국사회 또한 글로벌주의와 국가주의 사이에 무매개적인 관계설정을 낳고 내부모순을 응축시켜 한편으로는 민족감정이 고양되기도 하고, 다른 한편으로는 관념적인 국제주의가 등장한다."[19] 여기에서 우리는 역사교육에 있어서 '다문화교육과 민족교육의 조화'의 어려움을 알 수 있다.

교과서 문제에 있어서도 "역사교육을 통해 국가 간의 상호 이해를 바탕으로 한 평화로운 공존공영의 미래를 건설하고자 한다면, 먼저 역사교과서의 내용과 성향에 민족주의적 자부심이나 배타주의적 편견이 팽배해 있지는 않는가에 대해 비판적으로 검토해야 한다"[20]와 같이 타자를 배려하는 자세가 필요한 시점이다. 더불어 민족주의와 다민족·다문화 공생이란 양자의 관계를 어떻게 설정할까 문제에 있어서 우리 역사의 부분에 당시 삶을 다양한 관점에서 구체적이고 풍부하게 복원하고, 민족 외에도 성, 계급, 민중, 지역, 세대, 대중 등 다원적 주체들이 그려낸 다양한 삶이 드러날 수 있는 교재연구 및 실천이 요구된다.

Banks(1995)의 "역사상의 민족주의의 발전에 관해 공부하여 학생들은 국가가 성공적으로 발전하려면 민족주의가 필요하지만 극단적인 민족감정은 결국 갈등과 전쟁을 낳는다는 결론에 도달할 수 있을 것이다"의 경우에서 보듯 극단적 민족주의를 경계하고, 학생들의 자기 나라의 발전뿐만 아니라 국제관계 속에서의 공존·공생을 추구하는 다문화교육을 학생들이 자발적으로 학습하도록 도와주어야 할 것이다.

2. '제5학년 1단원' 사회과(역사 영역) 다문화 관련 학습내용의 지도방안

이 단원은 선사시대와 고조선의 성립, 삼국의 성립과 발전, 통일신라와 발해의 역사를 생활과 문화를 중심으로 이해하도록 하고자 설정하였다. 먼저 선사시대 조상의 생활모습과 고조선이 성립된 이후의 사회상을 설명한다. 나아가 삼국과 통일신라, 발해의 성립과 발전 및 생활모습과 문화를 주변국인 중국, 일본의 모습과 비교하면서 제시한다. 우리나라 및 주변국의 인물 이야기는 물론 연표, 역사지도, 유물과 유적 등 자료를 풍부하게 활용하여 생활과 문화의 양상을 쉽게 이해하도록 한다.

선사시대와 고조선의 성립, 삼국의 성립과 발전, 통일신라와 발해의 역사를 생활과 문화를 중심으로 보여 준다. 우리 겨레의 터전이 마련되고 생활문화가 형성되는 과정과 고대인으로서의 당시 사람들의 생활모습과 문화의 특질을 알려준다. 다문화교육과 관련해서는 문화이해와 다양성, 정체성 관점에 비중을 두고 1단원을 지도하며 특히 각 차시마다 다문화와 관련되는 관계를 발견하는 접근이 중요하다. 그러한 관계를 발견하는 것은 대부분이 숨겨져 있기 때문에 찾아내기가 힘들다. 그렇기 때문에 이러한 관계성을 숨겨진 네트워크(Hidden Network Links)라고 부를 수 있다. 그러므로 다문화 역사지도에 있어서 관계성(교류를 포함)을 파악하는 것은 아주 중요하다.

---

19) 남호엽, 『오키나와, 동아시아 그리고 한국 사회과교육』, 한국사회과교육연구학회 50권, 2011.

20) 정재정, 「포럼소묘」, 『21세기 역사교육과 역사교과서』, 유네스코한국위원회, 1998, p.10.

<표 2-3> 제5학년 1단원 사회과 다문화 관련 학습내용의 지도방안

단원 (제재)	다문화교육 관련 주요 학습내용	지도방안(다문화 관련 지도)
(1) 하 나 된 겨 레	① 선사시대 유물과 유적을 통해 당시 사람들의 생활모습을 파악한다(1~3/18차시).	① 구석기, 신석기, 청동기의 생활상을 도구와 주거지를 중심으로 이해하는 데 주안점을 둔다. 유물과 유적을 통해 구석기, 신석기, 청동기의 생활상을 시기별 특징을 중심으로 이해하는 것이 중점 요소라고 할 수 있다. 각 시기를 대표하는 유물과 유적을 선정하여 사진을 제시하고 자세한 설명을 덧붙인다(외국의 유물 유적과 비교 - 다양성, 문화이해).
	② 고조선이 우리 겨레가 세운 첫 국가임을 알고 생활모습을 이해한다(4~6/18차시).	② 우리 겨레가 세운 첫 국가인 고조선의 성립과정을 단군 이야기와 그 해석을 통해 살펴보고, 고조선인의 생활모습을 이해하는 데 주안점을 둔다. 단군 이야기, 즉 단군설화의 해석을 통해 그 속에 담긴 역사성을 읽어내고, 청동기 문화를 기반으로 성립된 고조선인의 생활모습을 알아보는 것이 중점 요소라고 할 수 있다(외국의 청동기 문화 시기의 국가와 비교 - 정체성, 다양성, 문화이해).
	③ 삼국의 발전과정 및 상호 경쟁을 그림, 지도, 연표로 표현한다(7~9/18차시).	③ 삼국의 성립과 발전과정을 살피고 삼국의 상호 경쟁을 영역 변화를 중심으로 이해하는 데 주안점을 둔다. 삼국의 성립은 건국설화와 각국이 차지했던 지역의 지리적·사회적 환경을 중심으로 설명한다. 삼국의 발전과 상호 경쟁은 영역 변화를 중심으로 설명하고 연표, 최대 영역을 표시하는 지도 등을 덧붙인다(외국의 건국설화와의 공통점 찾기 - 다양성).
	④ 유물과 유적, 역사 인물 이야기를 통하여 삼국의 생활모습을 이해한다(10~12/18차시 - 본시).	④ 귀족과 평민, 노비로 살아갔던 삼국인의 생활모습과 불교 전파와 중국, 일본 등과 교류를 통해 형성된 삼국문화의 특징을 살피는 데 주안점을 둔다. 신분문제는 사료를 통해 살피고, 불교의 전파과정은 유물과 설화 등을 통해 설명하고 삼국의 대표 고분의 벽화와 출토된 유물을 중심으로 문화의 특징을 이해하는 것이 중점 요소라고 할 수 있다. 유물과 유적은 사진과 함께 자세한 설명을 덧붙인다(중국, 일본 등과의 교류, 외국의 고분벽화, 유물 등과의 비교 - 문화이해, 다양성).
	⑤ 인물의 활동을 중심으로 삼국통일과 발해의 건국과정을 파악한다(13~15/18차시).	⑤ 고구려, 백제가 멸망하고 신라가 당을 물리침으로써 삼국통일을 달성하는 과정과 고구려를 계승한 발해가 건국되는 과정을 인물을 중심으로 살피는 데 주안점을 둔다. 고구려의 연개소문, 백제의 의자왕, 신라의 김유신과 김춘추, 그리고 발해 대조영의 활약을 중심으로 삼국통일과 발해의 건국과정을 이해하는 것이 중점 요소라고 할 수 있다. 삼국통일과 발해 건국과정과 관련된 전쟁은 지도와 연표 등으로 보여 준다(통일신라, 고구려, 발해의 다문화적 요소 알기 - 정체성, 다양성).
	⑥ 통일신라와 발해의 인물, 유물과 유적을 통해 여러 신분의 생활모습을 이해한다(16~18/18차시)	⑥ 통일신라의 귀족과 서민의 생활과 문화를 골품제, 불국사와 석굴암, 그리고 장보고의 활동을 통해 살피고, 발해의 생활과 문화를 동경성 등의 유적지를 중심으로 이해하는 데 주안점을 둔다. 골품제와 관련해서는 6두품이었던 최치원의 활동과 신분적 제약을 중심으로 이해하고, 각종 설화를 통해 평민들의 삶을 알아보며 수도인 경주 사람들의 삶을 복원하여 살피고, 고구려 유민이 건국하여 고구려 계승의식을 내세웠던 발해인의 삶을 유물과 유적을 통해 이해하는 것이 중점 요소라고 할 수 있다(다른 나라의 신분제도와 비교 - 다양성, 정체성).

3. 제5학년 다문화교육의 목표설정 및 주제 재구성 방향

〈표 2-4〉 다문화 내용요소와 학습내용

다문화 내용요소	다문화 관련 학습내용
문화이해	- 문화 간의 유사점과 차이점, 그리고 특징을 알고, 각 문화에 대한 이해와 존중심을 갖도록 하는 내용 - 문화집단을 인종 및 민족 집단 등으로 한정하지 않음(탄력적 환경 확대법 적용) - 이질적인 문화의 차이를 드러냄 - 문화의 다양성을 인식하도록 함 - 다른 문화에 대한 맥락적 이해를 강조함 - 개인의 자기 문화 정체성 형성을 강조함 - 다양한 민족집단 및 문화집단의 관점에서 개념, 이슈, 사건, 주제, 인물 이해를 추구
평등성	- 기본적인 인권의 개념에서 출발하여 인간은 어느 것에 관계없이 평등하다는 가치 아래 국가와 민족, 인종, 능력, 계층에 대한 올바른 이해와 긍정적 태도를 가지도록 하는 내용 - 문화 간 차이 이해를 기본적으로 고려함 - 문화에 대한 평가적 관점과 그로 인한 문화 간 불평등 현상을 강조함 - 소수집단이 소외되는 현실을 인지하는 것을 강조함 - 문화 속에 담긴 계급성을 인식하는 것에 초점을 둠 - 문화 정체성 인식에서 지배와 피지배적 관계를 인식하는 것에 초점을 둠 - 다양한 문화집단이 누려야 할 평등과 권리를 고려하도록 함
다양성	- 다문화를 이해하고 수용하기 위해서는 먼저 개인은 모두 소중하고 존중되어야 한다는 입장과 주변의 다양한 개인과 다른 집단 존재를 인정하는 내용 - 세계사적 요소 반영 - 의·식·주 등 생활모습의 차이에 대한 인식과 체험 강조 - 각 나라의 언어, 종교 및 전통문화 요소 반영 - 타 문화에 대한 상대주의적 이해 강조
정체성	- 긍정적인 자아개념을 형성하여 자아정체감 형성을 돕고 나아가 다문화 간의 집단 정체감을 형성할 수 있도록 하는 내용 - '한국인' 혹은 '대한민국'과 같은 정체성이 본질적인 것이 아니라 유동적이며 지속적으로 구성되며 특히 다른 민족과 국가와의 차이에 의해 구성되는 측면으로 학습
반편견	- 선입견이나 편견, 고정관념에 대하여 알도록 하고, 이를 드러내어 반성적 사고를 통한 비판적 사고를 형성하도록 하는 내용
협력	- 다양한 사람(국가, 민족)들과 상호작용하는 능력을 증진시키도록 하는 내용 - 세계사적 내용과 통합적으로 접근하여 다른 나라의 역사적 사실로부터 예시, 자료, 정보를 가져와 사용

5학년 역사단원 다문화교육은 숨겨진 네트워크(Hidden Network Links)를 찾아서 문화와 정체성의 차이에 대한 인정을 넘어 이질적인 문화집단 간 소통, 이해, 공존 그리고 연대를 지향해야 한다. 그러기 위해서 '문화'를 다룸에 있어서는 '문화는 무엇인가'보다는 '문화는 무엇을 하는가'에 초점을 맞출 필요가 있다.

4. 다문화교육 사회과 지도안 및 학습지

■ (사회과) 교수학습 과정안

일시	2011.03.29.(화) 3~4교시	지도 교사	김영식		장소		5학년 1반 교실					
학습자	5학년 1반 30명(남 15명, 여 15명)	시간	80분		교과서(쪽)		( )쪽					
단원	(1) 하나 된 겨레	차시	11~12/18	다문화 교육요소		문화이해	다양성	평등성	정체성	반편견	협력
						○	○		○		○
학습주제	삼국의 생활모습을 이해하기			학습형태							
학습목표	♣ 삼국인의 불교 전파 모습과 중국, 일본 등과 교류를 통해 형성된 삼국문화의 특징을 살핀다. ♣ 삼국의 생활모습과 관련된 '지식과 정보를 획득, 조직, 활용'한다. ♣ 문화교류에 관심을 가지고 인간으로서 평등과 권리의 발전에 적극적으로 이바지하려는 태도를 가진다.										

◈ 문제파악(전체, 10분)

◎ 학습동기 유발하기

ㅇ 다양한 삼국시대 문화재를 동영상이나 사진 등으로 안내하기

− 자료에 나타난 한·일 문화재의 공통점 알아보기

− 삼국 및 중국, 일본이 모두 불교를 받아들인 까닭 발표하기(왕의 권위를 세우고 백성들을 불교를 중심으로 뭉치게 하려고)

자료	교토의 고오류지의 본존불(미륵보살 반가상 − 일본 국보 제1호, 한국의 금동 미륵보살 반가상 − 한국 국보 78호), 백제의 미륵사지 석탑, 호류지 목탑

◎ 공부할 문제 알아보기

ㅇ 이번 시간에 공부할 문제 말하기

삼국인의 불교 전파 모습과 중국, 일본 등과 교류를 통해 형성된 삼국시대 문화의 특징을 살펴보자.

◈ 문제탐색(전체, 5분)

◎ 학습활동 안내하기

【활동 1】 고구려, 백제, 신라의 불교 발달 모습을 유물과 설화를 통하여 알아보기

【활동 2】 삼국시대 문화의 특징을 토의해보기

【활동 3】 삼국문화의 일본 전파 모습 알아보기
【활동 4】 고분벽화와 출토유물을 통하여 삼국문화와 일본문화의 특징 비교해보기

◆ 문제해결(55분)
【활동 1】 고구려, 백제, 신라의 불교 전파 모습을 유물과 설화를 통하여 알아보기
○ 설화이야기 읽기 - 모둠자리로 이동하여 앉기
- 설화이야기(아도전설, 허황옥 이야기, 이차돈 이야기를 읽고 삼국의 불교 수용 모습 찾아보기)
※ 삼국의 불교수용 모습
① 고구려: 중국 전진(前秦)의 왕 부견(符堅)이 보낸 '순도(順道)'에 의해 불교를 수용한 왕: 소수림왕 2년(372)
② 백제: 중국 동진(東晋)에서 인도의 승려 '마라난타(摩羅難陀)'에 의해 불교를 수용한 왕: 침류왕
   (枕流王) 원년(384)
③ 신라: 고구려 승려 '묵호자(墨胡子)'에 의해 불교가 전래된 시기: 눌지왕(417~458) 때 신라불교
   공인에 기여한 이: '이차돈(異次頓)'의 순교로 신라불교를 공인한 왕: 법흥왕(528)
- 삼국시대 불교 관련 유적·유물 알아보기(고구려, 백제, 신라 등 유물·유적 - 지역화해서 활용)

자료 유의점	- 아도전설, 허황옥 이야기, 이차돈 이야기 - 불교의 수용은 중앙집권체제가 정비되던 시기로 불교가 국가체제 정비와 관련이 있음을 알게 한다.

【활동 2】 삼국시대 문화의 일본 전파 모습 알아보기
○ 삼국시대 문화를 문화재를 중심으로 알아보기
- 고구려문화(장군총, 광개토대왕릉비, 무용총, 수렵도, 금동여래 입상, 안학궁터, 평양성 터, 수렵도,
   기마행렬, 씨름도 등)의 특징 토의해보기
※ 고구려문화의 특징: 패기가 있고 힘이 넘친다.
- 백제문화(무령왕릉, 정림사지 5층 석탑, 금동대향로, 익산미륵사지 석탑, 서산 마애불 등)의 특징
   토의해보기
※ 백제문화의 특징: 다른 나라에 비해 섬세하고 온화한 아름다움이 있고 우아하다.
- 신라문화(대릉원, 천마총의 천마도, 금관총의 금관, 토기, 황룡사 터, 첨성대 등)의 특징 토의해보기
※ 신라문화의 특징: 화려하고 과학기술이 뛰어났다.
- 가야문화(수로왕릉, 회현리 패총, 대성동고분군, 갑옷, 투구, 환두대도 등)의 특징 토의해보기
※ 철을 다루는 기술이 뛰어났고 토기의 모양이 다양하다.
○ 토의 결과를 정리하여 발표하기
- 다양한 갈래로 해석된 의견을 모아서 정리하고 발표하기

자료 유의점	- 삼국시대 문화재가 나타난 지도, 문화재 사진 - 조사한 내용은 모든 모둠의 대표적인 생각을 함께 발표

【활동 3】 삼국시대 문화의 일본전파 모습을 고구려, 백제, 신라와의 관계를 중심으로 알아보기

○ 삼국문화의 일본전파 양상

- 한국의 고대 삼국은 고구려, 백제, 신라를 일컫는데 이들 세 나라는 중국불교의 영향을 받아 각각의 특성대로 그 문화를 수용하고 발전시켰다.
- 한국의 문화가 직접 일본에 전해져 일본의 문화를 한 차원 높은 단계로 끌어올리는 데 큰 구실을 한 것은 삼국시대의 문화였다.
- 삼국은 대륙으로부터 선진문화를 받아들여 이 문화를 개성 있는 자기의 문화로 만든 후 다시 일본에 전하였다. 이때의 문화전파는 단순히 선진 중국의 문화를 그대로 전한 것이 아니었다.
- 삼국이 독자적으로 발전시킨 문화를 삼국의 주민들이 직접 일본에 가서 전해준 것이었다. 따라서 일본 고대국가의 성립과 고대 문화발전에 많은 역할을 한 것이다.

○ 백제문화의 일본전파 양상

- 삼국문화의 일본전파는 백제사람들의 활동이 가장 컸는데, 그것은 삼국 가운데 백제가 일본과 가장 많이 정치적으로 연결되어 친선관계를 오래 지속하였기 때문이다.
- 백제에서는 일찍이 근초고왕 때 아직기와 왕인이 일본에 건너가 한문을 가르쳤다. 이때의 한문은 일본인으로 하여금 문화의 필요성을 깨닫게 해주었으며 유교의 충효사상도 보급시켰다.
- 근구수왕 때에는 일본의 요청으로 백제의 학자들이 초빙되어 가서 유학뿐 아니라 도기, 직조, 도화 등 기술을 전해주었다.
- 무령왕 때에는 오경박사 단양이와 고안무를, 성왕 때에는 오경박사와 의역박사 등을 보내어 일본인들에게 유학과 기술을 전했다.
- 특히 성왕 때에는 노리사치계가 일본에 불교를 전하였다. 무왕 때에는 관륵이 역법과 천문학을 전하고 일본불교를 크게 일으켰다.

이와 같은 백제문화의 전파는 일본 고대문화인 아스카문화 형성의 원동력이 되었다. 그리하여 일본에서는 백제문화의 영향으로 5층탑이 세워지고 백제 가람이라는 건축양식도 생겨났다.

※ 아스카문화: 백제사람들이 일본의 아스카 지방에 이주하여 아스카라는 절을 세우고 아스카문화를 발전시켰다. 아스카 시대를 연 핵심인물은 백제계 이주민의 외손인 쇼토쿠 태자였다. 쇼토쿠 태자는 백제계 이주민의 협력을 얻어 백제의 기술자와 스님을 모셔다가 아스카문화라 불리는 일본 불교문화의 꽃을 피웠다.

※ 아스카문화(飛鳥文化)와 일본으로 간 사람의 학습지를 보고 당시 교류의 모습에 대해 느낀 점을 써보자(학습지 참조).

※ 삼국의 문화 전달에 공헌한 백제인물

왕인: 백제의 학자. 근초고왕 때 일본에서 학자와 책을 주기를 요청하자, 왕의 손자인 진손왕과 함께 『논어』 10권과 『천자문』을 갖고 가서 전해주었다. 오사카 지방에 왕인 공원이 있고 왕인의 묘로 알려진 유적이 있으며 도쿄의 공원에는 왕인을 추모하는 비석이 2개 있다. 일 년에 한 번씩 왕인 유적지에서 한문과 유학을 알게 한 왕인을 추모하는 제사를 지낸다.

아직기: 백제 근초고왕 때 일본에 건너간 학자. 근초고왕의 지시로 말 2필을 이끌고 가서 일본 왕에게 선사한 후, 말을 기르는 일을 맡아 보던 중 그가 경서에 능통한 것을 안 일본 천황이 쇼토쿠

태자의 스승으로 삼았다.

○ 고구려의 문화와 일본과의 관계

고구려는 백제만큼 빈번한 교류는 없었지만 승려들에 의해 많은 문화를 전하였다.

영양왕 때 일본에 건너간 혜자는 일본 쇼토쿠 태자의 스승이 되었고, 담징은 유교의 5경과 그림을 가르쳤으며, 종이와 먹의 제조방법까지 전해주었다. 일본의 자랑거리인 호류사 금당벽화는 담징의 그림으로 전해온다. 또 영류왕 때에는 혜관과 도징이 일본에 건너가 삼론종을 전하였다.

※ 유적을 통해 알아보는 일본과 고구려의 교류의 흔적

돌방무덤: 일본에는 고구려 사람들이 돌을 이용하여 방 모양으로 꾸민 돌무덤들이 있다.

고분벽화: 일본의 다카마쓰 고분의 벽화에는 치마저고리를 입은 부인 모습, 청룡, 백호 등이 그려져 있는데 이것은 고구려 귀족의 무덤과 매우 비슷한 것이다.

고마신사: 일본의 고마(일본말로 고구려를 가리킴)촌에는 고마신사가 있어 고구려의 조상들을 모시고 있다.

※ 일본에 영향을 준 고구려 인물

담징: 610년 영양왕 때 승려 법정과 함께 일본에 건너가 공예 및 종이, 칠, 맷돌 등의 제조법을 가르쳤다. 그가 남긴 호류사의 금당벽화는 중국 운강 석불, 경주 석굴암과 함께 동양 3대 미술품의 하나였으나, 1949년에 불탔고 지금은 그 모사품이 호류사에 남아 있다.

○ 신라와 일본문화와의 관계: 신라는 지리적으로 일본과 가장 가까웠으나 군사적 대립이 잦아 문화교류가 그리 활발하지 못하였다. 그러나 신라에서도 배 만드는 기술, 저수지 쌓는 기술을 일본에 전하였다. 이 밖에 도자기 만드는 기술과 의약, 불상 등을 전하여 일본의 문화발달에 적지 않은 영향을 주었다. 특히 축제술은 일본에 큰 영향을 끼쳐 '한인의 연못'이라는 이름까지 생기게 하였다.

※ 기타: ① 삼국의 음악도 전해져 고구려악, 백제악, 신라악 등의 이름까지 생겨났으며, 드디어 일본 음악의 주류를 이루었다.

② 일본 나라 현에는 한국어와 관계있는 지명이 많이 남아 있다.

자료 유의점	한국문화의 일방적 일본 전파가 아닌 동북아에 있어서의 문화의 상호 의존성, 각각 나라의 문화 다양성과 문화교류 측면에 대해서도 학습하도록 한다. 다양한 역사적 상상이 드러나도록 한다.

◈ **정리(전체, 10분)**

◎ 학습내용 정리하기

○ 삼국시대 문화재 속에 담긴 한·일 두 나라의 유사점을 통해 오랜 교류관계 알기

– 한·일 두 나라 공히 불교의 수용은 중앙집권체제가 정비되던 시기로 불교가 국가체제 정비와 관련이 있다는 점을 정리하기

– 문화재에 담긴 유사성을 통해 두 나라의 오랜 교류관계 알기

– 느낀 점 발표하기

– 최근의 한일문화 교류에 대해 이야기해보기(실생활 적용)

자료 유의점	- 여러 가지 사진자료 - 한·일 관계에 관한 최근의 다양한 사이트를 소개

◎ 차시 예고하기
- 고구려, 백제가 멸망하고 신라가 당을 물리침으로써 삼국통일을 달성하는 과정과 고구려를 계승한 발해가 건국되는 과정을 인물을 중심으로 살피기

학생 활동지	삼국인의 불교 전파모습과 중국, 일본 등과 교류를 통해 형성된 삼국문화의 특징을 살피기	일시	월 일
		성명	

※ 삼국시대를 형성했던 고구려, 백제, 신라의 문화재를 세 가지 이상 선정하여 그 특징에 대해 써보고 삼국과 일본의 문화교류에 대해 정리해보자.

구분	문화재 이름	문화재의 특징	삼국시대 문화의 일본 전파 모습
고구려			
백제			
신라			

※ 아래 한국어와 관계있는 일본 나라 현의 지명을 보고 느낀 점을 써보자.

	나라	어원	알게 되거나 느낀 점
1	奈良(나라)	나라, 평야, 궁전왕	
2	春日(카스가)	한국어의 可村(카스구)에서 나옴(큰 마을)	
3	百濟(쿠다라)	백제에서 나옴	
4	檀原(카시하라)	신라의 서울(徐伐＝京都의 뜻)에서 나옴	
5	生駒(이코마)	고려(코마)에 '이'가 붙은 것	
6	飛鳥(아스카)	안숙에서 나옴, 외래자(飛鳥)의 편안한 곳	
7	唐古(카라코)	韓(카라)에서 나옴	

출전: 金達壽 저, 『日本の中の朝鮮文化』, 講談社

※ 아래 아스카문화(飛鳥文化)와 일본으로 간 사람(일본＝渡來人) 관계 연표를 보고 교류모습을 상상하여 느낀 점을 써보자.

연표	관계사항	알게 되거나 느낀 점
538	백제의 聖明王, 일본 조정에 불상과 경전(經論) 등을 보냄	
552	백제의 聖明王, 금동불상과 경전 등을 천황에 보냄	
554	백제로부터 오경박사, 역(易), 역(曆)·의박사, 음악인(樂人), 승려 등이 건너감	
577	백제에서 경전, 승려, 비구니, 불상 만드는 사람, 절을 짓는 사람 등이 건너감	
579	신라에서 공물과 불상을 보냄	
588	백제에서 승려, 불교의 사리, 절을 짓는 사람, 로반(露盤)박사, 기와박사, 화공 등이 건너감	
594	성덕태자가 소아마자(蘇我馬子)에게 불교를 부흥시키라고 함	
595	고구려 승려 혜자(慧慈), 백제 승려 혜총(慧聰)이 건너감	
596	법흥사(飛鳥寺) 건물이 완공됨. 혜자(慧慈), 백제 승려 혜총(慧聰)이 법흥사(飛鳥寺)에서 거주함	
602	백제 승려 觀勒이 건너감. 역서(曆書), 천문지리서 등을 전함	
604	성덕태자, 헌법 17조를 만듦	
605	고구려왕, 불상을 만들기 위한 황금 300냥을 줌	
610	고구려 승려 담징(曇徵)이 채색, 종이, 먹 등의 제조법을 전함	
612	백제인 路子工이 건너가 수미산(須彌山), 오교(吳僑)를 만듦. 백제인 미마지(味摩之)가 건너가 기악무(伎樂舞)를 전함	
616	신라가 불상을 전해줌. 이 금동불상을 (廣隆寺)에 둠	
622	고려의 가서일(加西溢)이 「천수국만다라수장(天壽國曼茶羅繡帳)」의 밑그림을 그림	
623	신라와 가야가 불상과 불사리 등을 보냄. 법륭사 금당석가삼존상을 만듦	
625	고구려 승려 혜권(惠權)이 일본으로 감	
639	신라 사신이 건너감	
640	백제와 신라의 사신이 건너감	

자료: 明石書店, 『歷史に見る日本·韓國·朝鮮』(2000년에 작성함).

5. 창의적 체험활동과 연계한 실천방안

사회과(역사 영역)의 수업설계 시 "교육내용, 교재, 지도방법, 평가 등에 있어서 아이들이 무엇을 배울 수 있는 '새로운 것'을 가지고 있는가"가 중요한 것이 된다. 여기에서 교육내용의 공부라는 것은 다문화교육, 정보교육, 환경교육, 법 관련 교육 등을 도입한 수업개선과 역사에 대한 흥미·관심과 사고력·판단력·표현력과 같은 역사를 배우는 방법, 역사 이해방법 측면의 방법적 지식습득을 목표로 한 수업설계가 요구된다. 나아가 체험학습이 필요한 경우에는 2009 개정 교육과정에 따라 교과통합의 창의적 체험활동(학예 동아리활동) 시간을 활용하면 시간 부족의 해결과 더불어 주제중심 단원구성에 효과적일 것이다.[21]

---

21) 김영식, 『우수한 수업실천을 위한 초등사회과교육』, 영한문화사, 2010, pp.357~365 참조.

다문화 역사교육을 창의적 체험활동에서 실천하려면 다음 사항을 고려하여야 한다. 우리나라는 일본과 미국과는 다문화성이 가지는 양상이 많이 다르다. 그러므로 우리나라 역사상에 나타난 과거의 교류모습, 현재의 교류모습 등 숨겨진 네트워크(Hidden Network Links) 파악을 통해 미래를 예측할 수 있도록 판단하는 능력을 키워주어야 할 것이다. 또한 우리나라 역사를 돌이켜보면 전쟁사뿐만 아니라 선린 우호의 역사가 길었음을 감안하여 외국 또는 외국인과의 공존과 평화와 관련되는 대표적 사건과 예를 찾아 아이들이 탐구활동을 통하여 일반화하는 지도계획을 세워야 할 것이다. 그러한 예로 필자의 경험을 소개해보고자 한다.[22]

이 교재는 2010학년도 한일 역사교사 교류수업에서 일본 堺市立平岡小學校 6학년 학생들과 구정 초등학교 5학년 학생들이 사용한 교재이다. 필자는 이 교재를 통하여 왜곡된 자민족중심주의에 빠져들어 바람직한 이웃관계를 해치게 될지도 모를 잘못을 경계하고 서로에 대한 선린 우호의 일화들을 소개하여 두 나라 학생들의 바람직한 공생에 이바지하고자 하였다. 주요 내용은 △고대의 한일교류 이야기, △통신사 이야기, △연오랑과 세오녀 이야기, △표류민 이야기, △종두법 이야기 등으로 구성되어 있다. 이 이야기들은 단순한 흥미만이 아니라 인간으로서의 보편적 공감을 갖고 마음을 열 수 있는 숨겨진 네트워크(Hidden Network Links)의 진정한 역사 이야기라고 생각되는 소재들을 골라 구성하였다. 이러한 진정한 역사 이야기는 두 민족의 연대와 협력을 가져오게 하여 양 민족 모두에게 희망적인 발전을 약속할 것이라는 생각에서이다.

이러한 과거의 교류뿐만 아니라 현재의 교류에 있어서는 중국, 일본, 필리핀, 베트남, 태국, 몽골 등 동아시아 여러 나라와의 교류를 주제로 역사 영역 다문화수업을 설계할 수 있을 것이다.

Ⅳ. 맺고 나오는 글

본 연구는 한·미·일 각국의 서로 다른 다문화사회로의 사회적 맥락(social contexts) 변화가 어떻게 초등학교 사회과(역사) 커리큘럼에 반영되었는가를 검토함으로써 2009 개정 사회과 커리큘럼하에서의 지역 및 학교 단위의 다양한 사회과(역사) 커리큘럼 개발의 사례를 제시해봄으로써 다문화 역사수업의 실천방향을 제시해보고자 하였다.

세 나라 모두 다문화성이 각국 초등학교 사회과(역사) 커리큘럼에 구체적으로 반영되어 나타나 있다. 다문화사회로의 사회적 맥락변화에 따른 지도사례를 제시해본 것과 같이, 역사 영역 지도(다문화성) 내용에 대해 다민족적·다문화적·세계사적 접근(예를 들어 광개토왕 비문에 나타난 다문화성, 신라의 국제교류와 그 영향 등) 관점을 가지고, 구체적으로는 숨겨진 네트워크(Hidden Network Links) 파악을 통한 다양한 연구·실천이 요구된다.

'미합중국사 스탠더드'에 있어서는 학생이 학습해야 할 내용으로서 '역사적 지식(Historical Understanding)'은 인간생활의 다양한 영역을 대상으로 삼고 있는 점을 알았다. 미국의 사례를 통해 "우리나라의 민

---

22) 김영식, 『역사 이야기를 통해 알아보는 한·일 관계사』, 영한문화사, 2010.

족주의와 다민족·다문화 공생이란 양자의 관계를 어떻게 설정할까"라는 문제점의 시사점을 얻을 수 있었다. 우리 역사 부분에 있어서 당시의 삶을 다양한 관점에서 구체적이고 풍부하게 복원하고, 민족 외에도 성, 계급, 민중, 지역, 세대, 대중 등 다원적 주체들이 그려낸 다양한 삶의 영역이 드러날 수 있는 교재연구 및 실천이 요구된다.

비록 상당한 부분이 보수화되어 가고 있지만 일본의 다문화교육이 일본에 살고 있는 다른 문화를 가진 사람들(아이누, 오키나와, 재일코리안, 재일중국인 등 신도래인) '일본 속에서의 다문화'에 초점을 맞추고 있다는 점에 비추어 우리나라에 있어서 과거의 교류뿐만 아니라 현재의 교류에 있어서는 중국, 일본, 필리핀, 베트남, 태국, 몽골 등 동아시아 여러 나라와의 교류를 주제로 역사 영역 다문화 수업이 창의적 체험활동을 중심으로 역사 영역 다문화 수업을 실천할 수 있다는 시사점을 얻을 수 있었다.

한국 민족주의가 갖는 외부적 배타성과 내부적 억압성 극복을 통한 열린 민족주의를 바탕으로 한 세계사적 관점은 다른 민족과 국민과의 평화와 공생을 바탕으로 하므로, 아시아(동북아시아) 지역의 평화와 공생형성에 기여할 수 있을 것이다. 이러한 점에서 일본 등과 유사점을 찾을 수 있으므로 이들과의 통일된 논리와 실천이 가능하다는 점은 미래지향적 다문화 역사교육의 과제일 것이다.

*연구자 성명 : 김 영 식
소속/직위 : 경북 포항동해초등학교 교감
e-mail : yshik@chol.com
C·P : 010-3056-0777

제**3**장

창의 · 인성교육 초등 사회과 수업모델 개발 연구

<요 약>

2009 개정 교육과정에서 강조하고 있는 창의·인성교육은 21세기를 살아갈 학생들에게 바른 인성과 창의적 사고력을 신장시켜 주어 미래사회를 주도할 창의적 인재를 기르려는 데 그 목적이 있다. 창의·인성교육에 적합한 교과군인 초등 사회과를 중심으로 수업모델을 개발하고, 사회과 교수학습에 적용하여 창의적 사고력을 신장시키고, 교과 및 다양한 창의적 체험활동을 통해 자연스럽게 바른 인성이 길러지도록 하는 노력들이 요구된다.

이 논문은 사회과에서 추구하는 민주시민의 자질을 함양하며 넓은 안목으로 세상을 바라볼 수 있는 미래지향적이고 진취적인 학생이 되도록 하는 효율적인 창의·인성교육 지도방안을 모색해보았다.

본 연구는 초등 사회과 창의·인성교육에 적합한 학습모형을 개발하고 학교현장에서 적용할 수 있는 프로그램의 예를 제시하고 있다.

[주제어] 창의·인성교육, 창의적 체험활동, 창의성, 인성, 수업모델, 초등 사회과

I. 서론

21세기는 창의력이 곧 국가경쟁력이 되는 시대이다. 교육은 미래사회를 살아갈 수 있는 힘을 키우는 데 그 목적이 있으며 학교에서는 이러한 창의성을 길러줄 수 있도록 끊임없이 노력해야 한다. 미래의 국가경쟁력은 창의적 인재의 경쟁력을 말하며 그 사회에 속한 구성원들이 새로운 지식과 가치를 창출하고, 더불어 살 줄 아는 지식뿐 아니라 창의성과 인성을 고루 갖추기를 요구하고 있다. 우리나라의 매출액 상위 100대 기업의 인재상을 보면 창의성, 전문성, 도전정신, 도덕성, 팀워크 등을 상위순위로 꼽고 있다. 결국 글로벌 지식기반 사회의 국가경쟁력은 인성이 뒷받침된 창의적 인재의 경쟁력이 좌우된다는 것이다. 하지만 기존의 학교교육으로는 이러한 창의적 인재양성에 한계가 있다. 그간의 개선 노력에도 불구하고 과도한 학습분량, 획일적인 교육내용, 주입식 교육방식, 암기 및 문제풀이식의 학습 등이 여전히 존재하고 있으며 강조되고 있는 창의·인성교육은 교과내용과 구분하여 단편적으로 실시되고 있고, 재량·특별활동도 교과교육 연장선상에서 형식적으로 운영되고 있다. 또한 창의교육은 과학·영재교육 등에 국한되는 것으로 인식되어 왔으며, 인성교육도 대부분

기초예절교육 위주로 끝나 공동체 의식이나 타인에 대한 배려 등 함양에 미흡한 면이 있었다. 학생들도 현장감이 결여된 이론중심의 반복학습으로 높은 학업성취 수준에 비해 학업에 대한 흥미나 즐거움은 크지 않은 상황이다. 이러한 학교교육 문제점을 해소하기 위해 2009 개정 교육과정에서는 적정한 학습량, 유연한 교육, 다양하고 특성화된 교육, 문제해결 과정을 중시하는 교육, 교과와 체험활동이 융합된 교육, 교육과정에 포함되는 인성교육, 과정과 결과에 대한 종합적 평가를 바탕으로 하는 창의·인성교육을 강조하였으며 이를 실시하기 위하여 집중이수제, 블록타임제, 수업방법의 다양화 등 제도적 기반 조성으로 창의·인성교육의 토대를 마련하였다.

2009 개정 교육과정에서는 창의·인성교육과 함께 교과체험활동, 봉사활동, 진로활동, 동아리활동 등을 현장에서 체계적으로 체험할 수 있도록 하는 학교 밖 체험활동 활성화를 창의적 인재육성 방안으로 마련하였다. 특히 초등학교에서 어린아이들의 생각의 범주와 깊이를 넓혀주는 데 창의적인 체험학습의 기회가 많을수록 창의성을 높이는 데 효과가 커진다는 것이다. 창의성을 키우는 체험학습은 분야 간 융합이 중요해지는 요즈음 더욱 중요성이 커지고 있다. 교사와의 학습을 통해 배우는 수업은 수업내용을 이해하는 데 그치는 경우가 많지만 직접 관찰하며 체험하는 학습의 경우 호기심을 갖고 이것이 아이들의 상상력과 응용력 증진으로 이어질 수 있으며 이것이 곧 학력향상으로도 이어질 수 있을 것이다.

현재의 교육현장에서 창의·인성교육의 필요성을 인식하면서도 실천을 위한 제도적 장치와 여건에 대해서는 회의적인 목소리들이 많다. 이러한 한계를 극복하고 21세기를 살아갈 학생들에게 요구되는 바른 인성과 창의적 사고력을 신장시켜 주기 위하여 사회교과 창의·인성 수업모델을 개발하고, 사회과 교수학습에 적용하여 창의적 사고력을 신장시키고, 다양한 체험활동을 하는 가운데 자연스럽게 바른 인성이 길러져 사회과에서 추구하는 민주시민의 자질을 함양하며 넓은 안목으로 세상을 바라볼 수 있는 미래지향적이고 진취적인 학생이 되도록 하는 효율적인 창의·인성교육 지도방안을 모색해보고자 한다.

Ⅱ. 창의·인성교육의 개관

1. 2009 개정 교육과정과 창의·인성교육

1) 2009 개정 교육과정

2009 개정 교육과정은 「초·중등교육법」 제23조 제2항에 의거하여 고시한 것으로 국가 사회적 요구와 지역과 학교의 실정에 맞게 교과군을 도입하고, 창의적 체험활동과 교육과정 자율권을 확대하여 국가수준 교육과정을 재구성하여 학생들의 학습부담 경감 및 학교교육 정상화를 위한 학교교육과정을 말한다. 본교에서는 학교, 학부모, 학생의 요구를 반영하여 교육과정의 편성에 있어 교과군을 적용하고, 창의적 체험활동 운영의 활성화함을 말한다.

2) 창의 · 인성교육

(1) 창의 · 인성교육의 정의

창의 · 인성교육이란 창의성교육과 인성교육의 독자적인 기능과 역할을 강조하면서, 동시에 두 교육의 유기적 결합을 통해서 창의성의 배양과 발휘를 촉진하는 인성과 사회문화적 가치와 풍토를 조성하고, 올바른 인성과 도덕적 판단력을 구비한 창의적 인재를 육성하기 위한 교육전략이다.

(2) 창의 · 인성교육을 위한 세 가지 전략

첫째, 창의성의 배양과 발휘의 수단이 되는 교과 관련 지식과 기술 및 사고력을 어떻게 가르칠 것인가? 창의성에서 중요한 것이 교과 영역과 관련된 기초지식이다. 이들은 이미 교과 전문교수나 교사에 의해서 오랫동안 진행되어 왔다. 창의 · 인성교육은 창의성의 배양과 발휘의 수단이 되는 교과 관련 지식과 기술을 바꾸자는 것이 아니며 교과 전문교수나 교사에 의해서 진행되어온 교과 관련 지식의 내용을 가지고 창의성 발현의 심리적 특성을 계발하는 교육을 하자는 것이다.

둘째, 창의성에 대한 심리학적 · 교육학적 지식을 총동원하여 어떻게 하면 유, 초 · 중 · 고, 대학에서 학생들의 창의성을 효과적으로 개발하고 발휘하게 할 수 있을 것인가를 살펴보고 구체적인 교육 프로그램과 체제를 마련하는 것이다. 창의성 연구는 1970년대 이래 심리학자나 교육학자들 사이에서 매우 활성화되어 왔고 많은 성과를 이루어왔음에도 불구하고 그런 학문적 성과가 창의적 인재교육에 제대로 반영되지 못해왔다. 따라서 이러한 최신의 심리학적 · 교육학적 성과를 바탕으로 한 지식과 기술을 우리나라의 창의적 인재 육성에 적극적으로 활용되어야 할 것이다.

셋째, 창의성과 인성을 유기적으로 연결 또는 통합하는 것인데 창의성과 인성은 긴밀하게 연계되어 있어 성격적인 특징이 창의성의 발휘를 억압하기도 하고, 활성화하기도 한다. 오늘날의 창의성은 독불장군으로 발휘되는 것이 아니라, 집단 속에서의 협동과 경쟁과정을 거치면서 발휘되는 것으로 창의성의 육성과 발휘를 촉진하고 돕는 인성특징에 대한 연구, 사회문화적인 분위기를 탐색, 이를 학교현장에서 구현하기 위한 전략이 필요하다. 아울러 창의적 인재가 되기에 모자람이 없도록 그들에게 필요한 도덕적 가치와 판단능력이 어떤 것인지에 대한 탐색도 병행되어야 한다.

(3) 창의 · 인성교육 과정의 방향

전통적 교육과정과 대안적 교육과정의 병합, 교육적 관심의 대상을 정형화된 지식에서부터 실제 문제를 해결하는 새로운 지식의 생성에까지 확장하고자 하고 이를 위한 통합교육과정, 융합학문적 교육과정이 필요하다.

인지적 성장과 정의적 성장 개념의 병합과 교실 내에서 주입식으로 학습하고 학업적 성과에 주안점을 두는 교육으로부터 자기 주도적인 삶을 살아가고 사회적 기여를 아끼지 않는 건전한 민주시민으로서 성장할 수 있는 지성과 인성을 함양하는 전반적(holistic) 교육의 필요성이 증대된다. 이를 위해 문제중심, 활동중심, 탐구중심 교육과정이 필요하다.

(4) 창의 · 인성의 하위요소

정직	약속 (신뢰)	책임	배려 (존중)	소유 (절제)	공정
독립성	용기	자율성	독창성		
개방성	다양성	복합적 성격	애매모호함에 대한 참을성	감수성	
몰입	열정	즐거움	성실	끈기	문제발견/ 문제해결력
호기심/흥미	상상력/시각화 능력	유추/은유적 사고	사고의 수렴	비판적 사고	논리/분석적 사고

2. 초등 사회과와 창의 · 인성교육

1) 교과교육과 창의 · 인성교육

교과와 밀접하게 관련되는 창의 · 인성요소를 파악하여, 교과특성에 맞는 창의 · 인성교육 방법을 구성한다. 창의 · 인성교육은 창의성의 배양과 발휘의 수단이 되는 교과 관련 지식과 기술을 바꾸자는 것이 아니며 교과 전문교수나 교사에 의해서 진행되어온 교과 관련 지식의 내용을 가지고 창의성 발현의 심리적 특성을 계발하는 교육을 하자는 의도이다.

2) 사회과 관련 창의 · 인성요소

인성 관련	능력 관련
협동/책임 (민주시민의식, 사회적 관심) 개방성 호기심/흥미 정직 공정(정의로움)	문제발견력/문제해결력 비판적 사고 확산적 사고

Ⅲ. 사회과 관련 창의 · 인성 수업모델 적용

1. 교육과정 재구성 및 창의 · 인성 요소 추출

1) 교육과정 및 영역: 초등학교 6학년 사회

단원	Ⅲ. 환경을 생각하는 국토 가꾸기
제재	지역 환경문제의 합리적 해결

2) 수업의 주제: 우리가 만드는 Eco 도시 인천!

3) 주제 선정의 이유

얼마 전 차를 몰고 가다가 도로 옆에 생긴 자전거 도로를 보면서 다시 한번 '저탄소 녹색성장'이라는 말을 떠올린다. 빠른 경제성장으로 간과하고 만 환경, 어느새 현대사회에서는 가장 절실한 문제가 된 것이다. 사회과는 "사회현상을 올바르게 인식하고, 사회지식의 습득과 사회생활에 필요한 기능을 익히며, 민주사회 구성원에게 요청되는 가치와 태도를 지님으로써 민주시민으로서의 자질을 육성하는 교과"이다. 사회현상의 올바른 인식과 실천이라는 측면, 우리 고장의 환경문제를 다양한 의사소통의 과정을 거쳐 해결하는 것, 민주시민의 자질을 함양시킬 수 있는 측면으로 볼 때 사회과는 녹색성장, 녹색교육 실현의 중핵교과라 할 수 있을 것이다. 이에 초등학교 6학년 사회교과의 '환경보전과 국토개발'이라는 단원에서는 우리 고장의 환경문제를 우리가 해결하여 친환경 도시를 건설해보자는 의미에서 '우리가 만드는 Eco 도시 인천'을 주제로 선정하였다.

4) 교과 연계사항

선수학습 (국민기본과정)	본시학습 (국민기본과정)	후속학습 (국민기본과정)
초-3학년 고장의 모습과 생활	초-6학년 3. 우리나라의 자연환경과 생활	7학년 도시발달과 도시문제
초-4학년 시 · 도의 모습과 고장생활		

5) 창의 인성적 요소

학습활동	창의 · 인성요소		
트위터 활동하기	• 문제발견	• 확산적 사고	• 사회참여
브레인라이팅 하기	• 문제해결력	• 다양성	• 책임
시네틱스 활동	• 사고의 확장과 수렴	• 유추능력	• 다양성
홍보물 및 가사 만들기	• 독창성	• 개방성	• 협동
환경보전을 위한 나의 다짐	• 문제해결	• 약속	• 실천적 행동화
체험학습	• 흥미	• 열정	• 수렴적 사고
자신의 역할	• 책임	• 협동	• 자부심
모둠활동	• 배려	• 존중	

6) 창의 · 인성 수업모델의 수업개요

단계	교사	학생
수업 전 활동	과제 제시	• 다른 지역의 환경문제와 해결한 사례 찾아보기
주제제시 하기	프로젝트 1차시	• 트위터를 활용한 브레인스토밍하기 - 트위터에 올려진 환경 관련 문제나 사진을 보고 자신의 의견과 이유 말하기
활동계획하기	프로젝트 2차시	• 문제 인식 - 우리 지역의 환경문제 동영상으로 환경오염의 심각성 알기 • 브레인라이팅 - 변형된 브레인라이팅 방법을 통해 우리 지역의 환경문제 해결방법 찾기 • 시네틱스 - 시네틱스 기법을 활용한 친환경 도시 인천 만들기 계획 세우기
탐구 및 표현하기	프로젝트 3차시	• 시네틱스 기법 학습지 활용 - 홍보물 만들기 - 노래 가사 만들기 - 학급 홈페이지 탑재
마무리 및 심화하기	프로젝트 4차시	• 실천과제 제시 - Eco acting - 환경보전을 위한 나의 다짐을 트위터 하기
마무리 및 심화하기	프로젝트 5~6차시	• 송도자원환경센터 현장체험 학습 - 쓰레기 소각시설 관람하기 - 재활용품 체험하기 - 견학보고서 작성하기

2. 수업모형

1) 행동변화(REB) 모형 - 환경교육 학습모형

행동변화(REB) 모형이란 책임 있는 환경행동(Responsible Environmental Behavior: REB)을 의미하는 것으로 그 목표는 첫째, 개인과 사회집단으로 하여금 전체 환경과 이에 관련된 문제에 대한 인식(awareness)과 감수성을 갖도록 하며, 둘째, 환경과 이에 관련된 문제에 대하여 다양한 경험과 기본적인 지식(knowledge)을 갖도록 하고, 셋째, 환경에 대한 가치와 관심을 갖고 환경의 보호와 개선에 능동적으로 참여하려는 태도(attitude)를 갖도록 하며, 환경문제를 확인하고 해결하는 기능(skills)을 습득하게 하고, 환경문제 해결을 위한 모든 과정에 능동적으로 참여(participation)하는 기회를 제공하도록 하는 데 있다.

2) 문제해결 학습모형

문제해결 학습이란 학습자가 당면하는 문제상황의 해결을 위한 활동을 중심으로 이루어지는 학습을 말한다. 즉, 사회과의 학습대상인 사회적 사실과 현상 중에서 학습자들이 살아가는 데 유용한 경험이 내포된 실제문제 사태나 교사에 의하여 의도적으로 조직된 문제 사태를 학습상황으로 도입하여 이를 학습방법으로 조직한 사회과 학습유형의 하나가 바로 문제해결 학습이다. 문제해결 학습은 사고과정을 바탕으로 하여 성립되며 그 사고과정은 도달지식을 학생들의 생활주변 사태(경험)로 재구성하여 활용하되 문제 사태가 포함되어 이를 해결하는 과정을 통하여 학습목표에 도달할 수 있도록 구성되어야 한다. 따라서 자연환경의 이용이라는 사회적 사실은 녹색성장이라는 사회적 현상과의 관련 속에서 하나의 문제상황으로 충분히 제시될 만한 가치가 있으며, 이를 통해 학생 자신의 유용한 경험을 바탕으로 새롭게 제시된 문제들을 해결하기 위한 탐색활동이 자연스럽게 이루어질 것이다.

3) 메타플랜 교육방법(에코랄라 학습전략) - 사회과 창의적 사고기법 활용

개정 교육과정 총론에서 추구하는 5가지 인간상 중에는 창의적 능력을 발휘하는 사람과 공동체의 발전에 기여하는 사람이 설정되어 있다. 합리적인 사고를 바탕으로 창의적으로 문제를 해결하고 상호 존중하고 협력하는 인성을 지닐 수 있는 교육을 실현하려고 노력한다는 것은 사회과의 개념과 목표에서 등장하는 민주시민의 자질 육성이기도 하다. 창의성과 인성계발은 사회과의 필수적인 과제라고 할 수 있다. 이러한 능력을 기르기 위해 창의적 사고기법을 활용하고 협동학습에 기초한 메타플랜 토의모형을 수업에 적용해보고자 한다.

새로운 민주시민 교육방법으로 소개되고 있는 메타플랜(metaplan)은 민주시민 교육과정에서 적용할 수 있는 다양한 토론·토의 방법들을 지칭하는 용어로 "교수자 중심이 아닌 참가자 중심의 교수방법으로 시각적인 매체를 적극적으로 활용하는 교수기법의 한 형태"라고 할 수 있다. 참여자가 직접 현장에서 학습하고 토론·발표하는 과정 등을 통해 자신의 의견을 상대방에게 전달하고 서로 다른 의견을 조합해서 새로운 의견을 창조해냄으로 민주정치를 이해하게 되는 것이다.

'Eco랄라(에코랄라)'란 친환경적인이란 뜻을 가진 'Eco'와 기분 좋을 때의 흥겨운 소리를 나타내는 '룰루랄라'에서 기초한 말로 본 교수학습 과정 안에서는 환경 관련 문제를 학생들이 바르게 인식하고 민주시민 자질을 함양시킬 수 있는 다양한 교구와 시청각 매체, 게임 등을 활용한 메타플랜(metaplan) 토의모형을 적용하여 자신의 의견을 전달하고 다른 사람의 의견을 조합하여 새로운 의견을 창조할 수 있는 학습활동을 모두 의미한다.

(1) 창의적 사고기법

① 트위터를 활용한 브레인스토밍

- 개념: 브레인스토밍 기법은 집단의 구성원들이 하나의 구체적인 문제에 초점을 두고 가능한 한 많은 수의 아이디어를 생성해내기 위한 기법

- 방법
- 집단 구성원이 ㉠ 비판금지의 원칙, ㉡ 자유분방의 원칙, ㉢ 질보다 양 우선 원칙, ㉣ 결합과 개선의 원칙을 지키며 자유롭게 아이디어를 표출한다.
- 집단의 구성: 5~12명이 적합하다.
- 사전연습: 브레인스토밍 규칙을 설명하고 연습문제를 통하여 기법을 익혀 두는 활동이 필요하다.
- 아이디어 생성단계: 사회자는 브레인스토밍할 문제를 진술하고 자유스럽게 될 수 있는 대로 많은 양의 아이디어를 말하도록 진행한다(기록자는 빠뜨리지 않고 기록함).
- 아이디어 평가단계: 생성해낸 아이디어를 심사하고 분류하여 평가한다. 가장 적합한 아이디어를 선택한 후 더 나은 아이디어로 발전시킨다.

- 효과
- 아이디어의 자극제 역할
- 융통성과 유창성의 신장
- 흥미유발, 느낌 표현에 유용

- 트위터란?
블로그의 인터페이스에 미니홈페이지의 '친구맺기' 기능, 메신저의 신속성을 갖춘 소셜 네트워크 서비스(Social Network Service: SNS)로서, 웹에 직접 접속하지 않더라도 휴대전화의 문자메시지(SMS)나 스마트폰 같은 휴대기기 등 다양한 방법을 통하여 글을 올리거나 받아 볼 수 있으며, 댓글을 달거나 특정 글을 다른 사용자들에게 퍼트릴 수도 있다. 언제 어디서나 정보를 실시간으로 교류하는 '빠른 소통'이 가장 큰 특징으로서 세계적 뉴스채널로 속보를 장점으로 하는 CNN을 앞지를 정도로 신속한 '정보 유통망'으로 주목받고 있다. 트위터를 이용하여 기업들도 홍보하거나 고객 불만을 접수하는 등 다양한 방법으로 활용하고 있다.

② 변형된 브레인라이팅

● 개념
- 브레인라이팅 기법은 브레인스토밍의 변형이고 변형된 브레인라이팅은 브레인라이팅의 변형으로 참가자들이 남들 앞에서 자신의 생각을 표현하기를 주저하는 장면에서 사용
- 활동에 참가한 사람의 수가 상당히 많은 경우나 많은 아이디어들을 빠르게 생성해내고 싶을 때도 사용할 수 있는 창의적 사고기법

● 방법
- 브레인스토밍의 일반적인 규칙에 맞춰 자유롭게 돌아가면서 아이디어를 제시한다.
- 이때 아이디어는 각자 생각해낸 아이디어이며 포스트잇에 적어서 자신의 해당 발표 칸에 부착하여 정리한다.
- 이 과정이 끝나면 모둠원끼리 각자의 의견발표 및 아이디어 수집을 한다.
- 발표 번호순으로 돌아가면서 아이디어가 제시될 때마다 모둠원끼리 서로 질의응답을 통해 찬성 및 긍정적인 동의가 많은 아이디어를 Good Idea에 부착하여 모둠의 대표 의견들로 정리한다.

● 효과
- 내성적인 친구 참가 및 무한 아이디어의 생성
- 정련된 아이디어 생성 및 집중력 향상

③ 시네틱스

● 개념
- '서로 관련이 없는 요소들의 결합'이란 뜻으로 여러 가지 유추로부터 아이디어나 힌트를 얻는 창의적 기법이다. 학교교육의 상황에서 창의적인 문제해결의 기법으로 활용하는 데도 충분한 가치가 있는 것으로 인정되고 있다.

● 방법
- 우리가 만드는 Eco 도시 인천을 건설하기 위해 필요한 친환경적인 요소들을 시네틱스로 결합시켜 Eco 도시로서의 경쟁력을 갖출 만한 요소들을 산출한다.
- 시네틱스 학습지로 모둠원들과 함께 의견을 내놓는다.

● 효과
- 짧은 시간에 많은 아이디어 생성
- 실현성 있는 뜻밖의 아이디어가 비교적 쉽게 산출됨

Ⅳ. 초등 사회과 창의 · 인성교육의 실제

1. 교과학습 단원의 창의적 재구성

(1) 학생들은 여러 사람들 앞에서 논리적 규칙에 맞게 자신의 생각을 말하기를 어려워한다. 사회과에서 말하는 창의력이란 "문제에 대하여 개인적 사고과정이나 집단적 사고과정을 통해 새로운 아이디어나 작품을 독창적으로 생각해내며, 논리적 사고의 규칙에서 얽매이지 않고 상상력을 발휘하여 유용한 아이디어를 생산하는 지적 능력이자 정의적 태도"이다. 따라서 무한 아이디어가 생성될 수 있도록 편안하고 재미있는 분위기에서 모든 사람들이 의견을 나누는 창의적인 교과과정이 필요하다.

(2) 창의적 체험활동 시간을 이용하여 환경 관련 트위터를 만들도록 하여 환경에 대한 흥미를 갖게 하도록 하며 이를 통한 브레인스토밍 활동을 하여 전체 학생이 자신의 생각을 다양하게 표현할 수 있도록 하였다. 환경 관련 범교과 학습인 재량활동 시간을 활용하여 친환경 도시 만들기에 관련한 활동을 하고 지역의 환경기관인 인천환경공단을 방문하여 쓰레기 처리시설을 견학 체험하며 환경보호 의식을 고취시키도록 하였다.

(3) 초등학교 3학년부터 4학년까지 배워온 지역의 환경문제에 대하여 좀 더 민감하고 적극적으로 받아들일 수 있도록 단원의 재구성을 하였다. 창의적 사고기법을 흥미롭게 받아들일 수 있도록 웹 2.0 시대에 적합한 트위터를 수업에 도입하고 직접 체험하는 활동을 하기 위해서는 창의적 체험활동 및 환경 관련 사회과 학습을 위하여 교과통합 및 교과서 단원의 재구성은 반드시 필요한 과정이다.

사회교과단원		통합교과단원	
자연재해와 환경문제	우리는 자연의 일부	창의적 체험활동	환경 관련 트위터 만들기
	자연재해	교과 – 사회과	환경문제의 합리적 해결
	환경문제	창의적 체험활동	홍보물 및 노래 가사 만들기
환경과 더불어 살아가는 길	환경문제의 합리적 해결	교과 – 사회과	환경문제의 합리적 해결
	환경을 생각하는 국토개발	창의적 체험활동	송도자원환경센터 견학하기

2. 창의·인성교육 교수학습 과정 안

1) 1차시

학습 과정	교수-학습활동	창의·인성 교육 요소	지도상의 유의점
도 입 (5분)	▶ 트위터 소개하기 ▫ 유명인사들의 트위터를 보여 주기 – 트위터에 올린 댓글들도 같이 읽기 ▶ 학습활동 안내 ▫ **활동 1. 트위터 만들기** ▫ **활동 2. 브레인스토밍하기**	흥미	
활 동 (30분)	▶ 활동 1. 트위터 만들기 ▫ 인터넷상에 유행하고 있는 SNS인 트위터를 소개하기 ▫ 트위터의 장단점 이야기하기 ▫ 정보통신 윤리교육 실시 ▫ 트위터를 만들어 보기 ▫ 인기 있는 트위터를 방문하여 바른 댓글 달기 ▫ 서로의 트위터 방문하기 ▶ 활동 2. 트위터를 활용한 브레인스토밍 활동 ▫ 우리 지역의 환경오염 사진 및 동영상 등을 트위터를 통해 보여 주기 ▫ 트위터를 활용하여 환경오염에 대한 자신의 의견과 이유를 말해보기 ▫ 환경 관련 인터넷 사이트를 방문하여 환경 관련 자료들을 검색해보기	① 문제 발견 ② 확산적 사고 ③ 사회 참여	* 사전에 정보통신 윤리교육을 시킴 * 트위터를 악용한 사례를 들어 바른 사용법을 알게 함 * 환경에 대한 자신의 생각을 자유스럽게 개진할 수 있도록 함
정 리 (5분)	▶ 각자의 느낀 점을 말해보기 – 트위터를 접해본 소감 말해보기 – 우리 지역의 환경에 대한 문제 관심 갖기	수렴적 사고	

2) 2차시

학습 과정	교수 – 학습활동	창의 · 인성 교육 요소	지도상의 유의점
도 입 (5분)	- 인사, 바르게 앉아 경청 ▶ 트위터 활동 시 보았던 환경오염 사진과 댓글들을 보여 주기 ▶ 기후변화 타임머신을 통해 환경오염의 심각성을 느끼게 하기 http://climate.jpl.nasa.gov/ClimateTimeMachine/climateTimeMachine.html		
활 동 Ⅰ (15분)	▶ 우리 지역의 환경문제를 통해 고장에 대한 관심 갖기 - 송도 신도시 매립으로 인한 생태계 파괴에 대한 뉴스를 시청하기 - 천연기념물인 저어새 등의 멸종 위험들을 구체적으로 제시하기 - 포스트잇을 활용한 브레인라이팅하기 ▫ 지역의 환경문제를 제시된 의견을 통해 해결하는 방법을 찾도록 하기	① 문제해결 ② 다양성 ③ 책임 존중	* 모둠별 브레인라이팅을 통해 사고의 확장을 유도함 * 우리 고장의 환경문제를 다룸으로 고장에 대한 관심과 향토애가 높아지도록 함 * 시네틱스 기법을 활용할 때 경쟁력 요소를 잘 찾을 수 있도록 힌트를 줌
활 동 Ⅱ (15분)	▶ 친환경 도시 만들기 계획 ▫ 내 고장 인천을 친환경 도시로 개발하기 위해 시네틱스 기법을 활용하여 생각해보기 ▫ 시네틱스 학습지를 모둠별로 토의하여 작성하도록 하기 - 우리가 만드는 Eco 도시 인천을 건설하기 위해 필요한 친환경적인 요소들을 시네틱스로 결합시켜 Eco 도시로서의 경쟁력을 갖출 만한 요소들을 산출하기 - 친환경 도시 사례를 인터넷으로 조사해 보고 장점들을 분석해보기	④ 사고의 확장과 수렴 ⑤ 유추능력 ⑥ 다양성	
정 리 (5분)	▶ 조별 토의 결과 제출 - 이번 시간에 토의한 내용을 말해보고 학습지 제출하기	수렴적 사고	

3) 3차시

학습 과정	교수 – 학습활동	창의 · 인성 교육 요소	지도상의 유의점
도입 (5분)	▶ 시네틱스 모둠별 학습지를 다시 나누어 주기 - 인사, 바르게 앉아 경청하기		
조 별 토 의 Ⅲ (30분)	▶ 활동 1. 에코 인천 홍보물 만들기 - 우리가 만드는 Eco 도시 인천! Eco 도시로서의 경쟁력을 갖출 만한 요소들을 산출하기 - 모둠별로 에코 인천 홍보물을 만들기 - 디지털카메라를 이용하여 촬영하기	① 독창성 ② 개방성 ③ 협동 배려	* 홍보물과 가사 말에 각자의 생각을 표현하도록 유도하기

조별토의 III (30분)	▶ 활동 2. 에코 인천 노래 가사 말 만들기 － 학생들의 귀에 익숙한 CF곡 2개 정도를 들려주기 － 모둠별로 가사 말 만들기 － 만든 가사 말을 컴퓨터상의 녹음기를 이용하여 모둠별로 노래를 직접 녹음하기 － 소리파일로 변환시키기	④ 독창성 ⑤ 개방성 ⑥ 협동 존중	* 사전에 마이크를 이용하여 소리파일로 변환하는 연습을 하도록 하기 * 상호 평가와 자기평가에 대한 바른 방법을 알려주기
	▶ 학급 홈페이지 탑재 － 에코 인천 홍보물 사진과 가사 말 소리파일을 학급 홈페이지에 탑재하기 － 일정한 기간 동안 댓글을 달도록 하기	배려 존중	
정리 (5분)	▶ 평가 안내 － 일정한 기간 동안 달린 댓글을 통해 상호 평가하기 － 자신의 작품에도 댓글을 달아 자기평가도 가능하게 하기		

4) 4차시

학습 과정	교수 － 학습활동	창의·인성 교육 요소	지도상의 유의점
도입 (5분)	▶ 활동 안내하기 － 인사 － 학교홈페이지에 탑재한 결과물을 확인하기		
활동 (30분)	▶ 모둠별 결과물 발표하기 － 모둠별로 만든 결과물을 시연하기 － 질문을 하고 답변하는 시간을 갖도록 하기 ▶ Eco acting 트위터 하기 － 환경보전 관련 트위터를 제작하고 팔로우하여 내 고장 인천의 환경을 위한 나의 다짐 트위터 하기 － 트위터에 꾸준하게 환경 관련 활동 등을 올리도록 지도하기 － 트위팅 및 팔로우의 기능은 1차시 때 학습하여 알 수 있도록 하기	① 문제해결 ② 배려 ③ 약속 ④ 실천적 행동화	* 다른 모둠의 발표시간을 경청하여 들으므로 상대방의 의견을 존중하는 마음을 갖도록 하기 * 환경보전을 위한 행동실천 단계임을 인식하게 하기
정리 (5분)	▶ 일상생활 속의 환경보호에 대한 실천 의지 확인하기 ▶ 인사	수렴적 사고	

V. 결론

1. 결론

학생들의 창의성과 인성을 신장시키기 위해 창의·인성교육 수업모델을 활용한 수업과 실질적인 창의적 체험활동을 실시한 결과 다음과 같은 결론을 얻었다.

(1) 초등 사회과 활동에서 창의·인성교육 수업모델을 활용함으로써 교사에게는 학생들의 창의성과 인성을 신장시킬 수 있는 좋은 수업의 방향을 제시하고, 학생에게는 다양한 활동을 통해 창의성과 인성을 신장할 수 있어 바람직한 교수학습을 전개할 수 있다.

(2) 교과 관련 창의적 체험활동은 학생들이 주도적으로 활동함으로써 실질적인 학습활동을 전개할 수 있고, 활동에 대한 계획, 실천, 결과발표까지 스스로 해결함으로써 문제해결력, 창의성 및 인성을 신장하는 데 큰 도움을 준다.

(3) 사회 교과에서의 창의·인성교육과 창의적 체험활동은 학생들의 학습의욕 고취와 활동에 대한 흥미도를 높이고, 토론능력을 신장하는 데 도움을 주며, 새로운 문제에 대해 창의적으로 생각하려 하고 바른 인성을 기르려는 태도를 가지게 된다.

2. 제언

(1) 창의·인성교육 수업모델을 활용한 사회과 수업은 교사나 학생에게 창의성과 인성을 신장시키는 데 도움을 주지만 현재 개발된 수업모델은 내용이 너무 많거나 현실적용이 어려워 지도하는 교사가 바로 적용하기에는 무리가 있다. 또한 적절한 평가방안을 마련하지 못하고 있다. 이에 현장에서 쉽게 활용할 수 있는 현실적용 가능한 사회과 창의·인성교육 수업모델에 대한 개발이 꾸준히 전개되어야 한다.

(2) 다양한 창의성 신장 기법이 보급되어 있으나 교사들이 그 기법을 효과적으로 활용하는 방법은 미숙할 뿐 아니라 일부 창의적 사고기법에 지나치게 의존하는 경우가 있다. 또한 학생들의 흥미만을 지나치게 고려하다 보면 수업의 본질적인 개념의 이해가 소홀히 취급될 수도 있다. 창의적 사고개발 기법은 수업목표 달성을 위한 하나의 수단에 불과하며 역시 학생들에게 사회과에 대한 자발적인 학습흥미를 유발시키는 것이 수업의 성패를 좌우한다고 볼 수 있다. 이에 다양한 창의·인성교육 방법을 위한 연수 확대와 맞춤형 현장 연수활동이 지속적으로 추진되어야 한다.

(3) 교과와 관련된 체계적인 창의적 체험활동 매뉴얼이 많지 않다. 따라서 초등 사회과와 관련된 창의적 체험활동 장소 및 내용 등이 정선되어 있는 창의적 체험활동 매뉴얼을 구성해 직접 체험함을 바탕으로 창의성과 인성을 동시에 기를 수 있는 방법을 모색해야 한다.

수업활동 시나리오

먼저 시간에는 트위터를 만들어 보고 환경에 대한 자신의 생각들을 트위터에 올려 봤어요. 트위터에 올려진 환경오염 사진과 댓글들을 살펴보겠습니다.
기후변화 타임머신이라는 것이 있는데 살펴볼까요?
(http://climate.jpl.nasa.gov/ClimateTimeMachine/climateTimeMachine.html)

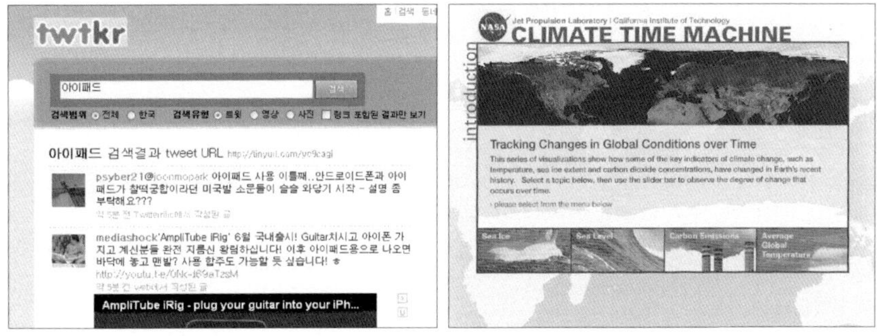

나사에서 제공하는 사이트인데요. 과거에서 현재까지 연도별로 빙하의 양, 바다의 높이, 배기가스의 양, 평균기온 등의 변화를 보여 주네요. 빙하의 양을 보면 요즘에 들어와 그 양이 적어지고 있어요. 왜 그럴까요? 맞아요. 대기오염으로 인한 온실효과 현상으로 빙하가 녹고 있는 거예요. 그렇기 때문에 지구의 온도는 더 높아지고 있고 해수면의 높이도 높아지고 있네요. 이러한 현상들이 바로 환경오염에 대한 증거가 되고 있는 거예요.

얼마 전 선생님이 봤던 뉴스의 한 장면입니다.

송도 신도시는 개펄을 매립해서 만든 도시입니다. 또다시 매립을 계획 중인 것으로 알고 있는데 그곳에서 멸종위기종 저어새가 번식을 시작했습니다. 환경단체에서는 다양한 생물들의 터전인 개펄 매립에 대해 반대를 하고 있는데요, 인천이라는 도시를 발전시키기 위해서는 계획대로 개발을 해야겠지만 환경의 문제에 있어서는 매립을 하면 안 되는데요. 우리 고장의 이러한 환경문제를 해결할 수 있는 방법에는 어떤 방법들이 있을까요? 모둠별로 송도 신도시의 개펄 매립으로 인한 환경문제들을 해결할 수 있는 방법들을 토의해보는 시간을 갖도록 하겠습니다. 여러분 모둠별로 에코 도시 인천이라는 패널이 있을 거예요. 자신의 의견을 포스트잇에 이유와 함께 적어 보세요. 그리고 패널에 부착을 하도록 합니다.

발표는 번호순으로 돌아가면서 아이디어가 제시될 때마다 모둠원끼리 서로 질문과 답변을 하여 찬성 및 긍정적인 동의가 많은 아이디어를 **Good idea**에 부착하여 모둠의 대표 의견들로 정리합니다.
다 정리가 되었으면 모둠별 대표의견들을 2가지 정도씩 모둠대표가 발표하도록 하겠습니다.

그럼 두 번째 활동으로 넘어가 볼까요?
첫 번째 활동에서 우리 고장 인천의 환경문제를 해결하는 방법을 찾아보았는데요. 두 번째 활동에서는 내 고장 인천을 친환경 도시로 개발하기 위해서는 어떤 점들을 주의 깊게 생각해보아야 할까 모둠별로 생각해보는 시간을 갖도록 하겠습니다. 우리가 배워봤던 시네틱스 기법을 활용하여 생각해보도록 하겠습니다.
(시네틱스 학습지를 모둠별로 토의하여 작성하도록 한다) 인터넷을 이용하여 친환경 도시 사례를 찾아보고 작성하도록 합니다.
시네틱스 학습지를 제출하도록 하겠습니다.

차시예고
▶ 다음 시간에는 우리가 오늘 작성한 시네틱스 학습지를 활용하여 Eco 도시 인천에 대한 홍보물과 노랫말 만들기를 하겠습니다.
▶ 준비물은 색연필 또는 사인펜을 준비해서 오세요.
▶ 이제 수업을 마치겠습니다.

*연구자 성명 : 김 현 진
소속/직위 : 인천 인천서림초등학교 교사
e-mail : 94sam@hanmail.net
C · P : 010-3095-9545

제4장

지방자치단체에서의 종합적인 관광인프라 구축방안

<요 약>

1995년 한국에서 본격적으로 지방자치제도가 실시된 이후, 전국 각 지방자치단체에서는 각 단체가 보유하고 있는 천연의 자연자원과 함께 찬란했던 우리 전통 문화유산 등을 바탕으로 하여서 나름대로의 막대한 인력과 자본 등을 투입하여 각종 축제 등을 새로 만들거나 기존의 것을 보완하는 방식으로 추진 및 실시하고 있다.

그러나 그러한 행사들이 관광객 유치 및 지방자치단체 홍보에 많이 기여하고 있으며, 그 지역주민들에게도 많은 혜택을 주고는 있지만 아쉬운 점도 많이 노출되고 있는 것이 사실이다. 따라서 여기에서는 그중 하나로 우리 자치구인 광주광역시 소속 지방자치단체인 광산구청으로 한정시켜서 그 현황을 살펴보고, 그 방안을 찾아 모색하고 탐구하였다.

[주제어] 관광 인프라, 지방자치단체, 문화유산, 축제

I. 서론

1. 연구의 배경과 연구의 목적

1) 연구의 배경

광주광역시는 우리나라 서남권의 중심도시로서 지역 관광의 거점 역할을 할 수 있는 지리적 위치에 있다. 그동안 광주광역시는 내륙도시로서 관광산업 기반시설이 취약하여 관광객 유치에 많은 어려움을 겪고 있기도 하다. 광주광역시의 5개 행정구 중 특히 광산구는 광주광역시 중에서도 도농 복합적인 구조로 되어 있고, 가장 광범위한 영역을 갖고 있는 구이다. 그러다 보니 도시와 농촌 간의 여러 갈등적인 요소가 생길 수가 있고, 개발적인 측면뿐만 아니라 관광요소 측면에서도 여러 갈등적인 요소가 발생할 여지가 있어 이러한 측면을 효과적으로 해결할 수 있는 방안을 찾아보고자 한다.

2) 문제제기

이런 문제를 해결하기 위해서는 광산구 안에 소재하고 있는 문화유산을 포함하여 관광자원의 현황과 함께 여기에 대한 구청과 구민들이 느끼는 만족도를 얻기 위한 대책 등을 살펴보고자 한다. 또 하나는 농촌지역에 거주하는 구민들이 도심지역에 사는 사람들에 비해서 갖는 차별적인 기대심리를 해소하기 위한 방안도 찾아보기로 한다.

3) 연구의 목적

이 연구의 목적은 광주광역시 행적구역인 광산구의 전반적인 관광현황 등을 살펴보면서 여러 문제점들을 파악하고, 그 문제점들에 대한 바람직한 대책들을 제시하여 앞으로의 관광의 활성화로 인한 향토의 알림과 주민들의 소득향상은 물론이고 이곳을 찾는 많은 관광객들에게 볼거리와 먹을거리 등을 제공하여서 잊을 수 없는 추억의 시간을 만들어주는 데 있다.

2. 연구방법과 구성

1) 연구방법

본 논문은 목적을 달성하기 위하여 각종 문헌을 참고하여 작성하는 것을 원칙으로 하였다.

2) 연구의 구성

제1절 서론에서는 연구할 제목에 대한 연구배경과 문제제기 및 연구문제를 간략히 소개하였다. 이 논문이 '무엇을', '왜' 쓰는지를 밝혔다.
제2절 현황분석은 광산구가 안고 있는 현재 관광실태를 파악하고, 그에 따른 문제점들을 제시하였다.
제3절 연구방법은 주로 각종 문헌에서 필요한 내용을 바탕으로 하여 이론을 전개하고자 한다.
제4절 분석결과에 따른 결론 도출은 이와 같은 방법에 따라 나온 분석결과를 도출해내고, 도출된 결과에 따라 바람직한 발전방법을 제시하면서 더 나은 결론을 얻어낸다.

Ⅱ. 광산구의 관광현황 분석

1. 광산구의 실태 파악

광산구는 광주광역시 전체 면적의 45%를 보유하고 있으며, 천혜의 자연조건과 관문적 입지로서의 광주의 경제중심 교통요지이며, 도시와 농촌의 입지 등 모든 요소를 갖추고는 있지만 아직은 많은 보완점이 필요한 상황이다.

특히 광산구 면적의 55.95%에 이르는 개발제한 구역은 광주 도시발전의 다양하고 고급스러운 미래수요를 공급할 수 있는 유일한 곳이며, 세계적인 추세인 자연 친화적이고, 지속 가능한 생태환경이 조성된 도시 공간구조를 형성할 수 있는 기반을 갖고 있다 할 수 있다. 그러니 이러한 좋은 보유자원과 특성들을 광산구의 특화된 브랜드로 만들어서 성장동력으로 삼고, 정부가 지향하고 있는 녹색성장과 광역 발전정책 등과 연계하고 국토 서남권 광역 발전의 중심도시로 성장할 수 있는 절호의 기회를 맞고 있는 것이다.

또한 광산구는 진산인 어등산과 황룡강의 맑은 공기와 깨끗한 물이 함께하는 자연 속의 도시로 고봉 기대승 선생, 용아 박용철 선생, 국창 임방울 선생을 배출한 예향, 문향의 고장이기도 하다. 이와 같은 수려한 자연경관과 걸출한 선현들의 자취가 살아 숨 쉬는 광산구는 호남선·경전선 철도, 호남고속도로, 광주공항이 위치한 교통의 중심지로 나주, 영광, 함평, 장성 등 인근지역의 문물이 모여드는 교역의 중심지이기도 하다. 또한 광산구는 도농 복합도시로 7,000여 농가에서 비닐하우스와 논농사를 병행하고 국화, 장미 등 화훼류와 오이, 방울토마토 등 과채류를 생산하여 외국에 수출하는 등 도시 근교농업이 발달한 곳이다. 또한 하남, 소촌, 소촌농공, 평동산업단지 등 5개 산업단지에 1,300여 개 업체가 입주하여 자동차, 전자부품, 섬유, 화학제품, 타이어, 식료품, 가죽제품 등을 생산하고 있으며, 대단위 택지개발로 인구유입이 급증하고 있는 지역으로 날로 구세가 확장되어 광주·전남권의 새로운 신흥도시로 급부상하고 있다.

이런 지역적인 특징에 따라서 광산구도 장기적인 비전과 목표를 제시하고 있는데 그것은 바로 '국토 서남권 광역발전을 선도하는 미래형 신중심도시 광산'이라는 비전 아래 '고품격 명품도시 희망 광산 건설'이라는 중기 비전과 '녹색 성장 미래형 도시공간 재창조로 생태적 환경도시, 안정된 삶을 보장하는 매력 있는 문화 관광도시, 안정된 삶을 보장하는 선진복지, 교육도시, 최첨단 융합산업이 집적화된 첨단기술 융합 산업도시, 민관산학 협력과 역할을 촉진하는 창조적 거버넌스 도시'를 목표로 하여 10대 핵심전략 과제를 제시하고 있는데, 본고(本稿)와 관련 있는 것은 'Green E-co City 자연 친화적 생태환경도시 건설과 일상과 호흡하는 문화·예술도시 건설, High Brand 명품 관광산업 육성과 함께 만들어 가는 복지 공동체 구현, 글로벌 인재양성 선진 교육도시 조성'이다.

2. 광산구 관광산업의 문제점

광산구의 장기적인 비전인 '국토 서남권 광역발전을 선도하는 미래형 신도시 광산'을 건설하기 위해서는 여러 문제점을 안고 있는 것도 사실이다. 우선 매년 사업에 소요되는 막대한 투자 사업비를 확보하는 문제이다. 사업비는 지방자치단체의 예산만으로는 충당할 수 없기 때문에 확실한 타당성 확보가 중요한 것이다.

둘째, 이 지역의 고유성을 갖는 특성화된 관광자원이 다른 지방자치단체에 비하여 절대 부족하여, 광주광역시의 근교 유원지 및 관광지로서의 효율적인 기능을 하지 못하고 있는 점이다.

셋째, 광산구는 면적은 넓지만 도시와 농촌의 통합형 구조로 되어 있다는 점이다. 새로운 신흥지역의 개발이 활발하게 이루어지고 있고, 산업구조도 고부가가치로 전환을 꾀하고 있지만 농촌에는 인구구조가 대부분 노인들이어서 농업에 종사하는 등 취약한 경제구조와 함께 각종 어려움 등으로 농촌과 도시 간의 불균형 문제가 심각한 편으로 많은 문제점을 안고 있다 할 수 있다.

Ⅲ. 광산구의 종합적인 관광 인프라 구축방안

1. 연구대상 및 대상지

광주광역시 5개 행정구역 중 광산구를 그 대상으로 하였다. 왜냐하면 다른 행정구역들에 비해서 관광자원 등에 관한 관광 인프라 구축상태가 그리 좋지 못하고, 유난히도 많이 차지하고 있는 농촌과 도시 간의 많은 갈등과 격차가 존재하고 있어 이에 대한 문제점을 살펴보고 바람직한 방안 등을 알아보고자 한다.

2. 자료수집 방법 및 연구분석

관광에 관련한 기본적인 원론을 바탕으로 하여서 광주광역시청과 광산구청에서 발간한 여러 책자 등을 기본 바탕으로 하여서 연구 분석하게 되었다.

먼저 관광이란 개념부터 살펴보자. 많은 학자들이 그 개념을 피력하고 있다. 그중에서 1966년 메드상(J. Mdecin)은 "관광이란 사람이 기분을 전환하고 휴식을 취하며 또한 인간활동의 새로운 여러 국면이나 미지의 자연경관에 접촉함으로써 그 경험과 교양을 넓히기 위하여 여행을 한다든가, 거주지를 떠나 체재하는 등의 일로 이루어지는 여가활동의 하나"라 하였고, 세계관광기구(World Tourism Organization)에서는 "관광을 여가, 사업 그리고 기타 목적으로 1년 미만의 기간 동안 비일상적인 곳에서 여행하고 체재하는 사람들의 활동"이라 하였고, 매킨토시(Robert W. Mclntosh), 골드너(Charles R. Goeldner), 리치(J. R. Brent Ritchie)와 같은 학자들은 "관광은 관광객들과 기타 방문객들을 유치하고 접대하는 과정에서 관광객, 관광기업, 관광 목적지의 정부와 지역사회와의 상호작용 과정에서 발생하는 현상과 관계들의 총체"[1]로 보고 있다.

이런 관광의 정의를 바탕으로 지역관광 정책에 대한 개념은 우선 "한 국가나 지방정부가 관광산업을 진흥시키기 위해서 촉진하는 각종의 정책으로서 내외국인 유치를 위해 실시하는 각종 정책의 총합"[2]으로 요약할 수 있다고 할 것이다. 즉, 한 지역관광 정책은 한 국가나 지방자치단체가 지향하는 지역관광 사업의 기본방향 설정과 제반 시책을 계획·수립하고 조정하는 지역관광 경영의 종합적인 행동이라 할 수 있는 것이다.

또 하나 중요한 것은 아무리 한 지역의 관광정책이라 할지라도 국내관광 정책과 함께 국제관광 정책과도 어느 정도 잘 조화되고 균형을 이루어 가면서 창의성을 발휘하는 것이 중요하다 할 것이다.

그리고 최근에는 자연적인 환경의 관광 못지않게 문화적인 관광론이 중요하다는 점이다. 문화라는 것은 인간이 자연상태에서 벗어나 일정한 목적 또는 생활의 이상을 실현하려는 활동과정 및 생활방식과 내용으로 물질적·정신적 소득의 총체로서 역할을 하지만 자연환경과 배척되는 개념이 아니라 상호 보완적인 내용으로 보아야 할 것이다.

따라서 우리가 관광 하면 보통은 자연환경을 주로 취급하는 경향이 있지만 앞으로는 사람들의 모든 생활이나 행동양식 등 활동을 중요시하는 문화관광도 매우 중요하게 취급해야 할 것이다.

문화관광에 대해서는 많은 학자들이 다양하게 정의를 내리고 있다. 우선 사전적 의미로는 "문화관광이란 유적, 유묵, 전통공예, 예술 등이 보존되거나 스며 있는 지역 또는 사람의 풍요로웠던 과거에 초점을 두고 관광하는 행위이다"라고 정의하고 있다.

우드(Robert E. Wood)는 "문화관광은 문화에 의해서 형성되고 문화가 관광객의 경험을 유도하는 상황에 따라 규명되는 것"이라 정의하였고, 세계관광기구는 "문화관광은 유적지와 기념물을 찾아가는 데 목적이 있다"[3]라고 하고 있다.

그렇게 함으로써 자연과 문화가 같이 공존하는 바람직한 관광상태로 만드는 노력들을 해나가야 할 것이다. 결국 관광이라는 것은 자연환경 관광과 문화관광들이 결합한 자연과 그 지역의 거주민들과 이 지역을 찾는 관광객들이 혼연일체가 될 수 있도록 하는 모든 조치가 되리라 생각한다. 이런 전체적인 관광과 지역개발 관광과 문화관광 의미를 바탕으로 한 광산구의 관광정책에 대해서 논하고자 한다.

3. 광산구의 관광자원 현황

광산구에는 문화, 관광기반 시설은 15개소가 있고, 문화재는 24개, 생활체육 시설은 275개소가 있다.[4] 이런 시설규모는 일반적으로 다른 지역에 비해 적은 쪽에 해당되고 있다. 그렇다고 해서 아주

---

1) 조명환 외 공저, 『현대 관광학 원론』, 기문사, 1999, p.20 참조.
2) 채용식, 『지역관광정책개발론』, 현학사, 2003, p.31 참조.
3) 서태양, 『문화관광론』, 대왕사, 2002, p.29 참조.
4) 광산구, 『희망광산 건설 5개년 계획』, 광산구, 2009, p.29 참조.

불리한 것도 아니어서 현재 갖고 있는 여러 관광자원 등을 효과적으로 활용해나갈 수 있다면 될 것이다.

　광산구의 대표적 자연환경인 용진산과 어등산, 황룡강과 영산강을 생태적으로 우수한 환경으로 관리하여 보존할 수 있고, 그린벨트를 적정하게 이용·관리하여 전원형 농촌타운을 조성하고, 충분한 녹지공간 확보와 저탄소 배출시스템 구축 및 신재생 에너지 활용 비중을 높인 신도시 개발, 첨단 융합 산업육성과 친환경 산업단지로 관리 및 조성하려는 목표를 갖고 실천해야 할 것이다. 그리고 특히 농가 수가 아직도 5,305호나 차지하는 등 농촌인구 수가 많아 신흥개발로 이어지고 있는 도시 지역과의 비교에 있어서도 많은 갈등과 함께 지역 간의 불균형으로 이어질 경향도 있어 이를 해결하려는 강력한 의지도 필요하다 할 것이다. 이러한 광산구가 안고 있는 여러 조건을 바탕으로 하여서 자연과 문화를 체험하는 매력이 넘치는 문화·관광 도시를 건설하려는 강력한 의지를 갖추어야 할 것이다. 용진산과 어등산, 황룡강과 영산강을 활용한 생태공원 및 수변공원, 수목원 등 자연환경을 가꾸어 매력 있는 도시 관광지로 조성하고, 관광시설을 랜드마크가 될 수 있도록 조형미를 살리고 높은 품질의 서비스가 제공되도록 관리하고, 문화자원을 발굴하여 자원의 매력도를 높이고, 체험 공간으로 조성해야 할 것이다. 이를 구체적으로 살펴보면서 전망과 대책을 살펴보도록 해보자.

1) 자연생태 자원

　광산구에는 어등산, 용진산, 석문산, 금봉산, 복룡산, 백우산, 삼도망산 등 산악자원과 영산강, 황룡강 등 하천자원, 용진산 겹겹이 솟은 뾰족한 산봉우리의 용진충만, 어등산 너머로 지는 해인 어등 낙조, 황룡강에서 고기잡이하는 불빛의 용강어화, 극락 강변 넓고 푸른 들 풍경의 낙수야색, 석문산 바위 사이 칠색무지개의 석문가예, 복룡산 산허리를 감도는 흰 구름의 복용귀운, 풍영정에 앉아 풍월 짓고 읊고 밤늦게 돌아온다는 풍영만귀, 호가정의 짙푸른 노송그늘의 호가송음 등 광산 8경 등이 존재하고 있어 나름대로 자연생태 환경을 갖추고 있다 할 것이다. 또한 송산공원 유원지와 쌍암공원, 송정공원 등 175개의 공원과 왕동천과 왕동저수지 등이 존재하고 있다.

2) 역사전통 자원

　광산구에서는 국창 임방울 국악제가 매년 열리고 있으며, 광산 농악 등 문화행사와 함께 광산구에 유일한 국가 지정문화재인 신창동 유적지와 시인인 용아 박용철 생가, 유학자인 고봉 기대승을 모신 월봉서원, 전방후원분 형태의 귀한 월계동 장고분, 어등산 의병 활동지, 삼거동 고인돌군, 양씨 삼강문, 빙월당, 용진정사, 호가정, 취병조형유허비, 무양서원, 송호영당 등 24개 명소가 존재하고 있다.

3) 문화예술 자원

　광산구에서 행하고 있는 문화예술 자원으로는 어등 미술대전과 용아 박용철 전국 백일장대회, 광산구 합창단 연주회 등 문화행사와 궁도장인 송무정 등 명소가 존재하며, 4개의 공공 도서관과 28개의 영화관, 2개의 공공 공연장, 구민회관 1개와 복지회관 5개, 청소년회관 2개, 문화원 1개 등 총 42개의 문화시설이 존재하고 있다.

4) 생활문화 자원

광산구에서는 6개의 농촌 동 경관자원과 광산구의 대표 축제인 어등 축제를 비롯하여 우리 밀 축제와 광산 구민의 날, 도심 속의 작은 예술 축제 등을 개최하고 있다. 꽃게탕, 우삼탕, 떡갈비 등 향토음식과 무등도요 등이 존재하고 있다. 그 밖에도 129개의 교육시설과 9개의 사회복지시설, 빛고을 구민 체육센터 등 문화시설이 존재하고 있다.

5) 산업경제 자원

광산구에는 송정 5일 시장과 비아 5일 시장 등 2개의 재래시장과 광주 5미의 하나인 송정 떡갈비 거리, 전국 생산량의 20%를 차지하는 송산유원지 일대의 우리 밀 집산지, 차돌 복숭아와 애호박 등 광산구의 9가지 특산물 등이 있다.

4. 광산구의 관광자원 현황에 대한 문제점 도출

1) 문화환경 및 시설, 인프라의 열악함

광산구에는, 산과 강 등 자연생태 자원은 비교적 풍부한 편이나, 문화시설과 공간 및 관광 인프라는 매우 빈약한 편이다.

또한 문화공간의 경우도 미술관이나 화랑 등은 전무한 상황이며, 공연장도 공공 공연장만 2개 정도 존재하고, 민간 공연장은 전무한 상황이다.

공원의 경우는 도시공원만 존재하고 자연공원은 부재한 상황이며, 체육공원 또한 미미한 실정이고 아울러 호텔 등 숙박시설도 매우 열악한 상황이다. 최근에 많은 지역개발과 함께 주거지역 확장과 산업시설의 확대 등으로 많은 인구들이 유입되는 데 반하여 문화환경 및 시설이나 관광할 수 있는 여건 등은 많이 보완되어야 할 필요가 있다.

여가, 오락, 체육 등 문화환경에 대한 광산구민들의 인식은 불만족이 33.8%로 23.4%의 만족보다 높게 나타나고 있어 주민생활의 향상을 위해 가장 우선시되어야 할 부문으로 문화관광 시설을 꼽는 구민들이 31.3%에 달하고 있다.[5]

---

5) 광산구, 『희망광산 건설 5개년 계획』, 광산구, 2009, p.150 참조.

〈표 4-1〉 광산구의 문화공간 현황

구분	영화관	미술관	화랑	시·구민회관	복지회관	청소년회관	문화원	전수회관	공공공연장	민간공연장
광주시	118	6	24	2	22	10	5	2	14	5
광산구	28	–	–	1	5	2	1	–	2	–

자료: 광주광역시 통계연보(2007).

2) 문화관광 브랜드 및 프로그램 개발의 부족

광산구에는 약 450여 개에 이르는 문화관광 잠재자원을 보유하고는 있지만, 사실상 국내외 외래 관광객을 대상으로 한 광광자원으로 실제 활용되고 있는 관광브랜드는 거의 전무하다시피 한 실정이다.

국가지정 문화재인 신창동 선사시대 유적지의 경우, 아시아 문화 중심도시 조성계획의 가장 중요한 역사문화 자원으로 주목하고 있으나 아직은 미비한 단계에 있으며, 약 24개에 이르는 문화재 또한 문화유산 관광자원으로 제대로 활용되지 못하고 있는 아쉬운 상황이다.

광주의 자랑거리의 하나인 먹을거리와 음식관광에 대한 수요가 증대되고 있는 현시점에서 한국 총생산량의 약 20%를 차지하고 있는 우리 밀 자원의 경우도 우리 밀을 먹어볼 수 있는 우리 밀 전문 음식점이 미미한 상황이며, 우리 밀 관련 이벤트나 브랜드 개발이 열악한 실정이다.

광산구의 대표적인 축제로서 현재 국창 임방울 축제나 어등 축제, 우리 밀 축제 등이 있으나 광산구를 대표하는 관광 축제로서 자리매김을 하지 못하고 있는 실정이다.

산과 강 자원이 비교적 풍부함에도 불구하고, 자연환경을 활용한 문화행사와 관광인프라가 매우 부족한 상황이다.

산업자원의 경우도 광주광역시의 90%가 광산구에 위치할 정도로 풍부하나, 이를 활용한 관광브랜드와 프로그램 개발이 전무한 상황이다.

3) 방문 관광객 수 부족 및 숙박시설 등의 문제점

광주, 특히 광산구에 관광을 목적으로 방문하는 외국인 및 타 지역에서 온 방문 관광객이 상대적으로 타 지역에 비해 매우 적은 편이다. 이것은 아직도 관광기반이 매우 낙후하다는 것을 증명하고 있다. 그리고 관광객이 찾아와도 현지에서 머무를 수 있는 숙박시설 등도 현저히 적다는 점이다. 시설보완의 미비로 기존 숙박시설들이 노후화되어 있고, 숙박시설 등에 대한 정보들이 아직도 많이 홍보되지 못하는 실정에 있다. 따라서 숙박시설 이용에 대한 정보 획득이나 예약 및 활용 등에서 한계성이 드러나고 있는 실정이다.

4) 관광산업의 문제점

우리나라의 관광산업은 여행사의 영세한 산업구조와 낮은 생산성, 자원개발 부족 등으로 아직은 볼거리가 부족하다 할 수 있다. 광주 지역의 관광산업은 전 산업 중 6.5% 정도의 비중을 차지하고 있을 정도로 아주 빈약한 모습을 보이고 있다.

5. 광산구의 관광자원 문제점에 대한 전략과 대안 모색

1) 새 정부의 문화관광 정책

새 정부의 문화관광 정책은 '소프트 파워가 강한 창조문화 국가'라는 문화 비전하에 콘텐츠 산업의 전략적 육성, 스포츠의 생활화·산업화·세계화, 문화예술 진흥을 통한 삶의 질 선진화, 관광산업의 경쟁력 강화 등을 정책목표로 제시하고 있다.

2) 광주광역시의 정책방향

광주광역시는 '첨단산업 문화수도 1등 광주 1등 시민'을 시정목표로 활력 있는 생산도시, 매력 있는 문화 허브, 맑고 푸른 생태도시, 함께하는 사회복지, 신뢰받는 열린 행정 등의 시정방침과 그에 따른 7대 부문 37개 과제를 민선 4기 시정목표와 방향으로 설정하고 있다.

3) 광산구의 관광전략 방안

이상과 같은 상급기관의 정책에 따라서 광산구에서도 이에 대비한 관광전략을 수립할 필요가 있는 것이다. 여기에서 가장 중요한 것은 여가·관광의 환경변화와 트렌드(trend)에 따른 대비활동에 철저를 기해야 할 것이다. 이에 따라서 광산구에서 취해야 할 바람직한 관광전략에 대해서 논하고자 한다.

(1) 광산구가 갖고 있는 친환경 자연자원의 최대한 활용

비교적 풍부한 산과 강을 보유하고 있고, 도농 복합의 문화환경을 보유하고 있기 때문에 이러한 환경을 잘 살리는 녹색·생태 환경 관광자원 프로그램을 개발하여서 친환경적인 문화관광, 생태관광을 확립하여야 할 것이다. 특히 정부의 4대강 살리기 사업 중 영산강 개발과 연계하여 개발을 추진하는 것도 바람직하다 할 것이다.

〈표 4-2〉 용도지역 현황

구분	계	도시				비도시(농촌)	
		주거	상업	공업	녹지	계획관리	농림
광주시	501.31	73.25	8.86	20.19	376.02	19.44	3.55
광산구	222.88	19.76	2.14	12.37	165.77	19.29	3.55

자료: 광주광역시 통계연보(2006).

(2) 광산구민의 일상과 호흡하는 문화예술 도시의 조성

자연과 문화를 체험하는 생활 속의 문화예술 환경을 조성하기 위하여 선현들의 얼이 깃든 전통 유·무형 문화재의 원형을 보존 및 관리하여 훌륭한 문화유산의 명맥을 계승 발전할 수 있도록 해야 하며, 문화예술 진흥 및 예술 관련 단체운영을 적극 지원하며, 구민의 지역문화 참여가 활성화될 수 있도록 적극적인 구청의 홍보와 함께 구민의 참여가 활성화될 수 있도록 하는 데 온갖 힘을 쏟는다. 전통문화유산 보존을 위한 문화기반 조성과 주민의 지역문화 참여 활성화, 대표 축제 및 다양한 테마 축제 개발의 필요성이 있다.

전통문화 계승발전을 통한 관광브랜드를 창출하기 위해서는 광산구 출신의 유학자인 고봉 기대승, 판소리의 국창인 임방울, 시인인 용아 박용철, 한말 의병장 오상열, 이기손 등 지역 선현의 뜻과 얼을 기리고, 남도 전통 무형문화재의 체계적인 보전을 위한 문화관광 인프라 구축을 과감히 추진해야 할 필요가 있다.

(3) 광산구의 늘 행복한 광산 8대 명품관광 프로젝트 개발추진

광산구는 풍부한 녹지공간과 수자원, 도농 복합의 문화환경, 국내 최대 우리 밀 생산지, 광주 5미의 대표지역, 방대한 개발 가능 토지, 광주 산업단지 중심, 다수의 외국인 거주 등 다양하고 귀중한 관광자원을 보유하고 있다. 따라서 친환경 웰빙(well-being)적 삶에 대한 수요가 증대하고, 신관광 수요가 증대하며, 다문화사회에 대한 관심이 고조되고 있고, 광주 아시아 문화중심 도시가 조성되고, 첨단산업의 잠재력이 증대되고, 영산강 시대가 도래하며, 광주 공항 이전과 호남선 KTX 건설 등 광역 교통체계 발달로 인한 개발공간의 증대 등 최상의 발전기회가 예상되고 있다. 따라서 여기에 대비한 자전거, 생태, 음식, 복지, 산업, 이벤트, 스포츠, 문화예술 등의 명품관광에 대한 프로젝트를 세워 적극 추진해야 할 것이다.

(4) 홍보와 마케팅의 강화노력

관광객의 유치는 효과적인 관광홍보 활동으로부터 시작한다 할 수 있다. 따라서 한층 더 다양화된 국내외 홍보활동을 실시하여 관광객 유치에 심혈을 기울여야 한다. 특히 선진형 관광정보 시스템을 구축하는 노력이 필요하고, 관광안내소를 많이 증설하여 그 기능을 강화시키고, 관광안내 소개 책자도 더 세련된 디자인 등으로 다양화하여야 하며, 문화관광 해설사도 대폭 증원시켜 적극적으로 활용하려는 노력이 필요하리라 본다.

Ⅳ. 결론

1. 분석 결과 종합

지금까지 광주광역시 행정구청의 하나인 광산구청의 관광자원과 정책에 대한 내용들을 주로 살펴보았다.

지방자치제도가 실시된 이후에 각 지방자치단체에서는 자체적으로 많은 문화행사를 개최하고, 문화관광에도 신경들을 많이 쓰고 있다. 그러나 아직도 다른 정책들에 비해서 우선순위 등에서 많이 밀려 있는 것도 사실이다.

그러다 보니 관광문화 정책은 상대적으로 후순위로 가게 되고, 대다수 주민들은 현대사회에서 가장 중요한 볼거리와 먹을거리 등 자연환경과 문화관광 등을 통해서 심신을 안정시키고, 생활의 활력을 찾는 역할을 할 수 없는 것도 사실이다.

따라서 정책 입안자들이나 정책 집행자들은 이런 점을 충분히 감안하여 정책을 입안하고 실시해야 할 것이다.

그리고 가장 중요한 것은 이런 정책을 실시할 때에 주민들의 의견을 최대한 반영해야 한다는 것이다. 주민의 편리와 복지를 무시한 관광문화 정책은 그 가치가 감소될 수밖에 없기 때문이다.

따라서 광산구가 여러 불리한 여건과 문제점들이 있는데도 불구하고, 가지고 있는 자연환경과 문화관광의 현 상황을 잘 보완하고, 제대로만 실천해 나간다면 앞으로 얼마든지 미래지향적인 방향으로 나갈 수 있으리라 확신해본다.

우리나라의 전통문화 중심도시인 전북 전주, 클럽문화의 산실인 서울 홍대 거리 등이나 선진국의 잘 되어 있는 선진지역의 관광정책, 즉 세르반테스의 도시인 멕시코 과나후아토, 꿈의 도시인 브라질의 쿠리치바, 문화예술의 도시인 영국의 글래스고, 근대의 아테네인 영국의 에든버러, 고대와 현대가 조화되는 도시문화를 창출한 프랑스의 리옹 등의 도시들을 연구하여서 적극적으로 반영시켜 나가면 좋을 것이다.

따라서 지금까지 광산구의 관광정책 현황과 대책 등을 살펴본 결과 얼마든지 더 나은 지방자치단체의 관광지역으로서 훌륭히 자리매김하리라 확신한다.

그리하여 국내외 많은 외래 관광객들이 찾아와서 편하게 관광하고 휴식을 취하면서 도시와 농촌의 모든 것을 경험하고 돌아갈 수 있는 그런 최고의 관광개발 정책을 기대해본다.

2. 결론

이상과 같이 광주광역시의 한 구인 광산구의 주로 문화관광 정책과 관련한 내용들을 살펴보았다. 광산구가 의욕적으로 추진하고 있는 국토 서남권 광역발전을 선도하는 미래형 신중심도시 광산건설의 목표 속에는 바로 문화관광 부문도 중요한 한 부문으로서 작용을 하고 있다. 그것은 현재 구민들이 바라는 욕구 중의 하나가 쾌적한 환경과 함께 생활 속에서 안락함을 누리고 자연과 문화적인 욕구 충족을 통해서 창의적인 삶을 가꾸는 것이 가장 중요하게 작용하고 있기 때문이다. 이런 상황에서 광산구에서 계획하고, 추진하고 있는 여러 문화관광 정책들이 꽤 고무적이며, 꼭 이런 내용들을 지속적으로 성취해 나갔으면 하는 바람을 가져본다. 온 구민들도 적극적으로 참여하고 협조함으로써 명실 공히 관민합동으로 멋진 결과를 만들어내는 최고의 모습을 만들어냈으면 하는 바람이다. 이번 이 작업을 추진하면서 필자 자신도 한 구민으로 구청에서 실시하는 정책에도 열심히 참여하여야겠다는 생각을 갖게 되었다. 매우 유익한 시간이었다.

*연구자 성명 : 노 문 영
소속/직위 : 광주 광주비아중학교 수석교사
e-mail : nomoyo@hanmail.net
C·P : 017-633-3397

제5장

세계화·정보화 시대의 바람직한 민주시민 교육방향 모색에 관한 연구

<요 약>

우리가 사는 21세기는 세계화·정보화 시대이다. 전 세계가 일일생활권이 된 지구촌 사회(Global Society)에서는 세계인 모두가 민주시민으로서의 자질과 태도를 함양하여야 한다.

본 연구는 세계화·정보화 시대에 사회구성원들이 민주시민으로서 생활하는 데 필요한 민주시민 교육의 방향을 모색하는 데 목적이 있다. 따라서 한국 교육의 현실을 바탕으로 민주시민 교육의 현황을 분석하고, 새로운 민주시민 교육의 나아갈 방향을 고찰하였다.

세계화·정보화 시대인 21세기 민주시민 교육이 나아갈 바람직한 방향은 사회과학과 선택과목 강화, 법교육 강화, 지역사회 참여 및 봉사활동 활성화, 비판적 사고 및 합리적 판단, 사회문제 연구, 세계의 상호 의존 및 다문화교육 강화, 민주적 학교환경 조성, 정보화 능력 및 정보윤리 교육 등이 강화되어야 할 것이다.

특히 21세기 민주시민 교육은 지구촌 사회를 주도하는 세계시민 교육으로 더욱 내실 있게 확산되어야 할 것이다.

[주제어] 세계화·정보화 시대, 민주시민 교육, 지구촌 사회, 선택과목, 법교육, 세계시민 교육

Ⅰ. 서론

우리가 사는 현대는 지식기반 사회, 지식정보화 사회이다. 현재 우리는 변화무쌍한 사회적 변동 속에서 생활하고 있다. 과거에는 지식과 정보가 정태적으로 존재하였으나, 현대사회에서는 상대적으로 보다 역동적이고, 동태적인 상태로 존재하고 있다. 이러한 사회변동과 세계화·정보화 속에서 전 인류가 이념, 체제, 종교적 갈등을 극복하고 지구촌 시민으로 하나가 되고 있는 것이다.

민주시민 교육은 동서고금을 막론하고 인류의 오랜 지향 가치이자 심오하고도 독특한 과제이다. 민주시민 교육은 오랜 역사를 가진 교육의 핵심적 주제로 그 중요성을 갖고 있으며, 특히 많은 국가에서 21세기 세계화·정보화 시대, 지구촌 시대를 맞아 민주시민 교육을 더욱 강조하고 있다(차경수, 2006).

민주시민은 민주주의 이념과 가치 및 지식, 기능, 태도 등을 사회적 행동으로 연결시키는 사람이

※ 본고(本稿)는 충남대학교 교육연구소 '교육연구논총' 「제20집(2006)」학회지에 게재된 연구자의 논문 '세계화·정보화 시대의 바람직한 민주 시민 교육 방향 모색'의 내용을 일부 수정하여 재구성한 논문이다.

다(한면희, 2006). 그러므로 민주시민은 개인적·주관적인 동시에 공적인 면을 갖고 있다. 따라서 민주시민 교육은 이러한 민주시민을 육성하기 위하여 민주적 제도와 이념 속에서 민주시민의 자질과 태도 등을 종합적으로 교육하는 활동이다(전숙자, 2006).

민주시민 교육의 목적은 개인으로서 올바른 선택을 할 수 있도록 안내하고, 집단에 의해 추구되는 도덕적인 삶의 질서를 갖춘 사회를 만들기 위한 것이다. 그리고 미래의 주인공인 학생들이 올바른 인간관계 속에서 민주주의에 대한 신념과 자긍심을 함양하고, 사회생활에 필요한 다양한 지식과 기능, 그리고 가치·태도 등을 함양하도록 돕는다. 그러므로 세계화·정보화·개방화 시대에 부응하기 위해서도 합리적 사고를 바탕으로 적극적 참여 등을 비롯한 민주적 태도를 배양하는 것이 필요하다.

민주시민 교육은 미래사회의 주인공인 학생들이 경험을 통해서 알게 된 사실, 현상, 문제 등을 중심으로 사회를 파악하고, 사회현상을 이해하고 관련시키는 준거로서 다양한 지식, 기능, 가치·태도를 활용하는 것이다. 따라서 학교교육에서 민주시민의 자질을 육성하고 바람직한 민주시민 교육을 수행하기 위해서는 공동체 문제해결 능력, 고등사고 능력, 참여와 활동과 가치·태도 등을 연마해야 한다(전숙자, 2006).

최근 세계화·정보화 시대의 도래로 사람들의 의식구조, 가치관, 생활양식 등이 크게 변화하고 있다. 정보통신 기술의 급격한 발달로 다원화된 사회에서 사회문제 해결에 적극적으로 참여하는 등 전 세계를 향하여 능동적·합리적·창조적·개방적 태도로 접근하여야 한다.

최근에 민주시민 교육에 대한 논의가 교육학 이론 분야와 교육현장에서 활발하게 진행되고 있지만 실질적인 민주시민 교육의 주체는 교육과정 전체라고 본다. 21세기를 맞아 교육이 주어진 제 역할을 다하여 인간 존엄성에 바탕을 둔 바람직한 민주사회의 건설에 당당한 몫을 담당해야 할 때가 온 것이다(한면희, 2000). 이러한 점을 전제하고 21세기 세계화·정보화 시대에 글로벌 지구촌 사회 구성원들의 새로운 자질과 태도 차원에서 바람직한 민주시민 교육, 세계시민 교육의 방향을 모색해 보는 것은 매우 의의 있는 일이다.

Ⅱ. 민주시민 교육의 목표

일반적으로 교육의 목표는 바람직한 민주시민의 육성에 있다. 민주시민은 세계화·정보화 시대를 주도할 자율적이고 창의적인 능력을 갖춘 사람이다(한면희, 2006). 민주시민은 인간존엄 사상에 근거한 현명한 의사결정을 내릴 수 있어야 한다. 현명한 의사결정은 정보처리 기능(information processing skills), 가치·태도, 사회참여를 바탕으로 한다. 그러한 지식과 기능, 가치·태도는 사회과학의 영역에서 끌어내므로 민주시민 교육의 모체가 된다(정세구, 1989).

도덕과, 사회과, 국민윤리과 및 특별활동·재량활동·창의적 체험활동 등은 민주시민 교육과 불가분의 관계이므로 이와 같은 교과와 활동을 통해서 민주시민 교육의 목표, 내용, 방법, 평가 등 일련의 과정을 풀어낼 수 있다. 민주시민 교육의 목표는 일반적으로 개개인이 여러 상황 속에서 만나는 사회문제를 스스로 사고, 판단하여 의사를 결정할 수 있으며, 타인의 문제해결 대안의 비판능력과 해결책을 실행하기 위해 스스로 사회에 참여할 수 있는 태도의 양성에 있다고 보고 있다. 나아가 향상을 위한 계속적인 노력, 즉 모든 사람을 위해 생활의 질, 삶의 질을 향상시키는 것이 가능하다는 것을 근거로 한다(곽병선, 1993). 그러므로 민주시민 교육은 개인의 권위에 대한 존중 및 개인의 전반적인 행복과 지적 능력의 개발을 포함한 사회의 발전을 의미한다.

교육의 일반목표와도 일맥상통하는 민주시민 교육은 자고로 많은 학자들에 의해 연구되어왔다(김왕근, 1999). 미국의 경우 교육의 발전, 사회의 변화와 시대의 요구에 따라 1950년대에는 일반사회와 지리, 역사가 주체가 되어 세계 여러 나라의 모습, 정부의 형태, 본질을 소개하는 수준이었고, 1960년대에는 신사회과(new social studies)의 영향으로 사회과학의 여러 과목들도 시민교육에 중요한 역할을 할 수 있다고 믿게 되었다. 이 시기에는 대학교수들을 중심으로 사회과학 학문의 구조를 중요시하고, 사회과학 개념의 형성 및 적용, 분석 능력을 강조하였다. 각 학문 영역에서 학생들이 꼭 알아야 할 가장 중요한 부분에 중점을 두어 사실, 개념, 일반화를 중심으로 사회현실을 극복하기 위해 탐구능력과 비판적 사고도 제시하고 있으나 사회과학과 역사의 지식이 중심적이었다. 대표적인 신사회과(new social studies) 민주시민 교육의 주창자였던 팬턴(Fenton)은 민주시민 교육을 위해 사회과학과 역사지식, 탐구기능을 겸비해야 한다고 강조하고 있다(Shaver, 1981).

1970년대에 들어와 가치교육과 도덕성 교육에 관한 이론이 논의되면서 시민교육에도 가치교육과 도덕성 교육이 포함되었다. 개인의 가치와 도덕성 수준의 향상을 민주시민의 자질로 중요하게 여겼다. 탐구(inquiry)에서 가치의 통합 고려는 민주시민 교육에서 학문중심 관점의 적합성에 회의를 갖게 하였다. 왜냐하면 사회과학 탐구의 주요 목적은 사회의 과거, 현재, 미래에 대해 사실적으로 정확한 진술을 하게 도와주는 것이므로, 사회과학의 연구범위에서 가치에 관한 질문은 체계적으로 논의되지 않고 배제될 수도 있기 때문이다. 사회과학 중심의 전통에서 가치는 자유, 평등, 객관성, 정직 등에 관심을 보이지 않아 가치에 관해 그들은 반성적이지 못하다는 지적도 있다(전숙자, 2006).

1970년대 말에 와서는 의사결정 과정과 쟁점 중심 모형으로 개념 획득보다는 문제해결 과정을 중요시하였고, 1980년도 이후 통합적인 접근으로서 개념, 여러 사회현상과 관련된 지식 및 문제해결 기능, 의사결정, 정보처리 능력 등도 중요하다고 보고 있다. 그 외에도 파커(Parker)와 자로리멕(Jarolimek)은 사회행동 접근법 모델을 제시하고 있는데, 민주시민에게 문제해결 능력을 기르기 위한 실제문제 상황의 활용과 실천능력 향상은 실천적인 교육을 통해서 가능하다는 것을 강조하고 있다. 그들의 교육모형은 사회 · 정치적 행동, 지역사회와 학교계획, 지역사회 연구, 자원봉사 등 적극적인 입장을 취하고 있다. 앵글과 오초아(Engle & Ochoa)는 인문학을 민주시민 교육과정에 포함시키고, 민주시민 교육은 행복을 느끼고 행복을 만들어갈 시민을 개발하는 것이라고 주장하고 있다.

사실 민주시민 교육에 대한 개념과 자질은 시대에 따라 변화하고 복잡해져 왔는데, 아직도 학자들 간에는 민주시민이 갖추어야 할 핵심적 자질에 대한 완전한 합의에 도달하지 못한 상황이다. 그러나 일반적으로 민주시민 교육은 전통적 사고인 민주시민으로서 갖추어야 할 자질과 덕목 중심에서 사고와 의사결정을 중시하는 경향으로의 변화를 볼 수 있다. 이런 관점에서 볼 때 교육 전반에 걸쳐서 민주시민 교육의 중요성을 음미해볼 수 있다.

Ⅲ. 민주시민의 개념과 기능

민주시민의 개념은 매우 다양하다. 민주시민이란 민주적 기본 가치와 이념을 내면화하고, 실행할 수 있는 사람으로 민주적 가치를 조화시켜 나아갈 수 있는 사람이다(전숙자, 2006). 민주시민 교육에 관한 범국가적인 의견 일치는 없지만, 민주시민의 기준은 일반적으로 지식, 기능, 가치·태도를 포함하며, 민주시민을 위한 어떤 특정 접근법만이 받아들여질 수 없고, 민주시민 교육주제에 접근할 수 있는 효과적인 방법 중의 하나는 개인의 사회화와 더불어 학생들 스스로 사회를 올바르게 이해시키기 위한 인식의 틀을 형성하는 데 도와주는 것이라는 데는 의견의 일치를 보이고 있다(차경수, 1994).

미국사회과교육협의회(NCSS)에서는, 민주시민의 자질은 식견을 갖추고, 민주주의의 가치를 위해 헌신하며, 민주사회의 여러 과정과 절차에 익숙하고, 사회의 제 문제해결에 적극적으로 참여할 수 있는 것이라고 규정하고 있다(Kaltsounis, 1989). 디네손(Dynneson, 1982)은 좋은 시민이라면 다른 사람들의 복지에 관심을 갖고, 타인과의 관계에서 윤리적·도덕적이고, 생각, 대안, 의견, 환경에 대해 비판적으로 질문·도전할 수 있으며, 현명한 판단에 근거해 좋은 선택을 취할 수 있어야 한다고 규정하고 있다. 랜달(Randall, 1988)은 훌륭한 민주시민은 현명한 의사결정을 할 수 있는 능력을 갖추고, 정보를 갖추고, 민주사회의 의사결정 과정에 참여하고, 민주주의의 가치를 행하고, 사회·정치·경제 과정에 참여할 수 있고, 참여할 의무를 느끼는 사람이라고 규정하고 있다.

한국교육개발원(KEDI)이 설정한 민주시민상은 현명하고 책임 있는 시민으로 그들이 갖추어야 할 시민 자질의 핵심요소는 인간 존엄성의 인식, 기본질서, 자유사회의 절차, 합리적 의사결정 능력을 중시하고 참여와 과정을 통한 민주시민의 자질을 내면화하는 데 초점을 두고 있다(곽병선, 1993).

많은 학자들이 민주시민이 갖추어야 할 조건에 대해 언급하고 있는데, 미국사회과교육협의회(NCSS)에서는 민주시민으로서 기능하기 위해서 다음과 같은 세 가지 조건이 만족되어야 한다고 보고 있다(Kaltsounis, 1989). 첫째, 민주시민을 개념적으로 인식하고, 둘째, 민주시민으로서 행하는 데 필요한 기능과 지식을 갖추어야 하고, 셋째, 어려움에 직면하는 경우가 있더라도 그 믿음에 따라 행동할 수 있어야 한다. 개인이 민주시민을 인식하지 못한다면 그것에 따라서 행동할 수가 없다는 전제에서 민주시민의 개념인식을 강조하고 있다. 뉴만(Newman, 1977)은 민주시민이 갖추어야 할 기능은 대화 능력, 자료처리 능력, 정치·법적 의사결정 과정의 묘사, 논쟁적인 공공 이슈에 개인의 의견을 정당화할 수 있는 능력이라고 보았다. 앵글과 오초아(Engle & Ochoa, 1988)는 민주시민이 갖추어야 할 요소로 기본적인 지식, 민주주의 이상에 대한 서약, 기본적인 지적 기능(문제평가 능력, 정보선택 및 평가, 가치평가, 문제해결 능력 등), 정치적 기능(투표, 사회참여 등)을 들고 있다. 아울러 기본적인 능력으로서는 (1) 문제와 관련된 가치를 포함한 문제평가 능력, (2) 비판적 사고능력, (3) 문제해결 능력, (4) 관심이 다른 사람에 대한 이해 능력, (5) 올바른 선택과 이성적으로 판단할 수 있는 능력, (6) 정치적 영향력을 발휘할 수 있는 능력을 제시하고 있다.

민주시민 교육이란 민주주의 중요성이 부재할 때는 불가능하다. 우리가 민주시민이라고 말할 때는 그 사람이 사회에 존재하는 도덕적 규범과 민주시민의 역할을 알고 있다는 것, 그 이상을 의미한다. 즉, 개인에게는 민주시민으로서 구체적인 상황에 어떻게 적용해야 하는지를 알 수 있는 기능과 그

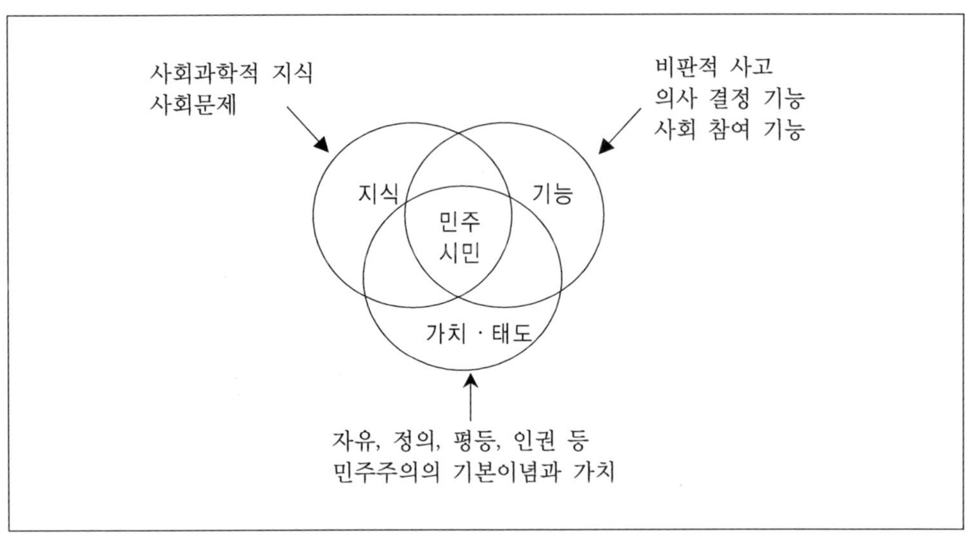

<그림 5-1> 민주시민 교육의 구조도

원리에 따르는 행동이 요구된다. 지식은 계획과 의사결정 및 행동과정에 이용되지 않는 한 그 자체의 가치는 우연에 그칠 수 있다. 따라서 무엇보다 중요한 것은 민주시민은 숙련되고 책임감 있는 의사결정을 할 수 있어야 한다고 볼 수 있다. 민주시민 교육은 민주시민 육성을 위하여 지식, 기능, 가치 · 태도 등을 종합적으로 가르치는 교육활동이다(전숙자, 2006).

Ⅳ. 한국의 민주시민 교육 현실과 발전

전통적인 민주시민 교육은 사회과학에 관한 지식, 기능, 가치 · 태도 등에 역점을 두어 왔지만 적극적인 민주시민으로서 갖추어야 할 능력을 소홀히 다룬 면도 없지는 않다. 더욱이 시민교육의 중요성에도 불구하고 학교현장에서는 입시교육에 밀려 심각하게 받아들여지지 않아 제 기능을 다하지 못하는 실정이다. 세계화 · 정보화 사회에서는 산업사회에서 요구하던 단순 기능공보다는 창의성과 도덕성을 갖춘 인간을 요구하는데, 기능적이고 기계적인 훈련과 교육을 받은 세대는 역동적으로 미래사회에 적응하기 어려울 것이다. 만약 민주시민 교육이 맹목적인 가치관의 답습이나 도덕성, 애국주의, 타인에 대한 정형화(Stereotype)를 강조하고 중요한 문제에 대한 직접 경험을 할 수 있는 기회를 주지 않는다면 사회의 변화에 역행해 오히려 장애요소가 될 수도 있다(한면희, 2000).

한편 한국의 민주시민 교육 시발점은 1948년 민주공화국을 표방한 대한민국의 수립 후로부터 시작되었다(전득주 외, 1992). 민주주의 표방은 국민 일반의 합의에 의했다기보다는 미국과 당시의 엘리트들에 의해 국가의 이념과 체제로 설정되었기 때문에 많은 논쟁이 있었다. 초기 민주시민 교육의 특징은 국가 주도적으로 이뤄지고 민주주의와 조화를 꾀하려 하였다는 점이다. 따라서 추상적인 민주시민 교육, 사회 구성원의 개인적 · 사회적 삶과 연관이 적은 민주시민 교육이었다(이돈희, 1992). 6 · 25

전쟁으로 반공 이데올로기와 안보를 강화함으로써 민주주의 사고를 전개하지 못하게 되고 반공사상이 곧 민주주의 사상인 것처럼 왜곡, 정착되었다.

1960년대에는 민주시민 교육의 중요성을 인식하는 학자가 적었고, 유신과 1970년대에도 국민정신교육의 강화, 안보교육 강화의 그늘에 가려 민주시민 교육에 관한 관심은 적었다. 1970년대 한국 교육이 민주사회를 이룩하려는 국민을 길러야 한다는 신념이 없었다는 것은 아니다. 그러나 그 당시 강조된 민주사회나 민주시민이라는 개념은 특별한 의미로, 한국적 의미의 민주주의라든가, 국적 있는 교육, 국민윤리라는 개념과 연관되어 민주주의 사상과 이념이 사용되었다. 서구식 민주주의의 부적합성과 한국적 민주주의의 강조, 전통적인 민주시민 교육에 관한 내용의 축소 등 이데올로기 비판 교육이 강조되었다. 국가체제의 우월성, 국가에 대한 개인의 의무 강조, 권력에 대한 순응, 기존질서에 대한 무비판적 수용 등 국민정신 교육 차원에서 행해져 수동적인 인간 육성 가능성이 높았다.

한국 교육과정 초기의 민주시민 교육의 목표와 내용은 역사적으로 안정성을 유지하지 못했고 민주적인 가치와 태도를 한국의 전통문화와 그 시대의 상황에 조화시키려는 경향을 볼 수 있다. 또한 국가적·사회적 차원에서만 논의되어 개인적인 차원에서의 민주시민 교육이 소홀히 다루어지고 전체성, 통일성, 국가의 질서, 의무, 자기 책임, 준법 등이 많이 강조되었다. 그러나 이와 같은 분위기는 1980년대 중반 무렵부터 민주시민 교육의 필요성 또는 그 중요성의 인식이 나타나면서 개인적인 차원에서도 논의되고, 이때부터 학교의 사회과교육의 목표가 민주시민의 양성에 있다는 주장이 나오기 시작하였다. 1990년대에는 민주시민 교육이 보다 체계화된 시기로, 1989년 하반기부터 1993년까지 한국교육개발원이 주체가 되어 우리의 교육적 상황에 접근할 수 있는 현실적인 민주시민 교육의 대안을 개발하여, 현재 초·중·고교의 학교현장에서 도덕과 국민윤리과, 사회과 중심으로 사용되고 있다. 한국교육개발원에서 개발된 민주시민 교육의 대안은 과거의 권위주의적 시민교육에서 탈피하여 큰 변화를 보이고 있다. 결과보다는 절차와 과정을 우선시하고 그 과정, 즉 의사결정 과정, 문제해결이 중심이 되고, 내용 면에서도 개인적인 차원까지도 고려되어 자율성, 다양성, 주체적 인간양성을 목표로 전개되고 있다(한국교육개발원, 2000).

〈표 5-1〉 교육과정 시대별 민주시민 교육의 목표 및 발전과정

교육과정기(년)	민주시민 교육목표 및 발전과정	비고
교수요목기 (1946~1954)	사회생활에 성실 유능한 국민 육성	민주시민 교육 발아
제1차 교육과정 (1955~1963)	민주사회 건설에 공헌할 수 있는 신념과 행동을 지닌 민주시민 육성	민주시민 교육 태동
제2차 교육과정 (1963~1973)	민주적인 생활을 실천하는 인간 육성	
제3차 교육과정 (1973~1980)	국가발전과 국민적 과제해결에 적극 참여하는 국민으로서의 자질 육성	
제4차 교육과정 (1981~1987)	사회와 국가발전에 기여할 수 있는 국민적 자질 육성	민주시민 교육 강조
제5차 교육과정 (1987~1992)	사회와 국가발전에 기여할 수 있는 국민적 자질 육성	민주시민 교육 체계화

제6차 교육과정 (1992~1997)	개인과 사회, 국가 및 인류발전에 기여할 수 있는 민주시민으로서의 기본적 자질 함양	
제7차 교육과정 (1997~2006)	개인의 발전은 물론, 국가, 사회, 인류의 발전에 기여할 수 있는 민주시민의 자질 육성	민주시민 교육이 세계시민 교육으로 심화
2007년 개정 교육과정 (2007~2009)	세계화 · 정보화에 관한 시민적 자질, 지구촌 사회의 세계시민으로서의 태도 함양	2007년 개정 교육과정
2009 개정 교육과정 (2009~)	세계화 · 정보화 · 다양화를 기반으로 한 세계시민교육 강화, 창의 · 임성교육과 창의적 체험활동을 통한 민주시민교육 신화	미래형 교육과정

2000년대 들어와서는 세계화 · 정보화 시대의 민주화에 대한 시민적 요구로 한국은 물론 전 세계적으로 민주시민 교육에 대한 관심이 더욱 고조, 강조되고 있다(한면희, 2006).

학교의 민주시민 교육에 관한 의견을 조사한 연구(곽병선, 1993)에서 민주시민 교육의 문제점으로 합리적인 비판정신과 의사결정 능력의 기회 제공 부족, 학교풍토 및 입시 위주의 교육, 민주시민 교육목표의 불일치 등을 제시하고 있다. 특히 과거의 민주시민 교육내용은 맹목적 조건하에서 학생들이 사고할 수 있는 기회를 제공하지 않고 무조건적 습관, 행동 형성을 강조해왔다고 지적하고 있다. 그 외에도 지적되는 문제점을 살펴보면 경험의 제한, 교육체제의 제도적 문제점, 교사의 전문적 자질(이돈희, 1992), 정부 주도하의 관변단체에 의한 국민정신 교육 차원에서의 실시, 민주시민 교육의 획일화와 전제화, 연구의 방향과 내용이 교육학 중심으로서 사회과교육과의 연계 부족, 성차별에 근거해 여학생과 남학생 간의 민주시민 역할에 대한 기대수준의 차이를 들 수 있다. 전득주(1992)는 민주시민 교육의 일관성 부족, 정치적 종속성, 교육내용의 방법과 계열화 · 다변화의 소홀, 제한된 교육대상, 실천적 행위습득의 소홀 등을 지적하고 있다.

〈표 5-2〉 교과별 · 영역별 민주시민 교육의 접근법 비교

구분 \ 교과영역	도덕 · 국민윤리과	사회과	특별활동 · 재량활동 (창의적 체험활동)
주안점	· 가치개념중심(Butts의 도덕적 가치, Lookwood의 민주주의의 기본적 가치) · 가치와 태도 중심으로 민주시민의 도덕적 자질 형성에 중점 · 자질을 기르기 위해 덕목을 강조 · 지식 성장의 성과와 과정의 학습 보장 · 열린 인식 과정의 확보	· 개념의 제시보다는 교과교육의 목표, 내용, 방법 · 실천성 갖춘 현명한 의사결정 과정에 중점 · 비판적 사고, 의사결정, 문제해결의 강조 · 사회과학의 지식, 기능, 가치, 태도, 사회참여의 강조	· 협동과 배려 중심 · 가정, 학교, 사회에서의 원만한 공동생활 영위
접근법	· 토의, 토론, 역할 학습	· 다양한 접근법의 강조와 구체적 내용 제시(Newman의 접근법, Dynneson의 접근법, Parker 접근법, Engle & Ochoa 교육과정)	· 자치활동 · 자율활동 · 토의활동 · 동아리활동 · 협동활동 · 봉사활동 · 참여활동 · 진로활동
제한점	· 민주시민 교육의 내용 체계 불분명 · 내용은 규범적 · 원론적 서술	· 내용 체계가 분명 · 일상생활 속에서 민주적 생활방식을 터득할 수 있는 구체적 사례 제시	· 교과와의 한계 불분명 · 자율적 민주시민 태도가 중요

한국의 현행 교육과정의 민주시민 교육 실행에 있어 과제 중의 하나는 도덕과 · 국민윤리과 위주로 이루어져 사회과 등 다른 교과, 특별활동 · 재량활동 등 활동과의 연계성 결여이다. 교육학 중심으로 이뤄지는 도덕과에서의 민주시민 교육과 사회과학 중심의 사회과교육, 학생활동 중심의 특별활동 · 재량활동에서의 민주시민 교육은 접근법에서 차이가 있다. 협의의 민주시민 교육은 학교의 모든 교사들이 책임을 함께한다. 그러나 우리의 현실은 도덕과 · 국민윤리과 중심으로 실행하는 실정이고, 사회과의 목적이 민주시민의 양성임에도 불구하고 민주시민 교육에 대한 관심이 크지 않다. 도덕과 위주의 민주시민 교육은 절름발이식의 교육이 될 수 있으므로 도덕과, 사회과 및 특별활동 · 재량활동을 중심으로 교육과정의 활동영역이 연계된 통합적 접근이 필요하다.

V. 민주시민 교육의 교육과정과 접근법

1. 뉴만(Newman)의 접근법

뉴만(Newman)은 과거의 시민교육이 모든 사람이 지켜야 할 의무, 투표 등 국가적 차원에 구성되어 민주주의 이론에 가장 중요한 요소인 비판적 사고와 참여, 사회문제와 사고능력을 소홀히 다루고 있다고 보았다. 뉴만(Newman)이 제시한 민주시민 교육 접근법을 종합적으로 고찰하면 다음과 같다.

1) 사회과학 학습: 역사와 사회과학(Academic Approaches)

가장 많이 응용되고 있는 접근법으로 사실, 개념, 일반화를 중심으로 한다. 탐구방법도 사용되고 전문분야의 학자들에 의해 선택된 지식을 획득함으로써 시민문제에 대해 지적인 판단을 할 수 있는 준비가 된다고 가정한다. 직접적으로 적극적인 시민 양성에 영향을 주기보다는 사회과학 학습을 통해 사실을 이해하고 사회의 본질적인 가치를 이해하는 데 제공되기 때문에 교과과정이나 교사교육에도 가장 많이 응용되고 있다.

2) 법과 관련된 교육(법 교육, Law‒Related Education)

법에 관련된 개념, 헌법에서 끌어낼 수 있는 논쟁, 청소년과 관련된 법, 법 집행상의 문제, 로비가 법에 미치는 영향, 특정사례 연구를 이용하여 법 집행에 대한 이해 등을 통해 법을 이해하는 것을 강조하지만, 궁극적인 목적은 민주사회의 법을 더 정의롭게 하는 것과 참여시민이 갖추어야 할 법적 · 정치적 · 도덕적 지식의 이해 및 활용 등이다.

3) 사회문제들(Social Problems)

현 사회가 직면하고 있는 다양한 사회이슈, 가령 북한의 핵실험, 반기문 UN 사무총장 피선, 미국 선거의 민주당 압승, 도하아시안게임, 이라크 전쟁, 주택가격 폭등, 대입논술 붐, 환경문제, 교통문제, 인권문제, 범죄, 인종차별, 빈곤, 공해, 마약, 에너지 문제 등을 깊이 있게 다뤄 시민으로서 알아야 할 사회문제에 대한 이해의 기회를 제공한다. 사회과학의 지식, 법과 관련된 지식이 사회문제의 이해 및 문제해결에 종합적으로 사용되는 것이 직접적인 목적이다.

4) 비판적 사고(Critical Thinking)

민주시민은 지도자나 방송매체에 대한 객관적인 판단능력, 정확한 정보에 근거한 자율적인 결론 도달, 이성적으로 결론을 정당화할 수 있는 능력을 갖추어야 한다. 지식 획득보다는 결론에 도달하는 지적 과정에 중심을 두며 이것이 학생들의 권리를 보호해주고 시민으로서의 관심과 흥미를 일으킬 수 있다. 비판적 사고 신장을 위해 개별적인 과목보다는 역사, 경제, 사회 문제 등을 중심으로 전 교과, 과목 및 특별활동·재량활동을 포함한 학교교육과정 전반과 연계하여 지도하면 효과적이다.

5) 가치명료화(Values Clarification)

사회문제와 일상생활 문제의 발생원인은 사실의 문제일 뿐 아니라 가치의 혼란이나 가치판단과 관련되는 문제들이 많다. 현명한 문제해결을 위해서 가치의 역할이 중요하므로 가치명료화의 목적은 인간이 목적지향성의 적극적이고 긍정적인 자세를 가져 학생들이 삶을 스스로 선택, 만족하며, 행동할 수 있게 도와주는 것이다. 사회문제들과 연구사례를 활용해 가치를 선택할 수 있는 기회를 제공함으로써 도덕과·국민윤리과·사회과교육의 해설적이고 조작적인 한계를 어느 정도 극복할 수 있다.

6) 도덕성 개발(Moral Development)

일반적으로 헌법, UN헌장, 독립선언서 등은 인지적으로 높은 도덕성의 발달 없이는 이해하기가 힘들다. 일반적으로 사회계약, 평등, 자유, 정의 등을 강조하는 높은 도덕성은 낮은 도덕성보다는 윤리적·인식적으로 더 많이 인정받고 있다. 학생의 반응에서 현실적이고 무판단적인 철학을 강조하는 가치명료화와는 달리 보다 더 좋고, 유익한 것을 추구하는 사고과정이다. 도덕성 개발은 낮은 단계로부터 높은 단계로 끌어올리는 것을 목적으로 하며, 도덕 갈등사태에서 사고능력과 의견마찰, 애매모호함 등을 해결하도록 도와준다.

7) 지역사회 참여(Community Involvement)

민주시민 교육은 실제 생활세계의 경험과 사회생활의 참여에서 비롯된다. 지역사회 참여 옹호자들은 학생에게 사회화 과정, 사회의 요구와 문제에 대한 관찰과 봉사자로서 사회단체에 봉사와 참여를 강조한다. 관찰과 적극적인 참여의 강조는 학습과 반성을 위한 대안으로서가 아니라 사회현실 이해와 참여 기술을 유도할 것이라는 보장 아래 시도되었다.

8) 제도적 학교개혁 방법(Institution School Reform)

교과내용과 교육과정에서 민주시민을 강조하더라도 학교행정이 비민주적이고 불공평하며 비합리적이고, 비민주적인 교사가 있다면 시민교육의 실행에 장애가 될 것이다. 학생이 자신의 권리와 책임을 갖게끔 개선되어야 그들 스스로 조직체 내에서 어려움을 해결하면서 사회에서 더 바람직한 시민이 되는 것을 연습할 수 있다. 학생은 권리와 책임을 가진 시민이라는 것을 인식하면서 또한 권위와 조직에 복종하고 존경할 수 있어야 한다. 학교에서 민주시민 교육은 교사와 학교, 학생들 간에 민주적으로 실행될 때 이뤄지고, 우리 사회에서도 지속적으로 민주주의가 번영될 것이다.

2. 디네손(Dynneson)과 그로스(Gross)의 접근법

디네손과 그로스(Dynneson & Gross, 1982)는 사회가 변화함에 따라 시민에게 사회의 논쟁, 문제점을 이해하고 그런 문제를 분석할 수 있는 정보처리 기능을 요구하고 나아가 시민사회의 문제해결에서 개인의 능력 발휘와 사회의 개선과 발전에 참여하고자 하는 욕구와 기꺼이 응하는 태도를 요구한다고 보고 있다. 따라서 민주시민에 대한 개념도 사회의 상황변화와 민주주의에 대한 이념에 대한 대비로서 학생들이 도덕적이고 윤리적인 행동을 바탕으로 민주적 방식의 삶을 영위할 수 있게 도와주는 것이다. 그러므로 학교에서의 경험은 미래시민으로서의 기본적인 자질을 경험하는 데 중요하고, 따라서 학교는 시민개발에 큰 기여를 한다고 보고 있다. 이들이 제시한 교육과정은 다음과 같다.

1) 신념, 사회화 주입으로서의 시민성(Citizenship as Persuasion, Socialization and Indoctrination)

미래의 주인공인 학생들이 사회와 문화에서 인지된 규범과 가치를 배울 필요가 있다는 가정에 근거한다. 학생들의 사회와의 일체감, 동호, 사회화와 학생들의 애국심 개발을 통해 사회의 규범과 가치를 유지함을 목적으로 한다.

2) 현 사회의 중요한 이슈와 사건을 다루는 시민성(Citizenship as Contemporary Issues and Current Events)

사회문제에 관심이 있는 시민이 되기 위해서는 학생들이 이 시대의 이슈들을 탐구하고 참여해야 한다는 가정을 토대로 한다. 이 접근법의 목적은 학생들로 하여금 교실 밖의 사회를 경험하게 하고, 교실활동으로서 지역사회, 국가, 세계문제에 참여를 격려하고, 토론 능력의 신장을 통해 변화하는 사회에 대비할 수 있게 하는 것이다. 이를 위해 신문, 잡지 등의 활용과 학생 토론을 강조하고 있다.

3) 역사, 사회, 지리 그리고 관련된 사회과학으로서의 시민성(Citizenship as the Study of History, Civics, Geography and Related Social Sciences)

학생들이 지리, 역사, 정치, 경제, 환경체계 등에 관한 실제 지식과 정보를 통해 좋은 시민이 될 수 있다는 가정에 근거한다. 이 접근법은 현재 중등과정의 사회과교육과정의 특성이라 볼 수 있다. 학생들에게 역사, 정치, 지리, 관련된 사회과학 기본적 지식을 제공하여 사회, 인간, 자연에 대한 전반적인 개관을 주고, 미래사회의 시민으로서 갖추어야 할 기본지식을 갖추게 하는 것이 목적이다.

4) 시민 참여와 시민행동으로서의 시민성(Citizenship as Civic Participation and Civic Action)

훌륭한 민주시민은 실제 성인사회의 업무에 직접 참여할 수 있는 능력이 있다는 가정에 기초를 둔다. 이 접근법은 학생들에게 지역사회를 교실로 이용하여 학습현장을 확대할 수 있는 능력을 기대한다. 목적은 실제 사회문제에서의 가치의 이해, 분쟁해결을 통한 학생의 능력개발, 프로그램의 계획 및 실행과정을 통한 학생능력 개발, 책임감 등에 있다.

5) 과학적 사고로서의 시민성(Citizenship as Scientific Thinking)

학생들이 바람직한 시민으로서의 갖추어야 할 책임을 이해하기 위하여 지적 과정과 절차의 훈련 과정을 경험해야 한다는 것이다. 목적은 과학적 사고와 문제해결 과정에 참여하여 사고능력을 개발하고, 문제 및 정보를 평가하며, 과학적 사고과정을 일상생활에 활용하도록 하는 것에 있다.

6) 법 절차로서의 시민성(Citizenship as a Jurisprudence/Legalistic Process)

전통적인 헌법과 법적 절차의 이해가 민주사회의 성공적인 시민성의 기초적 토대가 된다는 가정에 근거한다. 목적은 법이 현 사회체제의 유지에 기여함을 이해하고, 법 체제 안에서 활용할 수 있는 기능의 개발, 시민의 자유를 유지하기 위한 전통과 가치의 이해, 법질서의 유지 및 법의 보호에 있다.

7) 인류애적(人類愛的) 발전으로서의 시민성: 학생들의 전반적인 복지에 관한 관심(Citizenship as Humanistic Development)

민주 시민성이 건강한 성장과 발전과 적응성을 토대로 한다는 가정에 기초를 둔다. 인류애적(人類愛的) 접근법은 사회과의 영역을 넘어 학교의 전반적인 활동을 포함한다고 볼 수 있다. 이 접근법의 목적은 학생의 요구를 수용하고, 사회성 개발, 조직 안에서의 협동적인 활동기술의 습득, 학생의 교육적 목표의 달성, 자아개발에 둔다.

8) 세계의 상호 의존에 대한 준비로서의 시민성(Citizenship as Preparation for Global Interdependence)

현대사회에서 크게 증가하고 있는 세계적 빈곤, 상호 의존, 인류에 대한 책임을 소홀히 하는 경향이 있는 국가 중심적인 프로그램에 대한 관심의 증가를 반영한다. 사회ㆍ정치ㆍ경제ㆍ환경 문제에 대한 국제적 관심의 개발, 국제사회의 상호 의존의 이해, 민주사회의 원리들이 어떻게 가장 국지적인 사회집단들로부터 전 세계의 국민들에 이르기까지 적용되는가를 이해하는 것이다.

3. 앵글과 오초아(Engle & Ochoa)의 민주시민 교육과정 대안

앵글과 오초아(Engle & Ochoa, 1988)는 민주주의 학습이란 단순지식이나 진실을 수동적으로 받아들이는 것이 아니라 문제해결에 학생들이 직접적ㆍ능동적으로 참여하는 것이라는 듀이의 사상을 따르고 있다. 민주시민 교육을 위해서는 사회과가 전통적인 방식에서 벗어나 개방적이고 문제 중심적으로 다루어져야 한다고 보았다. 즉, 사회화와 반사회화의 균형적 조화, 사회과학의 활용과 한계를 통해 사회과학과 인문학의 활용을 강조하고, 반성적 의사결정의 중요성을 핵심으로 보고 있다. 교육과정의 핵심은 이러한 기본적인 지식을 바탕으로 학생들에게 신중하게 생각할 수 있는 기회를 제공하고 현명한 의사결정을 할 수 있게 배려해주는 것이라고 여기고 다음과 같은 민주시민 교육과정을 제안하고 있다.

1) 환경연구(Environmental Studies)

환경학습은 인간과 환경과의 관계에서 나타나는 문제들을 연구하는 과목으로서, 목적은 학생들에게 환경문제들에서 파생되는 결과들을 이해하고, 환경의 중요성 및 환경문제의 심각성을 인식하여 환경문제 해결에 자발적으로 참여하여 현명하게 대처할 수 있도록 하는 데 있다. 지리는 환경에 대한 이해, 환경문제를 해결하는 데 필요한 지리적 정보, 문제들에 관해 생각하는 데 필요한 자료의 제공에 중요한 역할을 수행하고 나아가 인류학, 생태학, 지질학, 천문학, 생물학 등과 연계시켜 다양한 환경연구와 환경학습을 할 수 있다.

2) 제도연구(Institutional Studies)

제도연구는 광범위한 사회제도의 기원, 기능, 현재의 상황 제도와 관련된 문제점을 연구하여, 민주주의를 피상적으로 학습하는 것을 넘어서 제도와 이념들과 관련된 문제들을 근본적으로 이해한다. 사회제도에 관한 연구는 (1) 기본 자유, 권리, 신념들을 표현할 수 있고 보호할 수 있는 제도들, (2)

경제 제도들, (3) 정치 제도들, (4) 타 국가와 우리의 관계를 분명히 해주는 제도들, (5) 가족, 종교적 집단들처럼 1차적으로 사적인 분야에 속하는 제도들을 다루고 있다. 제도연구는 역사학습과도 연계가 될 수 있는데 역사적 사건을 통해 사실의 암기보다는 사실적으로 알고 도덕적인 판단을 하게 도와준다. 이 과정에서 잡지, 신문을 이용해 학생들에게 창의적인 상상을 통한 새로운 관점을 제공할 수 있다.

3) 문화연구(Cultural Studies)

다른 문화에 대한 학습을 통해 다양한 문화에 대한 역사적 배경, 문화적 특징과 차이, 다양성, 고유성의 이해, 타 문화에 대한 존중을 이해하고, 문화적 차이에도 불구하고 어떻게 사람들은 유사한 인간성을 갖고, 문화적인 다양성이 어떻게 자국과 세계 사람들의 생활 여건을 향상, 변화시킬 수 있는지에 대한 연구를 포함한다. 인류학, 사회학, 역사학에서 얻은 자료들이 문화의 다양성에 대한 이해를 위해 유용하게 쓰일 수 있다. 최근 세계화 · 정보화 시대를 맞아 세계 각국의 상호 의존성이 증가하고, 5대양 6대주의 지구촌 가족들이 일일생활권, 밀접한 연계 속에서 생활하는 가운데 다문화 이해 교육이 크게 강조되고 있다.

4) 사회문제(Social Problems)

학생들에게 사회에 대한 관심과 사회문제를 미리 다루어봄으로써 문제들에 대한 명백한 이해를 돕고, 문제들 간의 상호 관련성과 해결책에 대해 깊이 생각해볼 수 있는 기회를 제공하는 데 목적이 있다. 아울러 사회적 · 경제적 · 환경적 문제들의 학습과 문제해결을 통해 현명한 의사결정을 내리는 능력이 사회과교육의 최고의 목표임을 인식해 사회과의 필요성 · 중요성을 인식하게 한다.

5) 의사결정 문제(Problems in Decision Making)

의사결정 과정에서 고려되어야 할 사항들은 인식론적 측면, 의사소통 측면 그리고 가치론적 측면으로, 이를 바탕으로 현명하게 결정되어야 할 것이다. 사회과는 비판적 사고, 듣기 · 읽기 · 보기, 가치판단의 기술을 발전시키는 데 관심을 가져야 함을 강조하고 있다.

6) 시민성 예비훈련(Internship in Citizenship)

민주시민성 예비훈련은 유용한 공공단체 또는 민간기업에서 수련을 함으로써 사회에 대한 이해 및 사회문제를 해결하는 과정에 대해 생각해볼 수 있는 실질적인 경험을 제공해준다. 관찰과 참여를 통해 미래시민으로서의 사회생활에 미리 참여해보는 것이다.

7) 선택과목(Electives)

선택과목의 목적은 학생들에게 사회과학자나 역사학자들의 지식탐구 과정에 도달하는 방법과 과정을 깊이 있게 공부할 수 있는 기회를 제공하는 데 있다. 탐구의 결과보다는 과정을 중시하여 학생들에게 짧은 역사적 저술활동, 사회학적 조사에의 참여, 인류학적 조사, 사건 보고서의 작성 등 실험적인 연구방법에의 참여를 강조한다. 따라서 한국의 현행 제7차 교육과정의 11, 12학년인 고교 2~3학년의 선택 중심 교육과정 운영에서 각별한 관심을 갖고 접근해야 할 것이다.

8) 민주적 학교환경(Democratic School Environment)

민주시민 교육의 결실은 민주주의 학교체제와 교사들의 지적인 공정함과 객관성에 의해 나타난다. 학교체제, 교사들의 가치관과 민주적 교수법, 학생들의 지도 등에서 교사는 지성과 이성을 추구하는 방법에 대한 신뢰와 존경심을 행동으로 나타내야 한다. 따라서 학교와 교사는 민주주의에 대한 존중의 가장 좋은 본보기가 될 수 있다.

Ⅵ. 민주시민 교육의 종합적 고찰과 분석

뉴만(Newman, 1977)이 제시한 민주시민 교육에 관한 접근법은 초기 민주시민 교육의 기본적인 체계 틀을 마련했다고 볼 수 있다. 이전의 민주시민 교육은 학문 중심, 정부의 법적ㆍ정치적 구조, 사회문제, 비판적 사고와 탐구방법 그리고 민주주의 가치 중심으로 논의되어 왔다. 따라서 이전의 민주시민 교육이 시민으로서의 의무와 책임 등 국가적 차원에서 구성되어 개인적 차원은 소홀히 다루고 있음을 지적하면서, 그 당시의 시민교육의 주류였던 접근법에 도덕성 개발과 가치명료화를 포함함으로써 개인의 자아발견과 성숙 그리고 사회의 관점을 함께 중요시하고 있다. 민주시민 교육에 대한 문제점으로 무엇을 어떻게 가르쳐야 할지의 부적절한 교수법, 민주시민 교육과 학습목표에 대한 불일치, 부적합한 이론적 근거를 제시하면서 바람직한 민주시민 교육을 위해서는 종합적인 이론적 근거가 필요함을 강조하여 접근법을 제시하였다.

디네손(Dynneson, 1991)은 뉴만(Newman)의 민주시민 교육의 모형비교에서 민주시민 교육은 사회의 상황과 민주주의에 대한 이념에 따라 변해야 한다고 지적하고, 공식적 교육과정뿐만 아니라 비공식적 교육과정을 통해 민주시민 교육의 확대를 꾀했다. 공식적인 교육은 초ㆍ중등학교 과정을 통해 사회에 관한 일반적인 지식과 전문적인 지식을 경험함으로써 학생들이 공공문제, 나아가 사회의 복지 문제들을 이해하고 시험ㆍ결정ㆍ참여할 수 있게 준비시키는 것이다. 비공식적인 교육은 학교사회의 사회적 분위기에 의해 영향을 받고, 그러한 조직체 안에서 교사, 교장, 관리자, 동료그룹의 태도, 실행, 경향에 의해 결정된다. 학생들은 그룹 내의 환경에서 민주시민의 실질적이고 현실적인 기본 틀을 경험하게 된다고 전제하고, 뉴만(Newman)이나 앵글과 오초아(Engle & Ochoa)가 제시했던 민주적인 학교환경의 중요성을 따로 분리시키지 않았다. 내용 측면에서는 시민교육의 접근을 공민학습(Civic learning)과 사회 - 시민학습(Socio - civic learning)으로 분류하고, 공민학습보다는 사회 - 시민학습을 강조하고, 사회과학 관점에서 시민교육을 제시하여 사회과학의 역할을 중요시하고 있다. 공민학습은 전통적인 시민교육 학습으로 교육과정에서 정치와 법 중심의 학습을 강조하고 사회의 영향, 사회관계, 사회적 상호 관계를 소홀히 하여 기대만큼의 큰 효과를 내지 못한다고 지적하고 있다. 사회 - 시민학습은 정치 중심보다는 사회·정치·경제적인 면을 포함하고 문화·사회관계, 다양한 성숙단계에서 시민의 성장, 도덕적·윤리적 고려 등 실용적인 학습이 민주시민 교육에 더욱 중요하다고 보고 있다.

앵글과 오초아(Engle & Ochoa, 1988)가 제시한 민주시민 교육의 접근법에서의 특징은 지금까지의 관심이 개인, 이웃, 국가에서 다른 사회, 범세계적으로 시민의식의 범위 확대가 이뤄진 점을 들 수 있고, 사회가 복잡해지고 사회문제가 심각해지면서 다양하게 변화하는 사회에 필요한 사회화(Socialization)와 반사회화(Counter - Socialization) 과정의 필요성을 내세우고 있다. 민주시민 교육에 관한 총체적이고 종합적인 접근을 시도한 그들은 민주주의에 적합한 시민교육은 사회화인 동시에 반사회화이기도 하다고 보고, 두 접근법은 서로 관련되면서도 별개인 것으로 보고 있다. 사회화는 사회의 과거경험에 기초한 합리적인 전통과 가치태도를 전달·보존하여 기존 사회질서에 순응하도록 하지만, 개개인의 지능, 창조성, 사고의 독립성을 강조하지는 않는다. 반면에 반사회화는 독립적인 사고와 반성적 사고, 문제해결을 위한 지적 능력개발 등 개인의 책임의식을 통해 능동적인 민주주의 생활을 하는 데 기여한다고 본다. 반사회화의 주요 목표는 권위에 대한 무조건적 수용보다는 학생들의 이성개발 및 사회비판 능력 신장에 두고 있는데, 이는 민주적인 시민성의 본질인 것이다. 그렇다고 사회화의 학습내용을 완전히 거부하는 것이 아니라 수업방식이 다른 것이다. 전통적인 주제나 문제를 마치 고정된 일련의 사실로 가르치기보다는 개념화 문제에 대한 학생들의 인식과 사고자극을 통해 수업과정에 참여시키는 데 초점을 맞추고 있다.

또한 민주시민 교육의 범위를 개인생활에서 민주사회의 원리 이상적 수행과 나아가 어떻게 원리들이 국가와 전 세계 국민들에게 이르기까지 삶의 전면에 적용되는가를 이해시켜 국제시민 교육의 영역까지 확대시켰다.

〈표 5-3〉 학자별 민주시민 교육의 접근법 내용요소

Newman(1977)	Engle & Ochoa(1988)	Dynneson(1991)	Parker(1996)
- 훈련방법(사회과학)	- 선택과목	- 역사, 지리, 사회 그리고 관련된 사회과학 학습으로서의 민주시민성	- 강한 시민
- 법과 관련된 교육	- 제도연구	- 법 절차로서의 시민성	- 공동체 의식
- 비판적 사고	- 사회문제들	- 사회의 주요 이슈와 사건을 다루는 시민성	- 참여
- 가치명료화	- 의사결정	- 과학적 사고로서의 시민성	- 공동선
- 도덕성 개발	- 시민성 예비훈련	- 시민 참여와 행동으로서의 시민성	
- 지역사회에의 참여방법	- 민주적 학교환경	- 인류애적(人類愛的) 발전으로서의 시민성	
- 제도적 학교 개혁방법	- 문화연구	- 세계의 상호 의존에 대한 준비로서의 시민성	
	- 환경연구	- 신념 사회화 주입으로서의 시민성	

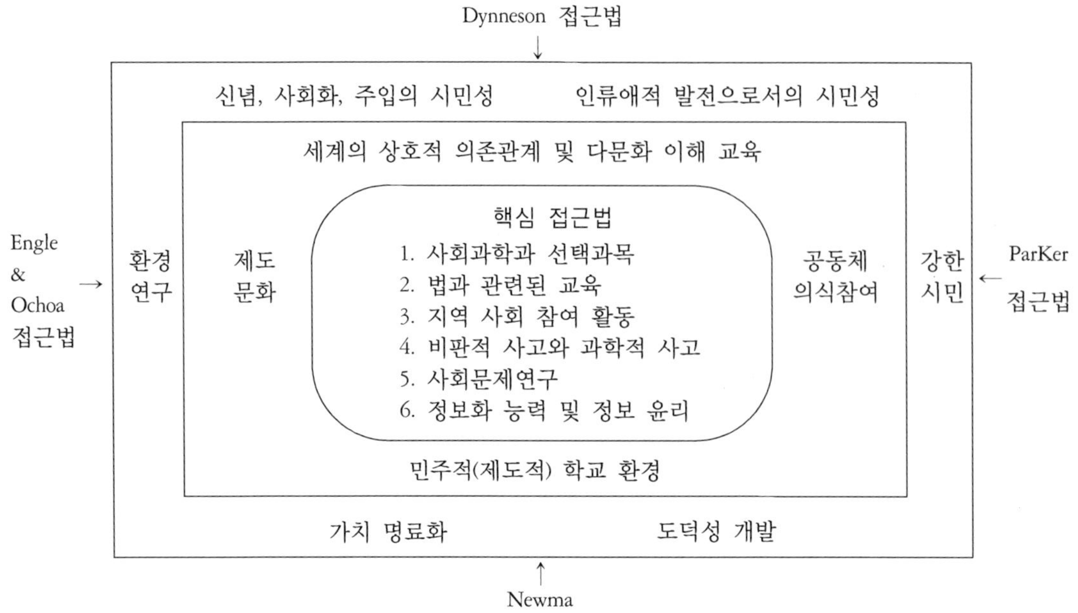

〈그림 5-2〉 민주시민 교육의 종합적 접근법

 이상과 같은 세 가지 접근법에 공동체 의식과 참여를 통한 강한 시민을 강조한 파커(Parker)의 접근법을 포함하여 네 가지 민주시민 교육의 접근법을 종합해보면 <표 5-3>과 같다. 공통적으로 제시되고 있는 핵심방법들을 찾아보면 사회과학과 선택과목들, 법과 관련된 교육, 지역사회 참여활동, 비판적 사고와 과학적 사고, 사회문제 연구, 세계의 상호 의존에 대한 이해 그리고 민주적 학교환경 등을 들 수 있다.

 이를 바탕으로 21세기에 적합한 세계화·정보화 시대의 민주시민 교육 종합적 접근법을 제시해보면 <그림 5-2>와 같다.

VII. 세계화·정보화 시대 민주시민 교육의 방향

 현재의 학생들은 미래사회의 주인공들이다. 따라서 전통적인 사회화 방식의 민주시민 교육으로는 21세기에 필요한 시민 양성에 한계가 있음을 인지하고, 적극적인 시민 참여의 질을 향상시키고, 고급 사고력을 신장시켜 사회문제 해결 및 사회비판을 할 수 있는 민주시민 양성방안으로 전환되어야 할 것이다. 그러므로 세계화·정보화 시대의 민주시민 교육은 교육과정부터 달라져야 한다.

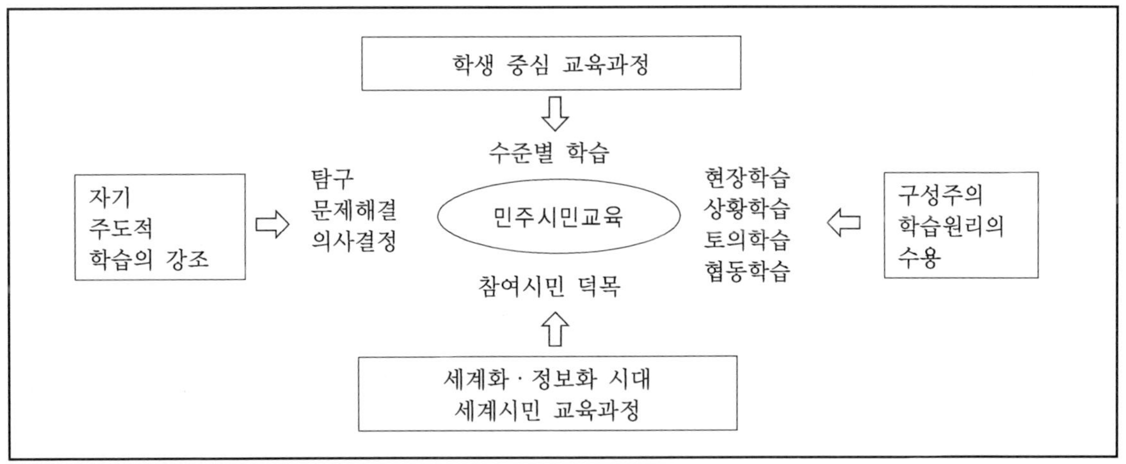

즉 세계화 · 정보화 시대의 민주시민 교육은 바람직하고도 건전한 세계시민을 육성한다는 입장에서 학생 중심 교육과정, 세계시민 교육과정을 바탕으로 구성주의 학습원리와 자기 주도적 학습을 강조해야 한다. 아울러, 각종 활동에 학생들의 참여, 수준별 학습, 문제해결 학습 등에 통합적인 중점을 두어야 할 것이다<그림 5-3>.

1. 사회과학과 선택과목 이수 충실

사회과학은 교과교육 및 시민교육에 근본적으로 필요한 내용을 제공하는 가장 체계적인 지식의 실체이다. 사회과학의 이러한 역할에 대해 많은 비판이 있었지만 사회과학의 학습이 예측 불가능한 미래에 대비해 가장 확실하게 사용할 수 있는 체계적인 지식의 실체로 아직도 초 · 중등 교육과정 개발이나 교육대학교, 사범대학의 교사 양성에서 필요한 지식, 사실, 개념, 원리를 제공하고 있다. 그러나 어떻게 시민교육과 연계되고 어떻게 이용될 수 있는지에 대해 분명치 않은 실정이다. 지금까지 사회과학에서 이용하던 수동적이고 암기 위주의 전통적인 방법을 넘어 지식의 과정과 절차 안에서 경험할 수 있게 배려되어야 할 것이다. 사회과학과 다양한 선택과목을 통해 단순사실의 기억이나 이해를 넘어 학습의 의미 파악으로 학생들의 내면세계의 변화를 일으키고, 확대되어 가치관의 중요성의 재인식과 인간교육으로 연결되어야 하겠다. 또한 현대와 미래사회의 시민으로서 필수적인 역할, 즉 사회구성원, 생산자, 소비자, 친구, 가족구성원으로서 갖추어야 할 기본적인 지식과 기능, 가치, 태도를 인식시켜야 한다. 이를 위해 기본적인 사회과학 외에도 자아인식, 노동과 노동의 가치를 포함하는 직업교육, 지구적 차원의 환경교육, 세계시민 교육 등은 도덕과 · 국민윤리과 · 사회과를 비롯한 국민공통 기본 교육과정의 전 교과와 특별활동 · 재량활동 등에서 두루 효율적으로 다루어져야 한다.

2. 법과 관련된 교육(법 교육) 강화

현행 교육과정에서 법과 관련된 교육은 헌법과 정부의 구조와 기능에 중점을 두고 있으나, 민주사회에서 시민이 갖는 책임과 권리는 법과 관련되는 분야에서 그 중요성을 도출해낼 수 있다. 법, 경제, 정치, 사회, 문화 제도와 관련된 법을 다룸으로써 피상적인 학습보다는 그들이 갖는 문제점과 사례연구를 포함한다. 아울러 학생들로 하여금 다양한 환경에서 어떻게 사회의 규칙, 권리, 책임이 만들어지는지 경험하게 하여, 이러한 것이 인간이 동등하게 살아갈 권리를 제공하고 맞물려 우리 스스로 사회에 책임이 있음을 깨닫게 도와준다. 개인이 정치적 결과에 영향을 미칠 수 있다는 믿음으로 민주사회의 법을 더욱더 정의롭게 함으로써 민주주의의 중요한 역할자로서 민주주의 제도개선에 필요한 자질 양성에 중점을 두어야 한다.

3. 지역사회 참여활동 · 봉사활동 활성화

민주시민 교육은 평생교육의 차원에서 누구에게나 일상적인 생활 속에서까지 연장되어야 한다. 지역사회의 참여로 학생들은 다른 사람들의 생각이나 입장의 이해, 이타주의적 행동, 자존심, 자기의 가치 발견, 사회의 부조리와 모순의 발견에 관한 이해를 높일 수 있고, 청년기의 반항기를 잠재울 수 있는 수단으로서의 가치도 높다고 본다. 봉사활동 과정에서 자신의 감정을 통제할 수 있는 기능도 경험하고 사회에서의 나의 위치를 깨달음으로써 사람과 사람, 조직과 조직을 유연하게 엮을 수 있는 마음과 행동을 키울 수 있고, 자기와 남의 감정을 관리하며 환경에 적응할 수 있는 감정지수도 개발할 수 있다. 봉사활동에 참여함으로써 배우는 실습적인 학습으로 오늘의 구체적 현실을 다루기 때문에 학교에서 실시되는 어떤 교과보다도 장기적인 시민성 함양개발에 효과를 낼 수 있다. 현재 시행되고 있는 봉사활동도 사회과 과목으로 넣는다면 가치평가에 도움이 될 수 있다고 본다. 봉사활동 참여 시 봉사활동에 대한 정확한 개념 인식, 의미의 이해, 사회적 필요성, 개인적 필요성, 봉사활동 지역의 선정에 대한 이해가 사전교육으로 먼저 실시되고, 봉사활동 일지작성(일시, 장소, 구체적으로 봉사활동 내역, 만난 사람들 등 포함), 체험 중 느낀 소감, 문제점, 앞으로의 계획을 포함한 보고서의 제출, 각자의 경험발표, 토론하고 생각할 수 있는 그룹 토론의 기회 제공으로 그들 스스로가 미래의 시민으로서 해야 할 역할을 느낄 수 있게 한다.

4. 비판적 사고와 합리적 판단 신장

교육의 본질로서 민주시민 교육이 제 기능을 충분히 발휘하기 위해서는 학생들이 사고할 수 있는 능력을 신장시켜 합리적인 의사결정의 기틀을 마련해야 할 것이다. 미래의 다양성과 창의성이 중시되는 사회에서 학생들이 개인으로나 사회인으로서 역할을 제대로 수행하려면 사고할 수 있는 기본적인 틀을 갖추어야 한다. 자유, 정의, 평등, 책임, 사생활 보호, 다양성의 원칙이 생활의 과정에서 일치하는가를 살필 수 있어야 하고, 수동적 안정체제에 대한 무비판적 수용보다는 적극적이고 비판적인 의식과 합리적 판단력을 갖추어야 한다. 또한 고도의 산업사회에서는 논리적이고 분석적인 사고 이외에도 정서적이고 감각적인 사고, 상상력도 필요하다. 사고능력은 비판적으로 읽고, 쓰고, 사고하는 과정이 연계되어야 더욱 효과적이므로 사회과의 과제를 활용해 스스로 논리적으로 생각할 수 있는 기회를 제공해주는 것이 필요하다.

5. 사회문제 연구 적극 참여

사회는 인간 삶의 장(場)이다. 인간과 인간이 상호작용을 하면서 사회를 이루고 있는 것이다. 따라서 교육에서는 사회문제를 직접 다룸으로써 새로운 시각에서 사회문제를 보고 나아가 다른 문제에도 관심을 갖게 될 것이다. 가치를 포함한 문제에 대한 해결책을 모색하면서 사실과 가치판단, 상호작용 기회를 제공할 수도 있고, 윤리적·도덕적 원리에 기반을 두어 무엇이 정당한가, 무엇이 더 바람직한가를 경험할 수 있다. 모든 사회문제는 윤리적·도덕적 차원을 지니므로 이러한 차원을 논할 수 있는 학습이 단순한 사실을 다루는 학습만큼 중요하다고 볼 수 있다. 모든 사회문제를 피상적으로 다루기보다는 학생들이 관심 있는 사회문제를 심층 학습함으로써 관련된 지식, 자료수집, 분석, 처리, 해석, 평가의 경험을 통해 다른 사회문제를 어떻게 다루어야 하는지를 알게 한다. 이러한 분석을 위해서는 중학교 과정의 사회과 학습을 바탕으로 학생이 관련 교과에서 학습내용을 서로 연계시키면서 종합적으로 사고할 수 있도록 고등학교 과정에서 실시되어야 할 것이다. 한국 사회를 이해하기 위해 각 과목별로 주요 주제를 제시해보면 정치·경제에서는 북한의 핵실험 문제, 인권문제, 남북통일에 대한 문제, 북한의 식량 부족, 세계화 소비문화, 일본문화의 침투, 지리에서는 폐기물 처리장 문제, 환경문제, 교통문제, 독도문제와 동북공정 등의 영토문제, 사회·문화에서는 국제결혼 증가, 다문화 이해, 개인주의, 집단 이기주의, 약물남용, 청소년 문제, 전통문화에 대한 인식 등을 들 수 있다.

6. 세계의 상호 의존 및 다문화 이해 교육 강화

세계의 다양한 지역에 대한 학습을 통해 다양한 자연, 문화, 인간에 대한 이해를 돕고자 한다. 다원론적 시각에서 인간의 다양성, 특히 의견, 선호, 인종, 종교, 문화의 다양성에 대한 마음에서 진심으로 우러나는 이해와 존중을 할 수 있어야 한다. 지구상의 다양한 사람과 신념이 바람직한 것이고, 다양성은 우월을 가늠하기 위한 것이 아니고 존엄한 것임을 인정하는 것이 필요하다. 따라서 인종·문화 간의 윤리적·도덕적·철학적 차이가 해결되어야 하며 바람직한 민주사회의 발전과정으로 이해하여야 할 것이다. 이를 위해 지리 영역의 국제이해 교육 차원에서 세계의 여러 지역에 대한 정치, 경제, 사회, 문화, 지리적 다양성을 종합적으로 다루어 지역과 인간에 대한 이해 및 상호 의존의 필요성을 경험하게 한다. 특히 지구촌 가족으로서 국제결혼, 해외유학 등이 급증하는 세계화 시대를 맞아 세계 각국의 종교와 문화의 다양성, 음식문화, 놀이문화, 가족문화, 주택문화, 화폐, 의상, 다양한 교통통신 수단, 자원 이용, 자연에의 적응의 다양성 등 범세계적 시각에서 세계시민으로서 세계 여러 지역 간의 상호 의존을 이해하는 데 필요한 지식, 기능, 태도의 개발을 통해 세계와 민족에 대해 이해와 관심을 갖고 바라볼 수 있게 지도하여야 한다.

〈표 5-4〉 학교급별 민주시민 교육의 내용 요소

내용 / 학교급	사회과학과 선택과목	법과 관련된 교육(법 교육)	지역사회 참여활동	비판적 사고와 합리적 판단	사회문제 연구	세계의 상호 의존 및 다문화 이해 교육	정보화 능력 및 정보윤리
초등학교	· 통합적 접근 및 이해	· 사회구성원으로 나의 권리, 의무, 책임과 할 일에 대한 인식	· 내가 참여하고 있는 지역 사회단체나 집단	· 나의 특성, 장단점, 개성, 특기 · 가족구성원으로서 자신의 위치와 역할	· 사람들의 삶 · 주변에서 발생하는 일에 대한 관심	· 다른 지역의 자신의 또래 모습 · 또래들의 의무, 책임	· 기초적 정보윤리 이해
중학교	· 생산자로서 나의 노동과 노동의 의의 인식 · 소비자로서, 환경의 이용자로서, 시민으로서 나와 사회와의 관계 이해	· 자신과 법과의 관계 이해 · 생활 속의 법과 자신과의 관계 이해	· 내가 참여할 수 있는 지역 사회단체나 조직 · 내가 봉사할 수 있는 집단과 활동참여 방법의 모색	· 자신과 남이 다른 점과 그 이유 · 자신이 갖고 있는 자부심 및 타인의 인정 · 부모의 나에 대한 기대와 자신의 기대 일치 정도	· 나와 관련된 사회문제 · 사회문제의 해결책 모색 및 나의 역할	· 다른 지역의 내 또래와 나의 차이점 · 나의 발전을 위해 그들의 모습 속에서 본 내 역할	· 정보교육 및 정보윤리 준수 · 정보 신뢰 분위기 조성
고등학교	· 사회 공인으로서의 자신의 위치, 역할소명의 재확인	· 법과 규범의 실행과정에 정의와 평등의 준수	· 봉사활동 참여 시 진실한 행동 · 자신의 태도에 만족하는 정도 · 미래의 지역 사회인으로서의 자신의 모습 제시	· 자신의 문제점에 대해 객관적 이해 · 나의 특성에 맞게 일관성 있게 행동하려는 노력 · 자신의 모습을 좋아하고, 자신에 대한 정체성	· 자신이 우리 사회문제의 주체임을 인식하기(예: 이기주의, 개인주의, 청소년 문제)	· 미래사회와 자신의 미래 모습	· 협동적 정보 공유, 교류 및 정보 창출 · 정보처리 능력 함양

7. 민주적 학교환경 조성

전반적인 학교구조나 학교생활은 학교의 공식적인 교육과정이나 학습내용보다 더욱 민주시민 교육에 영향을 미친다. 따라서 민주적 학교환경을 전제로 할 때 더 바람직한 결과를 초래할 것이다. 민주시민 교육이 잠재 교육과정의 변화를 통해 개선될 수 있다고 믿는 사람들은 현 상태의 교육체제하에서는 민주시민을 양성하기가 힘들다고 본다. 학교교사는 학원강사와는 다르다. 교사는 단순한 지식과 사실의 전달자가 아니라 인간을 교육하는 과제를 가지고 있고, 인간교육은 학생들이 교육의 과정에서 자아를 발견하고 성장시켜 가는 것에 대한 이해와 신뢰, 격려를 통해 가능하다. 학생들은 교사 또는 급우와의 신뢰·애정을 바탕으로 한 경험을 통해 학습 및 개인생활, 사회생활에 성취감을 느낄 수 있으므로 그러한 인간적이고 민주적인 분위기 조성이 필요하다.

8. 정보화 능력 및 정보윤리 교육 강화

세계화 · 정보화 시대에 글로벌 지구촌 사회의 구성원으로서 민주시민은 누구나 정보화 능력, 정보윤리를 함양하여야 한다. 인간의 모든 활동과 생활이 정보에 의해 이루어지고 있는 현실에서 민주시민 교육, 세계시민 교육 차원에서 정보화 교육은 더욱 강조되어야 한다. 정보화가 더욱 심화 · 진전되면서 인간사회의 몰인격성, 인간소외 현상, 극심한 이기주의 등을 극복할 수 있는 정보윤리 교육이 더욱 강화되어야 할 것이다.

사실 민주시민 교육의 여러 접근법들은 독립적으로 작용하기보다는 상호 의존적이며 서로 어우러져 민주시민 육성의 훌륭한 체계(system)를 조직할 수 있는 것이다. 이러한 과정을 통해 사회에 대한 올바른 이해, 자기에 대한 인식, 문제인식과 현명한 의사결정을 할 수 있는 민주시민을 양성하는 것은 교육의 과제이고, 이 과제를 수행하는 민주시민 교육은 모든 교사들의 연구와 노력에 성패가 달려 있는 것이다.

Ⅷ. 결론

일반적으로 동서고금을 막론하고 변하지 않는 교육의 목표는 민주시민 육성이다. 민주시민의 자질은 지식, 기능, 가치 · 태도 측면을 기반으로 사회생활에 필요한 지식과 공동체 생활에서의 합리적인 문제해결 능력을 길러 국가, 사회, 개인의 발전에 기여할 수 있는 건전한 사회의식이라고 할 수 있다.

현대교육은 이러한 민주시민의 자질을 함양하기 위해 사회과학 전반에 관한 지식의 함양과 미래사회에 적응할 수 있는 능력 및 가치 · 태도를 길러주는 데 초점을 맞추고 있다. 현대 민주사회는 시민에게 사회의 논쟁, 문제점을 이해하고 그러한 문제를 분석할 수 있는 정보처리 기능을 요구하며, 나아가 시민사회의 문제해결에서 개인의 능력 발휘, 사회의 개선, 발전에 참여하고자 하는 욕구와 기꺼이 응하는 태도를 요구한다. 따라서 훌륭한 민주시민은 현명한 의사결정을 할 수 있는 능력을 바탕으로 정보를 구유(具有)하고 민주사회의 의사결정 과정에 참여하고, 민주주의의 가치를 수행하고, 사회 · 정치 · 경제 과정에 참여할 수 있고, 참여의무를 느끼는 사람이다.

그러한 민주시민적 소양을 갖추는 것은 학교교육에서 파생되는 학습지도 이상임을 추측할 수 있다. 민주시민 교육은 모든 교육과정과 학교에서 나타나는 학교문화의 주요한 부분으로 실행에는 그 학교사회의 문화와 숨겨진 교수학습이 고려되어야 하므로 어느 사회에나 적용될 수 있는 모형 수립에는 한계가 있다. 교실문화, 학교문화 환경 그리고 사회의 요구와 변화가 고려될 수 있는 민주시민 교육의 실천은 그러한 학습환경을 잘 아는 교사의 역량하에 교사와 학생, 학생과 학생 간의 상호작용 속에서 근본적으로 다루어질 수 있다.

이와 같은 점을 바탕으로 21세기 세계화 · 정보화 시대의 민주시민 교육은 다음과 같은 방향으로 나아가야 할 것이다.

첫째, 사회과학과 선택과목의 충실한 이수가 필수적이다. 민주시민 교육의 장(場)은 사회이다. 사회생활은 인간들의 상호작용으로 이루어진다. 이러한 사회현상을 올바르게 이해하고 적극적으로 대처하기 위해서는 사회과학에 대한 이해를 돈독히 하고, 학생들의 관심과 흥미 및 요구에 부합하는 다양한 선택과목을 내실 있게 이수해야 한다.

둘째, 법교육의 강화이다. 전통적으로 우리 교육에서 중요한 교육임에도 간과해온 것이 바로 법관련 교육이다. 법교육은 단순히 법 관련 지식과 내용을 이해하는 데 끝나지 않고, 사회생활을 영위하는 데 필요한 규칙, 권리, 책임, 질서, 공중도덕 등을 준수할 수 있는 가치와 태도를 함께 함양해야 한다.

셋째, 지역사회 활동, 봉사활동의 적극 참여이다. 민주시민 교육은 시공을 초월하는 종합교육이다. 즉, 민주시민 교육은 평생 교육적 관점으로 접근해야 하며 학교, 고장, 지역, 국가, 세계로 깊이와 폭을 더해가면서 민주적 사회생활에 적극 참여하고 활동해야 하는 것이다. 아울러 세계화·정보화 시대인 현대는 지구촌 인류가 어우러져 사는 사회이다. 따라서 타인 등 사회 구성원들을 배려하고 봉사활동에 앞장서도록 내면화시켜야 한다.

넷째, 비판적 사고와 합리적 판단이 중요하다. 현대사회에서는 문제해결력, 탐구력, 창의력, 의사결정력, 메타인지 등을 포함한 고급 사고력이 중요하다. 따라서 민주시민 교육에서는 이러한 고급 사고력을 바탕으로 비판적 사고와 합리적 판단을 신장시키는 데 초점을 맞추어야 한다.

다섯째, 사회문제 연구와 탐구에 적극적으로 참여하여야 한다. 사회는 인간이 모여 사는 생활과 활동의 장(場)이다. 따라서 사회는 다양한 사회현상과 사회문제가 발생하기 마련이다. 민주시민 교육은 이러한 다원화된 사회문제와 사회현상에 대하여 탐구적으로 접근하는 데 중점을 두어야 한다.

여섯째, 세계의 상호 의존 및 다문화 이해 교육의 충실이다. 현대 세계화·정보화 시대는 국제결혼이 급증하고 세계가 하나가 되어 지구촌을 이루고 있다. 따라서 세계 각국의 국민, 민족들이 상호 이해와 배려의 태도를 가져야 하고, 문화 상대주의 입장에서 각국의 고유한 문화를 이해하고 배려하여야 한다.

일곱째, 민주적 학교환경이 조성되어야 한다. 자고로 학교는 민주주의의 실험실이다. 그러므로 민주시민 교육을 위해서는 먼저 학교조직이 민주적 분위기로 변화되어야 한다. 민주적 학교 분위기 속에서 민주시민 교육의 싹이 터 자라서 튼실한 열매를 맺기 때문이다.

여덟째, 정보화 능력 향상 및 정보윤리 교육을 강화해야 한다. 세계화·정보화 시대에 정보 관련 능력과 정보윤리는 아무리 강조해도 지나치지 않는다. 전 세계가 네트워킹이 된 사이버 공간에 살고 있는 현대에는 정보능력 신장과 정보보호 및 정보윤리 교육이 민주시민 교육의 근간을 이룬다는 점을 명심하여야 한다.

결국 과거처럼 구태의연한 획일적인 교육과정과 기계적인 지식교육의 강조로는 자아실현이나 사회에 봉사·공헌할 수 있는 민주시민 육성을 효과적으로 할 수 없다. 미래사회의 민주시민 교육은 단순 사실의 기억이나 이해를 넘어 학습의 의미 파악으로 학생들의 내면세계의 변화를 일으키고 더 나아가 가치관의 중요성의 재인식과 인간교육으로 연결될 수 있도록 시도되어야 하겠다.

특히 현재 도덕과·국민윤리과·사회과 중심으로 행해지고 있는 민주시민 교육을 특별활동·재량활동을 포함한 교육과정의 전 영역까지 확대시켜야 한다. 아울러 민주시민 교육이 교육과정 속에서 효과적으로 이뤄지기 위해서는 일선 학교의 교사들이 교육의 목표로서의 민주시민 양성에 대한 인식과 민주시민 교육의 중요성을 재인식해야 할 것이다.

일선 학교현장 교사들에 의한 민주시민 교육에 대한 본질적인 분석이 선행되어야 비로소 학교의 민주시민 교육이 단순히 교육과정에만 머무는 평면적·정태적 교육이 아닌 동태적·실천적인 교육이 될 수 있다. 우리 사회의 변화는 불가피한 요소이다. 그러므로 민주시민 교육은 단순히 교실 중심, 국가 중심, 과거 중심으로는 제 기능을 다하기 힘들 것이다. 민주시민 교육은 학생들이 어떻게 사고하고, 자신과 타인을 이해하고 공감할 수 있으며, 그들을 존중할 수 있고, 어떻게 사회적·개인적 삶을 살아야 하는가를 하나의 고정된 틀이 아닌 다양한 상황 속에서 선택, 평가하면서 삶의 원리를 자율적으로 획득해 가도록 도와주고, 개인적·사회적으로 도덕적인 삶의 원리를 훌륭하게 할 수 있게 하여야 한다. 분명히 민주시민 교육은 동서고금(東西古今)을 막론하고 모든 교육활동의 변하지 않는 이상(理想)이자 지향점이라는 점을 간과해서는 안 될 것이다.

*연구자 성명 : 박 은 종
소속/직위 : 공주대학교 겸임교수·충남 청양 미당초등학교 교장
e-mail : ejpark7@kongju.ac.kr
C·P : 016-412-4545

제**6**장

'2009 개정 교육과정' 도입·적용에 따른 사회과 교수학습 방법의 개선방향 탐구

<요 약>

우리가 살고 있는 현대사회는 지식기반 사회, 세계화·정보화 사회로 복합성과 다양성 그리고 역동성이 특징이다. 사회적 변화와 발전이 변화무쌍하고 지식과 정보가 폭증하며 다방향 시스템(system)이 활발하게 작동하는 열린 사회이다. 이와 같은 사회변화와 발전 그리고 다양한 인간생활 속에서 사회사상(社會事象)을 다루는 교과교육이 사회과교육이다.

교육은 사회변화를 이끄는 견인차이다. 그리고 인간의 바람직한 변화를 추구하는 교육은 교육과정(curriculum)으로 학교현장에서 구현된다. 그러한 측면에서 보면 사회과는 사회변화와 사회사상(社會事象)을 교육내용으로 하여 민주시민성 함양을 지향하는 교과이다. 그러한 사회과교육의 학교현장 구현은 사회과교육과정 실행으로 이루어진다.

바람직한 인간변화를 위한 교육의 설계도인 교육과정은 교육목표, 교육내용, 교육방법, 교육평가 등 일련의 과정(process)으로 환류된다. 단위학교의 다양성·자율성·창의성이 담보된 사회과교육은 교육방법, 즉 사회과 교수학습 방법으로 현장에서 실현된다.

2011학년도부터 전국의 초·중·고교에 연차적으로 전면 도입·적용되고 있는 '2009 개정 교육과정'은 교과와 창의적 체험활동 등 두 영역으로 편성되어 있다. '2009 개정 교육과정'은 단위학교와 교사에 따라 자율적이고 다양한 교육과정, 창의적인 교육과정 설계(편성)·실행(운영)을 강조하고 있다. 획일성을 배제하고 탄력성을 보장하고 있는 것이다.

2009 개정 교육과정에서 사회과는 역사과목을 포함한 사회과(사회·도덕 교과군), 창의적 체험활동, 범교과 학습 등을 통하여 두루 통합적으로 전개되어야 한다. 교실은 물론 학교 내외, 지역사회 등을 포함한 공간에서 학생 중심 교수학습이 다양하게 전개되기를 기대하고 있다.

결국 '2009 개정 교육과정'이 지향하는 자율적이고 창의적인 사회과교육과정이 구현되기 위해서는 일선 초·중·고교 사회과 교수학습 방법이 과거의 암기식, 주입식, 설명식, 강의식, 교사 중심식 교수방법 등에서 과감히 탈피하여 학생 활동과정식, 문제해결식, 탐구활동식, 학생 중심식 교수학습 등으로 개선되어야 한다. 물론 이와 같은 '2009 개정 교육과정'에 바탕을 둔 사회과 교수학습 방법의 개선을 위해서는 초·중·고교 사회과 교사들의 사회과 교재연구와 교수학습법 탐구가 선행되어야 한다. 아울러 교육과정의 자율화·다양화·창의성 등을 구현하기 위한 사회과 교사들의 교육과정 전문성, 수업 전문성 신장이 필수적이라는 점도 유념하여야 할 것이다.

[주제어] 세계화, 교과, 창의적 체험활동, 2009 개정 교육과정, 교수학습 방법, 학생 중심 교수학습, 교육과정 전문성, 수업 전문성

※ 본고(本稿)는 공주대학교 교육연구소 『교육연구』 제26집(2012) 학회지에 게재된 연구자의 논문 「'2009 개정 교육과정' 도입·적용에 따른 사회과 교수학습 방법의 개선방향 탐구」의 내용을 일부 수정하여 재구성한 논문이다.

Ⅰ. 서론

'2009 개정 교육과정'은 2009년 8월 9일 교육과학기술부장관이 고시하여 2011학년도부터 연차적으로 전국의 초·중·고교에서 적용되고 있다. 따라서 2011학년도부터 전국의 모든 초·중·고교에 이른바 '2009 개정 교육과정'이 전면 도입되었다. 2009 개정 교육과정은 2011학년도에 초등학교 제1·2학년, 중학교 제1학년, 고등학교 제1학년이 적용되고 있고, 2012학년도에는 초등학교 제3·4학년, 중학교 제2학년, 고등학교 제2학년이 적용될 계획이다. 나아가 2013학년도에는 초등학교 제5·6학년, 중학교 제3학년, 고등학교 제3학년까지 적용되는 등 연차적으로 적용되고 있다. 우리나라 교육과정 역사에서 '제7차 교육과정' 이전의 교육과정은 '주어진 교육과정'이었다고 볼 수 있다. 아울러 '제7차 교육과정'과 '2007년 개정 교육과정'의 특성이 '만들어 가는 교육과정'이었다면, '2009 개정 교육과정'은 학교현장에서 '실현해 가는 교육과정'이라고 할 수 있다.[1]

일명 '미래형 교육과정'으로 명명되었던 2009 개정 교육과정은 '교과'와 '창의적 체험활동' 등 크게 두 영역으로 편성되어 있다. 즉, 교과는 2007년 개정 교육과정과 마찬가지로 국어, 도덕, 사회, 수학, 과학, 실과(기술·가정), 체육, 음악, 미술, 영어 등 10개 교과로 편제되어 있다. 한편 '창의적 체험활동'은 2009 개정 교육과정에서 처음 도입한 영역으로 과거 교육과정의 '재량활동'과 '특별활동' 그리고 '우리들은 1학년' 등을 통합하여 편성한 것이다(박은종, 2011: 56).

사회과는 이와 같은 2009 개정 교육과정의 10개 교과 중 한 교과로 아주 중요한 교과이다. 교육의 일반목표가 바람직한 민주시민의 육성이 있는 것과 마찬가지로 사회과의 종합목표 역시 훌륭한 민주시민을 양성하는 데 근본적 목표가 있다. 사람과 사람이 만나서 사회를 이루고 이 사회에서 상호작용(interaction)하면서 이루어지는 사회생활을 교과의 주 내용을 하는 사회과는 바람직한 인간, 사람다운 사람 육성에 그 근본목적이 있다(충청남도교육청, 2010: 23~34).

일반적으로 교과의 특성상 사회과는 초·중·고교를 통틀어 학생과 교사가 가장 흥미롭게 학습하고 교수할 수 있는 교과이다. 왜냐하면 다른 어떤 교과보다 학습내용이 풍부하고 다양한 교수학습 방법과 형태를 적용할 수 있기 때문이다. 학습내용과 방법이 풍부하고 다양하다는 것은 그만큼 적용의 기법이 광범위하다는 점이다.

사회과는 정치학, 경제학, 사회학, 문화인류학, 역사학, 지리학, 심리학, 철학 등 다양한 사회과학의 학문으로부터 훌륭한 민주시민이 갖추어야 할 자질을 중심으로 내용을 추출하여 통합한 교과이기 때문에 내용 선정의 범위가 매우 광범위하다. 즉, 흥미롭고 유익한 학습내용을 추출할 가능성이 열려 있다는 뜻이다. 또한 내용이 다양하고 풍부하다 보니 수많은 사회과 교수학습 방법을 적용할 수 있는 기회가 많아진다. 즉, 사용하고자 하는 교수학습 방법에 적합한 내용을 쉽게 찾을 수 있고 적용의 탄력성도 보장되어 있다.

실제 교육현장에서 초·중등학교 공히 많은 교사들이 수업연구, 수업공개를 수행하고 참관할 때 사회과를 가볍게 생각하는 경향이 있다. 수업진행에서 참관자들에게 보여 줄 것이 많으며, 생활 주

---

1) 한국에서는 2009년부터 교육과정의 상시 개정 체제를 도입하여 개정한 연도 뒤에 '년' 자를 붙이지 않는다. 따라서 '2007년 개정 교육과정', '2009 개정 교육과정' 등이 교육과정의 공식 명칭이다.

변의 소재를 통하여 재미있고도 원만하게 이끌 수 있다는 인식 때문이다. 그럼에도 불구하고 교사와 학생들이 가장 어려워하고 싫어하는 교과 중의 하나가 사회과이다. 실제 교과 종합평가에서도 사회과의 평균성적이 하위에 머무르는 경우가 많은 점에 유념하여야 한다.

하지만 교과로서의 사회과는 초·중·고교를 통틀어 학생들이 어려워하고 싫어하는 교과 중의 하나이며, 중요도가 낮은 교과로 인식하고 있는 것이 현실이다. 이러한 경향은 가르치는 교사도 거의 유사하게 나타나고 있다. 학생들이 사회과를 싫어하는 가장 큰 이유는 추상적이면서 어려운 개념과 원리들이 많이 나오고, 여러 학문의 내용이 포함되기 때문에 암기하여야 할 내용이 많고, 조사하거나 탐구해야 하는 과제가 많은 것도 원인이다. 후자의 경우 시간도 많이 걸리고, 학습활동의 범위가 애매하고 광범위하여 학생들에게 많은 부담을 주기도 한다. 교사 입장에서도 짧은 시간 안에 어려운 개념과 원리를 쉽게 이해시키는 것이 쉬운 일이 아니며, 그 다양하고 어려운 학문적 개념들을 충분히 이해하고 가르치기도 벅찬 경우가 많다. 다양한 교수학습(수업) 방법을 적용하고 싶지만, 한국의 교육현실에서 입시 위주의 교육현실과 수업방법에 대한 정보나 연수기회를 갖는 것도 쉽지 않다.

그러나 이러한 현실적 이유가 내용의 풍부성과 방법의 다양성 때문에 여러 가지 교수학습 방법을 사용할 수 있다는 사회과의 특성을 도외시하거나 부정해서는 안 된다. 상당수의 교사들이 사회과에서 다양한 교수학습 방법을 실행하고 나름대로 교사로서의 보람과 만족을 얻고 있기 때문이다.

하지만 사회과 교수학습 방법 연구 분야에서는 이러한 사회과의 특성을 고려하여 사회과 교수학습 방법에 대한 전반적인 분석·검토 및 개선방안 모색·탐색 등을 시도한 경우가 많지 않다. 이제까지 사회과 교수학습 방법에 관한 연구는 주로 개념학습, 탐구학습, 수준별 학습, 논쟁학습 등 특정한 수업방법을 중심으로 한 연구가 대부분이다. 그동안 사회과 교수학습 방법에 대한 수많은 연구와 실천이 누적된 만큼 이제 사회과 교수학습 방법 전반에 걸쳐서 그동안의 연구 및 실천경향을 반추해보고, 시대적 흐름과 교육적 요구가 어떻게 수용되어 사회과 교수학습 방법의 개선방향을 모색해볼 필요가 있다. 이와 같은 연구를 통하여 우리나라 초·중·고교 사회과 교수학습 방법의 바람직한 개선방향의 새로운 준거(準據)와 의미 있는 시사점을 도출할 수 있을 것이다.

즉, 2011학년도부터 연차적으로 전국의 초·중·고교에 도입되고 있는 2009 개정 교육과정의 적용에 즈음하여 사회과 교육과정의 바탕 위에서 사회과의 교수학습 방법의 현실을 분석하고, 이를 바탕으로 향후 초·중·고교 사회과 교수학습이 보다 다양하면서도 매우 바람직한 방향으로 발전할 수 있는 지향점과 방향을 모색·제시하려는 데 본 연구의 근본적 목적이 있다.

Ⅱ. '2009 개정 교육과정'의 편제와 특징

1. 2009 개정 교육과정의 편제

1) 2009 개정 교육과정 편제의 개관

2009 개정 교육과정은 2009년 3월 6일 교육과학기술부 고시 제2009-10호로 공표되었다. 그리고 2009 개정 교육과정은 2011학년도부터 전국의 초·중·고교에 연차적으로 도입·적용되고 있다.

과거의 교육과정과는 체제와 지향점에서 획기적인 차별화를 보이고 있는 2009 개정 교육과정은 '교과'와 '창의적 체험활동' 등 두 영역으로 편제되어 있다. 교과는 기존의 국어, 도덕, 사회, 과학, 실과(기술·가정), 체육, 음악, 미술, 영어과 등이다. 창의적 체험활동은 이전 교육과정에서의 '재량활동'과 '특별활동' 및 '우리들은 1학년' 등을 통합한 비교과 영역 교육과정이다.

아울러 2009 개정 교육과정에서는 2007년 개정 교육과정의 '국민공통기본교육과정'이 '공통교육과정'으로, '선택중심교육과정'이 '선택교육과정'으로 각각 개정되었다. 또한 교과군제과 학년군제를 도입하여 학년과 교과 간의 시간운영의 탄력성을 보장하고 있다. 사회과는 도덕과와 연계되어 사회·도덕과군을 이루어 양 교과의 내용과 시간 수 운영의 자율성과 탄력성을 유지하고 있다.

한편 범교과 학습주제가 이전 교육과정에서의 35개 주제에서 3개 주제가 추가되어 총 38개 주제로 편성되었다. 이 주제 중에서 사회과 관련 주제가 많아서 사회과와 창의적 체험활동, 범교과 주제 간 통합(통섭)교육이 절실히 요구되고 있다.

<표 6-1> 2009 개정 교육과정의 핵심내용(총론)

구분	학교급	2007년 개정 교육과정	2009 개정 교육과정
적용	초·중·고교 연차적		· 2011학년도(초1~2, 중1, 고1), 2012학년도(초3~4, 중2, 고2), 2013학년도(초5~6, 중3, 고3)
공통	교육과정 용어(명칭)	· 국민공통기본교육과정(10년): 제1~10학년 · 선택중심교육과정(2년) · 외국어(영어) · 재량활동, 특별활동	· 공통교육과정(9년): 제1~9학년 · 선택교육과정(3년) · 영어 · 창의적 체험활동
	신설내용		· 학년군(學年群), 교과군(敎科群) · 교육과정 자율권 확대(교과군별 기준 시수 20% 증감운영) · 교과교실제 운영 활성화 유도 · 학습부진아, 다문화가정 자녀 등에 대한 특별배려와 지원 · 학교교육과정 편성운영지원을 위한 국가 및 시·도교육청 지원 사항 명기
	공통 범교과 학습주제	· 민주시민교육, 환경교육, 경제교육, 통일교육, 한국 정체성 교육 등(총 35주제)	· 녹색교육, 한자교육, 한국문화사교육 등 3주제 추가(총 38주제)

학교급	초등학교	· 통합교과 '우리들은 1학년' 분리 독립 운영 · 정보통신활용교육, 보건교육 등 재량활동 활용지도	· '우리들은 1학년' 폐지, 창의적 체험활동 내용에 반영 지도 · 정보통신윤리교육, 보건교육, 한자교육 등을 창의적 체험활동 내용에 반영 지도 · '초등 돌봄활동' 지원 서비스 신설(교육청·교육지원청의 지원사항)
	중학교	· 선택과목: 한문, 정보, 환경, 생활 외국어, 보건 등	· 선택과목: 한문, 정보, 환경, 생활 외국어, 보건, 진로와 직업 등 · 학기당 이수 과목수를 총 8과목 이하로 편성
	고등학교	· 고1(제10학년) 교과: 필수 · 총 이수 단위: 210단위 · 외국어계열 고등학교: 전문교과 이수 단위의 50%를 전공 외국어로 하고, 전공포함 3개 외국어교육	· 고1~고3(제10~12학년) 교과: 모두 선택 · 총 이수 단위: 204단위 · 학기당 이수 과목수를 총 8과목 이하로 편성 · 대학 교과목 선이수제 과목을 개설할 수 있고, 국제적으로 공인받은 교육과정 과목을 선택과목으로 인정 · 과학, 영어, 예술 등 영역별 중점학교를 운영할 수 있으며, 학교자율과정의 50% 이상을 관련 교과목 편성 · 외국어계열 고등학교: 전문교과 이수 단위의 60%를 전공 외국어로 하고, 전공 포함 2개 외국어교육

2) 2009 개정 교육과정의 학교급·교육과정별 수업시수

이전 교육과정인 2007년 개정 교육과정에서의 국민공통기본교육과정은 제1학년에서 제10학년(초1~고1)까지 10학년제였다. 이 기간을 국민공통기본교육기간으로 하여 국민공통기본교육과정을 편성하였다. 그리고 고등학교 제2~3학년 단계인 제11~12학년에서는 선택중심교육과정을 편성하였다.

2009 개정 교육과정에서는 이를 개정하여 국민공통기본교육기간을 기존의 10년에서 9년으로 감축하여 공통교육과정으로 편성하였고, 선택중심교육과정 이수기간을 기존의 2년에서 3년으로 증가하여 선택교육과정을 편성하였다. 즉, 공통교육과정기간은 초·중학교 수학기간과 교육과정 및 이수기간을 맞추었고, 선택교육과정은 고등학교와 교육과정 및 이수기간을 맞추었다. 초·중학교는 공통교육과정을 교과(10개 교과)와 창의적 체험활동(4개 영역) 등 두 영역으로 편성하였다. 고등학교는 선택교육과정을 4개 교과 영역과 8개 교과(군)로 편성하였다. 선택교육과정 4개 교과 영역은 기초(국어, 수학, 영어), 탐구[사회(역사·도덕 포함), 과학], 체육·예술[체육·예술(음악·미술)], 생활·교양(기술·가정, 제2외국어, 한문·교양) 등이다.

각 학년군의 교과와 창의적 체험활동을 포함한 총 수업시수는 제1~2학년군(초등학교 제1~2학년) 1,680시간, 제3~4학년군(초등학교 제3~4학년) 1,972시간, 제5~6학년군(초등학교 제5~6학년) 2,176시간이다. 그리고 제7~9학년군(중학교 제1~3학년) 3,366시간, 선택교육과정 이수기간인 10~12학년(고등학교 제1~3학년) 총 204단위(각 단위 50분)를 이수토록 편성되어 있다.

〈표 6-2〉 2009 개정 교육과정 공통교육과정(초·중)·선택교육과정(고) 편제표

교육과정		공통교육과정				선택교육과정			
구분 (교과 / 학교학년군)		초등학교(1~6학년)			중학교(1~3학년)	고등학교(1~3학년) 10~12학년			
		1~2학년	3~4학년	5~6학년	7~9학년	교과영역	교과(군)	필수이수단위 교과(군) / 교과영역	학교자율활동
교과군	국어	국어 448	408	408	442	기초	국어	15(10)	45(30)	학생의 적성과 진로를 고려하여 편성
	사회·도덕		272	272	510(역사 포함)		수학	15(10)		
	수학	수학 256	272	272	374		영어	15(10)		
	과학·실과(기술·가정)	바른생활 128	204	340	646	탐구	사회(역사·도덕포함)	20(10)	35(20)	
	체육		204	204	272		과학	15(10)		
	예술(음악·미술)	슬기로운생활 192	272	272	272	체육·예술	체육	10(5)	20(10)	
	영어		136	204	340		예술(음악·미술)	10(5)		
	선택	즐거운생활 384	·	·	204	생활·교양	기술·가정/제2외국어/한문/교양	16(12)	16(12)	
							소계	116(72)	64	
창의적 체험활동		272	204	204	306	102(6)	창의적 체험활동	24(408시간)		
학년군별 총 수업시간 수		1,680	1,972	2,176	3,366	1,190(70)	총 이수 단위	204		

주: ① 이 표의 공통교육기간에 제시된 시간 수는 34주를 기준으로 한 연간 최소 수업시간 수이다. 초·중·고교 공히 '주 5일 수업제' 전면 도입을 기준으로 하였다. '주 5일 수업제'는 2012학년도부터 전국의 초·중·고교에 전면 적용된다.
② '창의적 체험활동'은 이전 교육과정의 재량활동, 특별활동 및 '우리들은 1학년'에 배당된 시간 수인 통합 수업시간 수를 제시한 것이다.
③ 1시간의 수업분량은 초등학교 40분, 중학교 45분, 고등학교 50분을 원칙으로 한다. 다만 기후, 계절, 학생의 발달 정도, 학습내용의 성격 등을 고려하여 실정에 알맞도록 조절할 수 있다.
④ 선택교육과정 기간인 제10~12학년 고등학교의 통계숫자(수치)는 단위 수(각 50분)이다.

2. 2009 개정 교육과정의 특징

1) 학기당 이수 교과목 수 감축과 교수학습의 효율성 제고

'2009 개정 교육과정'에서는 학기당 이수 과목 수를 감축하여 교수학습의 효율성을 높이고자 하였다. 각 교과목의 양적 감축을 통한 질적 제고를 고려한 조치이다. 이를 위해 초·중학교는 수업시수가 적은 교과목은 특정 학기, 학년에 집중적으로 이수하고, 고등학교는 교과목을 학년 단위로 편성·운영하는 관행에서 벗어나 학기 단위로 편성·운영하는 것이 바람직하다.

'2009 개정 교육과정'에서 도입한 집중이수제는 현재까지는 관행적으로 매 학기 나누어 이수했던 교과목을 한 학기에 집중해서 이수(공부)함으로써 학생들의 과도한 학습부담, 과제부담, 시험부담 등을 감축할 수 있고, 추가적으로 내용심화와 수업방법의 개선도 꾀할 수 있는 일석이조(一石二鳥)의 효과가 있는 정책이다. 그동안 우리나라 초·중등학교에서는 현행 매 학년 매 학기에 거의 모든 교과목을 배정하고, 학생들이 배워왔다. 이로 인해 초등학교의 학기당 이수 교과목 수는 10과목이고, 중·고등학교의 경우는 12과목 내외로 미국, 영국, 호주 등이 8과목 이하인 점을 고려할 때 과다하다고 할 수 있다.

집중이수제 도입은 현행 10개 교과목 체제는 그대로 유지하면서, 학생들의 과도한 학습부담을 경감할 수 있는 실효성 있는 정책이라 볼 수 있다. 더욱이 중요한 점은 집중이수제를 통해 수업 개선을 이끌 수 있다는 점이다. 예를 들면 현재에는 중학교 '미술'의 경우, 주당 1~2시간씩 수업하고 있어 피상적 맛보기 수업만이 가능했다. 그러나 집중이수제 운영을 통하여 학생들이 작품의 창작활동에 몰입할 수 있게 되고, 수업을 통해 얻게 되는 성과물은 '미술'을 더욱 잘 이해하게 할 수 있는 동기를 부여할 것이다.

2) '창의적 체험활동'을 신설·적용으로 창의 인재 육성 모색

2009 개정 교육과정의 '창의적 체험활동'은 비교과 영역을 통합한 교육과정 영역이다. 2007 개정 교육과정 이전까지 학교교육은 교과 지식 중심으로 교육이 이루어졌으며, 비교과활동은 재량활동과 특별활동으로 구분, 운영하였으나 본래의 취지대로 운영되지 못했다. 초등학교 창의적 재량활동의 경우 국가 또는 광역 교육청(지역 교육지원청) 차원에서 창의적 재량활동 시간에 이수해야 할 내용을 정하여 하달하는 경향이 있었고, 중·고등학교의 경우, 교과 보충학습 등으로 편법 운영이 이루어지고 있는 상황이었다. 이에 '2009 개정 교육과정'에서는 비교과활동의 성격을 분명히 하기 위해 이를 '창의적 체험활동'으로 명명하고 그 비중을 크게 확장하여 편성하였다. 이는 지나친 교과지식 위주의 학교교육활동에서 벗어나 창의성과 폭넓은 인성교육을 강화하기 위한 것으로, 학교급별에 따라 초등학교는 지금보다 질적으로 더욱 내실화하도록 하고, 고등학교는 현행 주당 2시간에서 4시간 이상으로 시간을 확충하여 운영하도록 하고 있다.

창의적 체험활동의 세부 영역인 자율활동, 동아리활동, 봉사활동, 진로활동 등을 통해 비교과활동을 강화하면 지식과 인성이 겸비되고 균형 잡힌 교육이 가능해질 수 있으며, 이것이 국제적으로 통용되는 교육과정의 일반적 추세(trend)라고 할 수 있을 것이다. 따라서 초·중·고교 학교현장에서 적용할 때에는 창의적 체험활동의 세부 영역인 자율활동, 동아리활동, 봉사활동, 진로활동 등을 분리하지 말고 통합하여 하나의 광역활동으로 전개하는 것이 바람직하다.

<표 6-3> 창의적 체험활동과 연계한 사회과 교수학습 방법

| 학습
활동별 | 사회과 창의적 체험활동 교수학습 과정(사회과 관련 주제) | | | |
	문제파악	문제추구	문제해결	적용·발전
학습단계	□ 사전활동		□ 현장활동	□ 사후활동

견학·현장체험	· 견학장소 안내
	· 학습목표 설정
	· 사전내용 수집
		· 견학활동 계획
		- 모둠 조직
		- 견학방법 협의
			· 견학활동 수행
			- 본 일, 들은 일, 한
			  일 기록
				· 견학내용 보고 및
				  토의
				· 보고서 작성

탐구·관찰	· 자료 대면 · 문제 찾기	· 관점 알기 · 관찰·실험 방법 알기	· 관찰·탐구하기 · 결과 정리하기 · 결과 토의하기	· 개념, 원리, 법칙 · 새로운 현상에 적용
노작·실습	· 학습분위기 조성 · 선수학습 확인 · 학습문제 파악	· 실습계획 수립 - 순서, 방법, 유의점 · 실습시범, 관찰	· 실습 및 노작하기 · 실습결과 보고 · 자기평가, 상호 평가	· 생활화 계획수립 · 활동과정의 보람
조사·수집	· 학습문제 파악	· 예상 수립 · 조사과제 찾기	· 조사 · 토의 · 정리	· 현실에 적용 · 장래문제 예견
토의·토론	· 분위기 조성 · 주제 확인	· 방법 결정 · 역할 분담 · 유의점	· 토의 활동 · 토론 활동 · 의견 정리	· 의견 종합 정리 · 반성 및 평가

3) 학생의 핵심역량 강화와 교과의 재구조화 강조

2009 개정 교육과정은 '교과'와 '창의적 체험활동' 등 두 영역으로 편성되어 있으며, 공통교육과정과 선택교육과정 체제를 도입하였다. 이전의 2007년 개정 교육과정에서는 국민공통기본교육과정 이수기간이 초등학교 제1학년에서 고등학교 제1학년까지 10년간이며, 이 기간 학생들은 과거 10개의 기본교과를 획일적으로 학습하는 체제였으나, 공통교육과정('2007 개정 교육과정'에서의 '국민공통기본교육과정'을 개칭) 이수기간을 초등학교 제1학년에서 중학교 제3학년까지 9년간으로 1년 감축·조정하여 고등학교 단계에서는 진로와 적성, 필요에 따른 학습기회를 제공하도록 하였다. 이와 같이 공통교육과정 기간을 조정한 것은 초등학교 제1~2학년 초기단계의 기초·기본교육, 돌봄 기능을 강화하고, 국민기초교육에 대한 국가의 책임을 초·중학교 과정으로 명확히 하여, 학업성취도평가 등을 통해 전 학생의 기초학력을 강화하기 위한 것이다. 고교단계에서는 학생들이 진로와 적성에 맞게 원하는 공부를 더 깊고, 넓게 공부할 수 있게 하고, 현 정부가 추구하고 있는 고등학교 유형의 다양화, 교육과정 운영의 특성화, 단위학교 중심의 교육과정 정책과 일관성을 유지하게 하는 데 그 목적이 있다.

또한 선택교육과정을 이수하는 고등학교 단계에서 미래사회가 요구하는 핵심역량을 키우기 위한 기초교육은 모든 학생들이 반드시 이수하도록 하는 한편 나머지 교과에 대해서는 개별학생의 흥미,

적성에 따라 필요한 과목을 선택 집중해서 깊이 있게 학습할 수 있도록 하였다.

그리고 교과 이기주의에 의해 지나치게 세분화된 교과는 통합하고, 위계가 가능한 교과는 재구조화를 고려하였다. 이렇게 될 경우 학생은 자신의 수준에 따른 교과목을 선택함으로써 고교에서의 학습결과가 대입에서 의미 있는 자료로 활용될 수 있어 고교교육과 대입제도의 연계 및 활성화가 촉진될 수 있을 것으로 기대하고 있다.

4) 교육과정 자율화와 단위학교 교육의 다양화 지향

최근 교육과정의 자율화 · 다양화 · 선진화 추세는 세계적 흐름이다. 단위학교 교육에 학교교육과정제도를 처음 도입한 제6차 교육과정 이전의 한국의 교육과정은 소위 국가교육과정으로서 지역, 학교의 특성과 무관하게 일반적으로 전국적인 기준에 의거, 획일적으로 운영되어 왔고, 학교별 특성화된 교육프로그램 편성 · 운영이 제한되어 왔으며, 학생의 능력, 진로, 적성에 대한 교육과정의 탄력적 대응이 어려웠다는 비판이 있어 왔다(신동로, 2010: 200~201).

이러한 문제점 지적에 따라 '2009 개정 교육과정'에서는 국가는 교육과정 운영의 기본 틀만을 제시함으로써 학교의 교육과정 편성 · 운영의 자율성을 대폭 강화하고, 단위학교에 교육과정 운영의 자율권을 부여하여 학교교육의 실질적인 다양화와 특성화를 유도하고자 하였다. 즉 교과목별 20% 범위 내 수업시수 자율 증감을 허용하였고, 교과(군) · 학년군 도입을 통하여 학교의 자율적인 교육과정 편성 · 운영을 원활히 하였다. 고등학교는 공통필수 과목을 지정하지 않고, 교과(군)별 필수 이수단위만을 지정하여 학생이 필요로 하는 학습을 촉진하는 한편 균형적 교과 이수가 가능하도록 하였다. 그리고 '학교자율과정'을 도입하여 단위학교 교육과정 특성화 및 학생의 진로에 따른 맞춤형 교육을 할 수 있으며, 학교는 필요에 따라 국가교육과정에 제시된 과목 이외에 다양한 과목을 개설하여 운영할 수 있다(박은종, 2011: 19~46).

Ⅲ. '2009 개정 교육과정'과 사회과교육

1. 학년군 · 교과군 도입을 통한 사회과의 특성 강화

교과 집중이수제 도입에 따라 학년 및 학기당 이수과목 수 감축을 통해 교수학습의 효율성을 제고하였다. 이를 위해 학년군 편성에 따라 인접 학년 간 상호 연계 및 협력을 통해 교육과정 편성 · 운영의 유연성을 제고하고, 특정 교과의 학년 및 학기 집중 이수의 편의성을 도모할 수 있도록 하고 있다. 또한 교과(군) 접근에 따라 국어, 사회 · 도덕, 수학, 과학 · 실과(기술 · 가정), 체육, 예술(음악 · 미술), 영어 등 7개 교과(군)로 편성하여 학기당 이수 교과 수를 감축하여 운영할 수 있도록 하고 있다. 즉, 학기당 7~8과목을 이수하도록 하여 학습, 과제, 평가 부담을 줄였으며 도덕, 음악, 미술, 실과 등 주당 1~2시간 이수하는 수업시수의 교과는 학기 집중이수를 고려하도록 하였다(박은종, 2010: 32~37).

이에 따라 사회과는 도덕과와 연계하여 사회·도덕과군으로 편성되어 있다. 이를 통하여 사회과와 도덕과의 시간 운영의 탄력성을 보장하고 내용상으로도 공공 덕목, 시민성, 가치, 윤리 등을 연계하여 통합·지도할 수 있도록 하였다.

2. '창의적 체험활동'과 사회과의 연계 적용

'2009 개정 교육과정'에서는 현행 창의적 재량활동과 특별활동 내용 간의 중복문제를 해소하고 다양한 체험중심 활동을 강화하기 위해 창의적 체험활동을 도입하였다. 이는 다양한 체험, 봉사, 진로교육에 기초하여 학생 상호 간에 배려와 나눔을 실천하는 창의 인재를 양성한다는 교육과정의 기본 취지를 살리고자 하는 것이다. 따라서 교과 외 교육활동의 본래 취지에 적합한 운영을 위해 창의적 체험활동은 초·중학교에서 주당 평균 3시간 이상, 고등학교의 경우 현행 주당 2시간에서 4시간 이상으로 확대되며 세부영역으로 자율활동, 동아리활동, 봉사활동, 진로활동 등을 두어 배려와 나눔의 실천을 통한 창의 인재육성을 실현토록 하였다. 원칙적으로 2009 개정 교육과정에서 도입한 창의적 체험활동은 기존 교육과정의 재량활동과 특별활동 그리고 '우리들은 1학년' 등을 종합한 교과 외(비교과) 활동이다.

아울러 '2009 개정 교육과정'에서는 정보통신기술활용교육, 보건교육, 한자교육 등은 관련 교과(군)와 창의적 체험활동 시간을 활용하여 체계적인 지도가 이루어질 수 있도록 하고 있다. 이들 교육내용은 일부 범교과 학습영역으로 설정되어 있기는 하지만 각급 학교의 특성을 고려할 때 보다 체계적인 지도의 필요성에 기인한 것이다. 따라서 각급 학교에서는 이들 교육내용이 관련 교과(군)와 창의적 체험활동 시간을 통해 의미 있는 학습이 이루어질 수 있도록 지도해야 할 것이다.

사회과는 조사학습, 발표학습, 현장 체험학습, 문화재학습, 사료학습 등 창의적 체험활동과 밀접하게 연계되어 있다. 따라서 사회과의 각 교과 학습방법 및 형태를 창의적 체험활동의 자율활동, 동아리활동, 봉사활동, 진로활동 등과 연계하면 교수학습 효과를 크게 신장할 수 있을 것이다.

3. 사회과교육과정 자율권과 창의성·다양성 확대

2009 개정 교육과정 시행 이전의 국가 교육과정에서는 학년별·교과별 수업시수는 연간 최소시수로 설정되어 있어 단위학교에서 교육과정을 자율적으로 편성·운영하는 데 어려움이 있다. 이에 따라 '2009 개정 교육과정'에서는 국가 교육과정 기준에 제시된 학년군별 연간 총 수업시수를 확보하되, 교과(군)별 연간 수업시수를 20% 범위 내에서 증감할 수 있도록 허용하고 있다. 이는 교과(군)별 수업시수의 자율적 증감운영을 통해 단위학교에서 보다 특색 있는 교육과정을 편성·운영할 수 있도록 하는 것이다. 다만 '2009 개정 교육과정'에서 교과(군)별 수업시수를 20% 범위 내에서 감축하여 운영하는 것은 단원 재구성, 교육과정 압축 등과 같은 방식으로 교과 교육과정을 재구성하여 편성·운영함을 의미한다. 즉, 교과 교육과정 기준 일부를 생략 가능함을 의미하는 것이 아니며, 수업시수를 감축하더라도 교과 교육과정 기준은 성취되어야 한다는 것이다.

교과(군)별 수업시수를 20% 범위 내에서 증배하여 운영하는 것은 전년도 교육과정 운영평가 결과 반영, 전교 단위 또는 학년 단위의 특정 교육활동의 강화, 학교 구성원(교원, 학부모 등) 요구의 반영, 학교의 지역적 특성을 고려한 학교 특색사업의 구현 등을 통해 이루어질 수 있다.

결국 2009 개정 교육과정은 학교별, 교사 수준별 교육과정의 차별화·특성화를 전제하고, 이에 따른 단위학교의 학교교육과정과 교사 수준 교육과정의 양태(樣態)는 학교마다 백교백색(百校百色), 교사마다 천차만별(千差萬別)로 아주 다양하게 편성·운영되어야 함을 지향하고 있다는 점을 유념하여야 한다. 학교마다 창의적인 학교교육과정, 사회과 교사별로 창의적인 교사 교육과정이 편성·운영되어야 한다.

<표 6-4> 2009 개정 교육과정의 사회과 교과 편제

구분	공통 교육과정 (초·중): 교과	선택교육과정(고): 과목	
		일반 과목	심화 과목
제1~9학년(초·중)/ 교과	사회 역사 (2)		
제10~12학년(고)/ 과목		· 한국지리 · 세계지리 · 한국사 · 동아시아사 · 세계사 · 경제 · 법과 정치 · 사회·문화 (8)	· 국제정치 · 국제경제 · 국제관계와 국제기구 · 세계문화 · 비교문화 · 사회 과학 방법론 · 한국의 사회와 문화 · 국제법 · 지역이해 · 인류의 미래사회 · 과제연구 (11)

4. 교육과정 컨설팅·장학 컨설팅 기구 조직 및 지원

'2009 개정 교육과정'에서는 학년군, 교과군 도입을 통한 단위학교 교육과정 자율편성과 창의적 체험활동의 효율적 운영을 위한 교육과정 컨설팅 등 지원기구를 조직하여 교육과정 편성·운영을 위한 각종 자료를 연구, 개발하여 보급하도록 하고 있다.

단위학교의 자율성이 확대되면 될수록 국가 차원에서 이루어지는 '교육과정 질 관리'의 의미는 학교를 지원하는 방식으로 전환되어야 할 것이다. 그리고 교육과정 편성·운영에 대한 권한이 단위학교에 더 많이 주어지게 되면, 학교는 자신들이 자율적으로 편성·운영한 교육과정의 개선을 위해 자체적으로 학교교육과정을 평가하게 될 것이며, 시·도교육청과 국가는 그 결과에 주목하여 교육과정 개선을 도모하고 보다 효율적인 지원방안을 강구하는 데 관심을 갖게 될 것이다. 그런 만큼 단위학교에서는 교육청 수준의 교육과정 컨설팅 기구의 지원과 협조를 통해 학교교육과정의 효율적 편성·

운영 및 개선을 도모해야 한다.

'2009 개정 교육과정'은 학년 및 학기 집중이수에 따라 전입학생이 특정 교과목을 이수하지 못할 경우 교육청(지역 교육지원청)과 학교에서는 '보충학습 과정' 등을 통해 해당 학생의 학습결손이 발생하지 않도록 하여야 한다. 따라서 교육청(지역 교육지원청)에서는 관할 학교의 집중이수제 적용에 대한 관리와 지원에 적극 노력하여야 한다.

외국에서의 입국자 자녀와 전학하게 되는 학생들은 교과 집중이수로 인해 교과 미수나 중복이수를 하게 되는 경우가 발생할 수 있다. 이러한 경우에 관할 교육청과 학교에서는 원칙적으로 해당 학생의 학습결손이 발생하지 않도록 해야 하며, 이를 위해 '학업성적관리지침' 등을 참고로 해결방안을 모색할 수 있다. 즉, 전학 등으로 해당과목을 배우지 못하게 되는 학생들을 위해서 관할 교육청(지역 교육지원청)과 학교에서는 적절한 방법을 통해 학생의 성취수준 등을 확인하여 이수인정을 해 주거나(귀국학생 등의 사례 참조), 방학 중 보충학습 과정을 개설하여 학습결손을 예방할 수 있다. 또한 전학 등으로 교과중복 수업을 받게 되는 경우에는 학생의 선택에 의해 이수 교과를 면제하고 다른 교과수업을 이수할 수 있도록 하는 방안을 강구해야 할 것이다.

이와 같이 2009 개정 교육과정에서 교과 교육과정의 컨설팅·장학 컨설팅 기구 조직 및 지원을 강조함에 따라 현재 교육과학기술부에 전국단위 교육과정의 컨설팅·장학 컨설팅 기구가 조직되어 있고 시·도교육청별, 지역 교육지원청별로 '사회과교육과정의 컨설팅·장학 컨설팅 지원단' 등 각 교과 교육과정의 컨설팅·장학 컨설팅 지원기구가 조직되어 있다. 여기에는 각 교과 교육학자, 각 교과 전문가, 각 교과 교육전문직, 각 교과 교사 등이 참여하고 2009 개정 교육과정의 성공적 설계 (편성)·실행을 지원하고 있다.

〈표 6-5〉 2009 개정 사회과 교육과정의 내용 체계

학년	학년군	지리 영역	일반사회 영역	역사 영역
1~2	초 1~2	통합교과(바른생활, 즐거운 생활, 슬기로운 생활): 통합적 내용 조직		
3~4	초 3~4	○ 우리가 살아가는 곳 ○ 달라지는 생활모습 ○ 촌락의 형성과 주민생활 ○ 민주주의와 주민자치	○ 이동과 소통하기 ○ 우리 지역, 다른 지역 ○ 경제생활과 바람직한 선택 ○ 지역사회의 발전	○ 사람들이 모이는 곳 ○ 도시의 발달과 주민생활 ○ 다양한 삶의 모습들 ○ 사회변화와 우리 생활
5~6	초 5~6	○ 살기 좋은 우리 국토 ○ 환경과 조화를 이루는 국토 ○ 우리 이웃나라의 환경과 생활모습 ○ 세계 여러 나라의 환경과 생활모습	○ 우리 경제의 성장 ○ 우리나라의 민주정치 ○ 우리 사회의 과제와 문화의 발전 ○ 정보화, 세계화 속의 우리	○ 우리 역사의 시작과 발전 ○ 세계와 활발하게 교류한 고려 ○ 유교문화가 발달한 조선 ○ 조선사회의 새로운 움직임 ○ 근대국가 수립을 위한 노력과 민족운동 ○ 대한민국의 발전과 오늘의 우리
		○ 내가 사는 세계 ○ 인간 거주에 유리한 지역 ○ 극한 지역에서의 생활 ○ 자연으로 떠나는 여행 ○ 자연재해와 인간생활	○ 개인과 사회생활 ○ 문화의 이해와 창조 ○ 사회의 변동과 발전 ○ 정치생활과 민주주의 ○ 정치과정과 시민 참여	[근대 이전 한국사] ○ 문명의 형성과 고조선의 성립 ○ 삼국의 성립과 발전 ○ 통일신라와 발해의 발전 ○ 고려의 성립과 변천

| 7~9 | 중 1~3 | ○ 인구변화와 인간생활
○ 도시발달과 도시생활
○ 문화의 다양성과 세계화
○ 글로벌 경제와 지역변화
○ 세계화 시대의 지역화 전략
○ 자원의 개발과 이용
○ 환경문제와 지속 가능한 환경
○ 우리나라의 영토
○ 통일 한국과 세계시민의 역할 | ○ 경제생활의 이해
○ 시장경제의 이해
○ 일상생활과 법
○ 인권보장과 법
○ 헌법과 국가기관
○ 국민경제와 경제성장
○ 국제경제와 세계화
○ 국제사회와 국제정치
○ 현대사회와 사회문제 | ○ 조선의 성립과 발전
○ 조선사회의 변동
[근대 이전 세계사]
○ 통일제국의 등장
○ 지역세계의 형성과 발전
○ 전통사회의 발전과 변모
[근대 이후 한국사]
○ 근대국가 수립운동과 국권수호 운동
○ 민족운동의 전개
○ 대한민국의 발전
[근대 이후 세계사]
○ 산업사회와 국민국가의 형성
○ 아시아·아프리카 세계의 변화 민족운동
○ 현대 세계의 전개 |
| 10~12 | 고 1~3 | [일반과목]
○ 한국지리
○ 세계지리
[심화과목]
○ 지역이해 | [일반과목]
○ 경제
○ 법과 정치
○ 사회·문화
[심화과목]
○ 국제정치
○ 국제경제
○ 국제관계와 국제기구
○ 세계문제
○ 비교문화
○ 사회 과학 방법론
○ 한국의 사회와 문화
○ 국제법
○ 인류와 미래사회
○ 과제연구 | [일반과목]
○ 한국사
○ 동아시아사
○ 세계사 |

Ⅳ. 사회과 교수학습 방법의 최근 동향(Trend)

1. 사회적 변화에 따른 사회과 교수학습 방법의 개선

21세기 세계화 시대를 바탕으로 하는 현대사회는 큰 패러다임의 변화를 겪고 있다. 시시각각 변화와 발전을 거듭하고 있는 역동적 사회의 큰 흐름이다. 이와 같은 세계화 시대의 사회변동을 사회과 교수학습의 입장에서 고찰해보면 세 가지 큰 변화로 대별할 수 있는데, 그것은 포스터모더니즘(postmodernism), 세계화, 정보화 등이다. 이러한 변화가 사회과 교수학습 방법에 끼친 영향을 종합하면 다음과 같다.

첫째, 교육에서의 포스터모더니즘은 설명식 수업과 탐구수업의 이론적 기초를 제공했던 모더니즘의 핵심가치인 합리주의를 비판하면서 등장했다. 우리나라의 경우 1980년대에 지식인의 화두로서 가장 활발하게 논의되었다. 사실 이성에 기초한 합리성, 질서, 조직, 구조, 체계, 전문화 등의 한계를 비판하고 그동안 억압되어 있었던 감성, 다양성, 특수성, 지역성, 잠재성, 다원성, 개성, 창의성 등을 회복·부활하고 이를 사회생활의 중요가치로 사용하고자 하는 것이 포스트모더니즘이다. 교육에서의 다중지능의 다양한 탐구도 포스트모더니즘에 기초해 있다. 오늘날 사회과의 관점이 합리적 의사결정 능력과 사회적 행동이라고 전술한 바 있다. 포스트모더니즘이 사회과교육에 변화를 준 것은 바로 '합리적' 의사결정 방식을 비판하기 때문이다. 오늘날 포스트모더니즘 시대에는 합리적 의사결정이 최선이 아니며, 그 이상 예를 들면 창의적 의사결정, 감성적 의사결정, 다양한 의사결정, 상황적 의사결정 능력도 중요하다는 것이다. 특히 우리나라 교육의 목표 중에 '창의성'이 들어가지 않는 경우가 없을 정도로 '창의성'이 매우 중요한 키워드가 된 것도 바로 포스터모더니즘의 영향으로 볼 수 있다. 물론 미국의 경우 이미 1970년대부터 사회과교육에서 창의성을 중점적으로 강조하였다(한면희·김용찬·정문성, 1998: 200~201).

스미스(Smith)는 사회과 창의적 교수학습 방법으로 드라마수업, 역할놀이, 사회성 드라마, 구조화된 드라마, 인형극, 미완성이야기, 문제이야기, 문제그림, 독서요법, 미완성 그림이야기, 영화문제, 과제카드, 검사지, 자원인사이용, 시뮬레이션게임 등 다양한 교수학습 방법을 제안한 바 있다.

둘째, 포스트모더니즘이 1980년대 사회과교육학자와 사회과교육자들의 화두(話頭)였다면, 세계화는 2000년대 사회과교육학자와 사회과교육자들의 핵심 화두가 되고 있다. 그리고 이 세계화는 21세기인 2010년대 이후 그 열기가 더욱 거세지고 있다. 이처럼 사회와 교육의 변화와 발전의 원동력으로서 거스를 수 없는 추세로 진행되고 있는 세계화가 사회과교육에 가장 큰 영향을 끼친 것은 시민교육의 틀을 바꾸도록 요구한 점이다. 이전의 훌륭한 민주시민은 '국민'으로서의 시민을 뜻했지만, 세계화 시대의 시민은 '다중시민'을 의미하기 때문이다. 세계화 시대에 부응하는 시민은 지역주민으로서의 시민, 국민으로서의 시민, 세계시민으로서의 시민인 것이다. 과거 사회과교육에서의 '시민성 함양', '시민성 교육'의 '시민'이 '애국심 교육' 등과 결부된 집단생활·공동생활 등에 초점이 있었다면, 21세기 세계화 시대의 '시민'은 '개인'에 초점을 맞춘 정체성 확립, 자유와 자율, 인간의 존엄성에 대한 재탐구 등이라는 점을 유념해야 할 것이다(박은종, 2011: 34~35).

가령 최근 한국에서 이슈화되고 첨예한 갈등이 계속되고 있는 한미자유무역협정(FTA)의 양국 국회(의회) 의결 통과 역시, 국가 전체적 입장에서는 반드시 필요한 협정이지만, 농어촌의 시장개방에 따른 피해 우려도 고려해야 하는 심각한 갈등에 봉착해 있는 것도 같은 맥락인 것이다.

세계화 시대에는 이처럼 상황에 따라 갈등상황이 야기되는 경우가 많아지면서 시민교육의 틀 자체가 과거의 '민주시민 교육'에서 '세계시민 교육'으로 폭과 깊이가 확장되고 있다. 사실 21세기가 도래하기 전인 1999년 국제연합 교육과학문화기구(UNESCO) 새천년 시민교육세미나에서 보고한 바에 따르면 21세기 새천년의 새로운 시민은 다중시민성으로 대표된다고 주장하였다. 다중시민성(Multi-Dimensional Citizenship)이란 오늘날 다양하고 복잡해진 시민생활에서 한 개인이 가지고 있는 여러 가지 차원에서의 권리와 의무에 관련된 시민성을 뜻한다. 즉 개인적 차원에서는 개인의 잠재력을 최대한 개발하고 발휘해야 하며, 사회적 차원에서는 다른 구성원들과 더불어 협동할 줄 알며, 시간적 차원에서는 역사적 존재로서 시민의 정체성을 알며, 그리고 공간적 차원에서는 지역주민으로서, 국민으로서, 세계시민으로서의 정체성을 가져야 하는 등 다차원의 권리와 의무를 갖고 실천하여야 된다는 것이다. 이를 위해 국제연합 교육과학문화기구(UNESCO)는 세계화로 인한 사회의 변화와 새로운 사회에 적응할 시민의 자질 그리고 이를 위한 시민교육의 방법들을 <표 6-6>과 같이 제시하였다.

<표 6-6> 21세기 세계화 시대의 사회변화와 시민교육의 방법

구분	주요 특징(시민교육의 방법)
21세기 사회변화 양상	① 민족들 사이의 경제적 불평등 심화, ② 환경파괴의 가속화, ③ 정보화 접근 기회의 불평등, ④ 정부 통제 강화, ⑤ 소비성향 증가, ⑥ 윤리적 쟁점의 부각 등 부정적 전망, ⑦ 지속적 경제성장, ⑧ 그린(green) 산업화, ⑨ 평화와 안전을 위한 지역공동체 결속강화, ⑩ 소수민족 및 소수집단의 권리 강화
21세기 시민의 자질	① 세계인으로서 문제를 보고 접근하는 능력, ② 사회 속에서 개인의 역할에 대한 책임의식과 협동하여 일하는 능력, ③ 문화적 차이를 이해, 수용, 관용하는 능력, ④ 비판적이고 체계적으로 사고하는 능력, ⑤ 갈등을 비폭력적으로 해결하려는 의지, ⑥ 환경을 보존하는 소비성향과 삶의 방식을 채택하려는 의지, ⑦ 인간의 권리를 보호하려는 민감성, ⑧ 지역사회, 국가, 세계적 차원에서의 정치적 참여능력과 의지
21세기 시민교육의 방법	① 비판적 사고력 향상, ② 미디어 중심사회에서 비판적 정보접근 능력 향상, ③ 정보기술사용 교육과정 수립, ④ 시민교육에 관한 국제적 연결관계 구축, ⑤ 국제감각과 국제적 문화적 감수성 가진 교사 양성, ⑥ 상호 문화이해를 위한 국제 학생교류, ⑦ 세계적 쟁점과 문제를 수업에서 다룸, ⑧ 비정부기구(NGO) 등 지역사회단체들과 학교가 협력하여 수업을 함, ⑨ 지역사회 활동에 학생이 참여, ⑩ 학교가 지역발전과 지역생활의 중심으로서 역할을 담당함, ⑪ 지역사회와 학교의 자율적 교육과정과 행정운영, ⑫ 협동학습활동 강화, ⑬ 대중매체의 사회적 책임과 교육적 활동요구, ⑭ 학생이 가진 능력을 효과적으로 사용할 수 있는 기회 제공, ⑮ 사회기관 종사자들의 높은 시민적 책임감 요구, ⑯ 모든 사회적 기관은 아동의 권리와 복지를 보장

셋째, 정보화는 두 가지 측면에서 사회과교육에 큰 영향을 미쳤다. 하나는 '오프라인(off-line)'의 시민교육 외에 '온라인(on-line)'의 시민교육의 책무가 생겼다는 것이다. 머지않아 세계의 교육은 유비쿼터스(ubiquitous) 교육으로 전환될 것이다. 초창기 정보화시대에는 사이버 사회가 말 그대로 가상사회인 것으로 생각했었다. 그러나 세계화 시대인 오늘날 거의 글로벌 시민은 동시에 네티즌이기도 하다. 가상사회도 '가상'이 아니라 '실제' 사회가 된 것이다. 이 가상사회에서도 훌륭한 네티즌의 양성이 필요하며 그 책무는 사회과에 있다고 할 것이다. 또 다른 하나는 ICT활용 교수학습(수업)이다. 즉, ICT활용을 통하여 기존의 사회과 교수학습의 효과를 극대화하는 노력이 필요하게 되었다. 이는 다만 사회과뿐만 아니라 모든 교과에 해당되는 것이다. 사회과가 다양한 수업을 할 수 있는 만큼 ICT와의 결합을 통해 더 다양한 수업이 가능해졌다. 그동안 ICT활용 수업이 각광을 받으면서 개발된 수업방법과 자료들은 넘쳐나고 있으므로 마음만 먹으면 교사들이 ICT를 활용하여 사회과 교수학습을 수행할 수 있으며, 전통적인 사회과 교수학습 방법에 큰 변화를 줄 수 있다. 그러나 수단으로서 ICT가 사회과교육 등 교과교육의 본질을 훼손해서는 안 된다는 반성과 함께 최근에는 오프라인(off-line)과 온라인(on-line)의 적절한 통합을 강조하여 혼합학습(blended learning)을 지향하고 있다(백순근, 2009: 78~89). 물론 이와 같은 정보화 사회의 사회과 교수학습에서는 정보통신 윤리교육, 사이버 윤리교육 등을 강화하여야 할 책무도 담당하여야 한다.

<표 6-7> 사회과 교수학습(수업) 방법별 ICT활용 수업(예)

분류 기준	수업방법	ICT(웹-기반 수업)의 활용(예)
활동 방법	강의식 수업	멀티미디어 자료 활용
	문답식 수업	멀티미디어 자료 활용
	현장(견학) 수업	사이트 탐방
	조사 수업	웹 자료탐색, 웹 설문조사, 통계프로그램 활용
	역할놀이 수업	멀티미디어 자료 활용
	극화 수업	멀티미디어 자료 활용
	모의 수업	시뮬레이션 게임 프로그램 활용
	토의 수업	게시판 활용 웹 토의
	프로젝트 수업	웹 자료검색, 웹 출판,
	읽기 수업	웹 게시판 활용, 웹 자료 이용
	쓰기 수업	웹 게시판 활용, 이메일 활용
사고력 교육	탐구 수업	인터넷 신문 등 자료 이용
	문제해결 수업	웹 자료검색, 전문가 접촉, 이메일 활용
	의사결정 수업	웹 자료검색, 채팅, 웹 토론, 이메일 활용
	창의력 수업	웹 자료검색, 생각 그물 프로그램 활용, 웹 게시판 활용
	비판적 사고력 수업	웹 자료검색, 웹 토론
	개념지도 수업	생각 그물 프로그램 활용
자료 · 매체 활용	정보통신기술 활용(ICT) 수업	멀티미디어 등 모든 형태 가능
	사료(史料) 활용 수업	박물관 사이트 활용
	인물 활용 수업	웹 자료검색
	신문 활용(NIE) 수업	인터넷 신문 활용
	지도 활용 수업	인터넷 지도활용, 플래시 프로그램 활용
	지역화 자료 활용 수업	교육청(교육지원청) 또는 지방자치단체 제공 자료 활용
	자원 인사 활용 수업	전문가 접촉
가치 · 태도	가치 명료화 수업	웹 토의 및 토론, 웹 게시판 활용
	가치 분석 수업	웹 토의 및 토론, 웹 게시판 활용
	가치 판단력 수업	웹 토의 및 토론, 웹 게시판 활용
	가치 수직선 수업	웹 토의 및 토론, 웹 게시판 활용

2. 교육적 변화에 따른 사회과 교수학습 방법의 개선

21세기 세계화 시대에 사회과 교수학습 방법에 영향을 끼친 최근의 교육적 변화는 다중지능이론, 구성주의와 협동학습, 과정중심 교육과 수행평가, 그리고 통섭(융합)교육의 활성화 등을 들 수 있다.

첫째, 다중지능이론은 전 세계적으로 큰 반향을 불러일으켜 현재 세계적으로 핵심적인 교수학습 이론으로 자리 잡고 있다. 다중지능이론은 가르칠 교과교육에서 출발한 것이 아니라 배울 학습자 개인의 입장에서 출발한 것이므로 교과의 통합성에 관계없이 모든 교과에 영향을 끼치고 있다. 특히 통합교과인 사회과의 경우에는 다른 교과보다 더 적용하기 용이한 이론이다.

특히 블룸(Bloom)의 인지적 지식의 위계인 지식, 이해, 적용, 분석, 종합, 평가의 6단계와 가드너(Gardner)의 다중지능요소인 언어, 논리·수학, 공간, 신체·운동, 음악, 대인관계, 개인이해 등 7영역 지능을 두루 개발할 수 있는 사회과교육과 함께 사회과 수업, 사회과 교수학습이 세계 각국에서 크게 강조되고 있다. 이는 기본적으로 학생들이 사회과 교수학습을 계획하고 각자 업무(mission)를 수행해 가는 것이다. 또 이와 같은 학생 중심 사회과 교수학습을 통하여 학생들에게 고급 사고력과 통찰력을 신장하고자 하는 것이다.

둘째, 구성주의와 협동학습은 실질적으로 사회과 교수학습에 큰 변화를 주었다(정문성, 2003: 111~112). 구성주의와 협동학습은 그 전제와 출발점은 다르지만 교수학습 방법 면에서는 협동학습을 추구한다는 점에서 교집합적 공통점이 있다. 과거의 객관주의가 지식의 고정성과 불가변성을 강조하는 데 비하여, 구성주의는 지식의 탄력성과 가변성을 강조하고 있다. 따라서 객관주의가 자연히 양적 평가, 결과 중심인 데 비하여 구성주의는 질적 평가, 과정 중심을 지향하고 있다.

특히 협동학습은 사회과와 밀접한 관계를 갖고 있다. 사회과의 공식명칭인 'Social Studies'에서 'Social'이라는 용어가 의미하듯이 사회과는 학습공동체를 강조하고, 동료와의 상호작용에서 사회적 학습을 통해 살아 있는 사회과 지식을 습득하기를 목표로 한다. 협동학습에서 강조하는 긍정적 상호의존성, 기회의 균등, 개인적 복지, 실력 사회의 강조(보상 체제), 개인적 책임과 사회적 책임 등 민주주의적 학습환경을 공유하는 점에서 다른 교과보다 더욱 협동학습 구조와 부합한다. 아울러 사회과의 행동 목표인 지식, 기능, 태도와 가치 그리고 참여활동 등은 협동학습 구조에서 가장 잘 획득할 수 있다. 사회과교육에서 다루는 지식은 사회적 지식이므로 사회적으로 다루어지는 협동학습이 보다 적합하다(정문성, 2003: 45~46). 개인탐구보다 협동학습이 훨씬 더 효과적인 것이다. 기능의 경우에서도 사회적 학습을 하는 가운데 기능이 연습되고 학습될 수 있으며, 가치와 참여의 경우에도 격려, 비판 등의 피드백을 경험할 수 있고, 토의·토론은 물론 의사결정의 경험을 체험할 수 있는 기회도 많아졌다(Stahl, 1994: 78~80).

셋째, 과정 중심 교육과 수행평가는 한국의 사회과 교수학습 방법의 개선에 큰 영향을 미쳤다. 기존의 결과 중심 교수학습에서 벗어나 과정 중심 교수학습을 강조하여 우리나라 교수학습 방법의 개선에 큰 영향을 미친 사회과의 긍정적 공헌을 간과할 수 없다. 이와 같은 사회과의 새로운 방법적

〈표 6-8〉 객관주의 교육관과 구성주의 교육관의 상호 비교

구분	객관주의 교육관	구성주의 교육관
학습자의 역할	지식을 수용함	지식을 창조함
교사의 역할	지식을 전달함	지식을 얻도록 안내함
교육과정이 기능	교육자의 의도적 제공	교육자와 학습자가 창조
교육방법	주입식 일제수업	비판적 협동학습
주요 강조점	지식의 완전 습득	사고력 신장
평가방법(유형)	결과 중심 양적 평가	과정 중심 질적 평가

탐구에 힘입어 과거 설명식 수업에 국한되어 있던 교수학습 방법이 다양해졌으며, 계속적으로 새로운 교수학습 방법이 개발되고 보급되었다. 각 시·도교육청(지역 교육지원청)별로 교수학습 지원센터가 구성·조직되고, 많은 교수학습방법들이 다양하게 공유되었다. 특히 사회과에서는 그동안 이론으로만 또는 이름으로만 알고 있던 많은 교수학습 방법들이 현장에서 많이 실천되었다.

수행평가는 전통적으로 중시되어 왔던 객관적 지식이나 정보보다는 개별 학습자의 인지구조의 특성이나 고급 사고력 평가를 중시한다. 전통적인 검사만으로는 이러한 피검사자의 다양한 능력을 정확히 재는 일이 불가능하다는 인식에서 출현하게 되었다. 이를 위해 결과와 함께 과정을 평가할 필요가 생겼고, 보다 직접적이고 맥락적이며 생태적으로 타당한 평가의 필요성에 의해 등장하였다(백순근, 2009: 111~112). 수행평가에서는 학생이 배우고자 하는 지식이나 기능을 평가함에 있어서 선택형 검사와 같이 정답을 선택할 수 있는 능력이 곧 '지식을 안다'거나 '기능을 습득했'고 가정하는 안이함을 비판하고, 학생이 답안을 작성하거나 행동으로 나타내는 것을 통해 지식이나 기능을 직접적으로 측정·평가할 것을 강조한다. 그러나 그것이 정확한 평가결과를 얻어낸다면 궁극적으로 현장에 적용해야 할 것이다. 과거부터 평가활동은 교수학습의 일환으로 포함되어야 한다는 주장은 있어왔지만 수행평가는 더욱 이러한 주장을 강조하게 되었고, 실제 수업 자체가 수행평가를 겸하는 교수학습 활동이 많아지게 되었다. 대부분의 사회과 교사들이 수행평가를 염두에 두고 교수학습을 수행하게 되는 결과를 가져왔다. 더욱이 내용이 복합적이고 다양한 사회과교육의 경우는 더욱 과정 중심 교수학습과 수행평가를 강조하고 있다.

끝으로 사회과 교수학습에서의 통섭(융합)교육의 활성화를 들 수 있다. 통섭교육(通涉敎育)은 통합교육(統合敎育)이 더욱 자연스럽게 연계된 교육이다. 학생들이 교과의 분과적 이해에서 탈피하여 다방향에서 다면적·다각적 접근으로 가르치고 이해하는 것이다. 특히 2009 개정 교육과정에서는 사회·도덕과군(사회·도덕), 과학·실과군(과학·실과), 예술군(음악·미술) 등 교과군을 편제하여 통섭교육을 지향하고 있다. 아울러 교과와 더불어 '창의적 체험활동'을 편제하여 자율활동, 동아리활동, 봉사활동, 진로활동 등을 통섭(융합)적으로 운영하도록 지향하고 있다.

사회과교육에서도 영역적인 측면에서 일반사회 영역, 역사 영역, 지리 영역 등을 통합하고, 내용적인 측면에서 지적인 면, 기능적인 면, 정의적인 면 등을 종합적으로 이해하고, 방법적인 측면에서 탐구학습, 토의·토론학습, 조사·발표학습, 문제해결학습, 협동학습 등을 통합하여 적용하여야 할 것이다.

3. 다문화 이해 교육과 나눔 및 배려 교육 강화

21세기 사회과교육의 트렌드(trend) 중 중요한 것 중의 하나는 다문화 이해 교육이다. 세계화 시대의 다문화교육은 민족, 인종, 종교, 이념 등을 융합적으로 녹여내는 용광로 역할을 하는 것이다. 즉, 글로벌 지구촌 시대에 문화상대주의적 입장에서 세계인 모두가 서로를 이해하고 배려하는 '섬김'의 교육이다. 그리고 다른 나라, 다른 사람들의 문화에 대한 가치중립적 입장에서 배려하는 인식을 함양하는 교육이다. 다문화교육에서의 문화에 대한 관점은 문화란 당해 시대, 당해 지역에 살던 사람들의 가장 편리했던 생활양식, 생활방식으로 인식·이해되어야 한다(한국사회과교육연구회, 2011: 111~112).

세계화 시대라고 일컬어지는 21세기는 정보통신기술과 대량 운송기술의 발달로 전 세계가 하나의 생활공간으로 바뀌어 지구촌(global society)이라는 거대한 공동체를 이루며 다양한 문화를 접하며 살고 있다. 전 세계 지구촌이 하나의 커다란 공동체를 이루며 생활하는 울타리 없는 사회가 된 것이다. 전 세계가 지구촌 일일생활권이 되어 정보 및 상품이 국경을 쉴 새 없이 넘나들게 되었고, 우리나라 사람들도 세계 여러 나라들을 아주 편리하게 자주 찾아가고 있다.

우리나라는 매우 급속한 속도로 다문화사회로 진입·전개되고 있다. 이른바 외국인 약 100만 명 시대, 이주노동자 약 40만 명, 국제결혼 비율이 전체의 13%, 새터민 유입의 급증 등으로 우리 사회는 급속도로 다문화 사회화되고 있다. 이제 우리나라는 세계 각국 사람들이 생활하는 터전이며 다양한 문화가 공존하는 현실을 외면할 수 없게 되었다. 그렇기 때문에 이제 우리나라는 바람직한 다문화사회로 발전을 도모하기 위한 범국민적 노력을 전개하여야 한다. 즉, 이들을 포용하고 외국 문화와 우리 문화의 차이를 이해하며, 외국의 문화를 적극적으로 수용하려는 노력이 필요하게 되었다(한국사회과교육연구회, 2011: 20~21).

우리나라는 이미 민족, 언어, 문화, 생활 패턴 등이 다양해지고 복잡해진 것을 알 수 있다. 또한 100만 명이라는 통계가 보여 주듯 우리의 주변에서 피부색이나 다른 언어를 쓰는 사람들을 만나는 것은 특별한 일이 아니다. 다양한 나라로부터 우리나라로 들어온 다양한 사람들이 우리들의 이웃에 함께 살고 있다는 것은 더 이상 순혈주의 국가, 단일민족 국가가 아닌 여러 피부색, 여러 가지 문화를 가진 여러 인종과 국적의 사람들이 어울려 함께 살고 있는 다문화사회로 빠르게 변화하고 있음을 반증하는 것이다.

우리 사회가 다문화사회로 진입함에 따라 각급 학교급별로 다문화교육이 커다란 이슈(issue)가 되고 있다. 다문화교육 대상자에 대한 내실 있는 교육이 교육정책의 지향점이 되고 있다. 다문화가정의 자녀는 우리나라 국적을 가진 국제결혼 가정의 자녀는 물론, 우리나라에 장단기 거주하는 외국인 가정의 자녀, 불법체류자의 자녀까지도 포함한다. 이들은 모두 우리나라 학생들과 같이 동등한 교육을 받을 권리가 보장되어 있다. 그러나 각기 문화적 배경과 교육적 배경, 부모의 사회적·경제적 여건, 아동의 한국사회 적응 정도와 한국어 능력 등에 따라 교육의 성과를 보장하기는 어려운 실정이다. 또한 이들을 담당한 교사들이 다문화가정 자녀와 그 주변의 학생, 가족들을 효과적으로 지원할 수 있는 역량을 함양하는 것이 급선무이다. 아울러 유·초·중·고교와 대학교 등 각급 학교급에서 다문화가정 자녀에 대한 다양한 지원과 함께 각 학교급별로 창의적이고 특색 있는 다문화교육 구안·적용에 각별한 관심을 갖고 노력하고 있다.

현재 정부와 여러 사회단체에서 다문화교육에 관심을 가지고 다양한 활동을 하고 있지만 다문화교육과정과 교육내용이 무엇이어야 하는지에 대해서 진지한 고민이 필요하다. 현재 이루어지고 있는 다문화교육 내용의 성격도 대체로 동화주의에 머물고 있다. 우리의 다문화교육 연구가 초기단계에 있으므로 국민 모두의 관심과 동참 속에서 사회과교육에서 다문화교육의 교육과정에 대한 분석적인 성찰과 종합적인 진단이 이루어져야 하는 것이다. 아울러 전국의 각 초·중·고교의 사회과교육에서 다문화교육에 대한 다양한 교육과 활동이 요구되고 있다.

한편 2009 개정 교육과정에서 강조하고 있는 것이 '더불어 사는 교육', '배려와 나눔 교육'이다. 이전까지의 우리 교육이 시장경제 논리에 따라 무조건 타인과 겨뤄서 이기는 것이 능사(能事)라고 가르치는 데 매몰되어온 감이 없지 않은 게 솔직한 반성이다. 따라서 2009 개정 교육과정에서는 '나 홀로 일등'이 아니라, '함께하는 공동 일등'을 지향하기 위해서 '더불어 사는 교육', '배려와 나눔 교육'을 특히 강조하고 있다. 미래 우리 사회의 주역이 될 학생들에게 사회과교육에서는 일등지상주의 교육, 상극교육(相克敎育)을 탈피하여 상생교육(相生敎育), 블루오션(blue ocean) 교육, 윈윈(win-win) 교육 등을 지향하여야 한다.

특히 민주시민성 함양과 세계시민성 함양을 지향하는 사회과교육에서는 이와 같이 타인과 함께 살아가는 민주적 리더십과 함께 세계화 시대에 알맞은 세계시민성 함양을 강조하고 있다. 또 우리 사회의 그늘진 곳에서 어렵게 살고 있는 소년소녀가장, 극빈자 자녀, 다문화가정 자녀, 장애인 등 사회적 배려 대상 계층의 이웃들에게 물질적·심리적 봉사와 지원을 강조하고 있다. 특히 최근 사회적으로 활성화되고 있는 각종 기부문화와 연계하여 사회과교육의 '배려 및 나눔 교육'을 강화하는 것이 바람직할 것이다.

아울러 민주시민성과 세계시민성을 함양하는 데 초점을 맞춘 사회과교육에서는 이와 같은 배려 및 나눔 교육에 적극적으로 앞장서야 함은 재론의 여지가 없는 것이다. 물론 이와 같은 배려 및 나눔 교육이 2009 개정 교육과정의 타 교과, 창의적 체험활동, 범교과 학습 등과 연계·통합(통섭)되어 수행되면 더욱 금상첨화(錦上添花)적 효과를 거양할 수 있게 될 것이다.

V. 사회과 교수학습 방법의 개선방향

1. 사회과 교수학습의 원칙준수

사회과교육은 바람직한 민주시민을 키우는 일을 목적으로 한다. 이를 위하여 사회과는 '인간과 공간, 인간과 시간, 인간과 사회'라는 세 영역의 학문적 이론과 실생활의 경험을 교육과정 소재로 삼고, 인권존중, 관용과 타협의 정신, 사회정의의 실현, 공동체 의식, 참여와 책임의식 등 민주적 가치와 태도를 함양하고 합리적 문제해결 능력을 기르며 개인 및 국가, 사회, 인류의 발전에 기여하도록 하고 있다.

사회과는 교과의 특성상 시대정신과 사회변동 상황에 따른 국가사회적 요구, 학습자의 인지발달 정도와 기대수요 및 배경학문의 논리체계를 반영하면서, 내용 중에서 바뀐 것은 삭제하고 새로운 변동상황은 덧붙이는 일을 지속적으로 수행해 나가야 된다. 이것이 바로 교육과정을 개정하고 수정·보완하는 이유이다.

2009 개정 교육과정에서의 사회과 교수학습은 과거의 주입식, 암기식, 설명식, 교사 중심식 수업에서 과감히 탈피하는 것이다. 그리하고 결과보다 과정을 중시하는 교수학습, 학생 중심의 교수학습, 탐구와 문제해결중심 교수학습 등을 지향하는 것이다. 2009 개정 교육과정에서는 사회과 교수학습의 원칙을 다음과 같이 제시하고 있다(교육과학기술부, 2011: 19~20).

첫째, 학습자가 사회현상에 대한 흥미와 관심을 넓히고, 인간생활과 사회현상의 원리를 발견하며,

이를 실생활에 적용할 수 있도록 학습을 전개하여야 한다.

둘째, 사회과의 성취목표인 핵심지식의 이해, 탐구기능의 습득, 고차원적 사고력의 신장 그리고 문제해결력 및 실천능력 향상을 위해 다양한 교수학습 방법을 적용하여야 한다.

셋째, 고차원적인 고급 사고력 함양에 적합한 귀납적 인식, 반성적 사고, 메타 인지(meta cognitive) 등과 같은 학습과정을 통해서 학습자 스스로 지식을 구성하고 자기 주도적 학습능력을 향상시킬 수 있도록 교수학습을 전개하여야 한다.

넷째, 사회과 교수학습의 목표와 주어진 학습자 여건 및 교육환경을 고려하여 가장 효과적인 교수학습 방법을 자율적으로 선택하여 실시하고, 이를 반성적으로 개선해 나가도록 하여야 한다.

다섯째, 학습자의 학습준비 정도나 성취기준 도달 정도를 파악하고 개인차를 해소하기 위한 사회과 교수학습 방안을 설계하고 이를 올바르게 수행하여야 한다.

2. 사회과 교수학습의 방법탐구

사회과교육 내지 사회과 교수학습은 우리의 삶을 다룬다. 즉, 우리의 생활을 중심으로 사회일반에서 이루어지는 사회의 여러 모습인 사회사상(社會事象)을 교수학습의 주제와 내용으로 한다. 따라서 사회과 교수학습은 설명식, 강의식, 주입식, 교사 중심식 등의 형태를 과감히 탈피하여야 한다. 즉, 문제 탐구식, 학생주도 활동식, 토의·토론식, 학생 중심식 등이 사회과 교수학습의 형태로 적용돼야 한다.

그리하여 사회과 교수학습이 학생들에게 관심을 유발하고 친근하며 흥미 있고 활발한 참여가 포함된 형태와 방법으로 개선되어야 한다. 즉, 사회과가 과거처럼 무조건 외우기식의 따분하고 무의미한 교수학습 형태에서 벗어나 흥미 있게 상호작용을 하고 스스로 문제해결과 탐구활동에 참여하는 교수학습으로의 개선이 사회과교육 혁신의 급선무라고 할 수 있다.

2009 개정 교육과정을 기저로 하여 사회과 교수학습의 새로운 개선방법을 종합하면 다음과 같다.

첫째, 사회현상에 대한 종합적인 인식을 위하여 통합적인 교수학습 방법을 적용하여야 한다.

둘째, 학생들의 학업성취 수준, 흥미, 사회적 요구 등을 고려하여 교육현장에 적합한 주제와 문제를 중심으로 단원을 구성하여 수업이 전개되도록 하여야 한다.

셋째, 학생들의 사고력을 자극할 수 있도록 적절한 탐구상황을 설정하고 다양한 발문기법을 활용하여 문제해결학습(PBL)을 수행하여야 한다.

넷째, 소집단별 협동학습을 통해 민주시민의 중요한 자질이라고 할 수 있는 집단 구성원으로서의 책무성, 참여의식, 타인에 대한 존중, 협동심 등을 함양할 수 있도록 하여야 한다.

다섯째, 질문, 조사, 토의, 논술, 관찰 및 면담, 현장견학과 체험, 초청강연, 실험, 역할놀이와 시뮬레이션 게임, 모의재판과 모의국회, 사회참여, 사료학습, 극화학습, 제작학습, 추체험 학습 등 다양한 학습방법을 학습내용의 성격에 비추어 적절하게 활용하여야 한다.

여섯째, 현대사회의 정보화 추세에 맞추어 각종 정보매체를 활용할 수 있도록 교실환경을 조성하고, 지리정보시스템(GLS), 신문활용교육(NIE), 컴퓨터보조학습(CAI), 인터넷활용교육(IIE) 등을 적극 적용하여 지도하여야 한다.

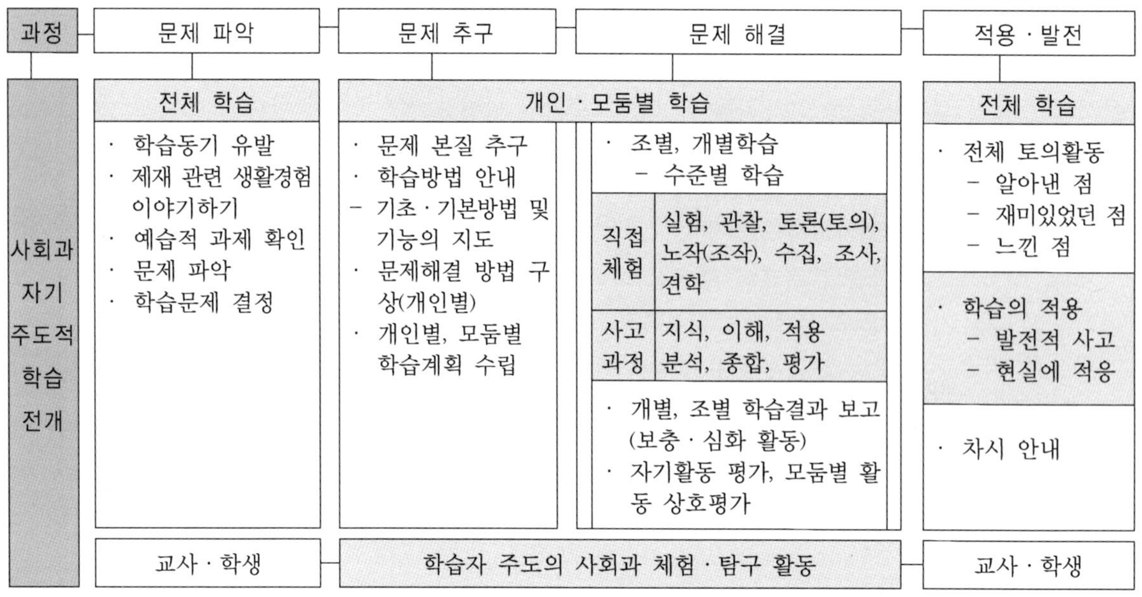

〈그림 6-1〉 사회과 교수학습 과정 탐구모형

일곱째, 학습자가 민주시민의 자질을 함양하고 지역사회 참여의식을 고취할 수 있도록 각종 사회 문제에 관한 시사자료와 지역사회 자료를 활용하여 지도하여야 한다.

여덟째, 현대사회의 정치적 · 경제적 · 사회적 · 문화적 현상을 실증적 자료와 구체적 사례에 근거하여 분석할 수 있도록 지도하여야 한다.

아홉째, 인류와 자연에 관한 모든 유형의 물적 증거자료로서 교육적 · 문화적으로 가치 있는 유물과 표본들을 수집 · 보존 · 전시하는 박물관을 활용하여 실물을 대하기 어려운 역사교육의 어려움을 극복하여야 한다. 학교의 여건과 환경이 허용하는 한 다양한 현장체험 학습을 수행하여야 한다.

열째, 사회과 교수학습의 효율성을 높이기 위하여 지도(地圖), 도표, 영화, 슬라이드, 통계, 연표, 역사지도, 사료, 연감, 신문, 방송, 사진, 기록물, 유물, 여행기, 탐험기 등 다양한 교수학습 자료를 두루 활용한다.

3. 사회과의 통합(통섭)적 교수학습 강화

전통적으로 사회과는 통합을 지향하고 있다. 즉, 시간적(역사) · 공간적(지리) 내용을 통합하여 사회적 사상과 사실(일반사회)을 교육하는 교과가 곧 사회과교육이다. 아울러 다양한 사회과학인 역사학, 지리학은 물론 정치학, 경제학, 사회학, 문화인류학, 법학, 심리학, 윤리학, 철학 등의 내용을 통합하여 지도할 때보다 효과적이다.

2009 개정 교육과정에서는 교육과정 총론 전반과 각론에 걸쳐서 통합(통섭)적 교육을 강조하고 있다. 특히 초등학교 저학년의 통합교과인 '바른생활, 슬기로운생활, 즐거운생활'처럼 내용과 방법 등을 통

합하여 지도하여야 함을 강조하고 있다.

한국 교육과정 사상 처음으로 교과군(敎科群) 체제를 도입하여 사회과와 도덕과를 통합하여 사회 · 도덕과군을 편성하였다. 즉 사회과와 사회과를 묶어서 시간운영의 탄력성을 보장한 것이다. 교과군은 학년군과 더불어 사회과 통합(통섭) 지도를 강화하고 시간운영의 융통성을 담보한 새로운 교육과정 체제라고 할 수 있다.

또한 2009 개정 교육과정에서는 '창의적 체험활동' 영역을 도입하여 학생들의 다양한 탐구 · 조사 학습활동을 강조하고 있다. 즉 학부모와 교우, 지역인사 등과 함께 수행하는 창의적 체험활동은 기존의 체험학습 등과 연계하여 사회과 교수학습 내용을 더욱 다지고 심화시키는 구실을 할 것이다. 그리고 38개 주제에 걸친 사회과 관련 범교과 학습주제의 학습을 통하여 사회과 교수학습 내용을 보충 · 심화하는 기회를 부여하고 있다.

그러므로 2009 개정 교육과정을 학교현장에서 구현하는 사회과 교사는 사회과의 내용, 사회과와 도덕과의 공통된 내용적 요소(윤리, 가치, 시민성 교육 등), 다양한 현장체험 학습과 체험활동이 이루어지는 '창의적 체험활동' 또한 민주시민 교육, 경제 교육, 한국정체성 교육, 한국문화사 교육 등 38개 주제 중 사회과 관련 범교과 학습을 연계하여 사회과 교수학습을 체계적으로 운영하여야만 한다.

또한 2009 개정 교육과정의 정신에 부합하는 사회과 교수학습 방법을 개선하기 위해서는 시대적 흐름과 사회적 발전에 따라 사회과에서 가르쳐야 하는 다양한 주제의 교수학습 혁신에 노력하여야 한다. 아울러 글로벌(global) 시대를 맞아 세계시민 교육, 다문화교육, 양성평등 교육, 환경(친환경) 교육, 봉사와 나눔 및 배려 교육, 통일 교육, 분한 교육 등에 대해서 새로운 접근법이 구안 · 적용되어야 할 것이다. 특히 2011년 말 북한의 통치권자였던 김정일 국방위원장의 사망과 그의 아들인 김정은 국방위부위원장의 권력세습으로 인한 북한의 변화예측과 한반도(남북한) 정세변화 등에 대한 실증적 예측교육이 사회과 교수학습에서 보다 강조되어야 한다.

4. 사회과 관련 창의적 체험활동 및 범교과 연계 교수학습 전개

2009 개정 교육과정에서는 교과와 창의적 체험활동을 통틀어 다양한 통합(통섭)적 학습을 강조하고 있다. 특히 초 · 중 · 고교를 통틀어 교과와 창의적 체험활동에서 다양한 범교과 교수학습을 수행할 것을 강조하고 있다. 범교과 학습주제는 관련되는 교과와 창의적 체험활동 등 교육활동 전반에 걸쳐서 통합적으로 수행되도록 하고 가정 및 지역사회와의 연계교육에 노력하여야 한다.

2009 개정 교육과정에서는 이전의 2007 개정 교육과정의 범교과 학습주제 35개에 녹색교육, 한자교육, 한국문화사 교육 등 3개 주제를 통합하여 총 38개 학습주제를 제시하고 있다. 2009 개정 교육과정에서 제시하고 있는 38개 범교과 학습주제는 다음과 같다.

민주시민 교육, 인성교육, 환경교육, 경제교육, 에너지교육, 근로정신 함양 교육, 보건교육, 안전교육, 성교육, 소비자교육, 진로교육, 통일교육, 한국 정체성 교육, 국제이해 교육, 해양교육, 정보화 및 정보윤리 교육, 청렴 · 반부패 교육, 물 보호 교육, 지속가능 발전 교육, 양성평등 교육, 장애인 이해 교육, 인권교육, 안전 · 재해 대비 교육, 저출산 · 고령사회 대비 교육, 여가활용 교육, 호국 · 보훈 교육, 효도 · 경로 · 전통 윤리교육, 아동 · 청소년 보호교육, 다문화교육, 문화예술 교육, 농업 · 농촌 이해

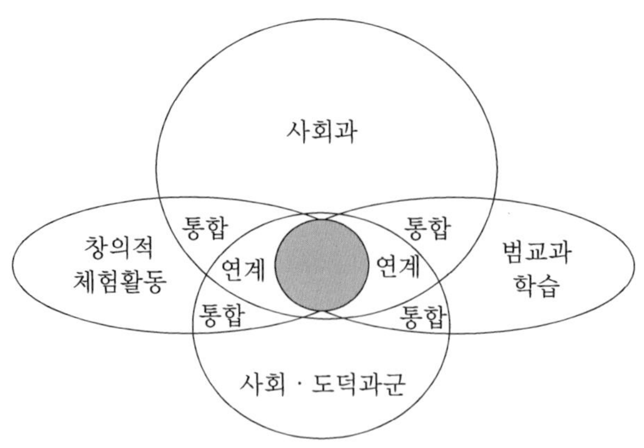

〈그림 6-2〉 사회과 교수학습 방법의 개선체계

교육, 지적 재산권 교육, 미디어교육, 의사소통 · 토론 중심교육, 논술교육, 한국문화사 교육, 한자교육, 녹색교육, 독도교육 등 총 38개 주제를 범교과 학습으로 다루도록 제시하고 있다.

이와 같은 범교과 주제 중에서 보건교육, 안전교육, 성교육, 해양교육, 정보화 및 정보윤리 교육, 청렴 · 반부패 교육, 물 보호 교육, 장애인 이해 교육, 양성평등 교육, 지적재산권 교육, 의사소통 · 토론 교육, 논술교육, 한자교육 등 12개 주제를 제외한 민주시민 교육, 인성교육, 환경교육, 경제교육, 에너지교육, 근로정신 함양 교육, 소비자 교육, 진로 교육, 통일 교육, 한국 정체성 교육, 국제이해 교육, 지속 가능 발전 교육, 인권교육, 안전 · 재해 대비 교육, 저출산 · 고령사회 대비 교육, 여가활용 교육, 호국 · 보훈 교육, 효도 · 경로 · 전통 윤리교육, 아동 · 청소년 보호교육, 다문화교육, 문화예술 교육, 농업 · 농촌 이해 교육, 지적재산권 교육, 미디어교육, 한국문화사 교육, 녹색교육, 독도교육 등 총 26개 주제를 사회과와 창의적 체험활동 등을 통하여 지도하고 학습하여야 한다.

아울러 2009 개정 교육과정의 사회과 교수학습에서는 창의적 체험활동과 연계하여 세계시민 교육, 다문화교육, 인권교육, 법교육, 한국문화사 교육 등도 더욱 강조하여 지도하고 학습하여야 한다. 이와 같은 사회과 교수학습 방법의 개선에 일선 초 · 중 · 고교 사회과 교사들이 앞장서서 노력하여야 한다.

VI. 결론

현대사회는 세계화 · 지식정보화 사회이다. 지식과 정보가 폭증하고 역동적으로 연계된 열린사회이다. 전 세계가 하나의 지구촌 사회, 일일생활권이 되어 상호 영향을 주고받는 다방향 시스템 사회이다.

2009 개정 교육과정은 이와 같은 시대적 흐름과 사회적 요구를 십분 반영한 교육과정이다. 2009 개정 교육과정은 21세기 세계화 시대를 주도할 유능한 인간을 기르기 위한 미래형 교육과정으로 출발하였다. 따라서 과거에 사회과 교수학습에서 만연하였던 암기식, 주입식, 설명식, 강의식, 교사 중

심식 교수방법을 철저히 배격하고 있다. 즉, 학생 활동식, 문제해결식, 탐구식, 학생 중심식 교수학습 방법과 형태를 전적으로 강조하고 있다.

이와 같은 사회과 교수학습을 혁신하고자 2009 개정 교육과정에서는 교과와 창의적 체험활동 편제, 공통교육과정 편성, 선택교육과정 편성, 교과군 및 학년군 도입, 범교과 학습강화 및 집중이수제 적용 등 진일보한 제도를 도입하였다.

1916년 미국에서 태동하여 해방 후 한국에 도입된 사회과의 교수학습 방법은 사회와 교육의 발전 변화에 따라 다양하게 변천되어 왔다. 또한 21세기 세계화 시대를 맞아 사회의 패러다임의 변화와 이에 동반한 교육적 관점의 변화에 따라 보다 다양하고 복잡한 사회과 교수학습 방법의 혁신과 발전이 기대되고 있다.

2011학년도부터 전국의 초·중·고교에 연차적으로 도입·적용되고 있는 2009 개정 교육과정에서 사회과 교수학습 방법을 개선하기 위해서는 다음과 같은 점을 고려하여야 한다.

첫째, 사회과 교수학습의 원칙을 성실하게 준수하여야 한다. 사회 교수학습의 오랜 관행이자 병폐인 암기식, 주입식, 설명식, 강의식, 교사 중심식 교수학습 형태를 철저히 배격하여야 한다. 그리고 사회과 본래의 교수학습 원칙인 탐구식, 활동식, 과정 중심식, 문제해결식, 학생 중심식으로 개선되어야 한다. 학생들이 자기 주도적 입장에서 스스로 교수학습에 주도적으로 참여할 수 있도록 교수학습 형태가 혁신되어야 한다.

둘째, 새로운 사회과 교수학습 방법을 탐구하고 구안하여 적용하여야 한다. 사회과 교수학습은 다양한 학생 중심 활동을 바탕으로 한다. 사회과에서는 책상에 앉아서 교과서만으로 수행하는 교수학습을 철저히 탈피하여야 한다. 그리고 고급 사고력을 신장시키기 위한 소집단 학습, 협동학습, 토의·토론학습, 신문활용 교육, 인터넷활용 교육 등이 두루 적용되어야 한다.

셋째, 사회과의 통합(통섭)적 교수학습을 강화하여야 한다. 사회과는 일반사회, 지리, 역사 영역의 통합교육에서 출발하는 교과이다. 또 역사학, 지리학, 정치학, 경제학, 사회학, 문화인류학, 법학, 교육학, 심리학, 철학 등 다양한 사회과학의 통합교육이 핵심이다. 또 2009 개정 교육과정에서는 교과군, 학년군을 도입하여 사회과를 도덕과와 함께 사회·도덕과군을 편성하였다. 따라서 사회과 교수학습 방법을 새롭게 개선하기 위해서는 사회과의 목표, 내용, 방법, 평가 등 일련의 교육과정 환류체제가 변화·혁신되어야 한다.

넷째, 사회과 관련 창의적 체험활동 및 범교과 연계 교수학습 전개를 적극 모색하여야 한다. 2009 개정 교육과정에서 사회과는 도덕과의 연계를 통한 사회·도덕과군 신설, 창의적 체험활동의 자율활동, 동아리활동, 봉사활동, 진로활동 등의 통합적용, 민주시민 교육, 경제교육, 다문화교육, 한국문화사 교육 등 38개 범교과 주제 등을 연계한 교수학습이 전개되어야 한다. 이를 위해서는 사회과, 도덕과, 창의적 체험활동, 범교과 주제 등을 종합한 사회과 교재연구가 선행되어야 한다.

다섯째, 2009 개정 교육과정 적용에 즈음하여 사회과 교수학습 방법을 개선하기 위해서는 시대적 흐름과 사회적 발전에 따라 사회과에서 가르쳐야 하는 다양한 주제의 교수학습 혁신에 노력하여야 한다. 즉, 최근 사회과교육에서 강조하고 있는 세계시민 교육, 다문화교육, 양성평등 교육, 환경(친환경)교육, 봉사와 나눔 및 배려 교육, 통일교육, 북한교육 등에 대해서 새로운 접근법이 구안·적용되어야 할 것이다. 특히 2011년 말 북한의 통치권자였던 김정일 국방위원장의 사망으로 인한 북한의 변화예측과 한반도(남북한) 정세변화 등에 대한 실증적 예측교육이 자라나는 세대인 학생들에게 이루어져야 한다. 이와 같은 새로운 교육주제와 강조되어야 할 주제교육이 사회과 교수학습에서 보다 중점적으로 이루어져야 할 것이다.

결국 미래형 교육과정인 2009 개정 교육과정을 학교현장에 올바르게 정착·적용하고 바람직한 적용효과를 고양(高揚)하기 위해서는 사회과 교수학습 방법이 획기적으로 개선되어야 할 것이다. 이를 위해서는 학생들에게 세계화 시대 글로벌 시민으로서의 필수덕목인 다중시민성을 함양하여야 하며, 나아가 복잡다단한 사회변화와 사회발전을 바탕으로 하는 사회적 사실과 사상에 관한 고급 사고력(high level thinking)을 신장하여야 한다.

아울러 사회과 교수학습 방법이 사회과 교수학습의 본류인 탐구학습, 과정 및 학생활동 중심 학습, 과정 중심 학습, 문제해결 학습, 토의·토론학습, 의사결정 학습 등 기존의 교사 중심 교수에서 학생 중심 학습으로 개선되어야 한다. 그리고 사회과 교사는 학생 중심 사회과 교수학습을 안내하고 지원하는 친절한 안내자, 동반자, 지원자의 역할에 충실하여야 한다. 특히 2009 개정 교육과정의 도입과 적용에 즈음하여 사회과 교수학습 방법의 개선에는 모든 사람들이 동의하고 있지만, 그 개선과 혁신의 중심에 일선 초·중·고교 사회과 교사들이 서 있다는 점을 유념하여야 할 것이다.

*연구자 성명 : 박 은 종
소속/직위 : 공주대학교 겸임교수·충남 청양 미당초등학교 교장
e-mail : ejpark7@kongju.ac.kr
C·P : 016-412-4545

제 **7** 장

한·중·일 3국의 역내교역 의존도 분석연구

<요 약>

　그동안 동북아 및 동아시아 지역에서의 무역과 투자 같은 시장 위주의 기능적 경제통합은 비교적 순조롭게 진전되어 왔으나 유럽이나 북미지역에 비해 제도적 경제통합 면에서는 거의 침체상태에 있었다. 그러나 21세기에 들어오면서 동아시아 국가들도 세계적 지역주의 추세에 동참하여 FTA를 체결하기 시작하였는데, 이러한 시점에서 한·중·일 FTA를 체결하면 역내교역이 자연스럽게 활성화될 수 있다.

　이러한 점을 고려하여 한·중·일 3국의 역내교역 의존도 분석을 위해 3국의 부문별 감응도 계수와 영향력 계수를 알아보았다. 그 결과 한·중·일 3국 간에는 유사성과 차이점을 발견할 수 있었는데 그 이유는 산업발전단계 및 산업 구조적 특성에 기인한다고 볼 수 있었다.

　그리고 한·중·일 3국 간의 역내교역 추이를 보아도 3국 간 산업에 따라 상호의존성이 심화되는 것으로 나타났다. 따라서 한·중·일 FTA는 지역 내 갈등해소를 비롯해 동북아지역 전체의 관계 개선에도 이바지할 것으로 기대된다. 또한 한·중·일 FTA는 경제적 편익뿐만 아니라 경제 외적인 면에서도 편익을 가져와 동아시아 시대의 도래에 결정적으로 기여할 것으로 분석된다.

[주제어] FTA, 경제통합, 교역 의존도, 산업발전단계, 편익, 동아시아 시대

I. 서론

　최근 한국과 중국 그리고 일본 등 동북아 3개국의 경제성장은 동아시아 지역 전체의 경제성장을 주도적으로 견인하고 있다. 특히 글로벌 경제위기는 성장엔진의 다극화를 배경으로 비교적 빠르게 수습되는 경향을 보이고 있고, 13억 인구를 거느린 거대시장 중국의 발전은 세계 속 아시아의 위상을 크게 향상시키고 있다. 1990년대 초 많은 미래학자들은 아시아의 시대를 전망했고, 존 나이스비트(J. Naisbitt)는 아시아에서 일본의 위상은 추락하는 반면, 중국의 위상은 크게 향상될 것으로 예견하였다.[1] 이러한 예측은 구매력 평가(PPP)기준으로 볼 때 현시점에서 실현되었다고 할 수 있다. 또한 중국을 중심으로 하는 동북아지역이 세계경제의 중심으로 변화하고 있는 것은 방대한 인력공급이

---

1) 김창남, 「21세기 동북아지역의 국제분업체계와 한국의 통상전략」, p.5.

가능할 뿐만 아니라 높은 경제성장에 수반한 구매력의 증가로 거대한 소비시장을 형성해 가고 있기 때문이다.

특히 국내 연구기관들의 한·중·일 3국에 관한 연구와 분석들을 종합해보면, 대부분 한·중 간 FTA 또는 한·일 간 FTA에 초점이 맞추어지고 있는데, 그 이유는 중국이 1990년대 세계무대에 등장한 이후 한·중·일 3국 간의 무역규모가 꾸준히 늘면서 미국에 대한 무역의존도가 줄어드는 반면, 3국의 상호 간 무역의존도는 더 커지고 있는 데 주목하고 있다.

현재 한국의 최대 교역 상대국은 중국이고 그다음이 일본이다. 한국의 입장에서 보면 대중무역수지는 지난 2010년 기준으로 452.6억 달러로 흑자를 보이고 있는 데 반해, 대일무역수지는 2005년 243.8억 달러에서 2010년에는 361.2억 달러로 오히려 적자규모가 확대되고 있다. 또한 2005년 경상가격(GDP) 기준으로 한·중·일 3국의 경제규모는 전 세계의 17.1%, 무역규모는 전 세계의 14.8%를 차지하고 있다.

이에 본 연구는 세계경제에서 중요한 위치를 차지하고 있는 한·중·일 3국의 산업구조와 산업 간 상호 연관성 등을 고려하여 역내교역 의존도를 분석함으로써 향후 전개될 지역 내 FTA에 대한 시사점을 도출하는 데 그 목적이 있다.

Ⅱ. 연구방법론

1. 선행연구에 대한 검토

21세기의 세계경제는 글로벌리제이션(globalization)과 리저널리즘(regionalism)이라는 상반된 두 가지 흐름이 상호 복잡하게 연관되면서 대경쟁의 시대로 돌입하고 있다. 특히 WTO 체제 이후 국민경제는 FTA를 통하여 보더리스 글로벌 이코노미(Borderless Globalization Economy)의 형태로 급속히 편입되고 있는 추세에 있다. 이러한 시점에서 본 연구는 한·중·일 3국의 산업 간 상호 연관성을 고려하여 몇 가지 선행연구들을 검토해보기로 했다.

첫째, 김창남(2008 & 2009)의 연구를 들 수 있다. 2008년의 선행연구[2]에서는 오랜 기간 단방향적인 대일 의존관계를 해소하는 데 정책적 선택과 집중을 기울여야 하며, 중국과의 상호 보완적 산업 및 무역연관 관계를 강화하는 전략적 정책전개의 필요성을 제기하고 있다. 특히 대일무역 역조를 개선하기 위한 방안으로 소재 및 부품산업의 육성이 관건으로 제시되고 있으며, 이를 촉진하기 위해서는 양국 간 FTA를 통하여 일본기업이 대한국 투자를 촉진시키는 것을 중요한 해결책의 하나로 보고 있다.

또한 김창남의 2009년 연구[3]에 의하면 한·중·일 3국 간에는 상당기간에 걸쳐서 '순환적 무역수지 구조'가 정착되어 왔음을 지적하고 있다. 즉, 한국은 일본으로부터 중간재와 자본재 등 생산재를

---

2) 金昌男, 2008, 「韓國政府の通商政策課題とFTAの戰略的重要性」, 『東アジア經營學會誌』, 第1号 11月(東京).

3) 김창남, 2009, 「21세기 동북아 지역의 국제분업체계와 한국의 통상전략」.

수입하지 않으면 산업구조와 수출상품의 구조를 고도화시킬 수 없는 기술체계를 유지하고 있고, 또한 산업구조를 고도화시킬수록 일본으로부터의 생산재 수입이 늘어나 결국 대일 무역적자를 누적시키고 있다고 지적하고 있다. 중국이 대한국 무역에서도 한국의 대일본 무역에서와 같은 유형이 나타나고 있음을 강조했다. 이와 같은 무역수지의 순환적 구조해결을 위해서는 양국 간의 산업협력보다는 오히려 3국 간의 보다 확대된 협력과 FTA 등을 통한 제도적 통합이 더 효과적임을 지적하고 있다.

둘째, 국민은행의 국제산업 연관표를 이용한 한·중·일 3국의 상호 의존관계 분석을 들 수 있다. 이 분석에 의하면 한국과 중국 그리고 일본이 다른 나라에 비하여 아시아·태평양 지역경제에 미치는 영향력이 크고 상호 간 의존관계도 긴밀한 것으로 나타나 있다. 특히 1990~2000년 동안 한국과 중국의 최종수요 증가에 따른 일본에서의 생산유발 효과가 가장 큰 가운데 중국 최종수요 증가에 따른 한국의 생산유발 효과가 상승하는 추세를 보여 주고 있다. 또한 이 분석에 의하면 영향력 계수는 3국 중에서 중국이 가장 높게 나타나 아시아·태평양 경제에서 중국 구매력 증가의 영향력이 가장 크다고 판단되며, 감응도 계수는 일본이 가장 높아 아시아·태평양 경제의 생산활동 요구에 일본이 유연하게 반응하는 것으로 보고 있다. 중요한 것은 이 분석이 한·중·일 상호 간 무역규모와 산업 연관관계 등을 고려하여 무역자유화, 경제블록화, 국제분업화 등에 전략적으로 대응할 수 있는 방안을 모색하고 있다는 점에 주목할 필요가 있다.

셋째, KIEP의 2008 연구보고서인 「한·중·일 3국의 FTA 비교분석과 동북아 역내국간 FTA 추진 방안」을 들 수 있다. 이 연구에 의하면 한·중·일 3국 간의 관계에 있어 중국경제의 중요도가 높아지고 있음을 지적했다. 1990년 이후 중국산업이 한국과 일본에 미치는 생산파급 효과가 급격하게 높아지면서 전기·기계, 섬유·가죽, 화학제품, 건설, 펄프·종이 및 인쇄, 금속제품 등 분야에서 중국산업의 한국 및 일본경제에 대한 생산파급 효과가 큰 것으로 나타났다. 특히 한·일 간의 상호 의존성은 1990년 이후 안정화되었으며 큰 변화가 없는 것으로 나타났다. 한국의 전기·전자·기계, 화학, 금속 등의 부품 및 소재 분야에 있어서 대일 의존도가 고착화된 반면, 일본의 경우에는 전기·전자·기계 부문에서 한국에 대한 의존도가 높아졌는데, 이는 일본 전자산업의 한국기업과의 전략적 제휴 및 기술 협력관계가 심화된 때문으로 보고 있다. 그리고 이 분석에 의하면 한국과 중국 산업이 일본에 미치는 효과보다는 일본산업이 한국 및 중국에 미치는 효과가 큰 것으로 나타났다. 그중 전기·전자·기계, 화학제품, 수송기계, 기타 제조업 분야에서 한국과 중국의 대일 의존도가 높고, 2000년 이후 전기·전자·기계, 섬유·가죽 등의 부문에서 한국산업의 대중의존도가 급격하게 높아진 것으로 분석되었다. 그리고 KIEP의 2008 연구 보고서는 한·중·일 3국의 산업협력 방향에 대한 시사점을 던져주고 있으며 나아가 동북아 경제통합의 추진경로에 대한 이해를 높이는 데 기여했다는 점에서 높이 평가되고 있다.

2. 연구방법 및 분석기법

본 연구는 국제산업 연관표의 산업분류에 의거하여 한·중·일 3국의 감응도 계수와 영향력 계수 등을 알아보기 위해 레온티에프 역행렬을 이용하였다. 그리고 감응도 계수를 구하는 방식은 Rasmussen과 Bulmer 방식이 있으나 본 연구에서는 Rasmussen 방식을 도입하였다.

산업연관분석에서 Y를 총산출, X를 투입행렬(AY), A를 투입계수, F를 최종수요행렬, L를 수출행렬이라고 할 때, $Y=X+F+L=AY+F+L$ 로 나타낼 수 있다.

여기서 투입행렬 X는 다음과 같다.

$$X = X_{ij}^{kl} = \begin{bmatrix} X^{kk} & X^{kc} & X^{kj} \\ X^{ck} & X^{cc} & X^{cy} \\ X^{jk} & X^{jc} & X^{jj} \end{bmatrix}$$

이 행렬에서 k,l은 국가를 i,j는 산업을 의미한다. 그리고 k는 중간재의 공급국가를, l은 중간재의 수요국가를 의미한다. 따라서 k,l은 한국(Korea), 중국(China), 일본(Japan)이다. i,j는 국제산업연관표의 분류에 따라 24개 산업부문을 의미한다.[4]

여기서 $i,j=1,2,3,\cdots\cdots24$개의 품목을 나타내므로, 행렬 X는 72×2가 된다. 그리고 72는 품목 24와 국가 3을 곱한 수치이고, 후자의 2는 산업(i,j)을 뜻한다. 또한 투입계수 행렬 $A=(a_{ij}^{kl})$는 부문별 투입액(X_{ij}^{kl})을 최종투입(X_i)으로 나눈 값과 같다.

다시 쓰면 $A=(a_{ij}^{kl})=X_{ij}^{kl}/X_i$ 로 정의할 수 있다. 이것은 k국의 중간재가 l국에서 수요되는 것으로, k국의 l국에 대한 중간재 수출을 산업별로 보여 주는 행렬이다. 즉, A^{kc}는 중국이 한국에 대한 중간재 수출을 보여 주는 투입행렬이다. 따라서 레온티에프 역행렬은 다음과 같이 나타낼 수 있다.

$B(I-A)=I$에서 $B=(I-A)^{-1}$ 이다.

그러므로 $B=(b_{ij}^{kl})=(I-A)^{-1}=\begin{bmatrix} B^{kk} & B^{kc} & B^{kj} \\ B^{ck} & B^{cc} & B^{cj} \\ B^{jk} & B^{jc} & B^{jj} \end{bmatrix}$ 이다.

위의 식을 이용하여 한국, 중국, 일본의 각 산업들이 서로 어떤 연관성을 갖고 있는지를 알아보기 위해 감응도 계수(Index of Sensitivity Degrees) 및 영향력 계수(Index of Dispersion Power)[5]를 도출할 필요가 있다.

먼저 국제산업 연관구조하에서 k국 i산업의 산출물에 대한 최종수요를 1단위 증가시키기 위해서는 k국뿐만 아니라 매트릭스에 포함된 모든 나라의 산업에서 산출이 유발되는데 이때 유발된 산출액을 분석에 포함된 모든 나라의 전 산업 평균 유발 산출액으로 나누면 감응도 계수를 구할 수 있다.

---

4) 쌀(1), 기타 농작물(2), 축산업(3), 임업(4), 수산업(5), 원유 및 천연가스(6), 기타 광물(7), 식음료 및 담배(8), 섬유 및 가죽(9), 목제품(10), 펄프, 종이 및 인쇄(11), 화학제품(12), 석유 및 석유제품(13), 고무제품(14), 비금속 광물(15), 금속제품(16), 전기, 전자, 기계(17), 수송기계(18), 기타 제조업(19), 전기, 가스, 수도(20), 건설(21), 도소매 및 운송(22), 일반 서비스(23), 공공행정(24) 부문 등이다.

5) 생산유발 계수표를 이용하여 각 산업 간 상호 의존관계의 정도를 전 산업의 평균치를 기준으로 해서 상대적 크기로 나타낸 것이 감응도 계수와 영향력 계수이다. 감응도 계수는 중간재로 널리 사용되는 산업이 어떤 산업인지를 파악하기 위해 산출하는 계수이며, 영향력 계수는 여타 산업에 대한 생산유발 효과가 큰 산업을 포착하기 위한 계수이다.

b_i^k에서 감응도 계수를 구하려면 역행렬 B의 각 요소들을 열(column)별로 합산하면 된다. 즉, $b_i^k = \sum_l \sum_{j=1}^{24} b_{ij}^{kl}$에서 k국 i산업의 감응도 계수(RFE)는 다음과 같다.

$$RFE_i^k = \frac{b_i^k}{\dfrac{\sum_k \sum_{i=1}^{24} b_i^k}{24 \times 3}}$$

다시 쓰면, $RFE_i^k = b_i^k / \left\{ \sum_k \sum_{i=1}^{24} b_i^k / (24 \times 3) \right\}$ 이다.

이는 한국, 중국, 일본의 산출물에 대한 최종수요가 각각 한 단위씩 발생할 때 k국 i산업이 받는 영향이 어느 정도인가를 전 산업 평균에 대한 상대적 크기로 나타낸 것이다. 이에 따라 광물, 석유, 펄프, 종이와 같이 그 제품이 각 산업부문에 중간재로 널리 사용되는 부문일수록 감응도 계수도 크게 나타날 것으로 예상할 수 있다.

한편 국제산업 연관구조하에서 영향력 계수를 구하기 위해서는 역행렬 $B(b_j^k)$의 각 요소들을 행(row)별로 합산하면 된다.

즉, $b_j^k = \sum_l \sum_{i=1}^{24} b_{ij}^{kl}$에서 k국 j산업의 영향력 계수(RBE)는 다음과 같다.

$$RBE_j^k = \frac{b_j^k}{\dfrac{\sum_k \sum_{j=1}^{24} b_j^k}{24 \times 3}}$$

즉, $RBE_j^k = b_j^k / \left\{ \sum_k \sum_{j=1}^{24} b_j^k / (24 \times 3) \right\}$ 이다.

이는 k국 j산업 산출물에 대한 최종수요가 1단위 증가할 때 분석에 포함된 한국, 중국, 일본의 산업에 미치는 영향을 전 산업 평균에 대한 상대적 크기로 나타낸 것이다. 예를 들면 한국 자동차 산업에 대한 수요는 한국, 중국, 일본의 엔진 및 타이어 등의 산출을 유발하는데, 영향력 계수는 이러한 자동차 산업에 의한 산출유발의 정도를 전 산업 평균과 비교한 것이다. 따라서 자동차, 건설, 식음료 등과 같이 산출유발 효과가 큰 부문일수록 영향력 계수도 커진다.

<표 7-1> 한·중·일 3국의 부문별 감응도 계수와 영향력 계수(2000년)

구분	한국		중국		일본	
	감응도 계수	영향력 계수	감응도 계수	영향력 계수	감응도 계수	영향력 계수
1. 쌀	1.18	0.47	0.94	0.60	1.11	0.47
2. 기타 농작물	0.68	0.58	0.99	0.81	0.76	0.50
3. 축산업	1.22	0.65	0.74	0.85	1.07	0.57
4. 임업	0.93	0.47	1.19	0.48	0.84	0.52
5. 수산업	0.92	0.48	0.82	0.56	1.00	0.48
6. 원유 및 천연가스	0.44	0.44	1.77	0.58	1.54	0.44
7. 기타 광물	1.54	0.45	1.67	0.65	1.21	0.46
8. 음식료·담배	0.77	2.17	0.74	1.49	0.67	2.17
9. 섬유·가죽	0.77	0.85	0.95	1.58	0.88	0.66
10. 목제품	0.94	0.60	1.00	0.65	1.05	0.69
11. 펄프·종이·인쇄	1.29	0.75	1.38	0.74	1.26	0.78
12. 화학제품	1.28	0.97	1.38	1.67	1.22	1.07
13. 석유 및 석유제품	1.06	0.54	1.57	1.01	1.01	0.57
14. 고무제품	0.92	0.50	1.23	0.69	1.11	0.51
15. 비금속 광물	1.16	0.90	1.03	0.95	1.07	0.79
16. 금속제품	1.31	1.20	1.40	1.70	1.30	1.06
17. 전기·전자·기계	0.72	1.45	0.95	2.43	0.76	1.72
18. 수송기계	0.67	1.36	1.01	1.28	0.85	1.61
19. 기타 제조업	0.99	0.72	1.12	0.99	0.99	0.85
20. 전기·가스·수도	1.09	0.61	1.54	1.06	1.04	0.90
21. 건설	0.51	1.56	0.50	2.20	0.53	2.21
22. 도소매 및 운송	0.74	0.83	1.17	1.44	0.77	1.21
23. 일반서비스	0.76	2.18	0.94	1.92	0.73	2.79
24. 공공행정	0.44	0.57	0.44	0.70	0.45	0.65

자료: KIEP, 「한·중·일 3국의 FTA 비교분석과 동북아 역내국간 FTA 추진방향」, 08-04 참조.

$$RFE_i^k = b_i^k / \left\{ \sum_k \sum_{i=1}^{24} b_i^k / (24 \times 3) \right\}$$ 을 이용하여 2000년 한·중·일 3국의 감응도 계수를 분석해보면 3국 모두 중간재로 사용되는 부문의 수치가 높음을 알 수 있다. 한국의 경우 기타 광물이 1.54로 가장 높으며, 그다음이 1.31을 나타내고 있는 금속제품이다. 중국의 경우는 원유 및 천연가스가 1.77로 가장 높고, 기타 공물이 1.67 등으로 높은 수치를 보이고 있다. 또한 일본은 원유 및 천연가스 부문이 1.54를 나타내고 있고, 그다음이 1.30을 나타내고 있는 금속제품이다.

그런데 주목할 것은 한·중·일 3국 모두 광물, 금속제품, 펄프·종이 및 인쇄, 화학제품과 같이 중간재로 사용되는 부문의 감응도 계수가 높은 것으로 나타난다. 한국과 일본의 경우에는 쌀과 축산업의 감응도 계수가 평균 이상인 반면, 중국의 경우에는 전기·가스·수도 및 임업부문의 감응도 계수가 상대적으로 높게 나타나고 있다.

그리고 $RBE_j^k = b_j^k / \left\{ \sum_k \sum_{j=1}^{24} b_j^k / (24 \times 3) \right\}$ 을 이용하여 영향력 계수를 분석해보면, 한국의 경우 일반서비스가 2.18로 가장 높으며, 그다음으로 식음료·담배 2.17, 건설 1.56 등의 순서로 높다. 중국의 경우에는 전기·전자·기계가 2.43, 건설 2.20, 일반서비스 1.92, 금속제품 1.70 등의 순서로 높게 나타나고 있다. 일본은 일반서비스 2.79, 건설 2.21, 식음료·담배 2.17, 전기·전자·기계 1.72 등의 순으로 높게 나타났다. 그리고 한·중·일 3국 모두 건설, 전기·전자·기계, 식음료·담배, 금속제품의 영향력 계수가 큰 것으로 나타났다. 그런데 한국과 일본의 경우에는 일반서비스, 수송기계가 높은 반면, 중국의 경우에는 화학제품, 섬유, 가죽의 영향력 계수가 높다.

감응도 계수와 영향력 계수에 대한 분석결과를 종합해보면 첫째, 한·중·일 3국 모두 기타 광물, 화학제품, 금속제품 등과 같이 여타 부문에 소재 및 부품과 같이 중간재로 사용되는 부문의 감응도 계수가 높으며, 일반 서비스, 전기·전자·기계, 건설부문 등과 같이 다른 부문에 대한 생산유발 효과가 큰 분문의 영향력 계수가 높은 것으로 나타났다.

둘째, 한·중·일 3국의 일부 부문에서 감응도 계수 및 영향력 계수 크기에서 차이가 있다는 점이다. 한국의 경우 중국, 일본과 다르게 축산업의 감응도 계수가 상대적으로 높게 나타나고 있으며, 식음료·담배 부문의 경우 한국과 일본의 영향력 계수가 중국보다 높은 것으로 나타났다. 원유 및 천연가스의 경우 중국과 일본의 감응도 계수가 높은 반면 한국은 높지 않으며, 석유 및 석유제품의 경우에는 중국의 감응도 계수가 한국, 일본보다 높은 것으로 나타났다.

이와 같이 감응도 계수 및 영향력 계수에서 한·중·일 3국의 유사성과 차이점을 발견할 수 있는 것은 산업발전단계 및 산업구조적 특성에 기인한다고 볼 수 있다. 또한 원유 및 천연가스와 같이 국내에서 생산이 이루어지고 있는지와 식음료·담배, 축산업 등과 같이 노동 및 자본 집약도의 차이 등도 국가별 차이를 초래한 것으로 분석할 수 있다.

Ⅲ. 한·중·일 3국의 역내교역 의존도 추이

1. 한·중·일 3국의 세계적 위상

동북아지역은 세계경제 대국인 일본의 개발 경험을 한국과 아시아신흥경제국(ANIEs)이 도입하면서 급속한 경제성장을 실현하였고, 1980년대 초 이후 급속도로 전개된 중국의 개혁개방과 함께 ANIEs의 개발모델의 도입을 통하여 눈부실 만한 경제성장을 달성하였다. 그 바탕이 된 공업화는 공업제품이 수출확대에 의하여 이루어졌다. 동북아국가들은 모두 수출용 공업제품을 생산하기 위하여 일본으로부터 자본제와 중간제 그리고 원소재를 수입하고 그것을 가공 조립한 최종 소비재를 미국과 일본으로 수출하는 일방적 의존체제로 운영되어 왔다. 그러나 1990년대 이후 ANIEs의 높은 소득수준을 반영한 수요 확대와 기술적 보완성으로 인하여 한·중·일 3국 간 교역이 활성화됨과 동시에 중국을 대상으로 한 해외직접투자의 활발한 이동에 의하여 동북아지역은 하나의 경제권으로서 역내분업이 크게 진전되고 있다.

동북아지역 국가들은 지리적으로도 가장 가깝고 더구나 가장 긴밀한 경제관계를 유지하면서 기능적으로는 심도 있게 통합되고 있으나 한·중·일 3국 간의 제도적 경제통합은 아직까지 이루어지지 않고 있다. 여기에는 경제적 이해관계 외에도 역사적 문제나 영토적 문제 등 비경제적 요인들이 작용하고 있다. 그럼에도 불구하고 한·중·일 3국 간의 경제통합은 장기적으로 이들 각국에 많은 경제적 이익을 안겨줄 수 있다는 연구결과가 나오고 있는데 그중 하나는 3국 간의 기술적 분업체계 분석에 의해서 입증되고 있다.6)

<표 7-3>에 의하면 한국과 중국의 경제성장은 놀랄 만한 속도로 진전되어 왔음을 알 수 있다. 1990년대 이후 한국과 중국은 국내총생산 증가율이 7~10%의 높은 성장률을 보이고 있고, 수출 역시 12~26%의 높은 성장률을 기록하고 있다. 특히 중국의 경우, 수출은 가속적인 증가 경향을 보이고 있다. 이것은 모두 급속한 공업화와 공업제품의 수출 확대에 의하여 달성되었다고 할 수 있다.

2009년 세계은행의 보고에 의하면 중국의 2007년도 국민 총소득은 31,209억 달러로 세계의 GNI 526,210억 달러의 5.9%를 차지하여 같은 시기 일본의 48,133억 달러 및 대세계 비중 9.1%에 이어 세계 제3의 경제대국화를 이미 실현한 것으로 나타나 있다. 그러나 구매력 평가지수(PPP)로 조정한 GNI는 중국 70,835억 달러인 반면 일본은 44,206억 달러로 역전되면서 중국은 대세계 비중이 10.9%로 증가하나 일본은 6.8%로 낮아진다. 2010년 기준 한·중·일 3국의 수출 비중은 18.6%, 수입은 16.1% 그리고 외환보유고는 무려 세계 전체의 47.1%를 차지하고 있다.

〈표 7-2〉 전 세계에서 한·중·일 3국이 차지하는 경제규모 추이

(단위: %)

구분 국명	GDP 비중			무역 비중			수출 비중			수입 비중		
	1995	2000	2005	1995	2000	2005	1995	2000	2005	1995	2000	2005
한국	1.8	1.6	1.8	2.5	2.6	2.6	2.4	2.7	2.8	2.6	2.4	2.5
중국	2.5	3.8	5.0	2.7	3.7	6.8	2.9	3.9	7.4	2.5	3.4	6.2
일본	17.9	14.7	10.3	7.5	6.6	5.3	8.6	7.5	5.8	6.4	5.8	4.8

자료: 통계청, 2007

〈표 7-3〉 한·중·일 3국의 경제 성장률과 수출 증가율의 추이

(단위: %)

구분 국명	국내 총생산 증가율(평균치)				수출 증가율(평균치)			
	1970년대	1980년대	1990년대	2000년대	1970년대	1980년대	1990년대	2000년대
한국	9.6	9.6	7.2	5.2	23.5	12.2	13.8	12.2
일본	4.3	4.2	1.2	1.7	9.0	3.9	0.5	11.4
중국	5.2	9.4	9.4	9.9	8.7	11.5	13.3	26.0

주) 1970년대(1971~1980), 1980년대(1981~1990), 1990년대(1991~2000), 2000년대(2001~2007)
자료: ADB, *Key Indicators for Asia and the Pacific*, 2008, Manila.

---

6) 이홍배, 2005, 「한·중·일 3국 간 산업별 무역연관 효과분석」, 동북아경제연구(한국동북아경제학회), Vol.17 NO.1.

구분	2003		2005		2007	
	십억 달러	%	십억 달러	%	십억 달러	%
한·중·일	6,418.3	17.3	7,565.7	16.9	8,626.6	15.9
ASEN	713.8	1.9	891.0	2.0	1,260.2	2.3
ASEAN+3	7,195.1	19.4	8,456.7	18.9	9,886.8	18.2
NAFTA	12,467.4	33.6	14,356.7	32.1	16,030.9	29.5
EU	11,417.6	30.8	13,671.9	30.6	16,753.6	30.8
세계	37,056.5	100.0	44,718.4	100.0	54,347.0	100.0

자료: World Bank(July 1. 2008), World Development database.

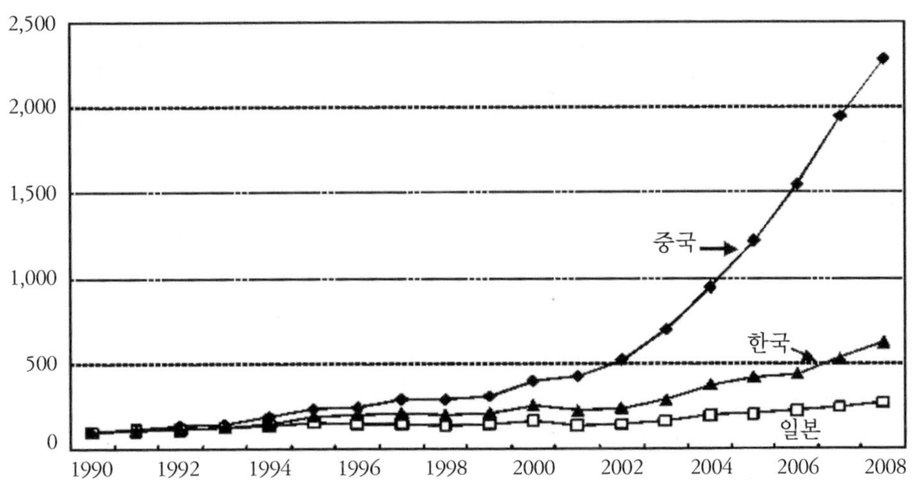

자료: 김창남, 「21세기 동북아지역의 국제분업체계와 한국의 통상전략」, p.11.

〈그림 7-1〉 한·중·일 3개국의 대세계 수출 증가 추이(1990=100)

<그림 7-1>에서 보는 바와 같이 한·중·일 3국이 대세계 수출 증가추세를 보면 단연 중국의 수출증가 속도가 매우 빠르게 나타나고 있음을 알 수 있다. 중국은 2000년대 초부터 수출의 신장속도가 급속하게 나타나고 있으며, 2008년에는 1990년보다 22배 증가한 2,276억 달러를 기록하고 있다. 같은 기간 한국은 6.2배 증가한 반면, 일본은 2.7배의 증가에 그쳤다. 한·중·일 3국 가운데에서 중국이 2000년대 이후 급속하게 수출을 증가시킨 이유는 2001년 12월 WTO에 가입하면서 대세계 수출 장벽이 크게 완화되었기 때문이다.7) 이 기간 중국의 대세계 수출 총액은 1990년 620억 달러에서 2008년에는 14,284억 달러로 무려 23배나 증가하였다. 또한 중국의 대세계 수출 비중도 1990년 1.8%, 2000년 3.9%에서 2008년에는 8.9%로 크게 확대되었다. 같은 기간 제2의 경제대국인 일본은 수출이 2.7배의 증가에 그쳐 수출 비중이 8.3%에서 4.9%로 축소된 반면, 한국은 6.2배의 수출 증가를 달성

---

7) 김창남, 「21세기 동북아지역의 국제분업체계와 한국의 통상전략」, p.10.

함으로써 대세계 수출 비중은 1.9%에서 2.6%로 증가하였다.

즉, 한·중·일 3국이 세계에서 차지하는 수출 비중은 1990년 12.0%에서 2008년에는 16.3%로 크게 증가하였다. 따라서 향후 한·중·일 3국이 대세계 수출 비중은 NAFTA 및 EU와 비견될 것으로 전망된다.

2. 한·중·일 3국의 역내교역 추이

지난 20년간 한·중·일 각국의 역내교역의 비중을 살펴보면 <그림 7-2>에서 보는 바와 같이 한국은 1990년 21.9%에서 2010년 34.5%로 비교적 꾸준한 상승세를 보여 왔고, 같은 기간 중 일본의 역내교역의 비중도 한국과 비슷한 추이를 보여 9.1%에서 26.9%로 크게 증가하였다.

반면 중국의 역내교역의 비중은 1990년 15.0%에서 1996년 27.6%까지 빠르게 증가하였으나, 그 후 감소세가 지속되어 2010년에는 16.9%로 낮아졌다. 한·중·일 3국 간 역내교역의 비중은 2004년을 정점으로 비교적 감소세를 보이고 있는데, 그 이유는 중국의 역내교역의 비중이 낮아졌기 때문이다. 2010년 현재 역내교역의 비중은 한국이 가장 높고 그다음으로 일본, 중국 순으로 나타나고 있다.

같은 기간 3국의 역내 수출 및 수입 의존도를 살펴보면 한국의 수출과 수입에서 중국이 점유하는 비중은 모두 급증하였다. 1990년 전무하던 중국의 비중은 2010년에는 각각 28.4% 및 18.2%로 높아졌다. 반면 한국의 수출과 수입에서 일본이 차지하는 비중은 각각 18.6%에서 5.9% 및 25.0%에서 16.5%로 크게 감소하였다. <그림 7-3>에서 보는 바와 같이 한국의 수출에서 중국 비중의 급등과 일본 비중의 현저한 하락은 주목할 만하다.

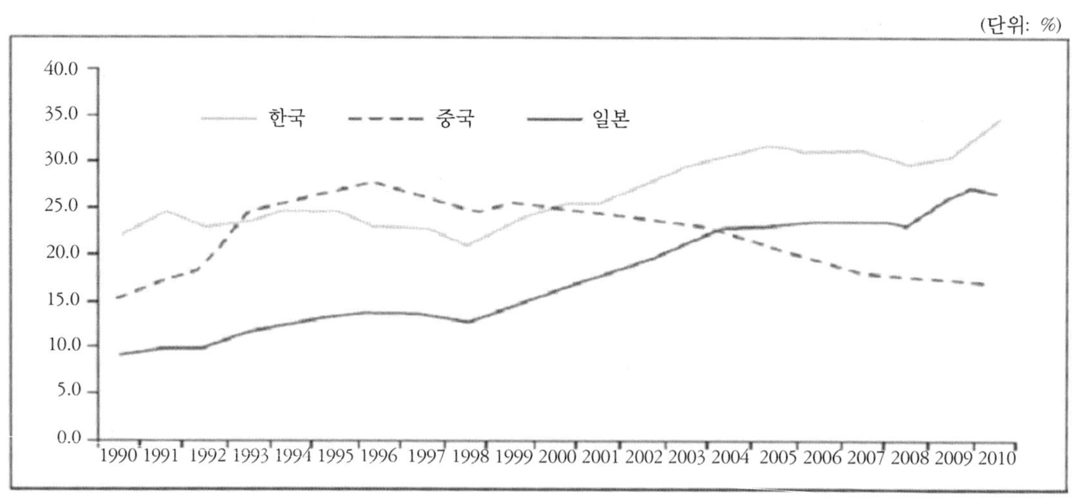

자료: KIEP 대외경제정책연구원, 연구보고서(2011), 11-02.

〈그림 7-2〉 한·중·일 각국의 역내교역 비중 추이

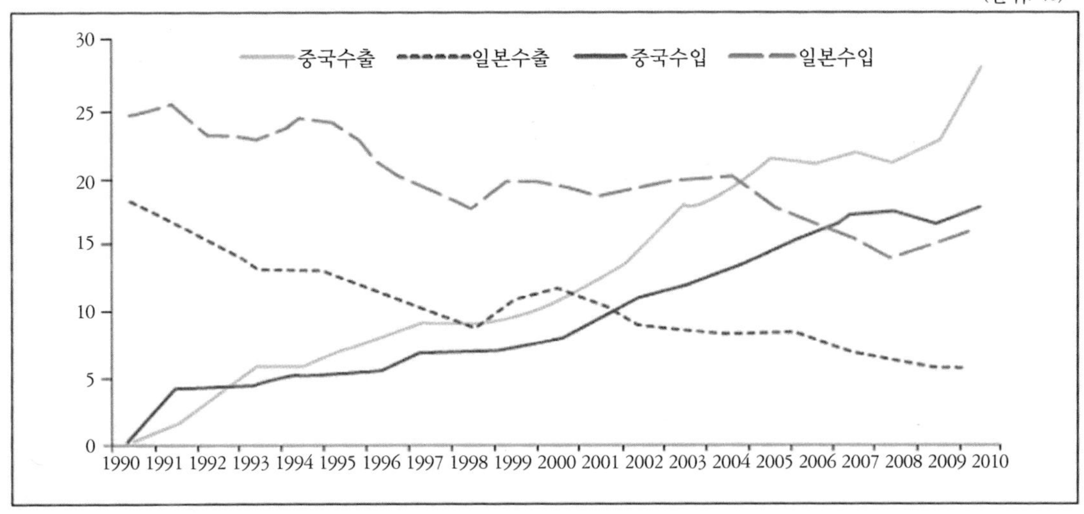

자료: KIEP 대외경제정책연구원, 연구보고서(2011), 11−02.

〈그림 7−3〉 한국의 대중국 및 일본 수출입 의존도 추이

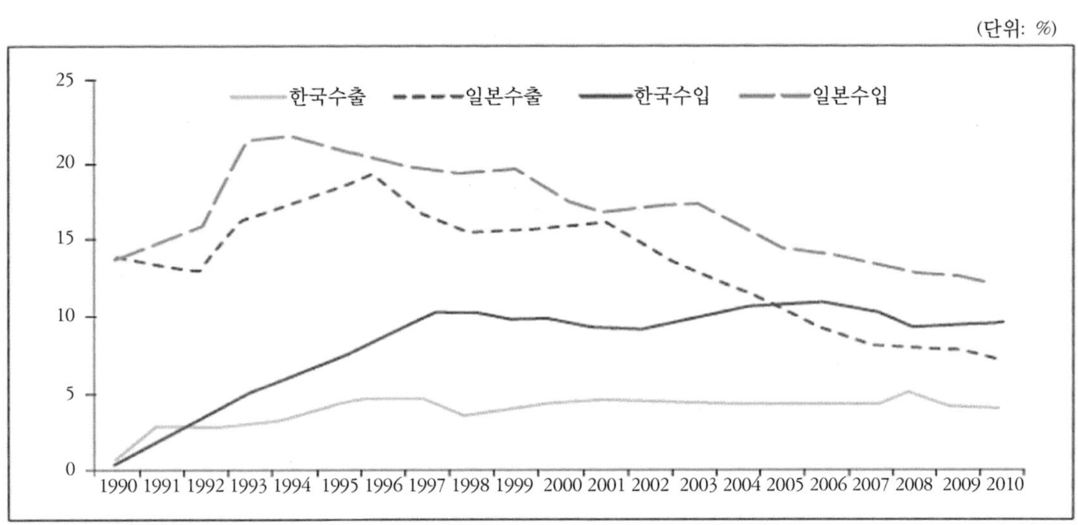

자료: KIEP 대외경제정책연구원, 연구보고서(2011), 11−02.

〈그림 7−4〉 중국의 대한국 및 일본 수출입 의존도 추이

(단위: %)

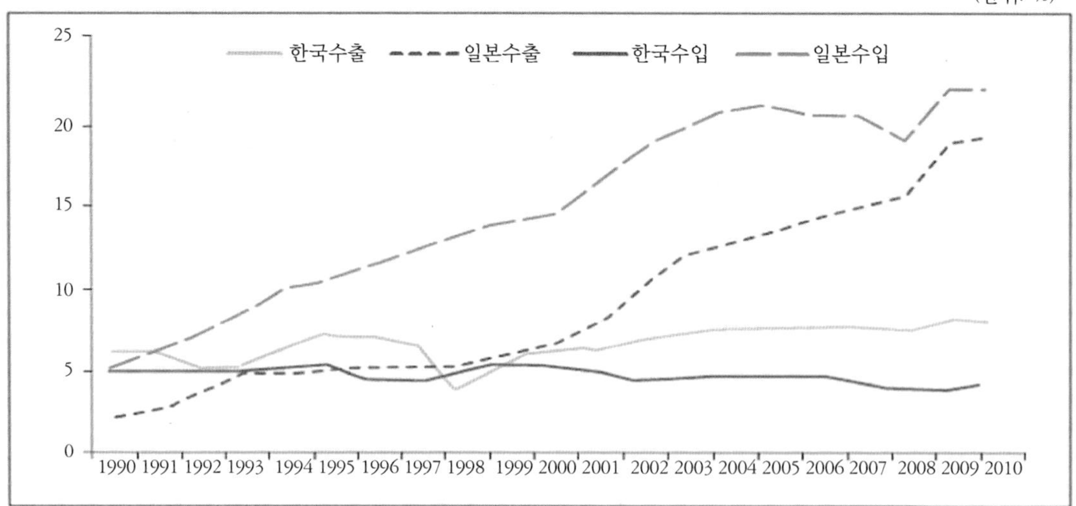

자료: KIEP 대외경제정책연구원, 연구보고서(2011), 11-02.

〈그림 7-5〉 일본의 대한국 및 중국 수출입 의존도 추이

중국의 수출에서 한국의 비중은 1995년 이래 아시아 금융위기 동안을 제외하고는 4.4~5.2%의 비교적 안정된 수준을 유지하고 있다. 그리고 중국의 수입에서 한국의 비중은 1996년 이래 9.0~11.6% 구간에서 역시 비교적 안정세를 보였다. 반면 중국의 수출과 수입에서 일본의 비중은 각각 1996년 20.4% 및 1994년 22.7%를 정점으로 꾸준히 하락하여 2010년에는 각각 7.6% 및 12.6%를 나타내고 있다.

일본의 경우 수출에서 차지하는 한국의 비중은 지난 20년간 아시아 금융위기 기간을 제외하고는 5.2~8.1% 구간에서 등락을 보여 왔다. 그리고 1990년대에 비해 2000년대에 그 비중이 높아졌다. 일본의 수입에서 한국이 차지하는 비중은 3.9~5.4% 수준에서 머물렀는데, 수출과 반대로 1990년대에 비해 2000년대에 그 비중이 낮아졌다. 반면 일본의 수출과 수입에서 중국이 점유하는 비중은 지난 20년간 지속적으로 증가하여 1990년 2.1% 및 5.1%에 불과하던 것이 2010년에는 19.4% 및 22.1%로 크게 신장되었다<그림 7-5>.

한·중·일 3국 간의 수출과 수입 의존도 추이에서 알 수 있는 것은 지난 20년간 중국이 한·중·일 3국의 역내교역 증대에 무엇보다도 중요한 역할을 하였음을 알 수 있다.

3. 한·중·일 3국의 권역별 수출 및 수입 의존도 추이

한국의 수출에서 중국과 일본이 차지하는 역내 비중은 아시아의 금융위기 시기까지는 비슷한 수준에 머물렀으나 그 후 2005년까지는 빠르게 상승하여 30% 이상을 상회하면서 다른 권역에 비해 월등히 중요해졌음을 알 수 있다. 또한 <그림 7-6>에서 보는 바와 같이 한국의 수출에서 동북아가 차지하는 비중은 더욱 중요해져 1990년 26.7%에서 2010년에는 41.4%에 달했다.

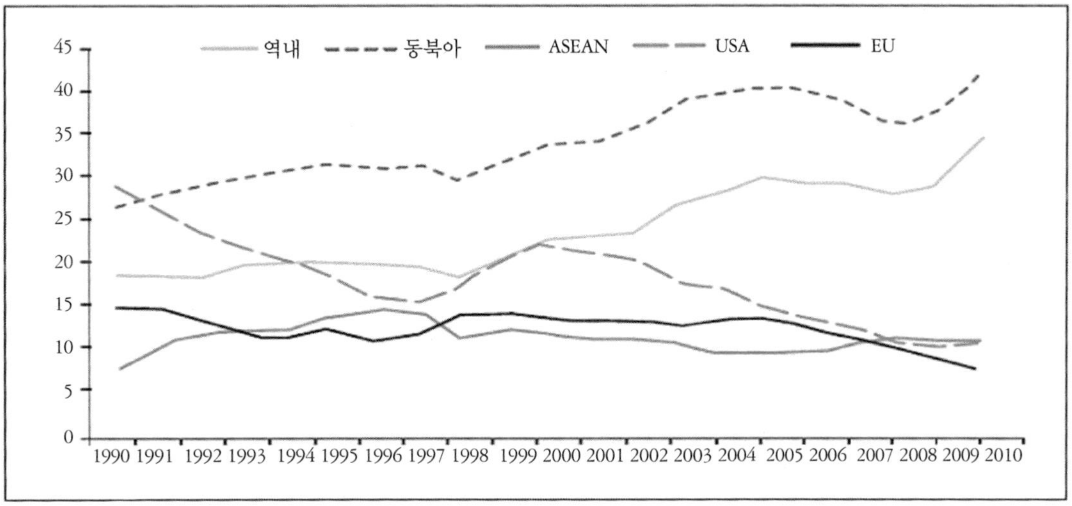

자료: KIEP 대외경제정책연구원, 연구보고서(2011), 11-02.

〈그림 7-6〉 한국의 주요 지역 수출의존도 추이

같은 기간 한국의 수출에서 미국이 차지하던 비중은 1990년 28.6%에서 2010년에는 10.4%로 약 3배 가까이 축소되었다. EU의 경우도 미국과 마찬가지로 1990년 한국 수출의 14.8%를 차지하였으나 2010년에는 7.5%로 줄어들었다. 한국의 수출에서 아세안이 차지하는 비중은 1990년 7.5%에서 1996년 14.7%까지 상승하였으나 다시 하락하여 2010년에는 10.9%로 다시 낮아졌다.

한국의 수입 의존도를 살펴보면 역내 비중은 다른 지역에 비해 현격히 높음을 알 수 있다. <그림 7-7>을 보면 1990년 25.0%에 달했던 역내 비중은 2010년 34.7%까지 높아졌다. 또한 동북아의 비중은 더욱 중요해졌으며 같은 기간 27.4%에서 39.1%로 증가하였다.

한편 같은 기간 한국의 수입에서 미국이 차지하는 비중은 급격히 축소되었음을 알 수 있다. 1990년 한국 수입의 22.8%를 차지했던 미국의 비중은 2008년 8.9%까지 감소하였다가 2010년에는 10.3%로 다소 증가하였다. EU의 경우는 1990년 12.2%에서 1994년 14.2%로 증가하였으나, 그 후 감소하여 2010년에는 8.3%로 낮아졌다. 반면 같은 기간 중 아세안의 비중은 6.8%에서 11.5%로 증가세를 보였다.

중국의 경우를 살펴보면 지난 20년간 권역별 비중에 있어서 큰 변화를 보였다. <그림 7-8>에서 보는 바와 같이 1990년 15.4%로 중국 수출에서 비교적 큰 비중을 차지했던 역내 비중은 1996년 25.4%까지 상승하였으나, 그 후 하락세가 지속되어 2010년에는 12.%로 낮아졌다. 동북아의 비중은 1991년 63.5%의 높은 증가 이후 대체로 하강세를 나타내고 있으나 2010년 28.2%를 차지해 다른 지역에 비해 우위에 있음을 알 수 있다.

(단위: %)

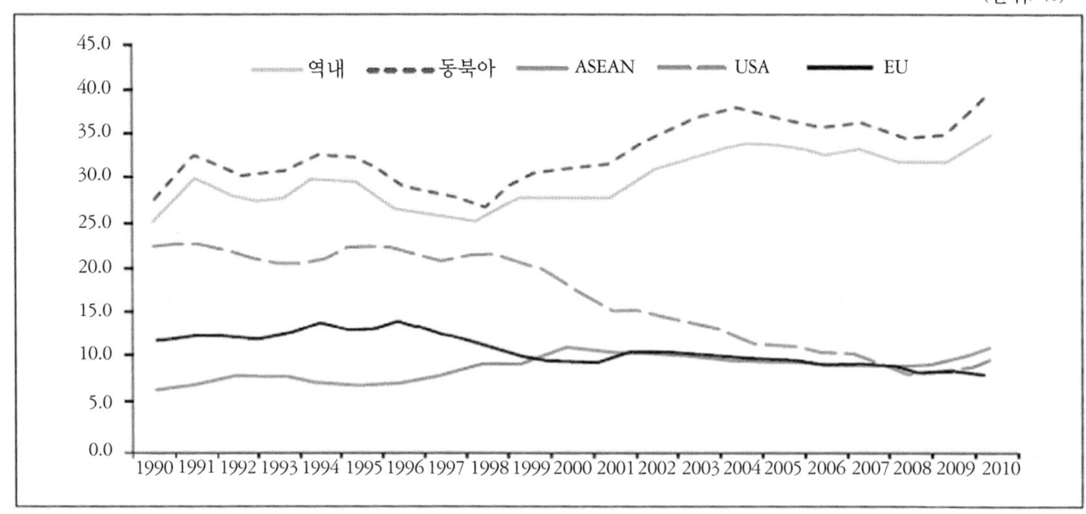

자료: KIEP 대외경제정책연구원, 연구보고서(2011), 11-02.

〈그림 7-7〉 한국의 주요 지역 수입의존도 추이

(단위: %)

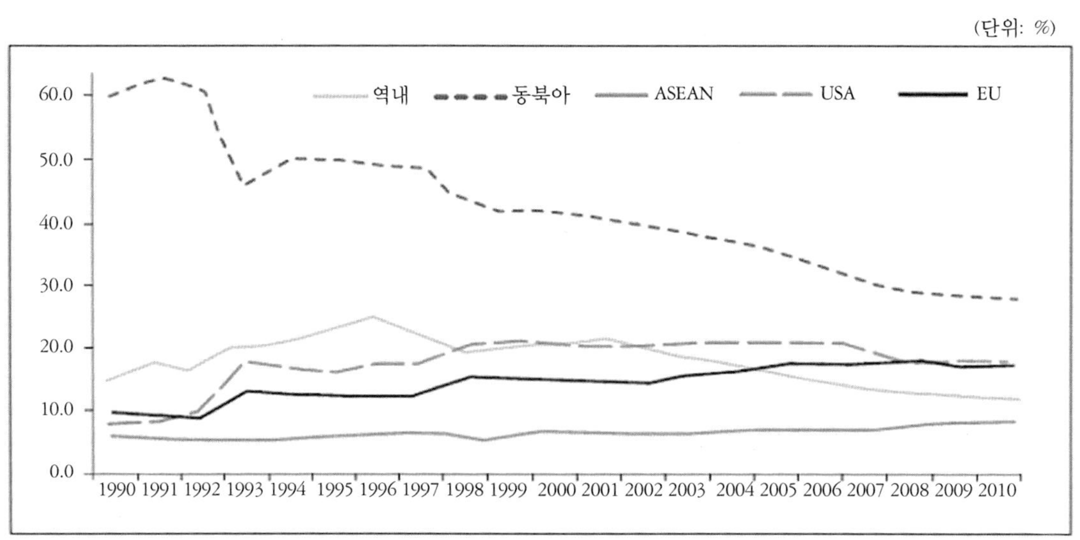

자료: KIEP 대외경제정책연구원, 연구보고서(2011), 11-02.

〈그림 7-8〉 중국의 주요 지역 수출의존도 추이

중국의 수출시장에서 미국이 차지하는 비중은 1990년 8.5%에서 2000년대 초 중반까지는 20%를 상회하였으나 최근 다소 낮아져 2010년 17.9%에 달했다. 반면 EU의 비중은 같은 기간 꾸준히 상승세를 보여 10.0%에서 17.4%로 높아졌다. 그리고 아세안 역시 1990년 6.6%에서 2010년 8.7%로 완만한 증가세를 보였다.

중국이 수입에서 차지하는 권역별 비중은 <그림 7-9>와 같이 다르게 전개되었음을 알 수 있다. 1990년 14.7%였던 역내 비중은 1990년대 후반 30.9%까지 높아졌다가 하락세를 보이고 있음에도 불구하고 2010년 22.5%의 비교적 높은 비중을 나타내고 있다. 동북아의 비중도 비교적 하락세를 보여왔지만, 2010년 28.8%를 나타내고 있다.

한편 1990년 각각 17.0%와 12.2%를 나타냈던 EU와 미국의 비중은 점차 감소하여 2010년에는 각각 11.4% 및 7.3%로 낮아졌다. 반면 아세안의 비중은 꾸준한 상승세를 보여 같은 기간 5.8%에서 11.1%로 높아졌다.

일본의 경우를 살펴보면 지난 20년간 수출에서의 권역별 비중이 획기적으로 변화되고 있음을 알 수 있다. <그림 7-10>에서 보는 바와 같이 역내 비중은 1990년 8.2%에서 아시아 금융위기 이전까지 증가세를 보이다가 금융위기 시에 감소하여 1998년 9.2%에 머물렀다. 그러나 그 후 지속적으로 상승하여 2010년에는 27.5%를 나타내고 있다. 즉, 2000년까지만 해도 역내 비중이 다른 권역에 비해 낮았으나 최근 10년간은 지속적으로 상승하고 있음을 알 수 있다. 그리고 동북아의 비중은 같은 기간 26.2%에서 2010년 41.4%로 증가해 다른 지역과는 현격한 차이를 보이고 있다.

(단위: %)

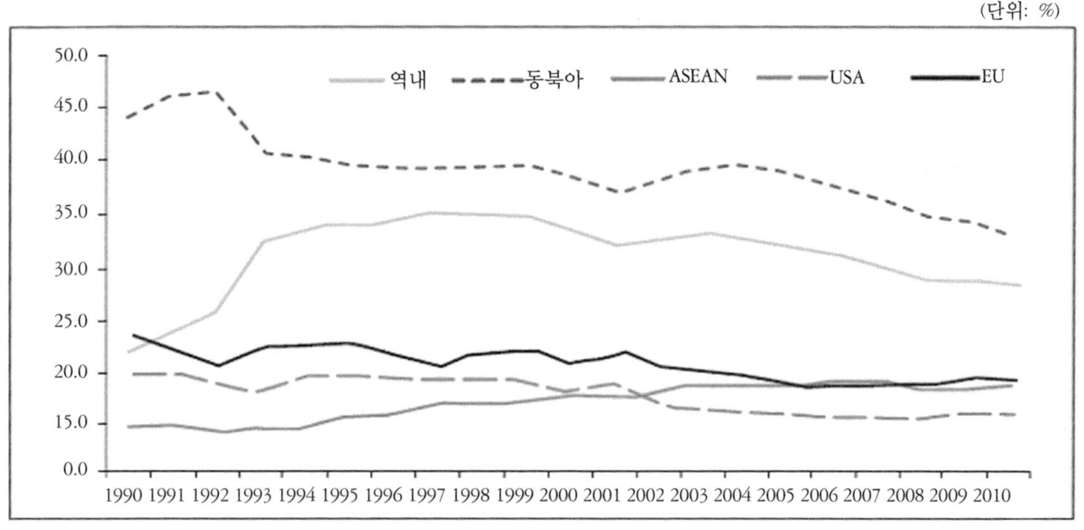

자료: KIEP 대외경제정책연구원, 연구보고서(2011), 11-02.

〈그림 7-9〉 중국의 주요 지역 수입의존도 추이

(단위: %)

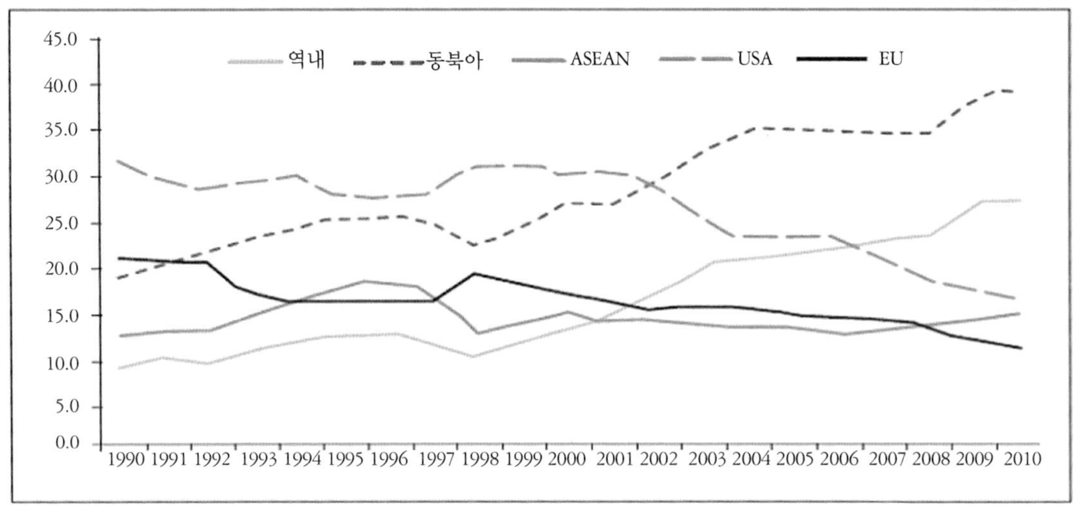

자료: KIEP 대외경제정책연구원, 연구보고서(2011), 11－02.

〈그림 7－10〉 일본의 주요 지역 수출의존도 추이

(단위: %)

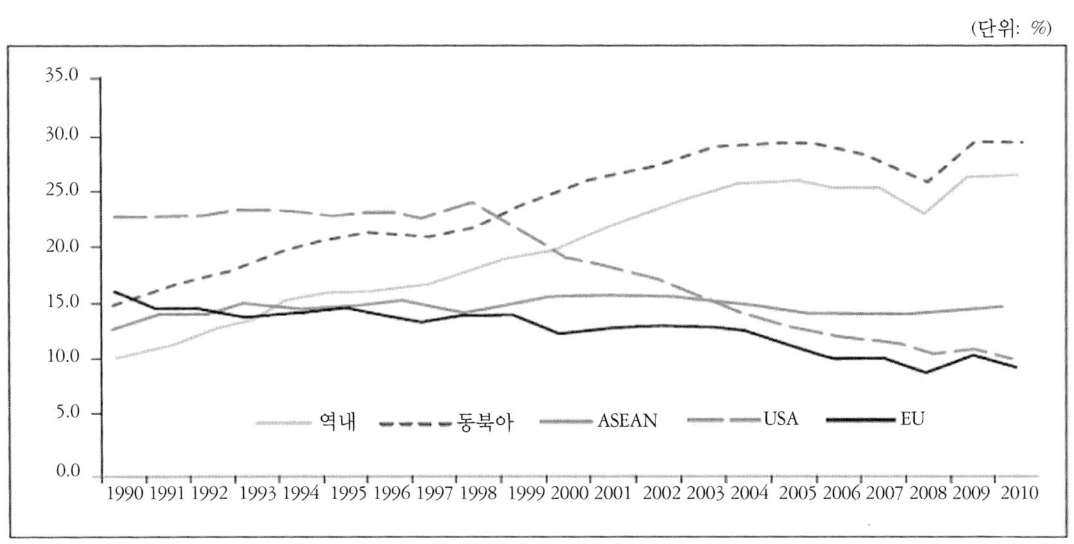

자료: KIEP 대외경제정책연구원, 연구보고서(2011), 11－02.

〈그림 7－11〉 일본의 주요 지역 수출의존도 추이

1990년 일본 수출에서 31.6%를 점유했던 미국의 비중은 1990년대에는 비슷한 수준을 유지해왔으나 2000년대에는 뚜렷한 하락세를 보여 2010년에는 15.6%로 낮아졌다. EU의 비중도 같은 기간 지속적으로 감소하여 2010년에는 10.3%에 그쳤다. 그리고 아세안의 비중은 1990년 11.6%에서 1996년 17.8%

까지 상승하였으나 아시아의 금융위기로 1998년 12.0%로 하락하였다가 다시 2010년에는 14.6%를 나타내고 있다.

한편 일본의 수입에서 역내 비중은 지난 20년간 꾸준히 증가하여 1990년 10.1%에서 2005년 25.8%를 나타낸 이후 감소세를 보여 2008년에는 22.7로 낮아졌으나 다시 상승하여 2010년에는 26.2%를 나타내고 있다. <그림 7-11>에서 보는 바와 같이 동북아의 비중 또한 상승세를 보여 1990년 27.4%에서 2010년 39.1%로 증가하였다.

일본 수입에서 1990년 22.5%를 차지하던 미국의 비중은 비슷한 수준을 유지해오다가 1998년 24.0%로 높아진 이후 지속적인 하락세를 보여 2010년에는 9.9%로 낮아졌다. EU의 비중도 1990년 16.1%에서 2010년 9.2%로 꾸준히 감소하였다. 아세안의 경우는 그 비중이 1990년 12.7%에서 2000년 15.7%까지 상승하였으나, 그 후 감소하여 2010년에는 14.6%를 나타내고 있다.

Ⅳ. 한·중·일 3국의 경제협력 방안

1. 한·중·일 FTA의 필요성

2004년1 KIEP에서 한·중·일 FTA의 산업별 파급효과에 대한 연구결과를 살펴보면 중국은 자동차와 석유화학, 일본은 농업과 섬유산업, 한국은 농업과 자동차(일본 관련), 섬유(중국 관련) 등이 민감한 산업으로 나타났다. 한국과 일본의 민감 품목은 대부분 농수산물이지만, 중국의 민감 품목은 석유화학 제품과 철강, 기계류인 것으로 나타났다.

〈표 7-5〉 한·중·일 FTA의 산업별 파급효과

산업부문	중국	일본	한국
농업	+	−	−
수산업	+	/	−
섬유	+	−	+
전자	+	/	+
일반기계	−	+	−
철강	/	+	/
자동차	−	+	/
화학	−	+	+

주: +는 산출 증가, −는 산출 감소, /는 효과 미미를 각각 의미함.
자료: KIEP 대외경제정책연구원. 연구보고서(2011). 11-02.

한편 한·중·일 FTA 체결은 역내 무역 및 투자확대를 포함하여 개방을 통한 서비스 산업발전, 기술이전 효과를 통한 산업구조의 개선, 기타 환경, 교육, 문화 등의 분야에서 3국 간 협력증진 등 여러 가지 긍정적 효과를 창출할 것으로 기대된다.[8]

반면 한·중·일 FTA를 추진함에 있어 가장 큰 장애요인은 각국 취약산업의 생산기반이 더욱 악화될 수 있다는 문제점도 지니고 있다.

한·중·일 3국은 인구규모로 볼 때 15억 명을 넘는 거대한 소비시장을 형성하고 있다. 따라서 구매력 측면에서 보면 일본은 세계 제2의 고소득 국가이며, 한국은 IT 및 반도체, 자동차 등의 산업 부문에서 강한 경쟁력을 바탕으로 국민소득이 2만 달러가 넘는 고소득 국가로 위치하고 있다. 중국의 1인당 국민소득은 아직 낮은 수준에 있으나, 연평균 10%를 능가하는 높은 경제 성장률과 수출 확대에 힘입어 개인 소득과 소비는 증가하고 있는 추세에 있다. 이러한 역내시장의 확대는 3국 기업의 생산에 있어 규모 확대를 가져올 수 있는 절호의 기회라 할 수 있다. 지난 2010년 초 발효된 중국과 ASEAN 간의 FTA 체결은 한국과 일본에 많은 시사점을 주고 있다. 따라서 한·중·일 3국 간의 경제적 안정과 무역 불균형의 시정, 국제산업협력 및 전략적 제휴의 원활화를 위해서는 무엇보다도 한·중·일 3국 간의 FTA가 조속히 추진되는 것이 바람직하다고 할 수 있다.

한편 3국 간 상호 무역의존도가 높고 강한 제조업 경쟁력을 지닌 3국 간 FTA는 기업 간 협력의 기회를 증대시키는 동시에 경쟁을 심화시킴으로써 3국 경제의 경쟁력을 한층 더 제고시킬 것이다. 또한 문화적으로도 가까운 3국이 서비스 부문에서 협력과 경쟁관계가 심화됨으로써 제조업과 달리 상대적으로 경쟁력이 낮은 서비스 부문에서의 경쟁력 제고에도 기여할 것으로 기대된다. 그리고 3국 간 상품과 서비스 장벽의 저하는 3국 소비자의 후생 증대로 나타날 것이다.

이뿐만 아니라 한·중·일 FTA는 중·일 간의 갈등해소를 비롯해 동북아지역 전체의 관계 개선에도 이바지할 것이다. 과거사 문제와 영토분쟁이 존재하는 상황에서 한·중·일 FTA는 경제교류의 확대와 더불어 인적·문화적 교류의 증대로 이어져 3국 국민 간 신뢰구축을 촉진시킬 수 있을 것이며, 외교안보 차원에서도 3국 간 갈등관계를 해소시키는 데 긍정적 요인으로 작용할 것으로 기대된다. 나아가 한·중·일 FTA는 동북아지역에서 새로운 협력의 분위기가 정착되기 시작할 경우 고립상태에 있는 북한의 개방과 개혁에도 유리하게 작용함으로써 궁극적으로 동북아지역 내 외교안보적 긴장 완화를 가져오고 동북아 국가 간 관계가 정상화되는 시기를 앞당길 수 있을 것으로 기대된다.

2. 한·중·일 FTA 실현방안

동북아시아 국가의 경제적 위상이 크게 향상되는 데는 무엇보다도 수출 지향적 공업화의 진전과 FTA를 통한 지역 경제통합, 외국자본과 기술의 적극적인 도입에 의해서 가능하다고 할 수 있을 것이다. 이러한 주장은 과거 공업화율의 신장에 수반하여 수출 총액에서 차지하는 공업제품의 수출 비율이 크게 신장되었고 이것이 동북아의 고도 경제성장을 촉진시킨 주요인이었다는 사실에서 유추해 볼 수 있다.[9]

---

8) KIEP, 연구보고서(2011), 11－02, p.72.

한·중·일 FTA와 관련하여 과거의 많은 연구들은 FTA에 대한 기본입장이 서로 다르다는 점에 무게를 두어 이들 3개국이 동시적으로 FTA를 체결하는 것은 현실적으로 어려울 것으로 보았다. 그러나 최근 KIEP의 연구보고서에 의하면 한·중 FTA 또는 한·일 FTA보다는 한·중·일 FTA에 우선순위를 둘 것을 제안하고 있다.

이 연구에 의하면 한·중·일 FTA에 앞서 한·중 FTA나 한·일 FTA 협상이 추진될 경우 그것이 한·중·일 FTA에 미칠 영향은 상당히 다를 가능성이 큰 것으로 보고 있다. 그 이유는 일본이 한·중·일 FTA에 비교적 소극적임을 감안할 때, 한·일 FTA를 우선 추진하는 것은 한·중·일 FTA를 지연시킬 가능성이 있기 때문이다.[10]

반면 중국은 한·중·일 FTA에 적극적이므로 한·중 FTA가 한·일 FTA보다 먼저 추진되어도 한·중·일 FTA에 부정적인 영향은 없는 것으로 분석되고 있다.

한·중·일 FTA는 이들 3국 간의 무역 간 상호 의존성을 고려해보면 좀 더 명확해진다. 1990년대 이후 중국산업이 한국과 일본에 미치는 생산파급 효과가 급격하게 높아진 사실에서도 알 수 있다. 전기·전자·기계, 섬유·가죽, 화학제품, 건설·펄프·종이 및 인쇄, 금속제품 등 분야에서 중국산업의 한국 및 일본경제에 대한 생산파급 효과가 큰 것으로 나타난다. 또 한·일 간의 상호 의존성은 1990년 이후 안정화되어 큰 변화가 없는 것으로 나타나는데, 한국의 전기·전자·기계, 화학, 금속 등의 부품 및 소재 분야는 대일 의존도가 고착화되고 있다. 그 이유는 일본 전자산업의 한국기업과의 전략적 제휴 및 기술협력 관계가 심화되었기 때문이다.

또한 한국과 중국산업이 일본에 미치는 효과보다는 일본산업이 한국 및 중국에 미치는 효과가 크다. 전기·전자·기계, 화학제품, 수송기계, 기타 제조업 분야에서 한국과 중국의 대일 의존도가 높고, 2000년 이후 전기·전자·기계, 섬유·가죽 등 부문에서 한국산업의 대중 의존도가 급격하게 높아지고 있다.

뿐만 아니라 한·중·일 3국의 경제적 위상이 최근 들어 급속하게 높아진 것은 무엇보다도 상호 간의 무역 확대를 통해 경제성장을 촉진하는 대외 지향적 성장전략과 산업 내 교역이 활성화됨에 따라 주력 수출부문의 대세계 경쟁력이 강화되었기 때문이다. 이러한 상황에서 한·중·일 FTA를 실현하기 위해서 한·중·일 3국 간 정상회의에서 FTA를 실현하기 위한 공식의제로 다루어지는 것이 바람직하다 할 것이다.

그 이유는 한·중·일 FTA는 경제적 편익뿐만 아니라 경제 외적인 면에서도 편익을 가져와 동아시아 시대 도래에 결정적으로 기여할 것이기 때문이다.

---

9) 김창남 외, 「동북아지역의 경제협력 구도와 전망」, 도서출판 삶과 꿈, 1998.
10) KIEP, 연구보고서(2011), 11－02, p.157.

V. 결론

지난 20년간 동북아 및 동아시아 국가들 간의 역내 무역 추이를 보면 역내교역의 비중이 대체로 증가하는 추세를 보이고 있어 기능적 경제통합이 진전되고 있는 것으로 볼 수 있다. 특히 한·중·일 3국의 역내교역의 비중은 1990년 12.3%에서 2010년 22.5%로 증가하였다. 1997년 아세안+3국 체제가 출범하면서 제도적 경제통합을 위한 기반이 조성되었으며, 2008년 한·중·일 정상회의가 시작된 이후 동북아지역에서 제도적 경제통합을 위한 한·중·일 FTA 논의가 속도를 내고 있다.

한편 한·중·일 3국 간 무역관계에서 볼 때 한국과 일본 간에는 자동차 산업과 전자산업 부문에서 또 한국과 중국 사이에는 일부 전자산업과 섬유산업 부문에서 수평적 경쟁구조를 형성하고 있는데, 특히 철강산업과 조선산업에서는 3국 간 경쟁체제가 더욱 강화되고 있다. 따라서 한·중·일 FTA 과정에서 각국의 중심산업들은 전략적 제휴의 필요성이 제기될 수 있다.

한·중·일 3국 간 감응도 계수와 영향력 계수를 비교해보면 한·중·일 모두 중간재로 사용되는 부문의 감응도 계수가 높은 것으로 나타나 있다. 특히 한국과 일본의 경우에는 쌀과 축산업의 감응도 계수가 평균 이상인 반면, 중국의 경우에는 전기·가스·수도 및 임업부문의 감응도 계수가 높게 나타났다. 영향력 계수에서는 한·중·일 3국 모두 건설·전기·전자·기계, 식음료·담배, 금속제품의 영향력 계수가 큰 것으로 나타났다. 한국과 일본의 경우에는 일반서비스, 수송기계가 높은 반면, 중국의 경우에는 화학제품, 섬유·가죽의 영향력 계수가 높게 나타났다. 따라서 한·중·일 3국 간 감응도 계수 및 영향력 계수에서 유사성과 차이점을 발견할 수 있다는 것은 산업발전 단계 및 산업구조적 특성에 기인한다고 볼 수 있다. 그러므로 한·중·일 3국 간 역내시장을 보다 확대시키기 위해서는 무엇보다도 한·중·일 FTA로 나아가는 것이 바람직하며, 이러한 역내 FTA 실현이 동아시아 시대의 도래를 조성하는 지름길이라 할 수 있다. 뿐만 아니라 한·중·일 3국 간 FTA가 실현될 경우 이는 역내교역의 거래비용을 감소시키고 나아가 동아시아라는 거대한 시장을 창출하게 될 것이다. 최근 글로벌 금융위기와 유럽 재정위기 이후 EU와 미국을 비롯한 세계경제의 전망이 밝지 않은 상황에서 한·중·일 FTA 실현의 필요성은 더욱 높아졌다고 말할 수 있다.

이상과 같이 볼 때 한·중·일 3국은 무역관계에 있어 제조업의 경쟁체계에 있어 일대 변화를 초래하고 있다. 즉, 한국은 일본과의 사이에서 기술집약적이고 자본집약적인 부문에서 또 중국과는 노동집약적이고 중위의 기술제품 부문에서 치열한 경쟁에 직면하고 있다. 뿐만 아니라 한·중·일 3국은 철강, 자동차, 석유화학, 조선, 반도체 등 중화학공업 부문에서 과잉 생산체제를 유지하고 있어서 장기간 상생이 어려운 문제를 안고 있다. 따라서 이러한 문제를 해소하기 위해서도 한·중·일 FTA 체결이 필요하며, 이를 통해 국제산업 조정을 추진하면서 한국의 미래 성장동력 산업을 선정·특화시킬 필요가 있다.

*연구자 성명 : 오 광 옥

소속/직위 : 경남 마산제일여자고등학교 교사

e-mail : okw6420@hanmail.net

C·P : 017-582-1953

제 8 장

놀이학습을 활용한 초등 사회과 창의·인성교육 방안

<요 약>

　2009 개정 교육과정에서 강조하고 있는 창의·인성교육은 21세기를 살아갈 학생들에게 바른 인성과 창의적 사고력을 신장시켜 주어 미래사회를 주도할 창의적 인재를 기르려는 데 그 목적이 있다. 이 연구는 놀이학습을 초등 사회과 교수학습에 적용하여 창의적 사고력을 신장시키고, 다양한 창의적 체험활동을 통해 자연스럽게 바른 인성이 길러지도록 하는 데 연구의 목적을 두고 있다.

　사회과에서 추구하는 합리적인 의사결정 능력을 지닌 민주시민의 자질을 함양하여 창의적 안목으로 세상을 바라보고 나눔과 배려를 실천하는 바람직한 인성을 함양한 학생이 되도록 하는 효율적인 창의·인성교육 지도방안의 예를 제시한다.

[주제어] 창의·인성교육, 창의성, 인성, 놀이수업, 초등 사회과, 지리, 역사, 경제

I. 서론

　초등 사회수업은 어떤 모습일까? 교사들은 가르치기 어렵다 하고 학생들은 어렵고 지루한 수업이라고 한다. 왜 사회는 학생에게나 교사에게 기피되는 교과가 되었을까? 가르치는 교사나 배우는 학생 모두 즐겁게 공부하는 사회수업은 정말 힘든 것일까?

　사회과의 목표는 장차 민주시민이 될 학생들에게 올바른 민주시민의 자질을 길러주면서 다른 한편으로는 사회과학적 소양을 길러주는 데 있다. 초등 교육과정에서 추구하는 인간상이 민주시민 의식을 기초로 공동체의 발전에 공헌하는 사람인 점으로 보아 사회과가 교육과정에서 차지하는 위치는 상당히 크다. 사회과는 민주시민으로서 자질양성 교육의 중핵 교과인 것이다. 이렇게 중요한 교과가 교육현장에서 가르치기 힘들고 지루한 수업으로 인식되어 전개된다는 것은 심각한 문제가 아닐 수 없다.

　학생들이 미래에 건강한 신체와 건전한 정신으로 생활하기 위해서는 학교생활을 즐겁게 해야 하고 학교생활에서는 학습활동 시간이 대부분이므로 수업시간이 즐거워야 한다. 수업시간이 즐겁기 위해서는 아동들의 흥미를 유발하는 놀이학습 자료를 활용한 수업이 전개되어야 한다. 어떤 교과든지 교사와 학생이 즐겁게 수업한다면 그 수업은 질적으로나 양적으로 의미 있을 것이다. 사회를 공부하

는 아이들에게 사회가 정말 재미있고 스스로 공부하고 싶은 교과로 인식되기 위해서는 수업 자체가 즐겁고 재미있어야 할 것이다. 한 차시의 수업에서 학습목표 달성은 수업의 성패를 좌우할 만큼 중요한 것이고 이는 학생의 수업태도와 큰 관련이 있다. 그러나 그것도 학생이 적극적으로 수업에 참여하여 자기 주도적으로 학습활동을 전개함으로써 목표를 달성했을 때 의미 있는 것이다. 수업에 대한 학생의 참여도, 흥미도, 관심도 등의 태도는 학업성취도와 밀접한 관계가 있다. 요컨대 수업에 적극적인 태도로 즐겁게 참여하면 그에 따라 목표달성 성취도도 높아진다. 이러한 사실은 학생의 학습태도와 학업성취도 간의 관계에 대한 많은 실험연구를 통해 알 수 있다.

이에 연구자는 학생들이 사회공부를 정말 즐겁게 하고 더불어 사회를 가르치는 교사 또한 쉽고 재미있게 수업을 이끌기 위한 방법으로 사회교과의 대표적인 사회과학 요소인 지리, 경제, 역사 영역과 관련된 주요 내용에 놀이수업을 적용하였다.

새로운 사회수업에 대한 생각

연구의 방향		기대되는 효과
학생의 흥미를 고려한 교육과정 재구성 놀이활동 중심의 수업전개 자기 주도적 학습활동 강조	≫≫≫	놀이활동 중심 사회수업을 통해 사회과 수업에 대한 태도변화와 성취도 향상을 기대할 수 있음

〈그림 8-1〉 새로운 사회수업에 대한 생각

Ⅱ. 초등 사회과 수업과 놀이학습

1. 초등 사회과 수업에서 놀이학습의 중요성

사회과 수업에서 놀이가 가지고 있는 유용성은 크게 두 가지 측면에서 살펴볼 수 있다. 하나는 놀이가 협동심, 규칙존중, 민주적 절차 강조, 갈등해결, 합리적 의사결정, 공감대 형성 등과 같은 긍정적인 사회과교육의 요소들을 제공해줄 수 있다는 점이다. 다른 하나는 놀이가 구체적인 사회적 체험학습을 가능하게 해준다는 점이다. 다양한 교육내용을 제공하는 사회과의 특성상 언어적 경향성에서 탈피하여 활동적인 교육경험을 할 수 있다는 기회를 제공해준다는 점에서 의의가 있다. 이 활동적인 교육경험은 그것 자체가 가진 흥미로 인해 학생의 수업에 대한 참여와 관심을 높여 학업성취도를 신장시킬 수 있다.

2. 초등 사회과 수업에서 놀이가 갖추어야 할 조건

사회과 수업에서 놀이가 교육적으로 유용한 것이 되려면 다음의 조건을 갖추어야 한다.
첫째, 어린이들이 놀이의 방법을 이해하는 데 재미있고 도전적이어야 한다.

교사는 어린이가 하려는 놀이에 대해 어떻게 생각하는가? 어린이는 이러한 목적을 즐거워하는가? 어린이가 놀이에 도전하기는 어렵지만 놀이를 하는 방법은 이해하기는 쉬운지 등을 생각해야 한다. 다시 말해 놀이의 내용이 어린이가 할 수 있는지, 게임을 이해할 수 있는지를 먼저 생각해보아야 한다.

둘째, 어린이들 스스로가 성공을 판단할 수 있어야 한다.

적절한 놀이가 되기 위한 둘째 기준은 어린이 스스로 그들의 행동결과를 평가할 수 있어야 한다는 것이다. 어린이는 원하는 결과를 얻었을 때 자연히 자신의 노력에 대한 성취감을 갖게 된다. 결과는 명확하고 어린이가 자신의 성공을 평가하는 데 모호하지 않아야 한다. 어린이가 놀이를 잘할 수 있는 방법을 판단할 수 없으면 놀이에 흥미가 없어지고 도전적일 수가 없기 때문이다. 어린이의 행동결과가 분명하게 나타나면 어린이는 놀이에 더 많은 관심을 갖게 되고 놀이의 의미를 알게 된다.

셋째, 모든 학생들이 적극적으로 놀이에 참여할 수 있어야 한다.

놀이에는 활동성이 내포되어야 한다. 놀이를 어떻게 하는지 생각하게 하는 지적활동뿐만 아니라 놀이를 하는 동안 내내 학생들이 적극적인 참여를 할 수 있도록 해야 한다. 놀이에서 활동성은 어린이들에게 흥미와 도전적인 내용을 제공해줄 수 있기 때문이다.

3. 사회과 수업에서 놀이학습의 구조

놀이학습의 특성상 학습의 구조는 모둠형태를 기본으로 한다(4인 1모둠, 6인 1모둠). 놀이학습은 모둠활동이 대부분을 차지한다. 따라서 놀이학습의 성공 여부는 모둠활동의 성공 여부에 달려 있다. 사회과 놀이학습은 모둠 구성원이 활발한 상호작용을 하도록 집단을 조직한다. 한 모둠의 구성원의 규모를 네 명에서 여섯 명으로 하였다. 여섯 명이 넘어가면 주위가 산만할 뿐만 아니라 소외되는 학생이 나올 가능성이 많고 소란스럽다. 또 너무 수가 적어도 다양한 의견교환이 나오지 않는다. 그리고 세 명의 경우는 두 명이 짝이 되고 나머지 한 명이 소외될 가능성이 많다. 따라서 대부분의 놀이학습은 네 명에서 여섯 명의 모둠으로 조직하였다.

가능한 한 이질적 특성을 가진 학생들을 한 집단으로 구성하였다. 즉, 성적이 높은 학생, 중간 학생, 낮은 학생이 한 소집단에 속하게 하고, 남학생과 여학생을 골고루 속하게 하고, 성격이 적극적인 학생과 소극적인 학생이 함께 속하게 하는 등 이질적으로 구성해야 구성원 간에 다양한 시각, 사고, 행동을 경험하면서 활발한 상호작용이 발생할 가능성이 높은 것이다.

Ⅲ. 놀이학습을 통한 초등 사회과 창의 · 인성교육

1. 지리 영역 놀이학습을 통한 초등 사회과 창의 · 인성교육

초등학교 사회과 지리 영역에서의 학습은 단순하고 획일적이며 암기 위주의 학습이 이루어지므로 학습의 흥미와 동기의 저하는 물론 단편적이고, 개별적·기술적인 지식의 주입학습으로 인식되어 다양한 학습방법이 요구된다. 지리 놀이학습은 지리적 놀이를 통해 학습흥미를 유발시키고 경쟁심을 자극하여 지리적 사고를 유도하면서 지리를 이해시킬 수 있다.

이에 지리 학습내용을 교육과정 중심으로 분석하여, 학습활용을 위한 지리 놀이학습의 유형을 설정하였다. 특히 지리 놀이학습은 지리 놀이학습 지도요소에 알맞은 놀이를 선정하였고 흥미롭고 사고기능을 높일 수 있는 지도 학습요소를 바탕으로 아래와 같은 지리 놀이학습 연간 지도계획을 작성하였다.

〈표 8-1〉 지리 영역 놀이학습의 계획

지리 영역 학습요소	지리 영역 놀이학습 유형	적용단계	사고기능
지도의 기본요소	퍼즐 맵 놀이	전개	분포
지도를 이용한 시·도의 모습	퍼즐 맵 놀이	전개, 정리	분포, 관계, 지역
시·도의 교통, 인구분포	백지도 놀이	전개	분포, 관계, 지역
시·도의 관광지, 특산물	상관지도 놀이	전개, 정리	관계
주어진 지도에서 지명 찾기	지명 찾기 놀이	전개, 정리	관계, 지역
시도의 사계절 모습	백지도 놀이	전개	분포, 관계
지역의 옛날과 오늘날 모습 변화	상관지도 놀이	전개	분포, 관계, 지역
지역의 미래 모습 꾸미기	백지도 놀이	전개	분포, 관계, 지역
그림지도로 나타내기	지도 만들기 놀이	전개	분포, 관계, 지역
연표와 역사지도의 쓰임	퍼즐 맵 놀이	도입, 전개	분포, 관계
연표와 역사지도 만들기	지도 만들기 놀이	전개	분포, 관계, 지역

지리 영역 놀이학습의 실천

⬇

놀이학습 영역		학습주제
1) 퍼즐 맵 놀이학습		– 지도의 기본요소, 지도를 이용한 시·도의 모습, 연표와 역사지도의 쓰임
2) 상관 지도 놀이학습	≫≫≫	– 시·도의 관광지와 특산물, 시·도의 옛날과 오늘날의 모습 변화
3) 백지도 놀이학습		– 시·도의 사계절 모습, 시·도의 교통과 인구분포, 지역의 미래모습 꾸미기
4) 지명 찾기 놀이학습		– 주어진 지도에서 지명 찾기
5) 지도 만들기 놀이학습		– 그림지도로 나타내기, 연표와 역사지도 만들기

〈그림 8-2〉 지리 영역 놀이학습의 실천

1) 퍼즐 맵(Puzzle Map) 놀이학습

활동준비

놀이명	사고기능			적용계			소요시간	자료
퍼즐 맵 (Puzzle Map) 놀이학습	분포적 사고	관계적 사고	지역적 사고	도입	전개	정리	20분	· 사회과부도 · 스티로폼으로 만든 각 시, 　군, 구
	○	○	○		○	○		

놀이설명

지리 학습에 효과적인 매우 재미있는 놀이로서 우드락을 사용하여 우리 지역의 군, 구를 그린 후 칼과 자로 그것을 오려낸다. 학생들은 잘라낸 조각을 지역별(군, 구)로 적당한 위치에 맞추어 넣거나 백지도에 맞추어 완성시킨다. 일단 맞추기 지도가 완성되면 지도에 군, 구의 특산물과 주요 건물을 조사하여 해당 지역에 맞추어 넣음으로써 관련성을 이해한다.

활동내용

학습주제	지도를 이용한 시 · 도의 모습
학습목표	지역 퍼즐모형을 이용하여 지역의 모습을 이해할 수 있다.

활동모습

놀이모습	놀이절차
	① 우드락 준비하기 ② 우드락으로 만든 군, 구를 가지고 맞추어서 인천광역시 지도 완성하기 ③ 군, 구명 붙이기(포스트잇, 이쑤시개) ④ 군, 구의 특색(공업, 특산물) 붙이기 ⑤ 2~3회 반복하여 학습하기

활동결과

활동결과		지도의 성과 및 개선점
	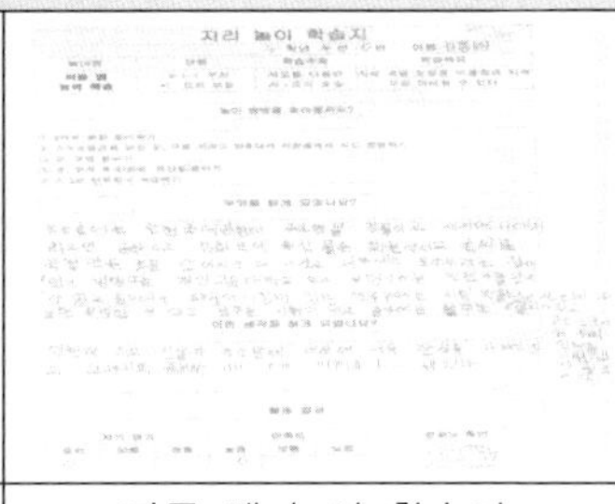	➡ 입체적인 퍼즐을 이용하여 우리가 살고 있는 지역의 모습을 학습하였다. 직접 손으로 우리 지역지도를 완성해보는 과정이 학생들에게는 매우 신선하면서 재미있는 활동이었다. 장기 학습과제로 지역 퍼즐모형을 직접 만들어 보는 것도 의미가 크겠다.
완성된 퍼즐 맵	퍼즐 맵 놀이 학습지	

2) 상관지도 놀이학습

활동준비

놀이명	사고기능			적용단계			소요시간	자료
	분포적 사고	관계적 사고	지역적 사고	도입	전개	정리		
상관지도 놀이학습		○			○	○	20분	· 인천광역시 전도(백지도) · 파일 2개 · 선물카드 10매

놀이설명

이것은 어떤 사항과 관련된 장소, 산물과 그 산지, 도시와 그 도시에서 생산되는 제품 등의 상호 관계를 나타내어 지도를 완성하는 놀이이다. 예를 들면 우리 시의 지도에 몇 개의 작은 군, 구를 표시해둔다. 한편 관광지, 산물, 역사적 사건들을 문자 또는 그림으로서 표시한 카드 조각을 만들어준다. 이것에서 적당한 것을 골라 지도에 있는 작은 군, 구 또는 표시해둔 위치에 붙인다. 이것을 여러 개 만들어놓고 지도를 완성시키는 것이다.

활동내용

학습주제	시 · 도의 관광지와 특산물
학습목표	백지도 나누어 두 지역 간의 관계를 파악할 수 있다.

활동모습

놀이모습	놀이절차
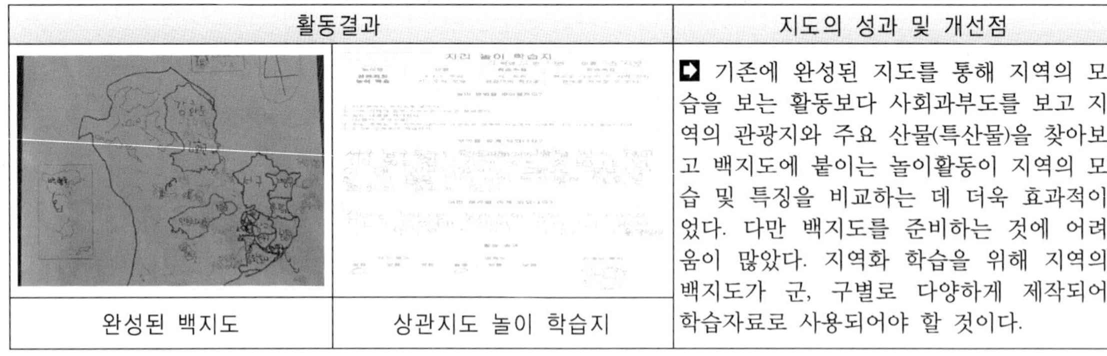	① 인천광역시 백지도를 붙인다. ② 서부 지역과 동부 지역으로 나누고 분담한다. ③ 놀이내용을 제시한다(관광지, 주요 산물). ④ 완성 후에는 두 지역의 대비와 개관으로 관계적 사고에서 지역적 사고 능력을 향상시킨다. ⑤ 2~3회 반복하여 학습하기

활동결과

활동결과		지도의 성과 및 개선점
완성된 백지도	상관지도 놀이 학습지	▣ 기존에 완성된 지도를 통해 지역의 모습을 보는 활동보다 사회과부도를 보고 지역의 관광지와 주요 산물(특산물)을 찾아보고 백지도에 붙이는 놀이활동이 지역의 모습 및 특징을 비교하는 데 더욱 효과적이었다. 다만 백지도를 준비하는 것에 어려움이 많았다. 지역화 학습을 위해 지역의 백지도가 군, 구별로 다양하게 제작되어 학습자료로 사용되어야 할 것이다.

3) 백지도 놀이학습

<table>
<tr><td colspan="6" align="center">활동준비</td></tr>
</table>

놀이명	사고기능			적용단계			소요시간	자료
백지도 놀이학습	분포적 사고	관계적 사고	지역적 사고	도입	전개	정리	20분	· 인천광역시 지형도(백지도) · 인천광역시 전도
	○	○	○		○			

<table>
<tr><td colspan="9" align="center">놀이설명</td></tr>
</table>

한쪽에 인천광역시 백지도를 놓고 한쪽에는 주사위와 판을 놓는다. 우리 지역 백지도를 준비한다. 학생들은 각 지역을 하나씩 맡고 주사위를 던져 자기 차례가 되면 맡은 부분에 주요 건물, 인구분포, 교통의 내용을 백지도 부분에 내용을 써 나간다. 그리하여 정확하게 빨리 완성하는 순서로 등위를 가린다.

<table>
<tr><td colspan="2" align="center">활동내용</td></tr>
</table>

학습주제	시·도의 교통과 인구분포
학습목표	백지도를 나누어 각 지역의 교통과 인구분포를 파악할 수 있다.

<table>
<tr><td colspan="2" align="center">활동모습</td></tr>
</table>

놀이모습	놀이절차
	① 인천광역시 백지도를 붙인다. ② 동부, 서부, 남부, 북부 지역으로 나누고 분담한다. ③ 놀이내용을 제시한다(건물, 인구분포, 교통). ④ 완성 후에는 두 지역의 대비와 개관으로 관계적 사고에서 지역적 사고 기능을 향상시킨다.

<table>
<tr><td colspan="2" align="center">활동결과</td></tr>
</table>

활동결과		지도의 성과 및 개선점
		➡ 인천광역시 전 지역을 동, 서, 남, 북 지역으로 나누고 각 지역의 주요 건물과 인구분포, 교통을 나타내는 활동을 통해 지역의 위치에 따라 어떤 차이점과 공통점이 있는지를 효과적으로 알 수 있었다. 방위를 나타내고 임의로 동, 서, 남, 북 지역으로 나누도록 하여 모둠마다의 결과 차이를 인정한다.
인천의 네 지역	백지도 놀이 학습지	

4) 지명 찾기 놀이학습

활동준비

놀이명	사고기능			적용단계			소요시간	자료
지명 찾기 놀이학습	분포적 사고	관계적 사고	지역적 사고	도입	전개	정리	20분	· 우리나라 지도 · 인천광역시 지도 · 칠판
	○	○			○	○		

놀이설명

이 놀이는 지명을 쉽게 익히기 위한 학습방법이다. 학생들은 몇 그룹으로 나누어 놀게 한다. 때로는 학습과 관련 없는 지명까지 나오기도 한다. 교사는 때때로 어디 있는 지명인지 그 위치를 물어 보기도 하고 유명한 것이 무엇인가도 질문하여 학습과 관련시킨다. 예를 들면(우리 시의 군, 구 이름 이어가기) 강화 - 옹진 - 남구 - 부평구 - 계양구 - 남동구 - 연수구 - 서구 등이다. 이때 구 명, 하천 명, 산 명, 도시 명만이라는 조건을 주면 어려워지므로 정도에 맞추어 조정할 수 있다.

활동내용

학습주제	주어진 지도에서 지명 찾기
학습목표	지역의 특색을 통해 지명과 위치를 찾을 수 있다.

활동모습

놀이모습	놀이절차
	① 학습 인원을 2개 분단으로 편성한다. ② 칠판을 2등분한다. ③ 교사의 지시에 따라 칠판에 1분단에 1명씩 나와서 지명을 써간다. 예) 강화군, 옹진군 등 ④ 놀이내용 제시: 군, 구, 동 이름 등은 인천광역시와 관련된 내용을 중심으로 한다.

활동결과

활동결과		지도의 성과 및 개선점
		➡ 모든 학생들이 참여할 수 있었던 즐거운 놀이였다. 전체 학생이 차례대로 나와 교사가 제시한 주제에 따라 지명을 찾는 놀이로 지역의 특색을 파악할 수 있었다. 다만 놀이의 특성상 학생들의 움직임이 계속되기 때문에 태도 평가를 통한 통제가 필요하다.
놀이 학습지 정리	지명 찾기 놀이 학습지	

5) 지도 만들기 놀이학습

<table>
<tr><td colspan="8" align="center">활동준비</td></tr>
<tr>
<td rowspan="2" align="center">놀이명</td>
<td colspan="3" align="center">사고기능</td>
<td colspan="3" align="center">적용단계</td>
<td align="center">소요시간</td>
<td align="center">자료</td>
</tr>
<tr>
<td align="center">분포적
사고</td>
<td align="center">관계적
사고</td>
<td align="center">지역적
사고</td>
<td align="center">도입</td>
<td align="center">전개</td>
<td align="center">정리</td>
<td></td>
<td></td>
</tr>
</table>

놀이명	분포적 사고	관계적 사고	지역적 사고	도입	전개	정리	소요시간	자료
지도 만들기 놀이학습	○	○	○		○		30분	· 등고선 표시 지도 · 색종이 · 실톱, 칼, 채색용구

놀이설명
등고선이 그려 있는 지도를 보고 등고선을 그린 다음 색종이를 이용하여 등고선 높이에 따라 색종이를 찢어 겹쳐 붙여 지형의 모습을 나타낸 지도를 완성하여 각 지역의 입지와 상관관계를 알아보는 놀이이다.

	활동내용
학습주제	그림지도로 나타내기
학습목표	지형에 따라 옛 문화재와 유적이 위치한 특징 이해할 수 있다.

활동모습

놀이모습	놀이절차
	① 등고선이 그려 있는 지도를 준비된 백지도에 옮겨 그린다. ② 잘라낸 색종이를 겹겹으로 붙여 지형의 위치가 나타나게 붙인다. ③ 지역의 높이에 따라 색종이를 선택하여 붙여 나간다. ④ 만든 지도를 가지고 지형에 따라 옛 문화재와 유적의 위치한 지역의 공통점을 찾고 발표한다.

활동결과

활동결과	지도의 성과 및 개선점
완성된 지도 만들기 지도 만들기 놀이 학습지	➡ 우리나라 지형의 모습을 직접 재현해보는 활동을 통해 지형도의 개념을 이해할 수 있었고 더불어 도읍지가 주로 평야지대에 위치하고 있다는 사실과 그곳에서 문화재와 유적이 많이 있었다는 것을 지도 만들기 놀이학습을 통해 알 수 있었다. 지형을 입체적으로 나타내기 위해 스티로폼, 실톱, 채색도구를 이용하면 더 효과적이지만 학습활동 시간이 너무 길어질 우려가 있어 위와 같이 활동한 점이 조금 아쉬웠다.

2. 역사 영역 놀이학습을 통한 초등 사회과 창의 · 인성교육

구체적 조작기의 아동에게 형식적 조작 단계의 역사적 사고가 어렵지만, 이 문제는 효과적인 교수방법, 즉 경험 가능한 구체적 사례를 이용함으로써 조작적 사고는 어느 정도 촉진할 수 있다는 점에서 해결할 수 있다. 따라서 과거의 인물이나 사건을 다루는 역사교육에서는 직접적 경험학습이 거의 불가능하여 이해가 어렵기 때문에 더욱 다양한 교수방법 및 도구가 개발되어야 한다. 그러나 실제 학교에서 이루어지고 있는 역사학습은 이러한 점을 고려하여 이루어지지 않는 것 같다. 사건, 인물을 연대기적으로 나열한 교과서를 가지고 아동들의 흥미를 고려하지 않은 전통적 강의 중심의 수업은 아직도 초등학교 사회수업 현장에서 흔히 볼 수 있는 현상이다. 이로 인해 아동들은 역사학습을 암기 위주의 어려운 내용이라고 생각하여 흥미를 잃게 되는 결과를 낳을 수 있고, 더욱이 역사 내용이 포함된 사회교과를 자신들이 생활하는 데 별로 필요 없는 과목이라 생각하기도 한다.

이러한 역사 학습의 문제를 해결하기 위해 역사 학습내용을 교육과정 중심으로 분석하여 역사 놀이학습의 유형을 설정하였다. 역사 학습지도에 적용한 놀이학습은 시뮬레이션 게임(simulation game) 활동으로 판 놀이(board game), 지도 놀이(map game), 토의(discussion) 놀이다. 역사 놀이학습의 실천을 통해 학생들이 역사를 좀 더 쉽게 생각하게 되고 흥미와 관심을 갖고 학습에 참여할 수 있을 것이다.

〈표 8-2〉 역사 영역 놀이학습의 계획

역사 영역 학습요소	역사 영역 놀이학습 유형	적용단계	사고기능
지역의 연표작성	판 놀이	전개, 정리	연대기 파악력
지역의 유래를 알아내는 방법	판 놀이	전개, 정리	역사적 상상력
옛 도읍지의 자연환경 조사하기	지도 놀이	도입, 전개 정리	역사적 탐구력
고장의 문화재 조사방법과 문화재 조사하기	토의 놀이	도입, 전개 정리	역사적 판단력

역사 놀이학습의 실천

놀이학습 영역		학습주제
1) 판(board) 놀이학습	≫≫≫	– 지역의 연표작성, 지역의 유래를 알아내는 방법
2) 지도(map) 놀이학습		– 옛 도읍지의 자연환경 조사하기
3) 토의(discussion) 놀이학습		– 고장의 문화재 조사방법과 문화재 조사하기

〈그림 8-3〉 역사 놀이학습의 실천

1) 판(Board) 놀이학습

<table>
<tr><td colspan="7" align="center">활동준비</td></tr>
<tr>
<td rowspan="2">놀이명</td>
<td colspan="4" align="center">사고기능</td>
<td colspan="3" align="center">적용단계</td>
<td rowspan="2">소요시간</td>
<td rowspan="2">자료</td>
</tr>
</table>

놀이명	사고기능				적용단계			소요시간	자료
판(board) 놀이학습	연대기 파악력	역사적 상상력	역사적 탐구력	역사적 판단력	도입	전개	정리	30분	· 판, 바둑알, 주사위 · 직선형 연표 · 문화재 사진
	○					○	○		

<table>
<tr><td colspan="2" align="center">놀이설명</td></tr>
</table>

판 게임은 역사적 실제를 바탕으로 한 시뮬레이션을 의미한다. 판 위에 표시된 칸들은 역사적 사실과는 무관하며 그 내용은 역사적 사실을 담고 있다. 아동들은 말을 움직여 가면서 어떤 역사적 사실의 흐름을 알 수 있다. 본 게임은 옛날 우리 지역을 시대별·연도별로 이해하고 그에 따른 문화재의 종류와 내용을 교과서와 조사해 온 자료를 바탕으로 주사위의 숫자에 따라 말이 도착한 판의 질문들을 모두 해결해가는 것이다. 판이 끝나는 곳까지 모든 질문에 먼저 답한 학생으로 순위를 가린다. 해결한 내용을 준비된 연표에 정리한다(직선형 연표).

<table>
<tr><td align="center">활동내용</td></tr>
</table>

학습주제	지역의 연표 작성
학습목표	판 게임을 통해 지역의 역사를 알고 연표를 작성할 수 있다.

<table>
<tr><td align="center">활동모습</td></tr>
</table>

놀이모습	놀이절차
	① 학급의 아동을 2명 또는 4명으로 나눈다. ② 놀이판과 주사위를 가운데 두고 각자 1개씩의 바둑알을 갖는다. ③ 게임을 시작하기 전에 아동이 이해하기 어려운 개념을 설명한다. ④ 출발점에서 시작하여 말이 도착한 판의 모든 질문을 해결하면서 먼저 끝낸 아동이 이기게 된다. ⑤ 주어진 질문에 답을 하지 못하면 이전 자리로 돌아간다.

<table>
<tr><td align="center">활동결과</td></tr>
</table>

활동결과		지도의 성과 및 개선점
	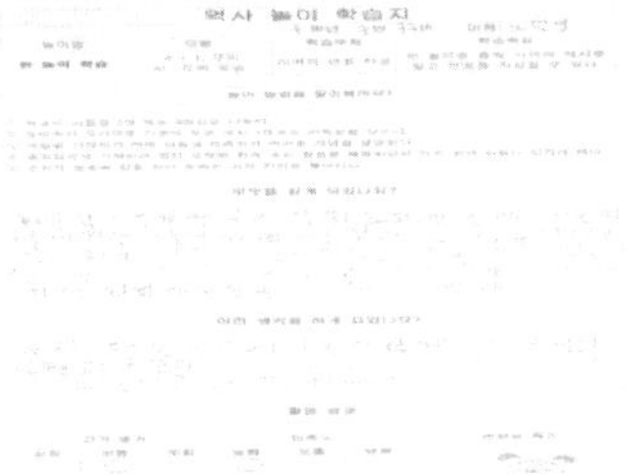	➡ 학생들이 한 번쯤은 해본 판 놀이를 통해 지역의 역사적 사실과 사건을 알아보고 이를 연표로 나타내어 보았다. 이 활동을 통해 지역의 역사적 사실과 사건에 더 관심을 갖게 되었고 학생들에게 다소 어려운 연표 만들기를 판 놀이의 내용을 통해 쉽게 만들 수 있었다. 다만 지나치게 경쟁하지 않도록 활동 전에 놀이규칙을 지킬 수 있도록 약속하는 것이 중요하다.
판 놀이를 하는 모습	판 놀이 학습지	

2) 지도(Map) 놀이학습

놀이명	사고기능				적용단계			소요시간	자료
지도(map) 놀이학습	연대기 파악력	역사적 상상력	역사적 탐구력	역사적 판단력	도입	전개	정리	40분	· 주사위, 백지도 · 정보지, 학습지 · 색깔별 필기도구
			○		○	○	○		

놀이설명

지도 게임은 역사적 시간개념을 지리적 공간개념으로 치환하여 아동들의 이해를 촉진시킬 수 있는 훌륭한 학습도구라고 할 수 있는데, 역사학습을 용이하게 할 수 있는 방법으로 지리적 접근은 많이 시도되고 있는 방법이다. 옛 도읍지의 자연환경의 공통점을 지도 게임으로 구성하여 적용할 수 있다. 옛 도읍지의 자연환경이 왜 같은 조건을 갖추어야만 하는지에 대해 지도를 이용하여 효과적으로 학습할 수 있다. 장기간의 역사적 흐름 속에서 여러 나라들의 도읍지 변화를 강, 산, 평야 3개의 중요한 입지조건에 두고 이 중 한 가지를 택해 게임을 진행하도록 하고 문제를 해결할 수 있다.

활동내용

학습주제	옛 도읍지의 자연환경 조사하기
학습목표	지도 게임을 통해 옛 도읍지의 자연환경의 공통점을 파악할 수 있다.

활동모습

놀이모습	놀이절차
	① 학급의 아동을 3명을 게임조로 여러 조로 나눈다. ② 교재를 함께 읽고 어려운 낱말이나 내용에 질문을 받고 설명한다. ③ 각자가 입지조건을 선택한다. ④ 백지도에 자신이 선택한 입지조건에 적절한 곳을 도읍지로 정하고 도읍지 명을 붙인다. ⑤ 자신이 선택한 도읍지의 자연환경의 우수함에 대해 발표한다. ⑥ 옛 도읍지의 자연환경 조건에 대해 학습지에 정리한다.

활동결과

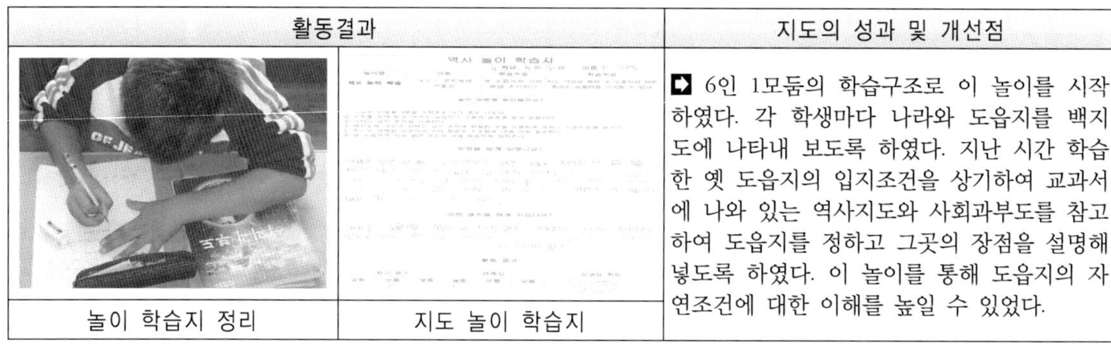

활동결과		지도의 성과 및 개선점
놀이 학습지 정리	지도 놀이 학습지	➡ 6인 1모둠의 학습구조로 이 놀이를 시작하였다. 각 학생마다 나라와 도읍지를 백지도에 나타내 보도록 하였다. 지난 시간 학습한 옛 도읍지의 입지조건을 상기하여 교과서에 나와 있는 역사지도와 사회과부도를 참고하여 도읍지를 정하고 그곳의 장점을 설명해 넣도록 하였다. 이 놀이를 통해 도읍지의 자연조건에 대한 이해를 높일 수 있었다.

3) 토의(Discussion) 놀이학습

활동준비

놀이명	사고기능				적용단계			소요시간	자료
토의(discussion) 놀이학습	연대기 파악력	역사적 상상력	역사적 탐구력	역사적 판단력	도입	전개	정리	40분	· 놀이 학습지
				○	○	○	○		

놀이설명

토의 게임에는 토의, 협상, 토론 그리고 역사극의 방법 등이 있으며 이 방법들은 앞서 기술한 게임들과는 달리 공통적으로 대립되는 주제를 갖고 상대와 토의 또는 토론의 과정을 거치도록 짜인 게임으로, 특히 토의 게임은 역사학습에 보다 자주 이용될 수 있다. 토의 게임이 역사학습에 유용하다고 한 것은 세 가지 게임유형 중 역할놀이를 거의 자동적으로 수행하는 더욱 실감나는 학습방법이기 때문이다. 토의 게임을 이용하여 다양한 문화재 조사방법들의 장단점을 파악하고 모둠의 조사방법으로 해결하여 학습문제를 해결할 수 있다. 조사방법들을 역할로 연기한다는 점에서 효과적이다.

활동내용

학습주제	고장의 문화재 조사방법과 문화재 조사하기
학습목표	토의 게임을 통해 고장의 문화재 조사방법을 알고 조사할 수 있다.

활동모습

놀이모습	놀이절차
	① 사회자를 뽑고 3~4명을 단위로 여러 모둠으로 나눈다. ② 각 모둠의 모든 아동들에게 역할지를 배부하고 역할을 선택한다. ③ 각자 맡은 역할의 좋은 점을 근거를 들어 발표하며 토의를 한다. ④ 각 모둠별 토의가 끝나면 전체 토의가 뒤따른다. ⑤ 전체 토의는 사회자의 지시에 따라 문제를 해결하기 위한 결정사항을 발표한다. ⑥ 토의내용과 토의에 참여태도를 보고 점수를 매긴다.

활동결과

활동결과		지도의 성과 및 개선점
		➡ 고장의 문화재 조사방법으로 4모둠 학생들은 인터넷 조사, 현장답사, 박물관 견학, 관련 문헌 조사방법을 제시하였다. 네 명의 친구들이 각 한 가지 조사방법을 선택하고 자신이 선택한 조사방법의 장점을 타당한 근거를 들어 발표하였다. 토의 놀이를 통해 조사방법의 종류와 차이점 및 장단점을 파악할 수 있었고 조사발표를 위한 준비를 철저히 하는 계기가 되었다.
토의 놀이 모습	토의 놀이 학습지	

3. 경제 영역 놀이학습을 통한 초등 사회과 창의·인성교육

사회과에서 경제 관련 단원은 실생활과 밀접한 관련이 있는 단원으로 결국 경제적 사고능력을 향상시키는 데 있다. 또한 경제현상에 대한 단순한 사실의 나열을 지양하고 책임 있는 민주시민으로서 갖추어야 할 경제적 소양과 미래의 경제사회에 효율적으로 대처할 수 있는 능력과 태도를 함양할 수 있도록 되어 있다. 그러나 교실에서 이루어지고 있는 경제개념이나 이론 중심 수업은 아동들에게 어렵게 생각될 뿐만 아니라 별 도움도 되지 않는 공부라고 생각하여 사회과 경제단원에 대한 공부에 흥미를 느끼지 못하고 있다. 경제활동의 주체인 아동들에게 전통적 설명식 수업방식으로는 경제적 개념을 이해하고 적용하는 데 한계를 가지고 있다. 경제교육은 아동들이 매일매일 경험하는 일상생활에서 느끼는 이해관계와 가치를 깨닫도록 하는 데 주안점을 두어야 한다. 학생들에게 경제를 이해시키고자 할 때 고려해야 할 점은 학생들도 이미 경제활동에 적극적으로 참가하고 있다는 사실이다. 이 전제를 바탕으로 사회과를 재미있고 효과적으로 가르치기 위해 경제 관련 놀이를 활용한 학습을 다음과 같이 계획하였다.

〈표 8-3〉 경제 영역 놀이학습의 계획

경제영역 학습요소	경제영역 놀이학습 유형	적용단계	사고기능
자원개발과 상품생산	브레인스토밍 놀이	도입, 전개	①
공공재의 개념과 종류	마인드맵 놀이	도입, 전개	①
분업의 개념과 직업의 다양화	교실 직업 놀이	도입, 전개	②
물자교환의 필요와 화폐	화폐 만들기 놀이	전개, 정리	③
유통의 발달과 필요	입장 바꾸어 보기 놀이	도입, 전개	④
무한한 욕망과 부족한 자원	희소성 체험 놀이	도입, 전개	①
소비의 합리적인 선택 기준	물건 경매 놀이	전개	②
여러 가지 생산 활동	생산 놀이	도입, 전개 정리	②
생산의 요소와 가정의 소득원	마인드맵 놀이	도입, 전개	①
가계의 지출 내용	브레인스토밍 놀이	도입, 전개	①
합리적인 가계 운영	토의 놀이	전개	③
은행이 하는 일	은행 놀이	전개	①
저축의 필요와 종류	저축 광고 놀이	전개	②

사고기능: ① 경제기본개념인지능력(추론, 이해력), ② 경제문제대안탐색능력(분석, 적용력), ③ 경제문제해결을 위한 의사결정능력(평가력), ④ 일반화도출능력

놀이학습 영역		학습주제
1) 브레인스토밍 놀이학습		– 자원개발과 상품생산, 가계의 지출 내용
2) 마인드맵 놀이학습		– 공공재의 개념과 종류, 생산의 요소와 가정의 소득원
3) 교실 직업 놀이학습		– 분업의 개념과 직업의 다양화
4) 화폐 만들기 놀이학습		– 물자교환의 필요와 화폐
5) 입장 바꾸어보기 놀이학습	≫ ≫ ≫	– 유통의 발달과 필요
6) 희소성 체험 놀이학습		– 무한한 욕망과 부족한 자원
7) 물건 경매 놀이학습		– 소비의 합리적인 선택 기준
8) 생산 놀이학습		– 여러 가지 생산 활동
9) 토의 놀이학습		– 합리적인 가계 운영
10) 은행 놀이학습		– 은행이 하는 일
11) 저축 광고 놀이학습		– 저축의 필요와 종류

〈그림 8-4〉 경제 영역 놀이학습의 실천

1) 브레인스토밍(Brainstorming) 놀이학습

활동준비									

놀이명	사고기능				적용단계			소요시간	자료
브레인스토밍 (brainstorming) 놀이학습	경제기본개념인지능력	경제문제대안탐색능력	경제문제의사결정능력	일반화도출능력	도입	전개	정리	20분	· 엄마의 가계부 · 가족사진, 학습지 · 색깔별 필기도구
	○				○	○			

놀이설명
브레인스토밍은 특정문제나 주제에 관한 아이디어를 창출해내기 위하여 고안된 기법이다. 이 방법은 학생들을 4~6명 정도의 집단으로 구성하고, 집단별로 창의적인 아이디어를 찾아내게 한다. 집단별 토의 시에는 각 집단별로 사회자와 기록자를 정하고 사회자에 의해 학습이 전개되도록 한다.

활동내용

학습주제	가계의 지출 내용
학습목표	브레인스토밍을 통해 가계의 지출 내용을 정리할 수 있다.

놀이모습	놀이절차
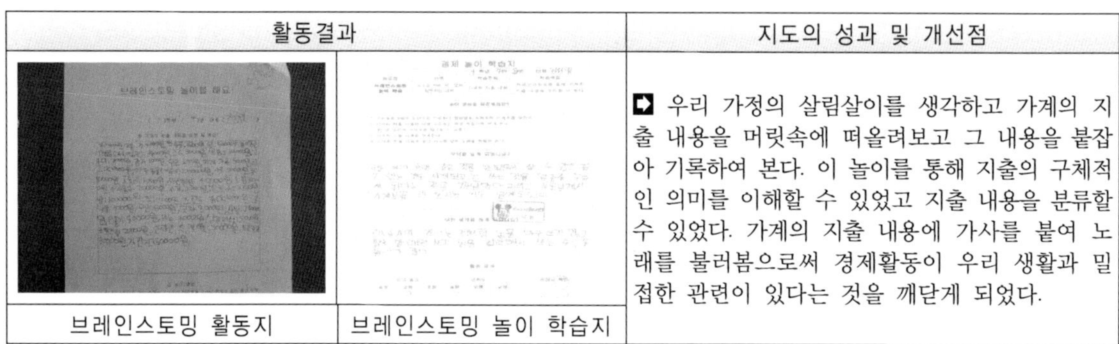	① 학생들을 6명의 집단으로 구성하고 집단별로 사회자와 기록자를 정한다. ② 가계의 지출 내용에 대해 떠오르는 대로 학습지에 적어본다(엄마의 가계부를 참고할 수 있음). ③ 가계의 지출 내용을 분류한다. ④ 가계의 지출 내용에 맞게 가사를 넣어 노래를 만들어본다.

활동결과

활동결과		지도의 성과 및 개선점
		➡ 우리 가정의 살림살이를 생각하고 가계의 지출 내용을 머릿속에 떠올려보고 그 내용을 붙잡아 기록하여 본다. 이 놀이를 통해 지출의 구체적인 의미를 이해할 수 있었고 지출 내용을 분류할 수 있었다. 가계의 지출 내용에 가사를 붙여 노래를 불러봄으로써 경제활동이 우리 생활과 밀접한 관련이 있다는 것을 깨닫게 되었다.
브레인스토밍 활동지	브레인스토밍 놀이 학습지	

2) 마인드맵(Mind Map) 놀이학습

활동준비

놀이명	사고기능				적용단계			소요시간	자료
마인드맵 (mind map) 놀이학습	경제기본개념인지능력	경제문제대안탐색능력	경제문제의사결정능력	일반화도출능력	도입	전개	정리	20분	· 학습지 · 색깔별 필기도구
	○				○	○			

놀이설명

마인드맵 놀이는 학습할 내용의 개념이나 목적을 더 잘 이해할 수 있도록 하는 사고기능과 새로운 정보를 저장하고 기억하고 활성화시키는 학습방법으로 시각적 형태와 그림을 통해 개념을 조직화하는 정보활용 기법이다. 마인드맵 활동을 통해 공공재의 종류를 개념에 따라 분류하고 점수화함으로써 학습내용에 대한 이해를 쉽게 할 수 있다.

활동내용

학습주제	공공재의 개념과 종류
학습목표	마인드맵을 통해 공공재의 개념과 종류를 알 수 있다.

활동모습

놀이모습	놀이절차
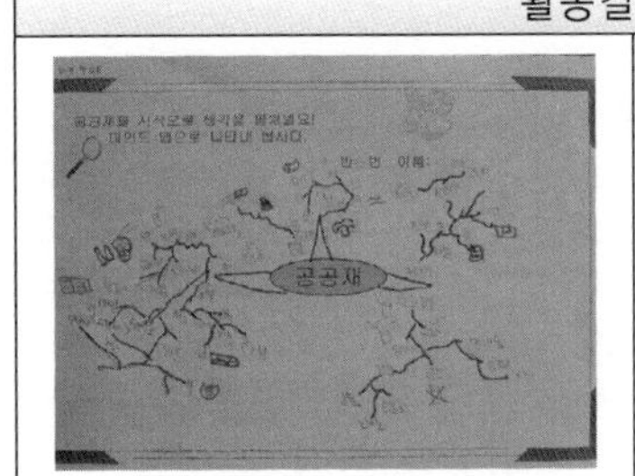	① 학생들을 4명의 집단으로 구성하고 집단별로 기록자를 정한다. ② 공공재의 개념에 따라 다양한 형태로 맵핑을 실시한다. ③ 공공재에 해당하는 내용들이 같은 수준의 그물에 있는지 확인하며 발표한다. ④ 공공재의 사용방법에 대해 이어 말하기를 한다.

활동결과

활동결과		지도의 성과 및 개선점
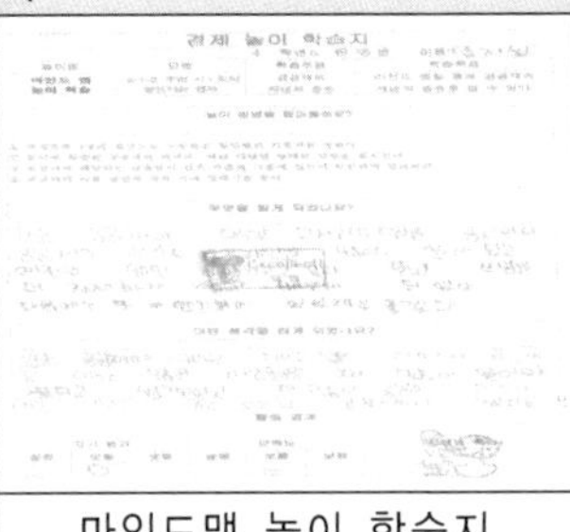		➡ 우리 생활 주변에 있는 다양한 공공재를 마인드맵을 통해 분류하고 그 개념을 이해할 수 있었다. 같은 항목별로 분류하는 활동을 통해 공공재의 종류가 다양하다는 것을 깨달을 수 있었고 그것들의 공통점을 살펴봄으로써 공공재의 개념을 저절로 알 수 있었다.
마인드맵 활동지	마인드맵 놀이 학습지	

3) 교실 직업 놀이학습

활동준비

놀이명	사고기능				적용단계			소요시간	자료
교실 직업 놀이학습	경제기본개념인지능력	경제문제대안탐색능력	경제문제의사결정능력	일반화도출능력	도입	전개	정리	20분	· 전지, 사인펜
		○			○	○			

놀이설명

교실 직업 놀이학습은 교실 직업의 종류와 하는 일을 소개하고 임금이 주어지는 교실 직업을 정한다. 교사는 임금이 주어지는 까닭을 설명하고 학급에서 필요한 일들을 고려하여 직업의 종류를 결정한다. 학생들에게 각 직업이 하는 일을 설명한 후 학급의 학생 수와 업무량을 고려하여 각 직업에 필요한 직원 수를 적당히 결정한다.

활동내용

학습주제	분업의 개념과 직업의 다양화
학습목표	교실 직업 놀이를 통해 분업의 개념과 직업의 다양성에 대해 이해할 수 있다.

놀이모습	놀이절차
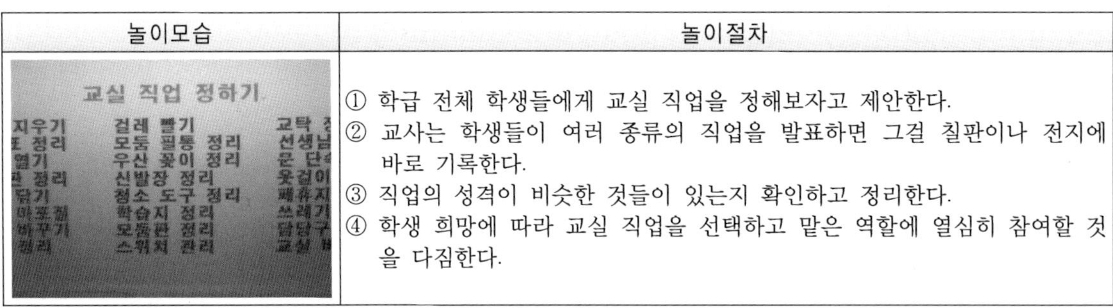

활동결과		지도의 성과 및 개선점
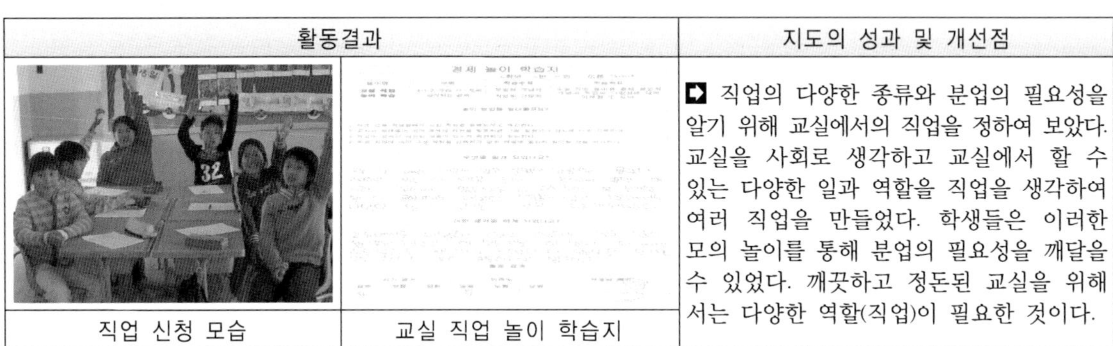		➡ 직업의 다양한 종류와 분업의 필요성을 알기 위해 교실에서의 직업을 정하여 보았다. 교실을 사회로 생각하고 교실에서 할 수 있는 다양한 일과 역할을 직업을 생각하여 여러 직업을 만들었다. 학생들은 이러한 모의 놀이를 통해 분업의 필요성을 깨달을 수 있었다. 깨끗하고 정돈된 교실을 위해서는 다양한 역할(직업)이 필요한 것이다.
직업 신청 모습	교실 직업 놀이 학습지	

4) 화폐 만들기 놀이학습

놀이명	사고기능				적용단계			소요시간	자료
	경제기본개념인지능력	경제문제대안탐색능력	경제문제의사결정능력	일반화도출능력	도입	전개	정리		
화폐 만들기 놀이학습			○			○	○	30분	· 색상지, A4 용지 · 색깔 필기구, 가위

먼저 교사는 학생들에게 화폐의 기능에 대해 설명한다. 화폐는 거래(교환)를 쉽게 하기 위해 사용되고 화폐가 없다면 물물교환으로 이루어질 것이며, 물물교환의 불편함이 무엇인지 학생들과 이야기할 수 있다. 이러한 화폐의 필요성을 생각하며 실제로 화폐를 만들어 본다. 화폐의 액면금액 가짓수를 결정하고 화폐의 액면금액을 정한다. 마지막으로 다 함께 화폐를 디자인하고 가장 훌륭한 화폐를 선택한다.

학습주제	물자교환의 필요와 화폐
학습목표	화폐 만들기 놀이를 통해 물자교환의 필요성을 이해할 수 있다.

<table>
<tr><th colspan="2" align="center">활동모습</th></tr>
<tr><td align="center">놀이모습</td><td align="center">놀이절차</td></tr>
<tr><td>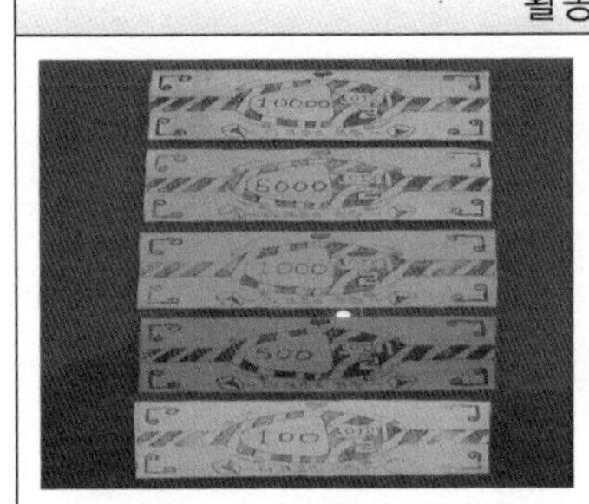</td><td>① 빈 화폐 양식을 학생들에게 나누어 준다(화폐 이름을 정한 후 실시).
② 우리 반(나라)에서만 쓰일 수 있는 화폐를 디자인한다.
③ 모든 학생들이 만든 화폐를 전지에 붙이고 가장 훌륭한 작품에 스티커를 붙이도록 한다.
④ 스티커가 가장 많이 붙은 화폐 디자인을 우리 반(나라) 화폐로 사용하기로 약속한다.</td></tr>
</table>

<table>
<tr><th colspan="3" align="center">활동결과</th></tr>
<tr><td colspan="2" align="center">활동결과</td><td align="center">지도의 성과 및 개선점</td></tr>
<tr><td align="center">액면가 별 교실 화폐</td><td align="center">화폐 만들기 놀이 학습지</td><td>▶ 우리 반에서만 쓰일 수 있는 화폐를 만들어 보았다. 이 놀이를 하기 전에 먼저 우리 반을 나라로 생각하고 나라 이름을 정하여 보았다. 학생들은 화폐 만드는 활동 자체에 많은 흥미를 나타냈다. 화폐를 만들고 액면가도 정해 보았다. 학생들은 화폐가 물자교환을 위해 편리하게 사용될 수 있다는 것을 알았고 이 화폐가 앞으로 경매 놀이 및 생산 놀이에 사용된다고 예고하면서 경제 놀이에 대한 관심을 높였다.</td></tr>
</table>

5) 입장 바꾸어보기 놀이학습

<table>
<tr><th colspan="9" align="center">활동준비</th></tr>
<tr><td rowspan="2" align="center">놀이명</td><td colspan="4" align="center">사고기능</td><td colspan="3" align="center">적용단계</td><td rowspan="2" align="center">소요시간</td><td rowspan="2" align="center">자료</td></tr>
<tr><td align="center">경제기본개념인지능력</td><td align="center">경제문제대안탐색능력</td><td align="center">경제문제의사결정능력</td><td align="center">일반화도출능력</td><td align="center">도입</td><td align="center">전개</td><td align="center">정리</td></tr>
<tr><td align="center">입장 바꾸어보기 놀이학습</td><td></td><td></td><td align="center">○</td><td></td><td align="center">○</td><td align="center">○</td><td></td><td align="center">30분</td><td>· 역할 머리띠
· 학습지</td></tr>
</table>

<table>
<tr><th align="center">놀이설명</th></tr>
<tr><td>입장 바꾸어 보기 놀이학습은 역할놀이 형태를 기본으로 한다. 소집단에 학습내용 관련 예화를 들려주고 이에 대해 역할을 선택하여 각자의 입장에서 어떤 생각과 말을 전할 수 있는지 실연한다. 놀이를 마치면 상대방의 입장에서 다시 한번 연기해보면서 학습내용에 대한 이해를 깊게 할 수 있다.</td></tr>
</table>

<table>
<tr><th colspan="2" align="center">활동내용</th></tr>
</table>

<table>
<tr><td align="center">학습주제</td><td align="center">유통의 발달과 필요</td></tr>
<tr><td align="center">학습목표</td><td align="center">입장 바꾸어 보기 놀이를 통해 유통의 개념과 과정을 알 수 있다.</td></tr>
</table>

놀이모습	놀이절차
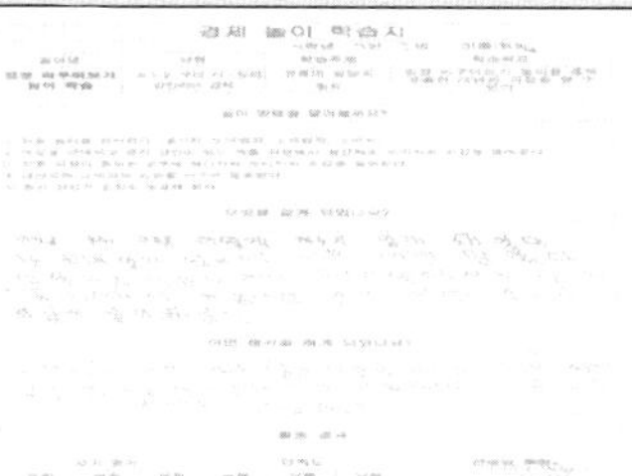	① 역할 놀이를 준비한다(생산자, 도매업자, 소매업자, 소비자). ② 역할을 선택하고 중간 상인이 있는 유통과정에서 생산자와 소비자의 소감을 들어본다. ③ 유통과정이 줄어든 경우에 생산자와 소비자의 소감을 들어본다. ④ 생산자와 소비자의 입장을 바꾸어 발표한다. ⑤ 중간 상인의 입장도 발표해본다.

활동결과

활동결과		지도의 성과 및 개선점
유통과정에 대한 역할 놀이 장면	입장 바꾸어 보기 놀이 학습지	▶ 생산자, 도매업자, 소매업자, 소비자의 역할을 정하고 놀이를 하면서 학생들은 유통의 의미를 확실히 알 수 있었다. 서로의 입장을 바꾸어 보면서 입장마다 생각과 의도가 달라질 수 있다는 것을 알았고 소비자의 입장에서 유통과정이 어떻게 변화되어야 이득인가를 발표하였다. 유통과정이 줄어들면 소비자와 생산자가 이익을 볼 수 있다는 것을 깨달았다.

6) 희소성 체험 놀이학습

활동준비

놀이명	사고기능				적용단계			소요시간	자료
	경제기본개념인지능력	경제문제대안탐색능력	경제문제의사결정능력	일반화도출능력	도입	전개	정리		
희소성 체험 놀이학습	○				○	○		30분	· 전지, 사인펜 · 학습지

놀이설명

교사는 학생들이 좋아하는, 갖고 싶어 하는 물건을 한 가지 선택한다. 물건을 제시하고 갖고 싶어 하는 학생은 손을 들게 한다. 갖고 싶은 학생은 많은 데 비해 물건이 적은 상황임을 인식시킨다. 다수가 갖기를 원하는 소수의 물건을 누구에게 줄지를 결정하는 좋은 의견을 발표하게 한 뒤 학생들이 제시하는 다양한 방법들을 차례로 전지에 적는다. 각 방법들의 장점과 단점을 생각하고 발표하고 토론하게 한다. 모든 사람을 만족시켜 주는 해결방법은 없다는 사실을 통해 희소성의 개념을 이해할 수 있다.

활동내용

학습주제	무한한 욕망과 부족한 자원
학습목표	희소성 체험 놀이를 통해 경제라는 개념이 생겨난 이유와 필요성을 알 수 있다.

활동모습

놀이모습	놀이절차
	① 교사는 학생들에게 줄 상품을 준비한다(필기도구, 공책, 인형 등). ② 학생들에게 몇 개의 상품을 준다고 예고하고 받을 수 있는 방법을 함께 알아본다(제비뽑기, 사다리 등). ③ 학생들이 발표한 방법의 장단점을 살펴보고 좋은 방법을 선택한다. ④ 선택한 방법에 따라 유한한 상품이 소수의 학생들에게 제공된다.

활동결과

활동결과		지도의 성과 및 개선점
	희소성 체험 놀이 학습지	▣ 희소성이라는 개념은 경제활동이 생겨난 근본적인 이유이다. 4학년 학생들에게 이처럼 중요한 희소성의 개념을 이해하기 쉽게 하기 위해 희소성 체험 놀이를 하였다. 유한한 샤프를 갖기 위한 학생들의 욕망을 해결하는 방법을 학생활동 중심으로 전개하면서 학생들은 문제 해결을 위한 다양한 의견을 발표할 수 있었고 합리적인 의사결정의 경험을 하였다. 샤프 갖기 활동을 통해 희소성을 이해하였다.
샤프 갖기를 희망하는 학생 모습		

7) 물건 경매 놀이학습

활동준비

놀이명	사고기능				적용단계			소요시간	자료
	경제기본개념인지능력	경제문제대안탐색능력	경제문제의 사결정능력	일반화 도출능력	도입	전개	정리		
물건 경매 놀이학습		○				○		30분	· 경매 물건, 화폐 · 마이크, 실물화상기

놀이설명

경매 놀이학습은 물건은 한 가지인데 사려는(갖고자 하는) 사람이 여럿일 때, 소유할 사람을 정하기 위한 방법 가운데 하나이다. 물건을 사기 위해 지불할 가격을 제시하고 가장 높은 가격을 제시한 사람이 물건의 소유주가 된다. 교사는 경매원칙을 설명하고 시작 가격을 제시한 뒤 사회자를 뽑고 경매활동을 시작한다. 먼저 교사가 경매를 주관하고(경매품, 사회자 역할) 다음 차시에는 학생들이 직접 경매인이 되어 자신이 준비한 물건을 경매할 것임을 알린다. 경매 놀이의 통화는 교실 직업을 통해 벌어들인 교실 화폐이다.

활동내용

학습주제	소비의 합리적인 선택 기준
학습목표	경매 놀이를 통해 소비의 합리적인 선택 기준을 깨닫고 이를 실천할 수 있다.

<table>
<tr><td colspan="2" align="center">활동모습</td></tr>
<tr><td align="center">놀이모습</td><td align="center">놀이절차</td></tr>
<tr><td></td><td>① 경매에 참가를 희망한 학생들은 경매품을 준비한다(전 차시 예고).
② 경매를 진행할 사회자를 뽑는다.
③ 학생들은 직업 활동을 통해 벌어들인 화폐로 경매에 참가할 수 있다. 참가 희망순서에 따라 경매를 진행한다.
④ 사회자는 경매품을 설명하고 낙찰가를 발표한다.
⑤ 낙찰된 학생은 경매품을 받는다.</td></tr>
</table>

<table>
<tr><td colspan="3" align="center">활동결과</td></tr>
<tr><td colspan="2" align="center">활동결과</td><td align="center">지도의 성과 및 개선점</td></tr>
<tr><td align="center">경매품을 낙찰 받은 학생 모습</td><td align="center">물건 경매 놀이 학습지</td><td>▣ 이 활동을 하기 위해 전 차시에 직업 선택하기와 화폐 만들기를 하였다. 학생들은 직업 활동을 통해 우리 학급(나라)에서만 쓰이는 화폐를 벌었고 경매품을 살 수 있게 되었다. 전 시간에 경매 놀이를 안내하고 경매 참가자와 사회자를 뽑은 뒤 경매 놀이를 하였다. 학생들이 경매품을 사고 싶은 욕구가 높아질수록 경매품의 가격은 올라갔고 이를 통해 사고 싶은 욕구와 자신의 경제 상황을 실제로 고려하는 능력과 합리적인 소비 태도를 기를 수 있었다.</td></tr>
</table>

8) 생산 놀이학습

<table>
<tr><td colspan="10" align="center">활동준비</td></tr>
<tr><td align="center">놀이명</td><td colspan="4" align="center">사고기능</td><td colspan="3" align="center">적용단계</td><td align="center">소요시간</td><td align="center">자료</td></tr>
<tr><td rowspan="2" align="center">생산
놀이학습</td><td align="center">경제기본개념인지능력</td><td align="center">경제문제대안탐색능력</td><td align="center">경제문제의사결정능력</td><td align="center">일반화도출능력</td><td align="center">도입</td><td align="center">전개</td><td align="center">정리</td><td rowspan="2" align="center">30분</td><td rowspan="2">· 색종이, 가위, 도화지, 풀, 끈 등의 물건 만들기 재료</td></tr>
<tr><td></td><td align="center">○</td><td></td><td></td><td align="center">○</td><td align="center">○</td><td align="center">○</td></tr>
<tr><td colspan="10" align="center">놀이설명</td></tr>
<tr><td colspan="10">먼저 사업 구상 학습지에 사업 아이디어를 정리한다. 모두 기록을 마치면 학습지를 보고 차례로 발표하게 한다. 사업명, 유망하다고 생각한 이유, 주요 고객층 등을 발표한다. 사업에 대해 서로의 의견을 주고받은 후 모둠의 사업 방향이 결정되면 상품 만들기를 시작한다. 재료를 이용하여 판매하고자 하는 상품을 제작하고 어느 정도 시간이 지나면 시장을 열어 만든 상품을 광고하고 판매하도록 한다. 학생들은 생산 놀이학습을 통해 생산의 개념은 물론 시장과 거래, 부가가치에 대한 이해를 체득할 수 있다.</td></tr>
</table>

<table>
<tr><td colspan="2" align="center">활동내용</td></tr>
<tr><td align="center">학습주제</td><td align="center">여러 가지 생산활동</td></tr>
<tr><td align="center">학습목표</td><td align="center">물건을 직접 생산하는 놀이를 통해 생산활동의 의미를 파악할 수 있다.</td></tr>
</table>

활동모습

놀이모습	놀이절차
	① 모둠마다 만들 물건을 구상한다. ② 교사는 학생들이 준비해온 준비물 외에 학습자료(색종이, 도화지, 풀, 가위 등)를 제공한다. ③ 모둠마다 팔 수 있는 상품을 제작한다(종이가방, 책갈피 등). ④ 만든 제품을 홍보하기 위해 광고지를 제작한다. ⑤ 모둠마다 생산품을 광고한다.

활동결과

활동결과		지도의 성과 및 개선점
상품을 만드는 모습	생산 놀이 학습지	❏ 경매 놀이는 사전에 경매품을 준비하여 활동을 하였지만 이번 생산 놀이는 소비 가치가 있는 생산품을 모둠별로 한 가지씩 만들고 홍보하여 판매하도록 하였다. 상품을 만들 수 있다는 생각에 아이들은 흥분하였다. 이 놀이를 통해 생산을 위해서는 재료(자원)와 노동력이 필요하다는 것을 알 수 있었다. 이 놀이는 사회시간만으로 진행하기보다 미술과 학습과 통합하여 실시하면 더 효과적일 것이다.

9) 토의 놀이학습

활동준비

놀이명	사고기능				적용단계			소요시간	자료
	경제기본개념인지능력	경제문제대안탐색능력	경제문제의사결정능력	일반화도출능력	도입	전개	정리		
토의 놀이학습				○		○		30분	· 토의 학습지

놀이설명

토의 놀이 학습에는 토의, 협상, 토론 그리고 역할극의 방법이 있고 특히 대립되는 주제를 갖고 상대와 토의 또는 토론의 과정을 거치도록 짜인 놀이로 경제학습에도 적용될 수 있다. 토의 놀이는 준비 및 진행에 있어 세심한 주의가 요구된다. 특히 초등학교에서는 사전에 아동들의 토의 능력 수준이 어느 정도 갖춰져 있어야 놀이에 성공을 보장할 수 있다. 합리적인 가계 운영을 토의 놀이로 전개할 때는 그룹활동으로 한 집단 내의 각 아동이 서로 다른 가계의 인물을 맡고 집단 내의 다른 아동과 상호작용하는 것으로 그룹활동은 집단 내 상호작용이 활발하다는 점에서 합리적 의사결정능력을 높일 수 있다.

활동내용

학습주제	합리적인 가계 운영
학습목표	토의 놀이를 통해 합리적인 가계 운영 방안에 대해 설명할 수 있다.

활동모습

놀이모습	놀이절차
	① 6인 1모둠에 학습주제와 관련된 예화를 제시한다. ② 학생들은 가계의 구성원들의 대화를 읽고 합리적 가계운영에 대한 다양한 의견을 주고받는다. ③ 가계 구성원의 입장에서 그 역할에 맞는 의견을 내세우며 활발히 상호작용한다. ④ 합리적인 가계운영이라는 토의 문제에 대해 의사결정지에 함께 나눈 의견을 정리하고 우선순위를 매겨 토의 결과를 서로 확인한다.

활동결과

활동결과		지도의 성과 및 개선점
  토의 근거를 정리하는 모습	토의 놀이 학습지	▣ 학생들이 가계의 구성원이 되어 합리적으로 가계를 운영하기 위한 방안을 토의해 고 갈등상황을 이해하고 갈등상황에 따른 문보았다. 먼저 의사결정지에 나온 예시를 읽제를 해결하기 위한 최선의 방법을 토의과정을 통해 결정하였다. 같은 갈등상황에서 모둠마다 의사결정지에 나타난 선택은 모두 달랐다.

10) 은행 놀이 학습

활동준비

놀이명	사고기능				적용단계			소요시간	자료
은행 놀이학습	경제기본개념인지능력	경제문제대안탐색능력	경제문제의사결정능력	일반화도출능력	도입	전개	정리	30분	· 역할 머리띠, 학습지
	○					○			

놀이설명

은행 놀이 학습은 역할놀이 형태를 기본으로 한다. 학습주제인 은행이 하는 일을 흥미롭게, 알기 쉽게 이해하기 위해 학생들이 직접 은행에서 일하시는 분들과 은행을 이용하는 사람들의 역할을 맡아서 모둠별로 실연해본다. 역할 놀이를 하기 전 수업활동으로 은행이 하는 일에 대한 VOD자료를 투입하면 놀이학습에 더욱 효과적이다.

활동내용

학습주제	은행이 하는 일
학습목표	은행 놀이를 통해 은행이 하는 일을 이야기할 수 있다.

놀이모습	놀이절차
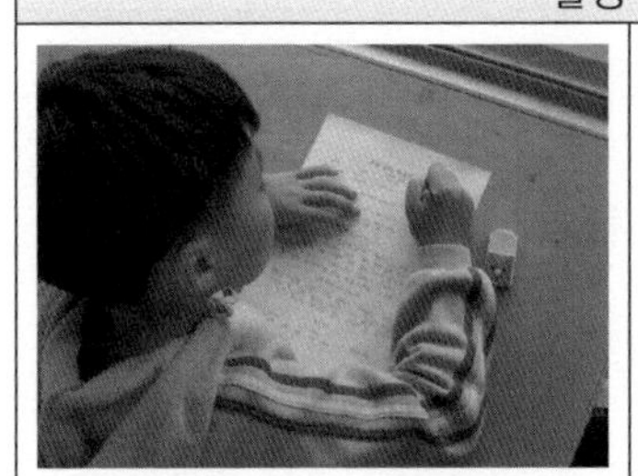	① 전 차시 과제를 통해 은행이 하는 일을 알아보고 학습지에 정리한다(관련 VOD로 대체 가능). ② 모둠마다 역할을 정한다. ③ 은행에서 일하시는 분과 은행을 이용하는 사람들의 역할을 선택한다. ④ 은행이 하는 놀이 학습지에 정리하여 배운 내용을 상기한다.

활동결과

활동결과		지도의 성과 및 개선점
놀이 학습지 정리	은행 놀이 학습지	➡ 학생들이 은행에 가본 경험과 학습내용을 활용하여 모둠별로 역할극 대본을 만들어보고 역할극을 해보도록 하였다. 은행 직원과 은행을 이용하는 시민들의 대화 내용을 통해 학생들은 은행이 하는 일을 체험하였다. 저축하는 사람과 대출을 받으려는 사람들의 은행 이용 목적을 통해 은행이 하는 일을 구체적으로 알 수 있었고 은행을 이용하여 얻을 수 있는 이점에 대해서도 알 수 있었다.

11) 저축 광고 놀이학습

활동준비

놀이 명	사고기능				적용단계			소요시간	자료
	경제기본개념인지능력	경제문제대안탐색능력	경제문제의사결정능력	일반화도출능력	도입	전개	정리		
저축 광고 놀이학습		○				○		30분	· 도화지, 색깔 필기구, 가위, 풀 등

놀이설명

기업은 자신의 물건을 더 많이 팔고, 소비자에게 중요한 정보를 알려주기 위해 광고를 한다는 것을 일러주면서 은행도 마찬가지인 것을 알게 한다. 학생들은 이 놀이학습을 통해 우리나라 은행들이 하고 있는 저축 광고의 예를 보여줌으로써 광고 전략을 이해하고 더불어 저축의 필요와 종류에 대해서 알 수 있다.

활동내용

학습주제	저축의 필요와 종류
학습목표	저축 광고 놀이를 통해 저축의 필요성과 종류를 알 수 있다.

놀이모습	놀이절차
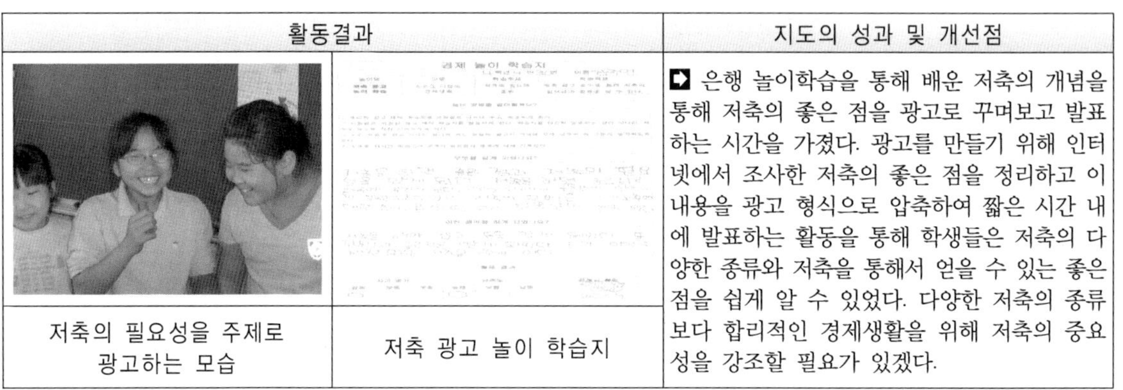	① 준비한 광고 제작 학습지를 모둠별로 나누어주고, 작성하게 한다. ② 모둠별로 작성한 광고 제작 학습지를 발표하게 한다. 학습지를 단순히 발표하는 것이 아니라, 제작한 광고를 직접 시연하도록 한다. ③ 모든 모둠의 광고 시연이 끝나면 어느 모둠의 광고가 기억에 오래 남으며 왜 그런지 생각하도록 한다. ④ 발표를 마치면 학습지에 저축의 필요성과 종류에 대해 기록한다.

활동결과		지도의 성과 및 개선점
저축의 필요성을 주제로 광고하는 모습	저축 광고 놀이 학습지	➡ 은행 놀이학습을 통해 배운 저축의 개념을 통해 저축의 좋은 점을 광고로 꾸며보고 발표하는 시간을 가졌다. 광고를 만들기 위해 인터넷에서 조사한 저축의 좋은 점을 정리하고 이 내용을 광고 형식으로 압축하여 짧은 시간 내에 발표하는 활동을 통해 학생들은 저축의 다양한 종류와 저축을 통해서 얻을 수 있는 좋은 점을 쉽게 알 수 있었다. 다양한 저축의 종류보다 합리적인 경제생활을 위해 저축의 중요성을 강조할 필요가 있겠다.

Ⅳ. 결론

일반적으로 학생들의 학습태도가 진지하고 수업활동이 활기를 띠며 왕성한 발표력과 질문 등으로 수업이 성공적으로 이루어지는 경우의 수업을 분석해보면 수업과정이 대부분 그들이 좋아하는 놀이 활동으로 이루어지고 있음을 알 수 있다. 이렇게 놀이는 학생들로 하여금 수업에 적극적으로 참여하게 하는 원동력이 되며 여러 가지 방법으로 학습할 수 있도록 도움을 준다.

놀이학습을 통한 사회과 수업의 개선이라는 주제로 아이들과 함께 사회과 놀이학습을 실천하면서 순간마다 보람을 느낀 적도 있고 놀이를 위한 놀이가 되지는 않았는지 반성할 기회도 가끔 있었다. 보람과 반성의 시간을 겪으면서 앞으로 사회과 놀이학습의 바람직한 방향을 생각해볼 수 있었다.

첫째, 학생들의 선의의 경쟁과 협동을 통해 공동의 목표에 도달하려는 태도가 신장되었다.

둘째, 놀이에서 요구하는 조건에 적합한 활동을 하려는 특성을 나타내었다.

학생들은 무슨 활동을 어떻게 해야 하는지에 대한 문제인식을 정확히 하기 위해 주의 깊게 활동조건을 알아내려고 하였다. 또한 문제를 올바르게 이해하려는 집중력 있는 태도를 보여주었다.

셋째, 학생들은 친구와 함께 놀이하는 동안 놀이에서 요구하는 조건에 알맞은 활동을 할 수 있도록 상호 간 대화하고 협력하는 모습을 나타내었다.

상호 간의 대화나 활동은 개념적 반성자로서의 역할을 하여 불완전하거나 잘못 이해한 개념을 이해하는 데 도움을 주었다.

넷째, 교사가 직접 자신의 게임을 설계하는 일이 매력적이긴 하나 과다한 시간 소비, 실패에 따른 좌절감, 많은 비용, 제작상의 어려움 등 문제가 있다. 이런 측면에서 본 연구는 4학년 사회 교과육정을 재구성하여 사회수업에 다양한 놀이학습을 적용, 응용함으로써 운영의 효율성을 높였다.

다섯째, 스스로 알아가게 하는 학습이므로 시간이 많이 소요되었고, 게임에 필요한 준비물을 초기에는 많이 준비해야 하므로 어려움이 있었다.

여섯째, 사회수업에 대한 태도 및 성취도 신장을 통한 사회수업의 개선은 그 변화과정이 단기간에 이루어지는 것이 아니라 오랜 시간에 걸쳐서 다른 활동 및 상황들과 상호관련성을 맺으면서 계속해서 발전되는 역동적인 과정이라 할 수 있다. 이런 측면에서 놀이학습 상황에서의 사회수업 개선에 대한 연구는 시간적으로나 공간적으로 확대되어 이루어질 필요가 있겠다.

일곱째, 놀이를 통한 사회수업의 실천을 통해 사회수업 개선에 많은 긍정적인 효과를 얻었고 새로운 사회수업에 대하여 어느 정도 시사점을 제공하였다. 이에 더불어 정확한 효과 검증을 위해 양적 데이터를 분석하여 일반화할 필요가 있겠다.

여덟째, 사회수업 시간마다 다양한 방법으로 투입할 수 있는 놀이학습 자료를 개발하여 활용한다면 학생들이 사회수업에 더욱 흥미와 관심을 가지게 될 것이다.

아홉째, 구체적 조작기의 학생들에게 수업의 효과를 극대화시키기 위해서는 사회과 수업에도 다양한 실물자료가 개발되어 현장교육 개선을 위해 활용되어야 한다.

열째, 놀이에 대해 지나친 경쟁심을 갖고 있는 아동 간에 다툼을 통제할 수 있는 적절한 해결방안을 충분히 고려해야 할 것이다.

*연구자 성명 : 윤 영 식

소속/직위 : 인천 인천신광초등학교 교사

e-mail : te777yun@hanmail.net

C · P : 010-2329-5763

제**9**장

통일교육의 활성화 방안과 교수학습 방법론 연구

<요 약>

통일을 대비한 교육방향을 제시함으로써 통일 후에 국민들의 삶의 질을 향상시킬 수 있는 인간교육을 중심으로 민주시민 교육방향과 민족공동체가 탄탄하게 이룩되기 위한 방안으로 통일에 대한 기본적 지식과 이해력을 이론적인 수준에서 터득하고, 장차 통일에 대한 논의와 의사결정에 책임 있는 구성원으로서의 역할을 수행할 수 있도록 통일교육 활성화 방안과 교수학습 방법을 통하여 건전한 민주시민 육성에 기여한다.

21세기 세계화 시대에는 우리는 한반도의 평화통일을 이룩하기 위해 함께 노력하여야 한다.

[주제어] 통일교육, 학교 통일교육, 통일교육 지도방법, 통일교육 활성화

Ⅰ. 서론

전쟁 없는 평화통일, 남북한 국민의 자주에 의한, 남북한 국민을 위한 통일을 성취하기 위해서는 국제 조류의 변동에 역행하지 않고, 이를 이용해야 하며 남북한이 자족할 수 있는 통일의 조건이 성숙될 때까지 인내와 시간이 필요하다. 그러한 여건을 조성하기 위해 통일교육의 방안을 모색하는 일은 학교 교육에서 시급한 과제이다. 통일은 뜨거운 민족애, 냉철한 과학적 사고 그리고 지치지 않는 진취적 기상 없이는 성취되기 어려운 과제인 것이다.[1]

통일은 단순하게 남북한 사회를 기계적으로 접합시키는 것도 아니며 행정지역의 통합도 아니다. 또한 전쟁으로 북한을 해방시켜 성취될 것도 아니며, 현재의 북한 정권과 타협하여 이룰 수 있는 것도 아니다. 통일은 우리가 지켜야 할 자주, 민주의 기본원칙의 희생 없이 평화적으로 이룩해야 할 과정이므로 꾸준히 통일의 조건이 성숙되도록 노력하면서 추진할 수밖에 없는 오랜 시간을 요구하는 역사와의 투쟁이다.

어떤 상황에서 통일을 대비한 교육이 가능한가? 대내적으로 다음의 두 가지 조건이 갖추어질 때

---

1) 전라남도교육청, 통일의식 변화와 학교 통일교육 개선방안, 광주: 전라남도교육청, 2011.

비로소 우리가 원하는 통일이 가능해진다고 본다.

첫째, 남북한 체제경쟁에서 우리의 체제가 우월해야 한다.

둘째, 우리의 체제가 북한의 체제를 포용할 수 있는 유용성을 갖도록 조정되어야 하는 것이다. 이것은 남북한 체제의 양립성을 의미한다. 양립성(compatibility)은 서로 다른 체제 간에서도 가능할 수 있다. 우리의 사회체제 변화에 약간의 인위적인 방향 조정을 시도한다면 두 체제 간의 이질감을 줄이고 양립성을 높일 수 있다고 본다. 다만 어떤 방향으로 조정해 나가는 것이 바람직한지는 역시 주요한 연구과제로 남는다.

통일을 대비한 교육방향을 제시함으로써 통일 후에 국민들의 삶의 질을 향상시킬 수 있는 인간교육이 중심이 되고, 민주시민 교육방향으로 전개되어야 하며, 민족공동체가 탄탄하게 이룩되어야 하며 평화교육을 실시하여야 한다고 본다.

통일교육의 목적은 통일에 대한 기본적 지식과 이해력을 이론적인 수준에서 터득하고 장차 통일에 대한 논의와 의사결정에 책임 있는 구성원으로서의 역할을 수행할 수 있도록 준비시키는 것이다. 또 민족공동체 의식을 고양하여 통일을 앞당기며, 통일 이후에 나타날지 모를 문화지체 현상을 최소화하여 단순한 지리상의 통일이 아닌 한민족공동체의 안녕과 번영을 모색하는 그런 통일을 말하는 것이다. 따라서 "통일교육은 모든 국민들이 자유민주주의에 대한 신념과 민족공동체 의식, 건전한 안보관을 바탕으로 평화적 통일에 대한 공통의 인식과 태도를 형성해 나가기 위한 것(「통일교육지원법」 제2조)"으로 학교 통일교육의 목표는 집약될 수 있다. 이러한 정신을 바탕으로 하는 통일교육은 평화적 통일을 이룩하는 데 필요한 국민의 가치관과 태도의 함양을 위해 ① 자유민주주의와 민족공동체 의식을 바탕으로 바람직한 통일관 정립, ② 통일환경과 남북한 실상에 관한 객관적 이해와 건전한 안보관 확립, ③ 평화통일의 당위성과 통일실현 의지 함양을 목표로 하고 있다.

독일의 통일이 1990년에 이루어졌지만 서독의 각급 학교가 통일을 앞당기고 그에 대비하는 교육을 체계적으로 시작한 것은 그보다 훨씬 앞서 1978년이라는 사실은 우리에게 중요한 의미를 시사해 준다. 서독은 1978년에 연방정부가 통일을 위한 교육지침을 공포하여 각급 학교로 하여금 통일의 당위성과 필요성을 가르치고 동독 주민들의 생활과 동독에 관한 제반 사실들을 가르치기 시작하였다. 그렇게 함으로써 평화적이고도 원만한 통일에의 의지를 국민들에게 심는 한편, 동독에 대한 이해를 넓혀 나갔다. 이렇게 일찍부터 교육적 대비를 한 독일도 제도상의 통일에 병행하는 정신문화적 통일이 이루어지지 못함으로써 독일인들 스스로가 마음의 통일을 이룩하기까지는 상당한 시간이 소요될 것이라고 내다보고 있다는 사실에서 우리는 통일교육을 통한 통일문화의 창조가 얼마나 중요한 것인가를 단적으로 알 수 있다. 그러므로 통일교육은 정책상의 뒷전에 놓여 있는 통일논의와 통일접근이라는 비현실적이며 비효율적인 것이 아닌 통일을 가능하게 만들고 언젠가 이룩될 통일을 지속시키고 강화시키는 가장 핵심적인 동인이라고 할 수 있다.

Ⅱ. 통일교육의 이론적 배경2)

「통일교육지원법」 제2조에서 통일교육에 대한 정의를 "통일교육은 모든 국민들이 자유민주주의에 대한 신념과 민족공동체 의식, 건전한 안보관을 바탕으로 평화적 통일에 대한 공통의 인식과 태도를 형성해 나가기 위한 것이다"라고 규정하고 있다. 제3조 1항에서의 통일교육 기본원칙을 "통일교육은 자유민주적 기본질서를 수호하고 평화적 통일을 지향하는 방향으로 실시되어야 한다"라고 규정하고 있다. 이러한 규정은 우리나라 헌법전문 내용에서 "조국의 평화적 통일의 사명에 입각하여 정의, 인도와 동포애로써 민족의 단결을 공고히 하고, 자율과 조화를 바탕으로 자유민주적 기본질서를 더욱 확고히 하여, …… 밖으로는 항구적인 세계평화와 인류공영에 이바지한다"와 헌법 제4조 "대한민국은 통일을 지향하며, 자유민주주의적 기본질서에 입각한 평화적 통일정책을 수립하고 이를 추진한다." 그리고 헌법 제5조 1항에서 "대한민국은 국제평화의 유지에 노력하고 침략적 전쟁을 부인한다"라는 정신을 바탕으로 하고 있다고 할 수 있다.

따라서 우리의 통일교육은 그 기초적인 준거이념으로서 자유민주주의, 민족주의, 평화주의에 입각한다고 할 수 있으며, 이것은 통일 이전 및 통일과정과 그리고 통일 이후를 포함한다고 할 수 있다. 본고에서는 통일교육의 준거이념으로 삼고 있는 자유민주주의와 민족주의 그리고 평화주의에 대한 내용을 살펴본다.

한편 통일교육의 이론적 배경으로 정치사회화를 근거를 삼는 것은, 통일교육은 정치교육의 한 영역이고, 정치교육을 넓은 의미로 해석하면 정치사회화와 같은 뜻으로 사용할 수 있으며, 좁은 의미로 해석하면 정치사회화의 하위개념으로 사용할 수 있기 때문이다. 정치교육은 정치적인 태도와 의식, 가치관의 성장 발달을 도모하는 사회화의 과정이다.

정치교육은 교육이라는 개념이 내포하듯이 인간의 자기 성장의 가능성을 전제로 하면서 정치적인 자아로서 인간의 성장을 도와주고 육성하는 의미를 가지고 있다. 즉, 정치적 자아의 성숙과 실현을 통하여 체제 속에서 개인의 의미를 발견하고 이를 발현해 나가는 것이다. 또한 정치교육은 하나의 이념과 체계 그리고 국가를 전제로 이루어지는 교육이기 때문에 그 국가만의 독특성이 가미되기 마련이다.

또한 정치교육은 체제의 안정에 기여하는 보수적인 기능과 체제의 변화와 발전을 촉진시키는 혁신적인 기능을 동시에 수행하는 양면성을 지니고 있다. 정치교육의 한 영역으로서 통일교육은 우리 사회의 정치교육의 특성을 반영한다고 할 수 있다.

반면 정치사회화는 체제가 요구하는 인간형을 주조하는 방식으로 학습이 이루어진다. 따라서 정치사회화는 주체의 일방적이고 획일적인 방법이 적용되는 학습형태를 말한다.

통일교육은 자신이 몸담고 있는 체제의 안정을 도모하면서 동시에 체제의 변화와 발전을 추구하며, 나아가 새로운 공동체 체제를 형성할 수 있는 제반 교육활동과 밀접한 관련을 갖는다. 체제의 구성원은 자신이 몸담고 있는 체제가 요구하는 가치관과 태도를 개인에게 내면화하듯이 개인은 자아의 성

---

2) 통일부, 「2011 통일교육 학교용 지침서」, 서울: 통일교육원, 2011.

장과 더불어 자율적 판단에 따라서 체제의 운영과정에 참여하고 문제점을 파악하여 수정이나 대체로 포함하는 변화를 요구하게 된다. 따라서 통일교육은 한편으로는 자신이 몸담고 있는 체제의 구성원 간의 상호작용(정치교육의 측면)이라고 할 수 있으며, 다른 한편으로 구성원의 발은 현재에 두되 시야는 미래를 바라보는 입장에 서서 이념과 체제를 초월하여 새롭게 창조될 민족공동체하에서의 체제와 체제 내적 환경 그리고 체제 외적 환경과의 상호작용(통일교육의 측면)이라고 할 수 있다.

이렇게 볼 때 통일교육의 내용에는 정치교육적 내용이 포함되어 있다고 볼 수 있다. 통일교육의 특성을 정치교육과의 관계에서 검토할 경우 과거의 반공교육과 승공통일교육, 안보교육, 통일안보교육은 주로 정치교육적 측면보다는 정치사회화의 측면이 강했다고 할 수 있다. 즉, 체제의 안정에 기여하는 보수적인 기능과 체제의 변화와 발전을 촉진시키는 혁신적인 기능을 동시에 수행하는 양면성을 포함하는 정치교육적 측면보다는 체제 내의 유지와 안정화, 재생산을 위한 정치사회화의 측면이 강했다고 볼 수 있다. 따라서 통일교육의 이론적 정립을 위하여 정치사회화 내용을 근거로 하여 이를 이론적 정립에 원용하였다.

그리고 학교통일이 어떻게 접근하여 변화하여 왔는지 특히 최근 북한핵실험으로 인하여 그 어느 때보다도 평화가 요구되는 시점으로 통일교육에 있어서 평화교육적으로 접근하는 방법에 대한 내용을 고찰하였다. 지금까지 우리는 통일교육에 있어서 '통일' 그 자체를 지나치게 전면에 내세우려고 했을 뿐, 사실상 통일과 밀접한 관련을 맺고 있는 평화, 민주주의, 관용, 존중, 차이에 대한 이해 등과 같은 가치에 대해서는 큰 관심을 기울이지 못했다.

뿐만 아니라 우리는 통일교육의 실행에 있어서 단편지식의 전수를 통해 평화통일의 필요성과 당위성을 내세웠을 뿐, 평화를 유지하고 만들어 갈 수 있는 학생들의 실질적 능력을 배양시켜 주는 데도 매우 소홀하였다. '과정'으로서의 통일을 중시하는 통일교육은 우리 사회 내부에 깊이 자리 잡고 있는 냉전문화를 극복하고 남북한의 공존공영 · 화해 · 협력문화를 창출할 것을 강조하고 있고 평화교육은 평화로운 개인과 평화로운 세계를 만들어내기 위한 시도이다. 이러한 맥락에서 통일교육은 바로 평화교육의 이념과 부합하게 된다고 하겠다.

1) 통일의 민족사적 의미

한민족은 1천 년 이상 하나의 생활공동체를 이루고 살아왔다. 같은 언어, 같은 전통문화를 지니고 동류의식을 가지고 생활을 같이 해왔다. 같은 언어 민족성원들은 모두 하나의 민족공동체의 구성원이라는 '우리 의식'을 가지고 살아왔다. 통일은 바로 이러한 민족공동체의 단일성 회복 '우리 의식' 단위의 단일성 회복이어야 한다. 이것이 바로 민족통일이다. 한민족은 신라의 삼국통일 이후 하나의 국가를 이루고 살아왔다. 그래서 한민족에게는 문화공동체, 민족공동체의 범위와 정치공동체의 범위가 일치한다. 한민족의 의식 속에는 국가와 민족이 하나로 새겨져 있다.

그러나 오늘날 세계에는 같은 민족이 복수국가를 이루고 사는 예는 많고, 또한 반대로 복수민족이 하나의 국가를 이루고 사는 예도 많다. 즉, 민족과 국가의 범위가 일치하지 않은 경우가 허다하다. 그러나 한민족에게는 두 개 국가체제가 익숙하지 않다. 그래서 민족은 하나의 국가 속에서 살기를 희망한다. 남북한이 사회적 · 문화적 · 경제적 통합과 정치적 통일의 성취는 민족적인 과제의 완결을 의미하는 동시에 민족 전체가 도약을 위해서 새로운 출발선에 서게 됨을 의미한다.

통일은 결과론적으로 보면 남과 북의 체제를 통합하여 하나로 만드는 일이지만, 의미상으로는 미래의 시간 속에서 새로운 민족사를 창조하는 과정이라고 할 수 있다. 반세기 이상 가까이 떨어져 살아온 남과 북이 같은 민족이라는 인식 때문에 다시 하나로 합치게 되는 통일이 이루어진다면, 그것은 단순한 국토통일이 아니고 두 개의 정부를 하나로 만드는 국가통일일 수밖에 없다. 새로운 민족공동체를 만드는 일인 것이다.

2) 민족공동체 형성과 통일교육의 필요성

민족공동체는 민족과 공동체라는 개념의 합성어이다. 따라서 민족공동체는 민족과 공동체의 개념을 어떻게 정하는가에 따라서 그 의미가 달라질 수 있다.

민족의 개념은 여러 관점에서 다양하게 해석되고 있으나 민족이 형성되기 위해 갖추어야 할 요건과 관련하여 민족의 의미를 이해하는 방식과 다른 한 가지 측면은 민족의 형성시기와 관련하여 민족의 의미를 설명하는 방식이다. 이러한 두 가지 측면을 종합해보면, 민족은 객관적 요소로서 혈연, 지연, 언어, 생활양식, 역사, 정치, 경제 등을 공동으로 하며, 그 기초 위에 주관적 요소인 민족의식이 형성되어 더욱 공고하게 결합된 인간집단이라고 할 수 있다. 그리고 이들 제반 요인을 모두 갖춘 형태가 '1민족 1국가'의 형태이다.

민족의 개념을 이와 같이 규정할 수 있으나, 우리 민족의 경우에 있어서 민족의 의미는 또 다른 느낌을 던져 준다. 우리 민족의 구성요소는 이미 단군조선에서부터 갖추어져 있었다고 하면서 단군의 자손으로서 민족일체감을 강조하였다. 요컨대 우리 민족에 있어서는 단군의 자손이라는 혈연적 유대감이 민족을 결속시킴에 있어 그 무엇보다도 강하게 작용하고 있다. 이러한 혈연 중심적 사고는 유교적 정신과 결부되어 민족의식도 자연스럽게 친족의식, 씨족의식, 동포애로 발전되어 우리 민족의 경우 '너'와 '나'라는 개인주의적 사고가 아닌 '우리'라는 강한 운명공동체 의식을 지니게 된다.

따라서 민족공동체란 동질적인 혈연관계를 바탕으로 남북한 주민들 간에 다양한 교류와 접촉이 이루어져 호혜적인 인간관계가 성립되고, 동질적인 신념체계와 가치관을 공유하며 민족의 공동선에 대한 합의가 이루어지는 공동체라고 정의할 수 있다. 이러한 민족공동체는 명실 공히 구성원들 간의 통합을 전제로 하여 유지되는 것이다. 따라서 민족공동체 형성은 구성원들이 민족의식과 국가목표의 추구에 있어 공감대적 가치관을 형성할 때 가능해진다. 민족의식은 민족적 동질성을 기반으로 성립된다. 민족공동체를 성립시키기까지 각 민족의 역사적 경험이 천차만별이듯이 그들이 지니는 민족의식 또한 다양한 내용을 지닌다.

또한 민족공동체는 구성원들의 문화적 동질성을 바탕으로 사회의 각 기능을 국가 차원의 통합된 수준으로 유지시키며, 민족번영의 공동체적 목표 아래 사회갈등을 해소할 수 있게 되어 더욱 강력한 통합의 수준을 유지한다. 결과적으로 민족공동체 형성에 있어서 가장 중요한 것은 문화적 동질성의 유지와 사회적 통합이라고 할 수 있다. 이런 의미에서 민족공동체는 통합이 전제되어야 한다. 즉, 우리는 민족공동체를 지향하는 단계에서 남과 북의 갈라진 구성원들이 민족통일을 평화적·점진적으로 추진하기 위하여 민족공동체 의식을 회복해야 한다는 것이다. 이러한 민족공동체 의식의 회복을

통해서 남과 북은 민족공동체의 통합을 추진할 수 있는 근거를 마련하게 된다.[3]

궁극적으로 통일은 민족동질성을 바탕으로 공동의 현실적 목적을 지향하는 새로운 민족공동체의 형성을 뜻한다. 남북한의 경우 민족공동체 형성은 민족의 동질성을 재창조하는 일과 정치 · 경제 · 사회적 지향에 대해 공통된 가치관을 추구해야 하는 미래적 과제를 포함한다.

따라서 우리의 통일교육은 우선 민족공동체 형성을 위한 민족동질성 회복에 노력해야 할 것이다. 통일교육은 지난 반세기 동안 지속하여온 남북분단을 하루속히 극복하여 자유와 복지가 민족구성원 모두에게 골고루 실현되는 통일국가를 완성하고, 더 나아가 해외동포를 포함한 한민족공동체의 통합을 이루기 위해서, 이에 요구되는 지식, 태도, 가치관, 사고와 논의능력 및 행위규범과 절차를 이해하고 습득하는 교육을 말한다. 그리고 통일교육은 분단의 장기화로 인하여 이질화된 문화에서 빚어지는 갈등을 해결하고, 이념과 체제의 상이를 초월하여 남북한이 함께 공유할 수 있는 통일문화로 사회문화의 변동을 선도해 나가는 역할을 수행한다.

과거 남북 간 교류와 협력이 양적 · 질적으로 모두 확대, 발전되고 있는 상황을 고려할 때 통일은 역사적 당위성을 넘어 실현 가능한 현실로 다가오고 있다. 그러나 청소년들은 분단의 문제를 체험적으로 느끼지 못하고 있을 뿐 아니라, 통일문제에 대한 가치관과 태도도 기성세대와는 많은 차이를 보이고 있는 실정이다.

통일시대를 이끌어 갈 통일세대의 주역으로서 이들에게 통일에 대한 부정적 시각을 극복하게 하고, 통일의 당위성 인식과 통일의지를 확립하게 하며, 통일시대를 대비한 통일역량을 강화시켜 주어야 할 것이다. 즉, 우리 청소년들에게 통일의식을 일깨우고, 객관적 판단능력을 신장시키며, 평화와 통일을 일구어 갈 수 있는 실천의지와 능력을 갖추도록 해야 하는데 여기에 통일교육이 필요한 것이다.

Ⅲ. 통일교육의 이념적 기초[4]

1) 자유민주주의

자유민주주의(liberal democracy)는 자유주의와 민주주의가 합쳐져 하나의 정치 · 경제 · 사회질서를 가리킨다. 인간생활을 포괄하는 사상체계로서의 자유주의는 '개인의 자유'를 중심으로 사회 및 국가와의 관계 속에서 개인의 권리와 지위 규명에 집중한다. 자유민주주의는 중세의 봉건적 속박에서 벗어나서 시민 개개인의 사적 영역을 확보하는 가운데에서 성립하였다. 그러나 자본주의의 발달과 더불어 이러한 소극적 자유는 국가를 통한 '자아실현' 내지 '최저생존권의 보장' 등 인간적 삶의 실현을 위한 적극적 자유로 전화되었고, 이를 기반으로 '복지국가'의 전형이 이루어졌다. 한편 민주주의

---

3) 이용필, 「통일정책의 패러다임으로서의 민족공동체의 개념과 기능」, 『민족공동체 통일방안의 이론체계와 실천방향』(서울: 민족통일연구원, 1994), pp.63~69.

4) 조휘제, 「통일대비 학교통일교육 활성화 방안연구」(동국대학교 대학원 박사학위논문, 2007).

는 보다 오랜 역사를 갖고 있다.

그리스의 고대 폴리스부터 기원한 민주주의는 플라톤과 아리스토텔레스의 정체 논의를 통하여 중요한 하나의 정치형식으로 자리 잡았고, 근대 시민혁명을 통하여 '인민주권'의 원칙이 가장 최선의 정치제도로 확립된 것이다. 이러한 두 가지 상이한 원리는 자유를 추구하되 인간의 존엄성에 기반을 둔 타인의 배려를 의무시한 자유민주주의로 종합되었다. 따라서 자유민주주의는 합리적인 개인의 영역을 최대한 확보함과 동시에 타인의 영역을 존중하고 침범하지 아니하는 원칙으로서 자리 잡게 되었다.

자유민주주의는 먼저 개개인의 삶을 중시한다. 그것은 '인간의 존엄성'을 제1의 원칙으로 설정한 것에서 충분히 입증된다. 그러므로 자유민주주의는 인간을 최우선시한다. 인간적 삶이 가장 중요하므로 인간의 창의성과 노력이 존중된다. 인간이 목적이므로 다른 모든 것은 인간을 위할 수 있거나 인간의 가치에 도움이 될 경우에만 인정된다. 이러한 인간관이 자연히 사회관을 결정한다. 사회는 존중받는 개개인이 어울려서 이루어지는 것으로 절대로 개개인 위에 군림하지 않는다.

그런데 자유민주주의에서의 개인은 합리적이므로 타인을 배려한다. 당연히 서로의 이합집산을 통해 집단을 형성하게 되고 이러한 집단은 어느 정도는 자율적으로 균형과 견제를 이행한다. 사유재산은 이러한 합리적 개인이 경제생활을 영위하고 자아를 실현하는 좋은 수단이다.

반면에 공산주의는 개개인의 삶보다 '전체로서의 평등한 삶'을 중시한다. 그것은 '인간의 존엄성'을 제1의 원칙으로 설정한 자유민주주의와는 달리 '인간의 소외'를 극복하는 공산주의의 필연적 사명 아래 계급적 사명감 속에서 함몰되어 좌초된 '인간의 삶의 붕괴'에서 충분히 입증된다. 물질적 평등이 가장 중요시됨은 인간의 창의성과 노력보다 객관적·사회적 조건이 존중됨을 의미한다.

특히 계급적 인식 아래에서 개개인의 인간은 목적이 아닌 수단이므로 개인의 영역은 계급 전체의 목적에 도움이 될 경우에만 인정된다. 또한 사회는 존중받는 개개인에 기초하는 것이 아니라 이분법적 계급 전체로서 구조적 규정성을 갖고 개인들 위에 군림한다. 객관적이고 구조적인 조건을 형성하는 것이 결정적인 관건이므로 사적이익을 추구하는 이익집단의 형성은 배제되고 사회적 목적을 이루기 위한 수단으로서 동원되는 사회조직들이 위로부터 부과된다. 따라서 공산주의 사회에서는 개인이 근본적으로 부정되고 계급이라는 개념으로 통합된다. 당연히 계급적 고려만 있을 뿐이지 타인을 배려하지 않는다. 이러한 사회에서는 자율적인 집단의 존재가 불가능하고 중앙집권적이고 상의하달식의 위계적 조직만 존재하게 된다. 사회 전체가 집단적 삶을 향해 기계적으로 작동한다는 것이다. 그러므로 개인적 삶의 중요수단인 사유재산은 전체의 목적을 위한 장애가 되는 것이다.

따라서 자유 민주사회는 그 최종목표가 그 사회를 구성하고 있는 모든 사람의 복지를 증진하는 데 있으므로 가장 많은 사람에게 많은 행복을 가져다주려고 노력하지만, 공산주의의 독재자들은 대체로 자신의 생활을 영화롭게 하고 그 자리를 견고히 하며, 그 권력을 확대하려는 데 목표를 둔다. 더불어 자유 민주사회는 법이 지배하는 사회로서 법을 운용하는 사람이 법보다 우위에 있을 수 없지만, 독재사회에는 법은 어디까지나 형식적으로 독재자가 법 위에서 군림하고 있다. 자유민주주의 체제는 공산주의 체제하에서는 누릴 수 없는 자유를 향유할 수 있고 인간의 정신적 가치와 인권을 보장받으면서 누구에게나 주어지는 기회의 평등을 누린다.

아울러 국민의 총의로 만들어진 법의 테두리 안에서 개인의 풍요로운 삶과 행복을 추구하는 지구상의 모든 인류가 바라는 체제이다. 이제 이미 역사는 돌이킬 수 없는 과정에 들어갔다. 자유민주주의의 세계적 확산과 공산주의의 몰락은 더는 되돌릴 수 없는 대세가 되었다. 분명 자유민주주의 체계의 미래는 세계 인류의 미래상이다. 자유민주주의의 승리는 세계적인 흐름이다.

민주화라는 거시적 흐름이 이미 전 세계를 제패하고 마지막 남은 몇몇 국가들을 공략하고 있다. 이념적 우월성을 논하기 전에 벌써 현실은 그 승패를 확연히 보여 주고 있다. 공산권 어느 국가 할 것 없이 모두 경제적 실패와 정치적 독재로 인한 심각한 상태에 처해 있다. 서구를 비롯하여 거의 대부분 선진국가들은 예외 없이 정치적 민주주의와 경제적 자유주의를 신봉하며 실행하고 있다.

자유민주주의 승리는 역으로 비민주적 정권의 붕괴 내지 패배를 의미하며, 비민주적 정권의 전형인 현실사회주의(공산주의) 국가의 몰락 역시 맥락을 같이하는 현상이다. 냉전의 종식과 새로운 데탕트 이념을 초월한 새로운 지구촌적 협력 역시 현실사회주의가 붕괴하였기 때문에 보다 확실하게 다가올 수 있었다.

국가가 국민 개개인의 인권을 보장하지 못하면 오래 존립할 수 없으며, 인권을 유린하는 정권은 국민이 용납하지 않을 뿐만 아니라 전 세계 특히 자유민주주의권이 용납하지 않을 것이다. 이미 우월성을 인정받는 자유민주주의 국가에서 생활하고 있다는 보람과 긍지를 가지고 투철한 안보의식과 함께 자유민주주의를 발전시키는 주체는 국민이 되어야 한다. 이를 위해서 민주적 합의에 의해 만들어진 법과 질서를 준수하고 민주시민 의식을 고양시켜야 하며 우리는 체제의 우월성에 대한 자부심을 가지고 민주시민으로서 책임과 의무를 다해야 한다.

자유민주주는 개인의 자유를 보장하는 정치적 민주주의와 평등 및 복지에 기본가치를 두는 사회경제적 의미의 민주주의를 교대로 추구하며 인간의 삶의 질을 높이는 데 노력해왔다.

통일교육은 자유민주주의 사회에서의 민주시민 교육과 상호 밀접한 관계가 있다. 통일을 앞당기기 위해서는 민주시민 교육이 요구되고, 민주시민 사회를 형성시키기 위해서는 통일을 앞당기기 위한 노력도 필요한 것이다. 즉, 민주시민의 육성은 우리 국민의 통일역량을 강화하는 데 기여할 뿐만 아니라 통일과정과 통일 이후의 민주국가 건설에도 매우 중요한 일이다. 따라서 민주시민 교육은 통일교육에 있어 하나의 하위영역이자 중요한 토대가 되는 교육이라고 볼 수 있다.[5]

2) 민족주의

민족주의는 민족개념을 매개로 하는 사상적 · 운동적 사조로 현대사회의 단합의 토대를 이루고 있고, 권위의 주장을 정당화하는 정치적 신조이다. 민족주의는 존재하거나 존재를 희망하는 민족국가의 압도적 민족에게 최고의 충성을 집중한다. 민족국가는 자연적이고 정상적인 정치조직이라고 간주될 뿐 아니라, 사회 · 문화 · 경제적 활동에 필수적인 틀이라고 생각한다.

그러나 민족주의와 민족국가는 상대적으로 최근의 역사적 발전이다. 18세기 이전에는 알려지지 않았던 민족주의는 북서유럽과 북아메리카에서 발원하여 전 지구상으로 급속히 번져가 20세기 중반에는 현대역사의 보편적인 사상적 힘이 되었다. 민주주의, 파시즘, 공산주의 같은 서로 상반되는 이

---

5) 오기성, 『통일교육론』(서울: 양서원, 2005), p.77.

데올로기가 서로 자기가 민족주의라고 주장하였다.

19세기가 유럽의 민족주의시대라고 한다면, 20세기는 민족주의가 범지구적 차원에서 전환되었다. 민족주의의 여러 형태에 어떤 특징이 있다고 해도 각각은 사회구조, 지적전통, 문화사 그리고 지리적 위치에 따라 다른 조건하에서 형성되었다. 그러므로 이러한 매우 복합적인 현상을 이해하기 위해서는 다양한 형태의 민족주의의 비교연구와 여러 학문의 공동연구가 필요하다.

민족주의란 원래 민족의 단위와 국가의 단위를 일치시키려는 정치원리로서 역사적 산물인 민족과 국가는 제각기 그 생성과정이 다양한 데다 민족주의에 대한 인식이 학자마다 다르므로 그 개념은 다의적일 수밖에 없다고 본다. 민족주의에 대한 여러 학자들의 견해에 의하면 우선 차기벽은 민족주의를 구성하는 지표를 10가지로 제시하고 있는데, 분단 40여 년 동안 체제우위 경쟁에 일관해온 남북한 관계를 제로섬(zero−sum) 게임으로 비생산적인 적대관계가 빚은 '공동손실의 시대'였다고 한다면, 이제 남북한의 평화공존과 상호 협력을 통한 '공동이익의 시대'로의 전환은 민족통일을 해방 후 제일 과제로 삼는 한국민족주의의 절실한 염원이라고 표현하고 있다.[6]

Anthony D. Smith는 민족주의란 민족을 구성하는 일부 성원에 의해 민족이라고 간주하는 사람들을 위해 자치−통일−정체성의 획득과 유지를 위한 이데올로기적 운동이라고 제시하면서 이러한 개념 정의를 통해 민족주의의 기본적 이상을 민족의 정체성, 민족의 통일, 민족의 자치로 설명한다.

이규호는 "민족주의라는 개념이 나타난 것은 아마 가까운 과거의 일이겠지만 실제로 민족주의가 문제 된 것은 인류가 문화의 역사를 창조하면서 국가라고 하는 공동체생활을 시작하면서부터의 일이라고 할 수 있다"[7]고 하면서 민족주의는 하나의 사회적인 대집단에 공동체 의식을 심어 주고 그러한 공동운명체에 특수한 가치를 부여하는 이데올로기의 기능이 중요하며, 민족주의가 바로 하나의 사회적인 대집단을 통합하고 그것을 다른 집단들로부터 구분하는 그러한 이데올로기라고 하였다. 그리고 언어 · 혈통 · 문화 · 국적 등의 증표들 안에 담긴 그리고 대집단을 구분하고 통합하면서 공동생활을 가능하게 하는 가치관 · 인생관 · 역사관 · 규범들 등의 체계로서의 이데올로기 그것이 민족주의라는 것이다. 아울러 이데올로기의 민족주의는 시대와 그 사회가 처한 상황에 따라서 공동의 언어 또는 혈통, 공동의 문화 또는 공동의 국적을 내세울 수가 있으며, 언어 · 문화 · 국적 · 혈통 등 네 가지 증표들 중에서 어느 것이 중요시되고 어느 것이 뒤로 물러나게 되느냐에 따라서 민족주의의 여러 가지 성격들이 나타날 수 있다고 한다.

여기서 한국민족주의에 대한 내용을 간략하게 살펴보면, 한국민족주의의 전개과정은 크게 해방을 전후하여 분단시대 이전까지에 해당하는 전기적 단계의 민족주의와 그리고 후기적 단계에 해당하는 분단시대의 민족주의로 대별하고 전자를 (1) 척사론에 나타난 원초적 민족주의, (2) 동학농민혁명과 의병운동으로 나타난 저항적 민족주의, (3) 신채호의 사상과 실천 속에서 구현된 민중적 민족주의, (4) 좌우익의 민족주의와 민족국가 건설론으로 구분하고, 후자를 (1) 해방 후 '계급에 앞서는 민족' 이념으로서 신민족주의, (2) 분단국가주의로 자리 잡은 국가주의적 민족주의, (3) 민족해방론과 관련한 민중민주주의로 구분하여 설명할 수 있다.[8] 근대 한국에서는 국난 시에 침략에 저항하고 독립을

---

6) 차기벽, 「민족주의적 시각에서 본 한반도 통일」, 『대한민국학술원 논문집』(제29집, 인문사회과학 편, 1990), p.354.

7) 이규호, 『정치교육과 통일교육』(서울: 문우사, 1997), p.252.

8) 조민, 「한국민족주의 연구」(서울: 민족통일연구원, 1994), pp.60~61.

추구하는 저항적 민족주의가 성행하였다. 저항적 민족주의는 평화적 열린 민족주의 성취를 위한 최소한의 조건을 확보하기 위한 한시적 민족주의의 양태로 보아야 할 것이다.

한국의 민족주의는 서양의 합리적 민주주의와는 또 다른 성격을 내포하고 있는 것이다. 또한 서양의 민족주의가 민족을 형성하고 팽창하고자 하는 추력으로 작동한 반면, 한국의 민족주의는 민족을 보전하고 민족의 번영을 구가하고자 하는 추력으로 작동하였다.

한편 북한에서의 민족주의 개념에 대해서 살펴보면, 김일성(1991)은 "원래 민족주의는 민족의 리익을 옹호하는 진보적 사상으로 발생하였습니다. 자본주의가 발달하고 부르주아가 반동적 지배계급으로 되면서 민족주의가 자본가 계급의 이익을 옹호하는 사상적 도구로 되었습니다. 부르주아 민족주의는 진정으로 민족의 이익을 옹호하는 참다운 민족주의와는 대치되는 사상입니다. 정신노동을 하든 육체노동을 하든 자기 민족을 위하여 유익한 일을 하는 사람이라야 참다운 민족주의자가 될 수 있습니다. 단일 민족국가인 우리나라에 있어서 진정한 민족주의는 곧 애국주의로 됩니다"라고 하여 부르주아 민족주의와 대치된 개념으로 참다운 민족주의라는 의미를 사용했다.9)

1986년 김정일은 조선민족제일주의를 제시하면서 조선민족제일주의에 대하여 조선민족의 위대성에 대한 긍지와 자부심, 조선민족의 위대성을 더욱 빛내어 나가려는 높은 자각과 의지로 발현되는 숭고한 사상 감정이라고 하였다. 이후에 북한은 '민족중시' 및 '우리 민족끼리'라는 용어를 주로 사용하고 있는데, 예컨대 2007년 북한 신년사에서 "올해에 온 겨레는 민족중시, 평화수호, 단합실현으로 6 · 15 통일시대를 빛내어 나가자는 구호를 높이 들고나가야 한다. 민족중시의 립장을 확고히 견지해야 한다", "북남관계와 조국통일 운동을 철저히 '우리 민족끼리' 리념에 맞게 발전 공고화해 나가야 한다" 등이다.

다른 한편으로 민족주의는 현실적으로 민족주의에 대한 비판적 이해가 역시 상존하고 있다. 제2차 세계대전 이후 학문 및 지식사회는 민족, 민족의식, 민족주의의 종언이라는 성급한 판단을 내렸고 민족주의를 논의의 대상으로 삼는 것은 국제화 · 세계화시대에 시대착오적이고 진부한 지적 · 사상적인 접근인 것으로 여겨지게 되었고,10) 오늘날 국제사회는 글로벌시대, 세계화 · 국제화시대에 접어들면서 민족주의를 국제화에 反하는 정도로 인식되었다. Smith는 민족주의에 대한 비판자들의 주장에 대해 이를 지적 · 인종적 · 지정학적 요인으로 분석하고 민족주의의 긍정적 측면을 강조한다.

통일의 당위성 앞에서 민주주의도 사회주의도 민족주의에 그 정신적 · 이념적인 사상과 가치의 기조를 구해야 할 시점에 이르렀다. 이는 곧 민족주의적인 민주주의와 민족주의적인 사회주의가 되어야 한다는 뜻이며, 이러한 관점에서 비록 민족주의에 대한 비판적 이해가 상존하지만 무엇보다 우리는 분단국가로서 한민족이라는 동질성 회복을 위하여 동질성 인식이 필요하다는 것을 인식할 필요가 있다. 따라서 민족공동체 의식 형성에 보다 중점을 두어 퇴색되어 가는 민족공동체 의식의 회복을 위한 노력이 먼저 이루어져야 한다.

식민주의와 제국주의에 대한 민족주의의 승리가 베트남의 통일을 가져왔고, 전체주의와 사회주의에 대한 민주주의의 승리가 독일의 통일을 가져왔다. 우리나라에서는 부도덕과 무질서에 대한 질적

---

9) 김영수, 「북한의 정치문화: 주체문화와 전통정치문화」(서강대학교 대학원 박사학위논문, 1992), pp.90~91.

10) 김대환, 『통일을 위한 민족주의 이념』(서울: 을유문화사, 1993), p.51.

으로 보장된 도덕의 승리만이 평화적인 통일을 가져올 것이고 통일을 위해서는 군사적인 힘에 의한 안전의 보장 아래서의 대화가 필수적이다.

통일교육은 공동체주의적 가치에 기초하여 갈라져 있는 남북한에 한민족의 역사와 문화적 전통이 여전히 잔존해 있고 이를 다시 복원해내야 하며, 통일을 만들어 가는 과정이나 통일 이후에도 공동체의 다른 구성원들에 대한 책임감 및 배려와 같은 정서의 계발에 역점을 두여야 할 것이다.

3) 평화주의

우리는 1953년 7월 27일 정전 이래 반세기가 지나도록 휴전상태를 유지하고 있다. 우리는 지금 평화 아닌 평화를 누리고 있는데 이것은 진정한 평화라고 할 수 없다. 휴전체제 상태이기에 항상 전쟁의 위협에 놓여 있다. 진정한 평화란 오직 평화적 통일을 달성한 후 어떠한 전쟁의 위험도 그리고 전쟁이 없는 상태를 유지하는 것을 말한다고 할 수 있다.

평화의 개념은 전쟁과 갈등이 없는 상태로 실천해 나가는 것으로 볼 수 있다. 희랍어의 어원에 의하면 평화는 전쟁의 종식을 의미한다. 히브리어로 평화를 뜻하는 샬롬(shalom)은 인간, 영혼과 육체, 공동체의 안정된 상태를 의미한다. 또한 평화의 의미는 공정하고 균등하고 조화시킨다는 의미의 평(平)과 음악에서 여러 가지 소리를 골고루 잘 조화시키는 것을 뜻하는 화(和)가 결합된 것이다.[11]

평화는 인류가 보편적으로 추구해온 이상이면서 동시에 각 사회가 처한 특수한 상황과 맥락에 의해 이해되는 경우도 있다. 평화의 개념은 한마디로 정의하기란 쉽지 않다. 즉, 평화는 사실적 개념이 아니라 가치적 개념이기 때문에 '무엇을 평화로 이해하느냐' 따라 개념 규정이 달라진다. 이에 대해 볼딩(K. E. Boulding)은 "평화라는 말은 너무나 다양한 의미를 지니고 있기 때문에 이에 대한 학문적 접근이 어렵다"고 지적하였다. 하지만 이러한 개념 정의상의 어려움에도 불구하고 우리는 평화에 대해 연구한 세계적 평화연구자인 요한 갈퉁(Johan Galtung)에 따르면, 평화란 먼저 전쟁이 없는 상태로서 이는 '소극적 의미의 평화'라고 하였다.

일반적으로 평화의 의미를 우리는 소극적 의미와 적극적 의미로 구분하여 볼 수 있다. '소극적 의미의 평화'란 전쟁이 없는 상태의 유지, 즉 이제까지 우리가 이해하고 있던 평화의 개념이다. 이에 비해 '적극적 의미의 평화'란 전쟁이 없을 뿐만 아니라 '삶의 조건들', 즉 '사람답게 살 수 있는 조건들(환경)'이 조성되어 있는 상태를 의미한다.[12]

평화는 동전의 양면처럼 전쟁과 갈등관계에서 존재한다. 사회적 갈등현상에서 문제는 생각의 차이에 있는 것이 아니라, 다른 생각을 가진 사람이나 집단이 서로 어떻게 관계를 가질 것인가에 있다. 생각이 다른 사람들이 다른 생각에 기초해서 공존할 수 있는 관계를 만드는 것이 '공존의 원리'인데 이를 어떻게 만들어 가느냐에 있다. 다름의 인정을 사회적 가치관으로 만들고 관용이 넘치는 성숙한 사회를 만들어 가야 한다. 다름을 인정하고 관용을 발전시켜 가는 태도나 인식의 훈련은 통일을 만들어 가고 통일 이후를 대비하는 가장 훌륭한 방편이 될 것이다.[13] 관용에 기초해서 다름을

---

11) 박찬석 외, 『통일교육론』(서울: 백의, 2000), p.84.

12) 강성위, 『평화의 철학』; 김태길 외, 『현대사회와 철학』(서울: 문학과지성사, 1987), p.339.

13) 오기성, 『통일교육론』(서울: 양서원, 2005), p.73.

인식할 때 비로소 공존이 가능해지게 된다. 평화주의는 갈등의 이해, 다름의 인정과 관용의 수용 등이 오랫동안 서로 적대의식 속에 살아왔던 남과 북이 통일을 만들어 가는 과정에 유용한 역할을 할 수 있다.

평화주의에 기초한 통일교육은 무엇보다도 전쟁의 방지와 평화를 만들어 가는 데 관심을 갖도록 할 것이다. 즉, 아직 휴전상태로 서로에 대한 불신을 갖고 상대방의 정체성을 인정하지 못하고 있는 남북한관계에서 가장 일차적인 문제라고 할 수 있는 전쟁이라고 하는 폭력적 현상을 어떻게 하면 방지할 것인가에 대해 관심을 갖도록 할 것이다.

지금까지 분단체제를 유지하는 한 요소였던 대립일변도의 우리 사회 반공이데올로기와 북한의 폐쇄적인 주체사상에 입각한 대남적화 혁명 전략은 우리 민족을 구속해왔던 구조적 폭력이었다. 우리 민족 모두를 끊임없이 전쟁의 가능성이라는 폭력적 현상 속에 내몰아온 민족적 차원의 폭력구조였다. 이제 통일교육은 이러한 조직화되고 구조되어 있는 갈등과 폭력의 원인을 규명하고 평화통일을 추구할 수 있는 능력을 성장세대들에게 길러주지 않으면 안 될 것이다.[14]

Ⅳ. 학교 통일교육의 실천과제와 방향

1) 통일교육의 실천과제

첫째, 통일이라는 최종목표로 가는 과정에 있어서 남북관계의 이중성을 어떻게 조화롭게 인식시킬 것인가를 생각해야 한다.

둘째, 안보위협의 대상이면서 동포라는 상호 모순된 관점의 북한을 어떻게 학생들의 수준에 맞추어 이해시킬 것인가? 예를 들면 땅굴견학과 금강산 관광의 상충성 등을 생각해본다.

셋째, 민족자주의식과 주변국들과 특히 미국과의 공조 필요성을 어떻게 조화롭게 이해시킬 것인가?

넷째, 상호 배치되는 자유민주주의 이념의 강조와 북한과의 통일 논의를 어떻게 이해시킬 것인가?

다섯째, 일부에서 강조되고 있는 민주시민교육, 다문화교육, 평화교육, 민족교육 등의 방법론들과 통일교육의 관계를 어떻게 정립할 것인가?

여섯째, 청소년들의 통일 무관심과 개인주의적 사고방식을 어떻게 극복할 것인가?

일곱째, 가치 규범적인 통일교육을 어떻게 학생들의 생활문화에 스며들게 할 것인가?

2) 통일교육의 방향

(1) 우리의 통일에 대비한 교육은 민족동질성 회복을 위한 교육이어야 한다. 반세기 이상 서로 다른 역사관, 국가관, 인간관을 갖고 있는 체제에서 살고 있던 이산가족이 함께 모여 산다는 것이 그

---

14) 오기성, 상게서, p.74.

리 간단한 일은 아닐 것이다. 모든 교육과정의 구성에 있어서 우리는 현재 남북으로 갈라져 살고 있으나 언젠가는 함께 살아가야 될 하나의 민족이라는 당위적 사실에 대한 강조가 필요하다. 즉, 북한주민들은 더는 '공산주의적 괴물'이 아니며 우리와 같은 언어를 사용하고 있으며, 혈연공동체이며, 같은 민족문화의 특성을 공유하고 있는 하나의 민족이라는 사실에 대한 확인이 필요한 것이다. 이는 통일실현을 위한 전체적인 분위기 조성에는 물론 통일 이후에 각기 떨어져 지내던 우리가 함께 모여 하나의 공동체로서의 삶을 지속해 나가기 위한 기초를 다지기 위해 매우 필수적인 작업으로 간주된다.

(2) 통일을 대비한 교육이 필요하다. 통일을 대비한 교육은 자라나는 청소년들에게 북한의 실상을 정확히, 객관적으로 알게 함으로써 북한주민들의 생활을 잘 이해할 수 있게 하며, 동시에 그들이 갖고 있는 문제점을 스스로 인식하고 우리의 우월성을 확신케 할 수 있는 판단력과 비판능력을 배양할 수 있게 추진되어야 할 것이다. 이를 위해서는 교과서에 의한 일방적인 주입식 교육보다는 자유로운 북한 TV 시청과 라디오의 청취, 신문구독 등 방법이 가장 이상적으로 보이나 현실적으로는 매우 어려운 것이 오늘의 실정인 것이다. 따라서 비록 제한적이기는 하지만 KBS-TV의 「남북의 창」, MBC-TV의 「통일전망대」와 같은 프로그램의 활용이 바람직한 것으로 보인다. 그러나 이들 프로그램이 대체로 밤늦은 시간에 방영됨을 감안할 때 VCR을 적극 활용하여 학교에서 학생들이 시청할 수 있게 하여 주는 방안도 고려되어야 할 것이다.

또한 교육방송(EBS)에서도 북한의 실상을 정확히 이해하는 데 도움을 줄 수 있는 다양한 프로그램을 개발하여 방영한다면 더욱 효과적일 수 있을 것이다.

(3) 새로운 통일교육에서는 통일 이후의, 즉 통일된 대한민국의 미래상에 대한 제시가 매우 중요하다. 감정적 호소에 의한 통일에 대한 필요성이나 당위성을 강조하기보다는 통일이 될 경우 기대되는 경쟁적 군비 확충의 불필요성, 보다 고도의 경제성장의 가능성, 사회체제의 안정성, 이산가족의 합류 등과 같은 가시적 효과 측면을 이해시킴으로써 통일에 대한 기대감의 증진과 자연스러운 공감대 형성이 절실히 요구되는 것이다. 이는 우리 사회의 모든 구성원들의 합의하에 통일의 방향을 모색하고 수단을 강구하여 통일을 조기 실현시키기 위해 무엇보다 먼저 선행되어야 할 대전제인 것이다.

(4) 학교에서의 통일교육은 어떤 특정교과에만 국한되어 실시되어서는 아니 될 것이다. 통일교육은 각급 학교에서 관련 교과, 예컨대 도덕, 국어, 사회, 음악, 미술 등은 물론 각 교과목에서 일관성을 유지하며 상호 연계 속에서 보완적으로 실시되어야 한다. 이를 위해서는 실제 수업현장에서 다루어져야 될 주제 영역과 내용의 선정 및 체계적 편성과 관련하여 통일교육을 위한 교육과정의 구성이 이루어져야 할 것이며, 서독의 경우에서와 같이 구체적인 통일교육지침의 개발이 시급한 것으로 여겨진다.

(5) 학교 이외의 통일교육 또한 보다 강화되어야 할 것이다. 통일부, 민간단체에서는 각급 학교에서 독자적으로 계획하고 추진하기 어려운 통일교육 프로그램을 개발하여 청소년뿐만 아니라 일반 성인을 대상으로 확대 실시하여야 할 것이다. 최근 통일교육원에서 많은 자료를 보급하고 있으나 부족한 상태이며, 실질적인 교육자료를 활용할 수 있는 방안이 시급하며, 예컨대 휴전선 견학 기회의 확대, 북한을 정확히 이해할 수 있는 자료의 배포, 민족동질성 회복을 위해 필요한 자료의 개발 및 배포, 북한으로부터의 귀순자와의 대화 기회의 확대 등은 통일 실현을 위한, 그리고 통일 이후의 삶

에 대비한 교육의 효과 증진에 크게 기여할 것으로 사료된다. 분단을 극복하고 통일을 실현시키기 위해서는 북한의 사회현실과 변화에 대하여 좀 더 자세히 알아야 하며 이를 위해 북한지역에 대한 폭넓은 지식과 정보를 제공하는 것은 무엇보다 중요한 일인 것이다. 이를 위하여 학생과 성인들을 위한 통일교육센터와 같은 기구를 만들어 통일교육의 활성화와 심화에 주력하여야 할 것이다(최근 13개의 시·도 지역 통일관이 유지 운영되고 있음).

V. 통일교육의 활성화 방안15)

그러면 통일의식의 변화에 부응하고 급변하는 남북관계 그리고 통일을 대비하는 교육방안을 다각도로 모색해보고자 한다.

1) 통일교육의 성격 규정

먼저 통일교육의 성격을 다시 규정할 필요가 있다.

첫째, 통일교육은 기본교육(basic education)이다. 통일교육을 도덕과와 사회과에서 다루어야 할 교육과정의 부수적인 한 분야로 간주하는 경향이 있다. 물론 도덕, 사회과가 핵심교과임에는 틀림없으나, 다른 교과나 교과 외 활동이 통일교육과 무관하지는 않다. 따라서 통일교육은 학교교육과정 모든 측면에서 다루어야 할 기본교육이다.

둘째, 통일교육은 균형교육(balanced education)이다. 통일교육은 통일에 관한(about), 통일을 위한(for), 통일 내의(in) 교육이 균형을 이룸으로써 아는 것, 느끼는 것, 행동하는 것을 균형 있게 학습하도록 해야 한다.

셋째, 통일교육은 공동체교육이다. 통일은 분단의 아픔을 겪고 있는 남북한 동포들이 다시 '하나'를 추구하는 가치지향적 활동이다. 통일교육에 있어서 공동체 의식 형성이 가장 중심적인 이슈이다. 이것을 교실과 학교에서 공동체문화를 조성함으로써 시작된다고 할 수 있다.

넷째, 통일교육은 도덕교육(moral education)이다. 통일교육은 남북한 동포의 공동복리뿐만 아니라 세계 사회 속의 책임 있는 구성원으로서 인류 공동복리를 위한 노력에 적극 참여할 수 있는 사람을 길러내기 위한 교육이다.

다섯째, 통일교육은 적극적 평화교육(positive peace education)이다. 평화의 의미는 최근 폭넓게 해석하고 있다. 통일교육은 적극적인 평화를 위한 삶의 조건들에 대한 소양을 높이면서 동시에 그러한 삶의 조건들을 만들어 내기 위하여 실제적인 노력을 하는 사람을 만들어야 한다.

여섯째, 통일교육은 테크놀로지에 바탕을 둔 교육(technology-based education)이다. 우리 학생들은 하이퍼미디어 세대이다. 학자들에 의하면 귀로 들은 정보의 20%, 눈으로 본 정보의 30%, 눈과 귀의

---

15) 조정기, 「중등사회과의 통일교육에 관한 연구」, 박사학위논문, 2002.

50%에, 말한 정보의 80%, 말하고 직접 체험해본 정보의 90%를 기억한다고 한다. 멀티미디어를 이용한 교수기법이 효과적임을 단적으로 보여 주는 것이다. 컴퓨터 시뮬레이션을 통한 지도는 교과서에 의존한 지도보다 엄청난 차이가 있을 것이다.

2) 통일교육의 제 측면 고려

위와 같은 성격 아래 우선 다음 3가지 측면을 고려해야 한다.

(1) 교육 내용 측면

통일교육 내용은 학생들이 쉽게 접근하고 이해할 수 있는 일상생활에 관한 소재를 중심으로 구성해야 한다. 종래의 통일교육은 이념과 체제와 같은 추상적인 소재 중심으로 학생들에게 무비판적으로 수용하도록 하였다. 그러나 이러한 내용은 학생들에게 일상생활 속으로 파고들 수 있는 체험의 대상이거나 실천의 내용이 될 수 없는 지식이다. 또한 이러한 지식은 학생들에게 남북한의 차이점과 이질성을 크게 부각시키는 데에는 효과가 있으나 남북한의 동질성을 이해하는 데에는 어려움이 있고 북한에 대한 이질감만 지나치게 강조하게 될 우려를 안고 있다. 따라서 학생들의 호기심을 자극할 수 있고 거부감을 해소할 수 있는 소재로 통일교육을 실시하는 것이 좋을 것이다. 예를 들어 '북한 바로 알기 운동'이 좋은 예이다. 구체적으로 북한의 자연지리나 관광자원, 의식주 생활환경 및 문화 등을 중심으로 교육한다면 통일문제를 생활과 밀접하게 관련이 있는 구체적인 문제로 인식할 수 있을 것이다.

그러기 위해서는 통일 관련 정보가 더 풍부하게 공개되는 것이 선행되어야 한다. 그리고 일선 교사들이 손쉽게 접할 수 있도록 라인이 형성되어야 한다.

(2) 방법적 측면

급격하게 변화하는 통일환경에 관한 지식과 정보를 능동적으로 습득하고 이를 기초로 하여 정확하고 합리적인 판단을 할 수 있는 능력을 갖도록 함으로써 학생들이 자율적으로 문제사태를 분석하고 비판할 수 있도록 해야 한다. 또한 다양한 주장과 개방된 논의를 허용하고 이를 적극적으로 지도할 다양한 교수방법이 모색되어야 한다. 예컨대 북한이 인간적으로 살기에 불편한 측면도 있지만 찾아보면 편안한 측면도 있다는 사실을 인정할 수 있도록 해야 한다.

통일교육의 방법으로는 학습주제를 학생들의 관심사를 중심으로 학생들이 스스로 결정할 수 있도록 하고 집단토의를 통하여 각자가 가지고 있는 주장의 타당성과 합리성을 검토하도록 해야 하며 다양한 교육활동을 통하여 통일교육과 관련되는 주제를 다룰 수 있도록 한다. 한 가지 유의할 점은 철저하게 학생들의 자율적·자발적 참여동기를 고취시키면서 그에 따른 교사의 지도를 병행해야만 수동적인 통일교육의 틀을 벗어날 수 있다.

예컨대 북한의 언어를 학습주제로 삼는다면 먼저 교과서에서 학습한 내용을 토대로 북한과 통일문제에 관한 일반적인 원칙과 기본적인 시각을 확인하고, 북한 언어 사전을 통해서 남북 간 언어의 이질화 실태를 이해하게 한다. 그런 다음 북한 말 흉내 내기 또는 말하기 대회와 같은 체험학습을 통해 통일의지를 북돋을 수도 있고, 여건이 허용된다면 학생들이 오랫동안 느낌을 담을 수 있는 북한 영화(물론 북한 영화 대부분이 선전성이 강하지만)를 제한적이나마 보여 줌으로써 그들의 언어는 물론 살아가는 삶의 모습과 문화를 이해하면서 흥미를 가질 것이며 그들도 민족공동체의 한 일원임을 자연스럽게 이해하게 될 것이다.

(3) 사회환경적 측면

통일교육이 추상적인 통일운동에서 벗어나 건전하고 이성적인 통일관 형성에 기여하려면 무엇보다 어린 학생들을 과다한 경쟁으로 내모는 적자생존식의 비정상적인 교육열과 학교문화, 또 이기주의가 낳은 또 다른 형태의 배타주의, 그로 인한 인간관계의 파괴 내지는 적대적인 인간관계에서 바람직한 인간관계의 회복, 기성세대의 도덕적 정당성 확보, 이기주의 폐해 등을 극복해야 할 것이다. 더 나아가 통일이라는 본질을 뒤로한 채 사회현상이 사태를 지배하지 않도록 하는 바람직한 학교문화를 위해 모두가 함께 노력해야 할 것이다.

Ⅵ. 교육과정의 구성과 운영[16)

1) 교과서 편제에 있어서의 문제점과 극복

현행 교과서에서의 통일문제 단원은 맨 뒤에 있기 때문에 교과서 진도에 충실하다 보면 학년 말에 집중해서 다룰 수밖에 없다. 그러나 적어도 특정 계기에 맞춰 내용지도가 있어야 한다.

예컨대 현충일 전후(외침과 극복), 6·25 전후(한국전쟁의 원인, 과정, 교훈), 7·4 전후(남북대화과정), 방학 직후(8·15 해방과 분단) 그리고 추석 전후(남북한의 민속)에는 통일 관련 단원을 꼭 다루어 주어야 한다.

---

16) 「남북한 화해·협력을 위한 학교 통일교육의 실태분석을 통한 문제점 및 발전적 개선방안」(서울 오류남초등학교, 2003.8).

2) 개정 교육과정에 대비한 통일교육의 이해

(1) 교육과정에서 설정한 통일교육의 주제와 내용요소는 다음과 같다.

영역	내용요소
Ⅰ. 분단과 전쟁	· 분단과 전쟁의 배경 · 분단과 전쟁의 폐해 · 통일의 필요성
Ⅱ. 북한사회와 주민생활의 이해	· 북한의 정치 · 북한의 경제 · 북한의 사회 문화와 주민생활 · 북한의 교육과 청소년 생활
Ⅲ. 화해와 협력	· 통일을 위한 노력 · 남북교류 협력의 활성화 · 남북 간 인도적 해결 노력 · 안보교육
Ⅳ. 평화와 통일	· 통일여건 · 평화와 통일을 위한 자세 · 통일을 위한 우리의 준비 · 통일의 미래상

(2) 교과활동, 창의적 체험활동 시간의 조화

우선 교과활동 시간은 도덕, 사회 교과를 중심으로 수업방법 개선에 지속적인 노력을 한다. 내용구성을 개관하면 도덕과에서는 통일문제 전반에 걸쳐 체계적으로 구성하였고, 사회과의 '지리' 영역에서는 북한의 자연지리적 특성, 산업, 자원, 유물, 유적지 등에 관한 내용을 포함하고 있고, '일반사회' 영역에서는 북한의 정치, 경제, 사회, 문화적 현실 등을 반영하고 있다.

다음 '창체시간'을 충분히 활용한다. 창체시간 중 범교과활동으로써 통일교육, 민주시민교육, 인성교육, 환경교육, 경제교육 등 다양한 요소가 포함될 수 있다. 학교의 특성에 따라 다르겠지만 통일교육을 다른 영역과 연계하여 효율적인 지도가 요망된다.

자기 주도적 학습시간에는 주제 탐구활동이나 소집단 공동연구 활동에서 통일 관련 주제를 선정해 통일교육을 실시할 수 있다. 예컨대 북한의 정치, 경제, 사회, 문화 그리고 청소년 문제와 관련해 주제를 선정한다든지 통일과 관련된 주제로 학생들에게 관심 있는 시사적인 주제를 선정해 학생들 스스로 자료를 수집하고 토의하는 형태로 학습을 진행할 수 있다.

그다음 학급회의(HR) 시간을 이용한 통일교육도 다양하게 전개할 수 있다. 몇 가지 예를 든다면, 자치활동 중 민주시민 활동요소가 있는데 기존 교과내용에 구애받지 않고 통일에 관한 비교적 체계적인 교육을 실시할 수 있다. 또한 역할분담 활동을 통해 신문의 북한 관련 기사를 정리하고 스크랩북을 만들어 학생들에게 널리 보급할 수 있다. 그리고 행사활동 시간에도 '호국 보훈의 달' 계기에 맞춰 통일 백일장, 통일을 주제로 한 나의 주장 발표회 등의 학예행사를 통해 통일의식을 일깨울 수 있다.

3) 체험활동을 통한 통일교육

개정 교육과정은 위 활동 외에도 단위학교 교육에 있어서 변화를 줄 수 있다. 그 이유는 각 단위 학교별로 수준별 교육과정의 운영과 범교과적인 교육과정의 운영을 할 수 있다.

이러한 의미에서 학생활동 중심의 통일교육의 강화가 요구된다. 통일교육은 학생들의 흥미를 얻는 데 실패했다. 학교 통일교육은 학생의 일상적인 관심이나 자기 문제화하는 데 있어서 현실적이지 못하다. 통일교육은 주로 정치, 경제, 군사적 차원의 지극히 추상적인 목표를 설정함으로써 현실성이 결여되었다. 즉, 통일교육은 이념과 체제, 사상과 제도와 같은 추상적이거나 포괄적인 내용을 많이 다루어 왔다. 학생들은 그러한 내용을 단순 암기하여 무비판적으로 수용함으로써 시험에 대비하여 왔다. 따라서 학교 통일교육의 내용은 학생들의 일상생활과 학생들의 체험대상이나 실천의 대상에서 이루어져야 한다.

직접적으로 클럽활동을 통해 통일교육을 활성화할 수 없을지라도 감수성이 예민하고 호기심이 많은 학생들에게 적절한 동기유발을 할 수 있다. 예를 들면 향토조사반에서의 통일전망대나 땅굴견학이 가능하게 학교에서 지원할 수 있는 여건을 만들어 주거나, 예술계통의 미술반, 음악반 등을 통해 통일 관련 전시회나 음악회에 참여할 수 있는 공간을 형성할 수 있다. 또한 북한에 대해 정서적으로 접근할 수 있는 영화감상반에서도 통일과 북한을 다루는 데 노력하여야 한다. 영화나 영상자료를 통해 북한에 대한 뿌리 깊은 불신을 심어 주었던 반공영화에 대한 비평적인 인식도 할 수 있는 기회를 부여할 수 있을 것이다.

또한 구체적인 방법으로 통일 관련 학생 활동을 적극적으로 강화하여야 한다. 예를 들면 학생 중심의 통일가요제, 통일축제, 통일사이버문예대회, 통일캠프 등을 활성화할 수 있는 여건이 전개되어야 하며, 이러한 행사에 참여하는 학생들에게 학교생활기록부에 학생활동이 적극적으로 기록·수용될 수 있게 하여야 한다.

Ⅶ. 통일교육 지도방법

그러면 현장(주로 수업사태)에서 적용한 사례를 중심으로 몇 가지 방법을 소개한다.

1) 가상현실 체험학습(Simulation Learning)

가상현실 체험학습이란 현실적으로 체험이 불가능한 학습을 모의실험 학습형태로 체험하게 하는 학습으로서 컴퓨터 기법을 응용한 학습방법이라고 할 수 있다. 실제로 이러한 기법을 응용한 사례를 보면 항공, 실내운전, 건축설계 등 각 분야에서 응용되고 있는데 이를 통일교육 학습에도 적용해보는 것이다. 이 학습방법은 통일교육을 함에 있어서 북한의 모든 일상생활에 대한 이해를 이론적인 학습에만 의존하지 않고 실제 상황에 직면하는 것처럼 설정하여 그들의 삶과 문화적 공통성을 발견하고 이해하는 데 있다. 이를 위해서는 북한과 관련한 생생한 1차 자료가 많이 필요하며 이를 교육적으로 활용 가능하게 자료를 재구성하는 교사의 능력이 충족되어야 한다. 하나의 예를 들어 본다.

남한의 한 학생이 북한의 학교에서 북한의 학생들과 함께 수업을 받고 있다고 하자. 수업의 진행과정은 개개 학생들의 조건에 따라 언제든지 달라질 수 있다. 남한학생인 경우 그 학생의 성장배경, 지적 수준, 공동체생활의 적응능력 여부, 문화적 차이에 대한 이해 여부 등 조건에 따라 전개되는 학습상황이 달라질 수 있고, 북한학생인 경우 소위 북한에서 말하는 출신성분(우리의 사회경제적 지위라는 개념과는 다른 의미로 사용되는) 등의 조건이 더해질 수 있다. 이 과정에서 남북한 학생 사이에서 서로 다른 점(교육과정상의 학습내용은 논외로 함)이 더 많고 해프닝도 일어나겠지만 분명히 민족공동체적 요소와 같은 공통점도 발견될 것이고 그에 따라 상호 불신이나 적대감도 극복될 수 있다.

이 학습방법은 수업 중 주로 역할학습이나 조별학습을 통한 역할극을 통해서 주어진 자료를 최대한 활용한다면 효과를 극대화시킬 수 있다. 또한 이 학습방법은 상황설정이 매우 중요하고 일체의 선입관을 배제하며 객관적 사실을 바탕으로 해야 의도한 수업의 효과를 노릴 수 있다(예시: 역할극을 통한 가상통일 체험수업의 실제).

2) 집단탐구 학습모형

앞으로 남북통일이 구체화됨에 따라서 국민 개개인이 해결해야 될 통일과 관련된 가치갈등의 문제가 발생하게 된다. 이러한 문제를 해결하는 방법과 참여의식을 고취할 수 있는 수업방법이 집단탐구 수업모형이다. 앞으로 남북관계가 교류협력 시대에 들어가게 되면 남북한의 개방적인 정보교환이 가능하게 되어 수없이 쏟아지는 각종 자료에 입각하여 교육을 진행할 때가 올 것이다. 이러한 시기에는 단순한 정책적 지식의 제공만으로는 통일교육이 이루어질 수 없다.

학생들 스스로 정보를 수집하고 자체적으로 협의나 토론과정을 거쳐 문제점을 분석하고 그 해결책을 제시하는 학습자 중심의 탐구수업을 진행할 수 있을 것이다.

3) 개념 수업모형

통일교육 내용에는 다양한 개념들이 제시되고 있다. 특히 통일정책과 관련해서 남북한의 통일 접근과정에서 체결된 많은 합의서나 공동성명 그리고 양측의 통일방안 등에는 그 개념에 대한 명확한 인식이 요구되는 것들이 많이 있다. 따라서 통일문제에 대한 남북한의 관점을 보다 분명히 파악 비교하여 서로에 대한 이해의 폭을 넓히기 위해서는 여러 문건(文件)들에서 등장하는 다양한 개념들을 체계적으로 학습하는 것도 통일교육에서 매우 중요하다. 이러한 개념학습을 위해서 활용될 수 있는 것이 바로 개념 수업모형이다. 이 모형의 기본가정은 학생들이 우선 교과의 기본개념을 파악해야 하고 더 나아가 개념들을 분류하고 변별할 줄 알아야 한다는 것이다. 이 수업모형은 개념 이해와 창의성을 개발시켜 주기 위한 수업모형이라고 할 수 있다.

단계	도입	전개			정리
과정	문제 상황 설정	역할극 실연 및 관람	조별 토의로 탐구문제 풀기	조장의 발표	보상 및 정리
활동 내용	· 독일 통일 사례(VTR 상영) · 남북한의 교육 비교 · 북한에서 유학 온 학생과의 생활 가상 · 남북의 교육제도 차이로 인한 갈등 예상 · 학습목표 제시	· 역할극 팀의 실연 (역할극 조는 2~3팀이 적당) · <남북학생 간 갈등 사례> · 나머지는 관람	· 탐구학습지 배부 · 갈등상황에 대하여 어떤 태도를 취해야 할지를 토의(준비태도) · 탐구학습지 작성	· 조별로 대표자 선정하여 의견 발표	· 각 조의 토의발표에 대하여 보상 · 유사상황 연습하기 (조선족, 외국인 노동자 등) · 이질적인 것에 대한 이해와 극복 자세 · 북한 이해와 통일 준비자세 정리
시간	8분	16분	10분	7분	9분

4) 역할놀이 수업모형

통일교육 내용도 어린이들의 흥미를 집중시키고 참여 중심의 수업을 운영하는 데 역할놀이 수업이 적합하다. 역할놀이 수업이란 어린이들이 실제 상황을 연출해보고 간접경험을 통해서 통일에 대한 가치관을 확립하고 통일의지를 키워 나갈 수 있는 방안이 된다.

역할놀이 수업을 진행하기 위해서는 역할놀이 상황 설정, 역할놀이 준비, 역할놀이 참가자 선정, 역할놀이 청중의 자세 확인, 역할놀이 시연, 역할놀이 톤, 반성과 평가 등 일련의 과정을 거쳐야 한다. 역할놀이를 통한 통일교육에서 가장 중요한 분야는 토론과 평가를 통한 통일의 당위성을 인식하고 통일에 대한 의지를 키워주는 일이다.

5) 가치갈등 수업모형

이 모형은 사회의 중요한 논쟁점들을 둘러싼 상이한 가치 입장을 수업에 도입하여 이를 자세히 분석하는 동안에 학생들로 하여금 그 문제와 가치갈등의 해결방안에 대한 자신의 입장 또는 관점을 갖출 수 있도록 해준다.

분단상황이 어느덧 60여 년을 경과하는 동안 남북한 간에 이질감이 증폭되면서 불필요한 오해나 마찰이 빈발하고 있고, 통일 이후에 나타날 갈등과 혼란을 최소화하면서 심리사회적 통합을 신속히 이루기 위해서는 지금부터 남한과 북한 사이에 생각하는 바나 가치관이 얼마나 달라졌는지를 점검해 보고 '다름'에 대한 이해를 바탕으로 하나가 되기 위한 노력을 해 나가지 않으면 안 될 것이다. 이러한 점에서 가치갈등 수업은 통일 이후를 준비하는 새로운 통일교육에 적극적으로 적용될 필요가 있다.

6) 토의 수업모형

토의 수업모형은 통일교육에서 가장 많이 제안되고 있는 수업모형으로서 교사와 학생 간의 일문일답식 수업, 집단 토론식 수업, 문제에 대한 판단과 대안 찾기 수업, 특정한 문제에 대한 찬반 대립

토의 수업 등을 포괄하는 개념이다.

통일교육에 적용되는 이러한 토의 수업은 일반적으로 문제의 인식 → 문제의 탐구 → 문제의 토의 → 토의의 평가 및 신념화의 과정으로 진행된다.

7) 시청각 매체활용 수업모형

이 수업모형은 통일교육의 내용을 TV나 라디오, VCR자료 그리고 CD-Rom과 인터넷 등과 같은 시청각 매체(multimedia)를 활용하여 학습하는 것으로 현실적인 학습경험을 거의 무한히 확대시킬 수 있고, 학생들의 흥미와 관심을 유발시킬 수 있다는 점에서 큰 장점을 갖고 있다고 하겠다.

8) NIE 수업모형

시사자료 활용수업이란 주로 신문의 통일 관련 기사를 활용하여 수업을 진행하는 것을 말하는데, 최근에는 NIE(newspaper in education) 방법으로 더 널리 알려져 있다. 시사자료를 활용한 수업은 토의식으로 진행하면 더욱 효과적일 것이다. 일정한 학습주제를 설정하고, 그 주제에 관한 각종 시사자료들을 학생들이 수집한 다음, 그에 대한 각자의 의견을 발표하고 토론하는 방법으로 진행할 수 있다. 이때 유의해야 할 점은 신문기사가 교육적이지 못할 수도 있고, 또 정확하지 않을 때도 있다는 것이다. 따라서 교사는 학생들이 이러한 점을 감안하여 시사자료를 활용할 수 있도록 지도해야 한다.

통일교육에서 NIE 학습은 여러 가지 효과가 있지만 과제를 통한 협동학습 적용이 용이하고, 또한 가장 큰 특징은 신문내용에 대해 비판적인 안목과 수용능력을 배양할 수 있다는 점이다. 최근 NIE는 여러 가지 학습형태로 응용되고 있는데, 참고로 NIE 수업의 실제를 소개하고자 한다.

9) 인터넷 활용 교육

현재 북한 및 통일에 관련된 인터넷 사이트가 수없이 많다. 그래서 일정 시간 멀티미디어실에서 인터넷 검색을 하도록 하고 토론할 만한 이슈라고 판단될 때는 문제를 제기하여(학생이 주도하면 훨씬 바람직함) 일정한 형태를 갖추어 토론수업으로 연결할 수 있다. 요즈음 토의주제로 "이산가족에 대한 남과 북의 시각", "김정은 등장에 따른 변화추이"를 들 수 있다.

또 통일 관련 사이트를 소개하며 통일의 바다를 항해하도록 한다. 예를 들어 어느 사이트에 들어가면 마치 북한의 모든 지역을 여행할 수 있도록 꾸며져 있다고 가정하면, 학생은 청진을 선택하고 여행을 시작하는 것이다. 길을 가다가 북한주민을 만나면서 문제가 발생한다. 북한주민에게 길을 물으면서 서로 의사소통이 잘 안 될 수도 있다. 북한사람들의 옷차림에 생소한 느낌을 받을 수도 있다. 북한도시의 거리 풍경, 건물, 장식 등에서 색다른 느낌도 받을 것이다.

Ⅷ. 결론

급변하는 사회변화 속에서 북한사회에 대한 새로운 패러다임을 가져야 하고 지금까지의 남북관계와 6자회담 등으로 이어지면서 국민적 공감대가 형성되고 패러다임도 도출될 것으로 믿는다.

그러면 우리 일선학교의 통일교육 담당자는 정부정책이나 북한관계를 지켜보는 가운데 다음 사항에 유념할 것을 강조하며 글을 맺고자 한다.

남북한의 화해와 통일에 앞서 우리가 먼저 해야 할 것은 남한사회의 온갖 차별과 갈등, 억압과 폭력을 해결하고 사회적 안정과 평화를 만들어 가는 능력을 함양하는 것이다. 우리 사회의 병폐라고 할 수 있는 지역갈등이나 빈부격차, 학력차별, 권력남용, 부정부패와 같은 사회적 갈등에 대해 비판하고, 이를 대화와 관용의 자세로서 해결하는 능력을 갖추도록 해야 한다. 우리 사회 안에서 안정과 평화를 만들어 가는 능력을 배양하는 것은 북한과의 평화를 도모하고 통일을 이루는 기본역량으로 작용하게 될 것이다.

우선 우리 사회의 빈부격차는 더욱 심화되고 있으며, 사회적 갈등요인이 산적해 있다. 학력과 경제력에 의한 사회적 차별이 심화되고 있는 가운데 불평등과 갈등요인이 수없이 잠재해 있다. 또한 개인 중심의 경쟁체제가 날로 가속화되고 있는 것이 현실이다. 이러한 가운데 학교교육에서 공동체의식과 평화와 정의·복지에 대한 개념은 퇴색하고 있는 느낌이다. 이러한 점을 직시하고 평화적인 통일을 이룰 수 있는 역량을 갖추기 위해 사회, 학교 모두 실천적 교육이 필요하다. 즉, 실사구시 통일교육이 절실한 때이다.

학교교육에서부터 학생들이 평화적 능력을 배우고 공존의 자세를 갖도록 해야 한다. 자신과 서로 다른 의견을 가진 사람, 이해관계를 달리하고 있는 집단에 속한 사람들을 이해하고 관용하며, 토론하고 타협하면서 더불어 살아가는 태도를 기르도록 해야 한다. 이러한 관용적 자세에 기초해 북한을 이해하고 북한주민과 더불어 살아갈 수 있는 자세를 기르는 것이 중요하다.

만약 우리 사회 안의 차별의식을 해소하지 못한다면 북한주민들에 대한 차별의식은 더욱 심각해질 것이다. 남한사회의 빈부격차와 불평등을 해결하지 못한다면 북한주민들과의 격차와 불평등, 그로 인해 발생하는 사회적 불만과 갈등은 헤아릴 수 없을 정도로 극심해질 것이다. 따라서 우리부터 평화를 사랑하고 남을 이해하며 화합할 수 있는 공생의 자세를 터득하도록 해야 한다. 이것이 새천년을 맞아 남과 북의 민족이 더불어 살아가는 길이며, 모두 함께 살아갈 수 있는 것이다.

끝으로 통일교육의 성과는 역량 있는 교사의 질에 달려 있다. 우리는 흔히 교육의 질은 교사의 질을 넘지 못한다고 말한다. 이 말은 통일교육에서도 결코 예외가 아니다. 통일교육을 제대로 실시하고 있는 학교나 기관에는 언제나 역량 있는 교사들이 근무하고 있음을 알 수 있다. 통일교육을 담당할 모든 교사는 무엇보다 통일문제에 대한 확고한 신념과 열의가 있어야 한다. 즉, 통일교육은 남북한 동포들 사이에 실질적인 마음의 통일을 이룰 수 있는 가장 확실하면서도 경제적인 '교육투자'라는 생각을 지닌 교사가 되어야 한다.

*연구자 성명 : 전 승 환
소속/직위 : 서울 서서울생활과학고등학교 교감
e-mail : jsh7618@hanmail.net
C·P : 010-5422-7618

제**10**장

사회과 교과서 속 과학문화재 탐구

사회과 교과서 속 과학문화재 탐구

출품 분야	사회과

시·군	소속기관	직위	성명
제주시	제주북초등학교	교사	김수환

Ⅰ. 자료의 개요

출품 분야	사회		연구 영역	문화재 연구
제목	사회과 교과서 속 과학문화재 탐방			
개발자	제주북초등학교 교사 김수환		URL	http://iedujeju.x－y.net
개발언어	Flash CS5 웹 프리미엄		운영환경	Windows 및 리눅스 다 가능함
대상학년	초등학교 5학년 학생		교과	사회
관련단원 및 주제	단원(대단원, 중단원)		소단원	학습주제
	1. 하나 된 겨레	3. 삼국의 성립과 발전		삼국과 가야의 문화
	2. 다양한 문화를 꽃피운 고려	5. 고려의 과학과 기술		고려청자와 금속활자 백성을 위한 기술
	3. 유교전통이 자리 잡은 조선	2. 조선의 문화와 과학의 발달		조선의 발달된 과학 기술

Ⅱ. 내용 및 교수학습 구성

1. 학습목표

(1) 우리 조상들이 과학문화재를 발명하여 사용한 까닭을 짐작할 수 있다.
(2) 우리 조상들이 사용한 과학문화재가 변해온 모습을 알 수 있다.
(3) 우리 조상들이 과학문화재를 만들어 사용한 까닭은 생활에 나타나는 문제의 해결과 관계가 깊다는 것을 발견할 수 있다.

2. 기획 및 제작의도

　정부는 21세기의 야심찬 교육 청사진을 내놓고 있다. 그 대표적인 것이 스마트 교육이다. 2015년까지 교실에서의 스마트 기기를 이용한 전자교과서 및 다양한 애플리케이션(응용프로그램)을 이용한 수업을 계획하고 있다. 물론 스마트 기기의 사용법이 자칫 교육의 목표가 될까 걱정도 되나 시대의 흐름을 거스를 수는 없는 것 같다. 수업을 하다 보면 기존에 나와 있는 수업을 위한 자료들이 나의 수업설계와 잘 맞는 것도 있지만 너무 상이하게 다른 방향으로 가고 있는 것도 많은 것 같다. 5학년 사회과를 가르치다 보면 '이러이러한 자료가 있으면 학생들의 자기 주도적 학습에 적합할 텐데' 하는 생각이 든 것이 한두 번이 아니기에 직접 자료를 개발하고 수업에 적용하게 되었다.

본 자료는 초등학생이 가져야 할 역사의식을 고취시키고 우리 조상들이 한반도라는 영역 안에서 환경에 적응하고 생활상의 문제를 해결해 나가려는 노력과 슬기를 찾아볼 수 있게 하였다. 그러나 단순히 과학적 요소를 가지고 있는 하나하나의 문화재에서 과학적인 점을 찾는 데 그쳐서는 제작의 자료의 주안점을 살릴 수는 없었다. 따라서 우리 조상들이 왜 생활과 밀접한 과학문화재를 만들게 되었으며 우리 겨레의 과학기술은 어떻게 발달해왔는지를 자연스럽게 알 수 있는 자료가 필요했다.

우리 조상들의 생활도구는 되도록 실물을 준비하여 자세히 살펴보고 토의하는 과정이 필요하나 과학문화재의 경우 많은 과학문화재를 모두 현장학습을 통해 관찰하며 살펴보는 것이 힘들다. 뿐만 아니라 문화재를 주제로 한 교실수업의 경우 교사 중심의 주입식 교육이 이루어지기 쉽기 때문이다. 실제로 전국에 흩어져 있는 문화재를 일일이 가서 보고 느낀다는 것은 쉬운 일이 아니라는 것이다.

또한 과학적 특징을 가지고 있는 문화재의 경우 현장에 가서도 단지 겉모양만을 보고 오는 경우도 많을 것이다. 문화재 속에 숨어 있는 과학원리를 찾고 시대상을 반영하고 백성들의 편리를 위해 만들어진 문화재에 대한 고찰은 반드시 필요하다는 것이다.

이 같은 문제점을 해결하기 위해 학교에 보급된 정보화 시설을 최대한 이용한 시청각교육은 나열된 문제를 풀어주는 실마리를 제공한다고 할 수 있다. 우리 조상들이 만든 과학문화재를 다양한 애니메이션 자료를 통해 흥미롭고 실감나게 학습할 수 있도록 한 자료를 웹에 탑재하여 공유하는 것은 문제해결을 위한 하나의 대안이 될 것이다. 그래서 학습자 스스로가 우리 조상들이 과학문화재를 만들어 사용한 까닭이 생활에 나타난 문제의 해결과 관계가 깊다는 것을 아동 스스로가 발견하는 데 더 도움이 되도록 하였다. 이러한 학습방법의 접근을 통하여 조상들의 슬기를 재발견함으로써 우리 문화에 대한 자부심을 키울 수도 있다.

3. 선행연구의 고찰 및 분석

연도	제작자	주제	자료의 특징
2000	녹천초등학교/김영철 외 1인	문화유산을 찾아서	시대적 변화과정에 따라 문화재의 특성을 분류하였고 외형 사진자료의 DB화함
2001	이매고등학교/이승희	우리 문화유산에 숨겨진 과학을 찾아서	우리 문화재 10종에 대한 고찰
2004	서울정진학교/이태행 외 2인	우리 문화유산 속의 첨단 과학기술 원리를 찾아서	문화유산에 대한 다양한 사진자료 및 애니메이션, 동영상 자료로 DB화함

- 과학문화재가 만들어진 시대상황을 알 수 있도록 제작한다.
- 과학문화재에 포함되어 있는 및 과학적 원리를 알기 쉽게 설명할 수 있는 자료를 제작한다.
- 일방적인 자료보다는 학습자 스스로 학습할 수 있도록 제작하며 사이버 선생님의 캐릭터, 사이버 튜터 캐릭터를 제작하여 활용한다.

4. 아동 사전 설문조사 결과 및 분석

n=74

질문 1	많다	보통	적다	계
과학문화재에 대해 관심이 많은가요?	26	27	21	74

- 과학문화재에 대한 관심도에서는 보통 이상의 관심을 가진 아동이 전체의 71%로 비교적 높게 나왔다.

질문 2	7개 이상	3~6	3개 미만	계
알고 있는 과학문화재의 이름을 다 적어 보세요	7	25	42	74

- 과학문화재에 대해 관심도는 높은 편이나 전체 학생의 44%로 높은 편이 아닌 것으로 보아 과학문화재가 일상생활에서 보편적으로 접할 수 없는 문화재임을 알 수 있다.

질문 3	현장체험	조사발표	노작체험	계
과학문화재 학습의 방법으로 가장 적합한 것은 무엇입니까?	43	5	26	74

- 학습방법으로 직접 가서 보고 체험해보는 현장체험학습이 가장 높게 나왔다. 그러나 사회과 수업에서 아동활동으로 가장 많이 하는 조사발표학습이 저조하게 나와 새로운 학교현장에서 아동들의 과제 부담감을 새삼 느낄 수 있었다.

질문 4	직접 조사	인터넷 검색	백과사전	계
과학문화재 과제학습의 문제해결 방법	7	62	5	74

- 과제해결 방법으로는 직접 조사나 백과사전보다는 인터넷 검색을 선호하는 것으로 나타났다.

질문 5	1	2	3	4	5	6	7	8
알고 싶은 과학문화재	첨성대	성덕대왕 신종	측우기	금속 활자	앙부 일구	자격루	고려 청자	장경 판전

- 알고 싶은 과학문화재로는 첨성대가 가장 높게 나왔다. 이는 방송매체나 기존의 학습효과가 높은 것 같았다. 일반적으로 많이 알려진 과학문화재순으로 나온 것 같으며 구체적으로 알고 있지는 않고 일반적인 상식 수준의 지식만을 갖고 있었다.

5. 교수학습 전략

- 아동들의 설문을 거쳐 우리나라의 대표적인 과학문화재를 8개를 선정하여 주 메뉴로 구성하였다.
- 5학년 사회과에 나오는 생활 속 문화재를 내용으로 구성하였다.
- 주 메뉴의 하위 메뉴로 들어가면 예비학습 문제풀이 주제에 따른 3~4개 항목의 학습메뉴가 있다.
- 주제학습에 들어가기 전에 이해와 동기유발, 성취욕구를 갖도록 예비학습 문제를 제작하여 학습과정을 효율적으로 전개하였다.
- 각 학습주제에 관한 역사적 사실에 토대를 두고 주제별 역사 속 가상의 이야기를 꾸며 학습자의 이해를 돕고자 하였다.
- 학습활동을 할 때는 체험과 현장학습을 할 수 있도록 다양한 애니메이션과 사진자료를 화면에 배치하여 제작하였다.
- 학습 진행의 단조롭고 지루함을 피하기 위해 각종 마우스 작동과 화면 확대를 통해 흥미와 관심을 갖도록 하였다.
- 학습자의 지적 요구를 충족시키고 이해를 돕기 위해 입체적이고 시각적인 방법을 통해 학습을 진행시켰다.
- 8개 과학문화재를 다루다 보니 주제학습이 끝난 뒤 주제마다 학습정리를 하였고 주제에 따른 간단한 평가를 두었다.
- 주제가 과학문화재가 되다 보니 과학적 요소를 배재할 수 없는 부분이 많았다. 문화재 속의 과학적 요소는 일반적이거나 보통의 과학교과서에 실릴 정도의 객관성 있는 사실에 기초하여 초등학교 고학년 수준이 접근할 수 있는 범위나 혹은 조금 더 심화하는 정도에서 다루었다.

6. 교수학습 내용 구성

- 8개의 주 메뉴로는 첨성대, 성덕대왕신종, 장경판전, 금속활자, 앙부일구, 측우기, 자격루 등으로 구성되어 있고 간단히 알아보는 과학문화재 메뉴로 목화, 화약, 한글, 농사직설, 제주 돌담으로 구성하였다.
- '첨성대'에서는 첨성대의 구조와 용도를 그림을 보여 주며 설명하였고 신라 천문관의 하루를 가상으로 설정하여 실감나게 학습할 수 있도록 했다.
- '성덕대왕신종'에서는 모습을 자세히 살펴보고 종소리를 감상해보면서 우리 종의 우수성을 학습할 수 있도록 했다. 또한 가상 타종식을 통하여 종을 만들기까지의 과정과 이웃 종과의 차이점을 학습할 수 있도록 했다.
- '고려청자'에서는 다양한 그림과 애니메이션을 이용하여 고려청자의 신비로움에 대해 배우며 우리 조상들만의 독특한 도자기 기법인 상감기법에 대해서도 알아본다.
- '장경판전'에서는 다양한 그림과 애니메이션을 이용하여 장경판전의 땅속과 땅 위의 비밀을 쉽게 이해할 수 있도록 하였다.

- '금속활자'에서는 최초 금속활자본인 직지심경을 자세히 관찰할 수 있도록 하여 인쇄시기, 인쇄
  장소, 인쇄방법 등을 알 수 있게 하였다. 또한 금속활자 주조과정을 그림을 통해 살펴보도록 하
  였다. 금속 활자본이 프랑스에 간 이유와 그 밖의 금속활자에 대하여 공부할 수 있도록 하였다.
- '앙부일구'에서는 간이 해시계 만드는 것을 애니메이션을 통하여 자세히 설명하였다. 그림을
  이용하여 앙부일구로 시각과 계절 읽기 학습이 되도록 하였다.
- '측우기'에서는 조선시대 관상감 관원의 하루를 애니메이션을 통하여 실감나게 학습할 수 있도
  록 했다. 측우기가 만들어지기 전까지 비의 양을 재는 방법을 애니메이션을 통하여 알 수 있
  도록 하였다.
- '자격루'에서는 그림을 통하여 자격루의 구조를 익힐 수 있도록 하였고 애니메이션을 이용하여
  자격루의 작동원리를 알기 쉽게 하였다.
- 소단원 구성은 수업전개 전에 도입 부분에서 호기심을 유발하기 위해 예비학습 문제를 통해
  문제제기 및 관심을 집중시켰다.
- 본 소프트웨어를 통해 학습목표 달성 정도를 알아보기 위해 평가문항을 개발하여 완전학습의
  기반을 마련하였다.
- 기본학습에서 좀 더 지적 호기심을 충족시키기 위해 다양한 심화학습 자료를 제공하여 확산적
  사고를 할 수 있는 기회를 제공하였다.
- 학습내용 중에서 핵심 부분을 정리하여 효과적으로 학습내용을 성취할 수 있게 하였을 뿐만 아
  니라 피드백 제공을 통해 교수활동 및 학생 스스로 문제해결 과정에 참여할 수 있도록 배려하
  였다.

7. 장점 및 특성

- 본 자료는 학습자의 욕구와 눈높이에 맞게 개발하는 데 초점을 두고 제작되었다.
- 본 수업은 원래 현장학습 내지 체험학습을 통해 인지하는 것이 가장 중요한데 이런 면에 초점
  을 두고 설계하였고 개인의 능력 차이를 해소하고 모든 학습자에게 평면적인 학습을 지양하고
  입체적이고 동적인 자료를 제공해줌으로써 직접 현장을 가지 않더라도 실제 관찰을 한 것처럼
  학습할 수 있도록 구안되었다.
- 오랜 기간 직접 제작한 애니메이션, 그래픽, 사진자료 등을 통한 다양한 학습형태를 보여줌으
  로써 학습흥미와 참여도를 높이는 데 기여할 것이다.
- 학습자의 학습욕구를 충족하기 위해 많은 자료와 답사를 필요로 하는데 이런 프로그램을 통한
  학습은 시간을 단축시키고 시각적이고 입체적인 자료가 학생들의 욕구를 만족시킬 것이고 학
  습목표 달성에 근접하고 활기찬 교실분위기를 조성할 것이다.
- 유비쿼터스 시대에 맞는 다양한 콘텐츠를 제공하여 학생들이 언제, 어디에서나 학습할 수 있
  는 환경을 구성하여 학습 욕구 및 동기 유발에 많은 도움이 될 것이다.

Ⅲ. 자료의 제작

1. 자료의 제작 및 사용환경

(1) 소프트웨어 제작환경

① 개발프로그램: 플래시 웹 프리미엄(교사용 버전: 플래시 CS5, 일러스트, 포토샵 등 웹 자료개발을 위한 멀티저작도구 구입 후 사용)
② CPU: 본체사양 쿼드코어 및 노트북 사양 i3에서 작업함
③ 메모리: 본체 2GB, 노트북 1GB
④ 비디오 카드: SVGA
⑤ 사운드 카드: 사운드 블러스터 호환
⑥ CD-ROM: DVD 레코더
⑦ 기타: 스캐너, 디지털카메라 등 사용

(2) 소프트웨어 사용환경

인터넷 연결이 되어 있고 XP 버전 이상의 컴퓨터에서는 무난히 운영됨

(3) 서버환경

윈도 서버, 리눅스 서버에서 무난히 구동되었으며 인터넷 서비스는 리눅스 서버에서 하고 있음

2. 자료의 제작

(1) 사진자료의 수집 확보

각종 사진자료는 교과서 및 에듀넷, 그리고 문화재청의 양해를 얻어 사용하였다. 화면 아래에 자료출처를 밝혀두어 저작권을 분명히 하였다.

(2) 사진자료의 제작 활용

그 외의 화면 틀 및 각종 아이콘, 그래픽(문화재, 캐릭터 등)은 플래시와 일러스트 작업을 통해 직접 제작하여 사용(활용)하였다.

(3) 각종 설명의 글

본 프로그램에서 사용된 지식의 내용은 교과서, 교사용 지도서, 에듀넷 백과사전에서 나온 내용

중 객관적인 내용과 초등학생에게 적합한 내용을 발췌 정리하였다.

    (4) 설명 음성 제작

본 프로그램에서 사용된 남녀교사 및 아동의 소리는 채음 편집하여 사용하였다.

3. 제작기간 및 세부연구 내역

구분	세부내역	진행시기	비고
기획	○ 교육과정 분석 ○ 기존자료 분석 ○ 원시자료 수집	2010년 7월~	
설계	○ 스토리보드 개발 ○ 학습방법 설계 ○ 화면 설계	2010년 9월~	
제작	○ 스토리보드 수정 ○ 프로그램 코딩 ○ 플래시 콘텐츠 제작 ○ 아이콘 제작 ○ 화면 제작	2011년 3월~	새 교육과정에 맞춰 스토리보드 수정 및 자료추가 제작
적용	○ 수업지도안 제작 ○ 프로그램의 수업활용	2011년 5월, 6월	ict 시간을 활용하여 학습에 투입
오류검사	○ 프로그램 오류검사 및 검정 ○ 프로그램 오류수정 및 보완	2011년 6월	
인쇄자료 제작	○ 설명서 제작 및 인쇄	2011년 7월	

Ⅳ. 주 자료의 활용

○ 활용대상: 초등학교 5학년 학생
○ 활용방법(화면 구성 및 설명)

1. 전체 구성

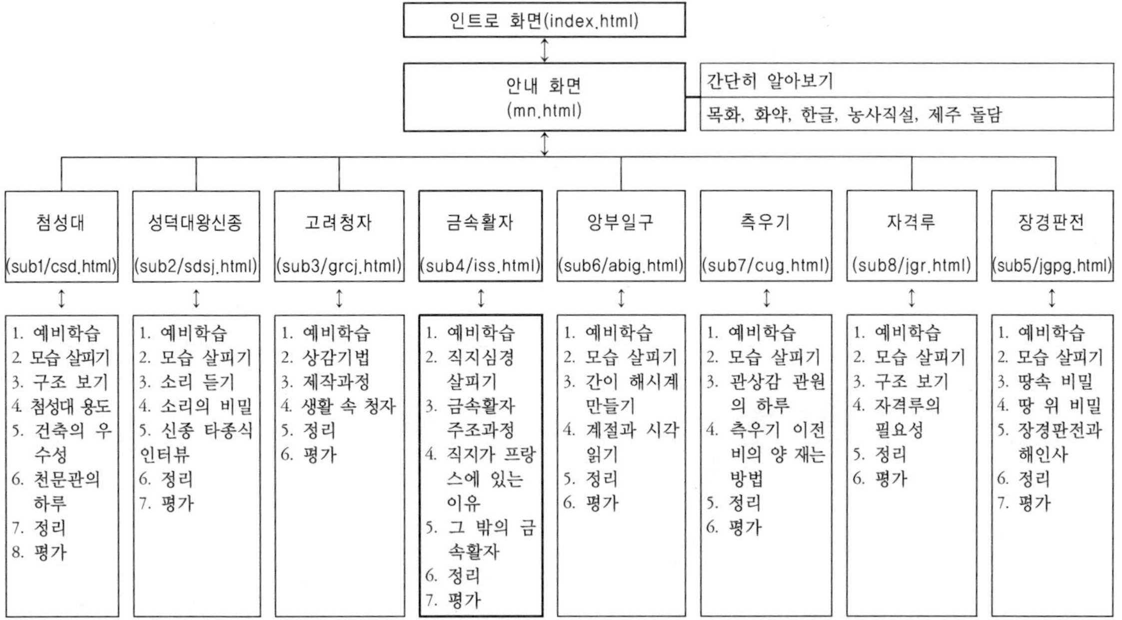

※ 전체 학습평가 - sub9/pga.html

2. 학습 메뉴별 화면

간단히 알아봅시다.
과학문화재로 일반적인 사실을 설명하는 형식
으로 제작하였다.
자세히 알아봅시다.
중요 과학문화재로 예비학습, 각 부분의 명칭,
쓰임, 유래, 정리, 평가 등으로 자세히 제작하였다.
교과서 속 과학문화재 탐방
동기유발
학습목표
간단히알아봅시다
삼국
통일신라
(676~935년)
화약
목화
고려
(918~1392년)
한글
농가월평가
조선
(1392~1910년)
첨성대
성덕대왕신종
고려청자
금속활자
앙부일구
측우기
자격루
장경판전
자세히알아봅시다
무엇을 배우나요?
동양 최고의 천문
대인 첨성대에 대해
배워봅니다.
나가기
학습정리
평가
사진자료 : 에듀넷
좌측의 학습메뉴를 클릭하면 학습메뉴에 해당
하는 학습내용이 소개되고, 화살표를 클릭하면
학습이 진행된다.
동기유발, 학습목표, 학습정리, 전체 내용에 대
한 평가가 이루어진다.

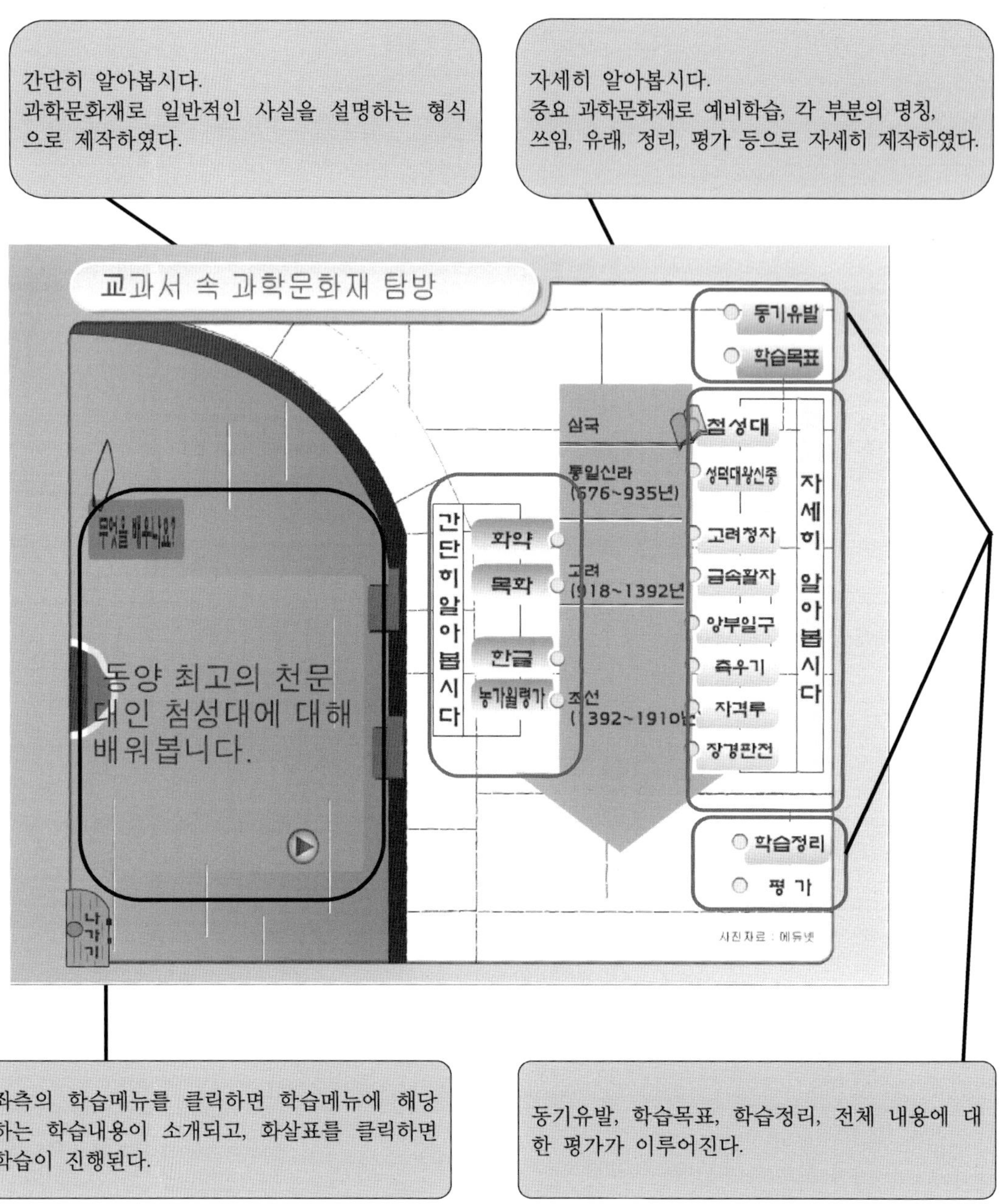

3. 화면구성에 따른 활용방법 및 학습주안점

1) 메인 화면

메뉴	화면구성	활용방법 및 학습주안점
주 메뉴	 ○ 동기유발 ○ 학습목표 ○ 첨성대 ○ 성덕대왕신종 ○ 장경판전 ○ 금속활자 ○ 앙부일구 ○ 측우기 ○ 자격루 ○ 학습정리 ○ 평가 천상의 소리인 성덕대왕 신종에 대해 알아 봅시다 시작	1) 학습목표의 제시 2) 학습자의 동기 유발 3) 주제별 학습내용 4) 학습내용 정리 5) 학습내용을 잘 숙지하였는지 개별평가 진행방법: 학습 내용별로 클릭하면 학습내용이 제시되고 클릭하면 본 학습으로 들어갈 수 있도록 구성한다. 예) 첨성대 선택 - 선택메뉴에 학습진행 아이콘 (책 모양 설정) - 학습내용이 나타남 - 화살표 클릭하여 첨성대 학습에 들어간다.
동기유발	 교과서 속 과학문화재 탐방 / 동기 유발 오늘은 우리 조상들이 남기신 문화재에 대해 배워 보겠습니다. 조상들이 남기신 문화재 중에 어떤 것에 관심이 있는지 말해 봅시다.	조상들이 남긴 문화재 중에서 과학문화재를 발명할 수밖에 없었던 예를 들며 설명하고 있다. 진행방법: 화살표를 클릭하면 학습이 진행된다.
학습목표	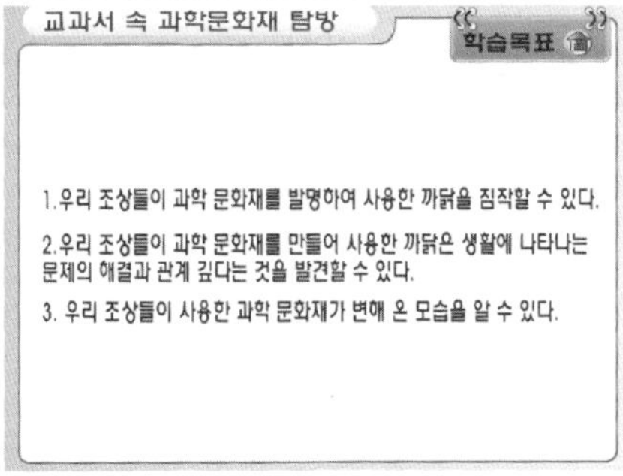 교과서 속 과학문화재 탐방 / 학습목표 1. 우리 조상들이 과학 문화재를 발명하여 사용한 까닭을 짐작할 수 있다. 2. 우리 조상들이 과학 문화재를 만들어 사용한 까닭은 생활에 나타나는 문제의 해결과 관계 깊다는 것을 발견할 수 있다. 3. 우리 조상들이 사용한 과학 문화재가 변해 온 모습을 알 수 있다.	학습목표 메뉴를 선택하여 학습의 내용을 이해함, 학습목표가 애니메이션 되며 제시된다. 1) 우리 조상들이 과학문화재를 발명하여 사용한 까닭을 짐작할 수 있다. 2) 우리 조상들이 과학문화재를 만들어 사용한 까닭은 생활에 나타나는 문제의 해결과 관계가 깊다는 것을 발견할 수 있다. 3) 우리 조상들이 사용한 과학문화재가 변해온 모습을 알 수 있다.
학습평가	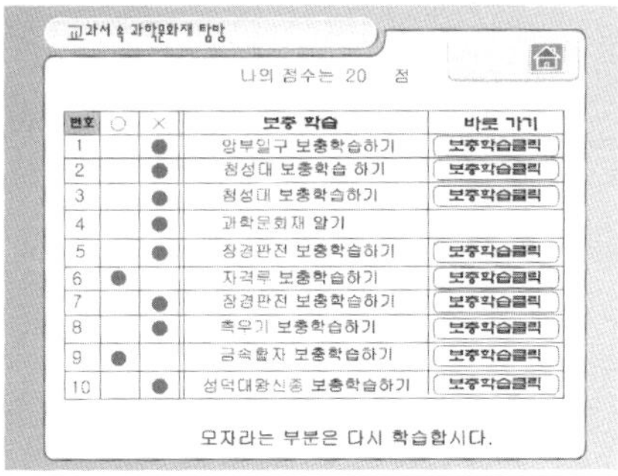 교과서 속 과학문화재 탐방 나의 점수는 20 점 번호 / ○ / × / 보충 학습 / 바로 가기 1 앙부일구 보충학습 하기 보충학습클릭 2 첨성대 보충학습 하기 보충학습클릭 3 첨성대 보충학습하기 보충학습클릭 4 과학문화재 알기 5 장경판전 보충학습하기 보충학습클릭 6 자격루 보충학습하기 보충학습클릭 7 장경판전 보충학습하기 보충학습클릭 8 측우기 보충학습하기 보충학습클릭 9 금속활자 보충학습하기 보충학습클릭 10 성덕대왕신종 보충학습하기 보충학습클릭 모자라는 부분은 다시 학습합시다.	각 주제별 평가와는 다르게 전체 학습 후 다시 평가할 수 있도록 한다. 진행방법: 정답번호 클릭하면 자동 채점되며 다음 문제가 진행된다.

2) 첨성대 학습화면 설명

학습단계	화면구성	활용방법 및 학습주안점
첨성대		총 8개 영역으로 학습이 이루어진다. 예비학습, 학습 1-모습 살피기, 학습 2-첨성대 구조, 학습 3-첨성대 용도, 학습 4-건축의 우수성, 학습 5-천문관의 하루, 정리, 평가로 구성하였다.
생각열기		학습자의 생각열기 단계로 과학문화재인 첨성대가 만들어진 당시의 역사적 상황을 설명하고 첨성대에 대한 상식적인 질문을 하며 본 학습 전에 예비학습을 한다. 진행방법: ① 설명 듣기는 아이콘 클릭하면 상세 설명을 들을 수 있다. ② 질문에 대해 ○, X로 답하면 된다. 아래의 ○, X 클릭하면 정답이면 다음 화면으로 진행된다.
학습 1 - 모습 살피기		1) 첨성대 전체의 모습 보기 2) 첨성대의 창 부분 모습 상세히 보기 3) 첨성대 위에서 첨성대 모습 보기 진행방법: 첨성대 그림에서 돋보기 아이콘을 클릭하면 첨성대 상세사진을 볼 수 있고 화면 닫기 아이콘을 클릭하면 화면이 닫힌다.
학습 2 - 첨성대의 규모		1) 첨성대의 전체적인 규모에 대한 설명으로 전체 높이, 무게, 아래 단의 규모, 위 단의 규모 등을 학습한다. 진행방법: 첨성대 사진에서 물음표 아이콘을 클릭하면 학습이 진행된다.

학습 3 - 첨성대의 용도		첨성대에 관한 다양한 설에 대하여 학습하며 최종적으로 첨성대는 천문대로 사용되었음을 확인한다. 진행방법: 오른쪽의 메뉴 바에서 선택 학습한다.
학습 4 - 건축의 우수성		신라 건축의 과학적인 우수성에 대해 알아본다. 진행방법: 화살표를 클릭하여 학습을 진행한다.
학습 5 - 신라 천문관의 하루		1) 가상의 이야기로 첨성대에서 천문을 관측했을 천문관이 첨성대에서 별을 관측하는 과정을 학습한다. 2) 화면의 진행 중간마다 첨성대에 오르는 방법에 대한 질문을 하며 정답이면 학습이 진행된다. 진행방법: 화살표 아이콘과 정답번호를 클릭하면 설명과 함께 학습 진행한다.

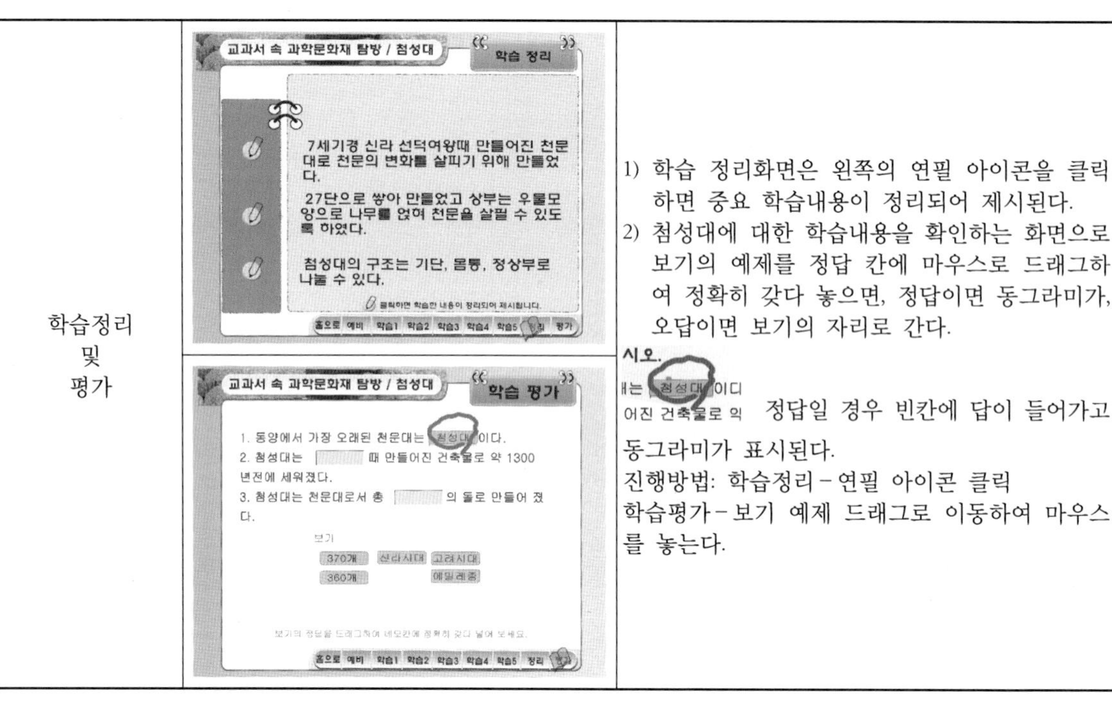

1) 학습 정리화면은 왼쪽의 연필 아이콘을 클릭하면 중요 학습내용이 정리되어 제시된다.
2) 첨성대에 대한 학습내용을 확인하는 화면으로 보기의 예제를 정답 칸에 마우스로 드래그하여 정확히 갖다 놓으면, 정답이면 동그라미가, 오답이면 보기의 자리로 간다.

정답일 경우 빈칸에 답이 들어가고 동그라미가 표시된다.
진행방법: 학습정리 - 연필 아이콘 클릭
학습평가 - 보기 예제 드래그로 이동하여 마우스를 놓는다.

3) 성덕대왕신종 학습화면 설명

학습단계	화면구성	활용방법 및 학습주안점
성덕대왕신종	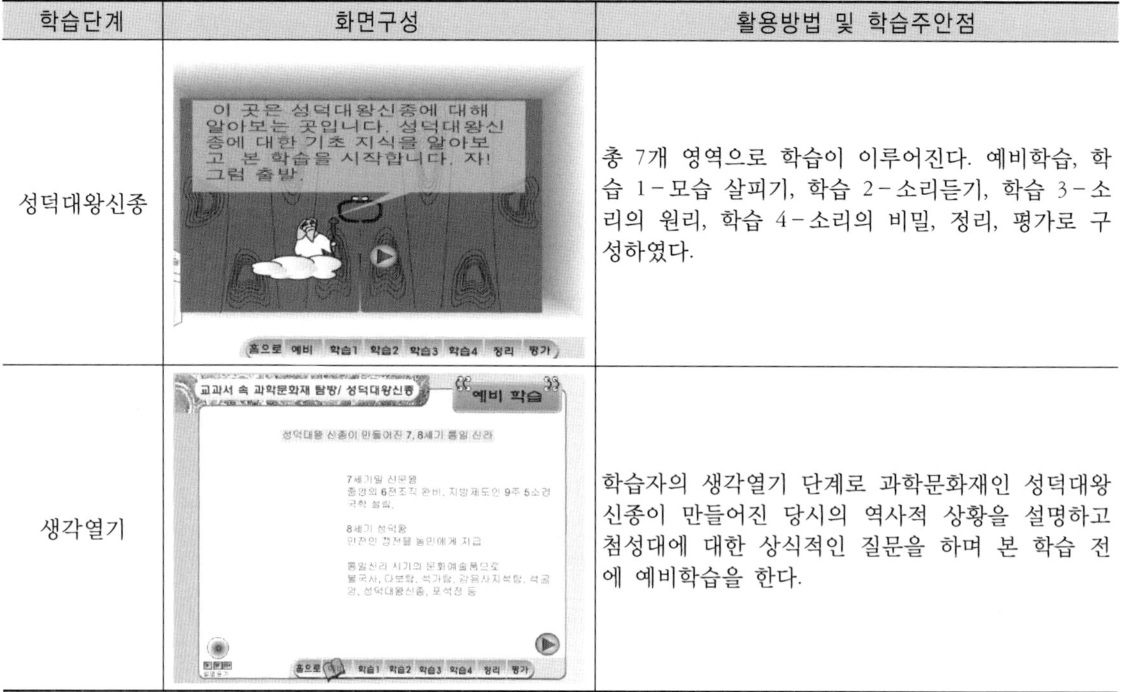 	총 7개 영역으로 학습이 이루어진다. 예비학습, 학습 1 - 모습 살피기, 학습 2 - 소리듣기, 학습 3 - 소리의 원리, 학습 4 - 소리의 비밀, 정리, 평가로 구성하였다.
생각열기		학습자의 생각열기 단계로 과학문화재인 성덕대왕신종이 만들어진 당시의 역사적 상황을 설명하고 첨성대에 대한 상식적인 질문을 하며 본 학습 전에 예비학습을 한다.

생각열기	진행방법: ① 설명 듣기는 아이콘을 클릭하면 상세 설명을 들을 수 있다. ② 질문에 대해 ○, X로 답하면 된다. 아래의 ○, X 클릭하면 정답이면 다음 화면으로 진행된다.
학습 1 -성덕대왕신종의 모습 살피기	1) 종의 겉모습 비천상 보기 2) 종의 상부인 음통과 용뉴 보기 3) 바닥의 음통을 보기 4) 종의 당좌 보기 진행방법: 종 사진에서 돋보기 아이콘을 클릭하면 첨성대 상세사진을 볼 수 있고 화면 닫기 아이콘을 클릭하면 화면이 닫힌다.
학습 2 -종소리 듣기	성덕대왕신종의 종소리 듣기 진행방법: 당목 아이콘을 클릭하면 성덕대왕신종의 종소리를 들을 수 있다.
학습 3 -소리의 비밀	성덕대왕신종의 우수성은 종소리이다. 성덕대왕신종의 경우, 안에서 종소리 듣는 종소리와 밖에서 듣는 종소리의 차이가 거의 없을 정도로 아름답다고 한다. 그렇게 들리는 이유를 설명하였다. 진행방법: 학습자가 화면에 지시대로 아이콘을 클릭하여 학습을 진행한다.
학습 4 -종을 만들기까지 과정과 이웃 종과의 차이점	1) 성덕대왕신종이 완성되기까지는 2대에 걸친 큰 사업이었기에 종이 완성되고 나서 타종행사 역시도 매우 성대했을 것이라 여겨진다. 2) 왕후, 장인, 화랑, 중국사절, 일본사절의 인터뷰 내용을 가상해서 만들었다. 3) 인터뷰 내용은 역사적인 사실을 인터뷰 내용을 넣었고 중국과 일본의 경우는 우리 종과 차이점 등을 다루었다. 진행방법: 타종식에 참여한 사람을 클릭하면 각 사람들의 생각을 볼 수 있다.

| 정리
및
평가 | 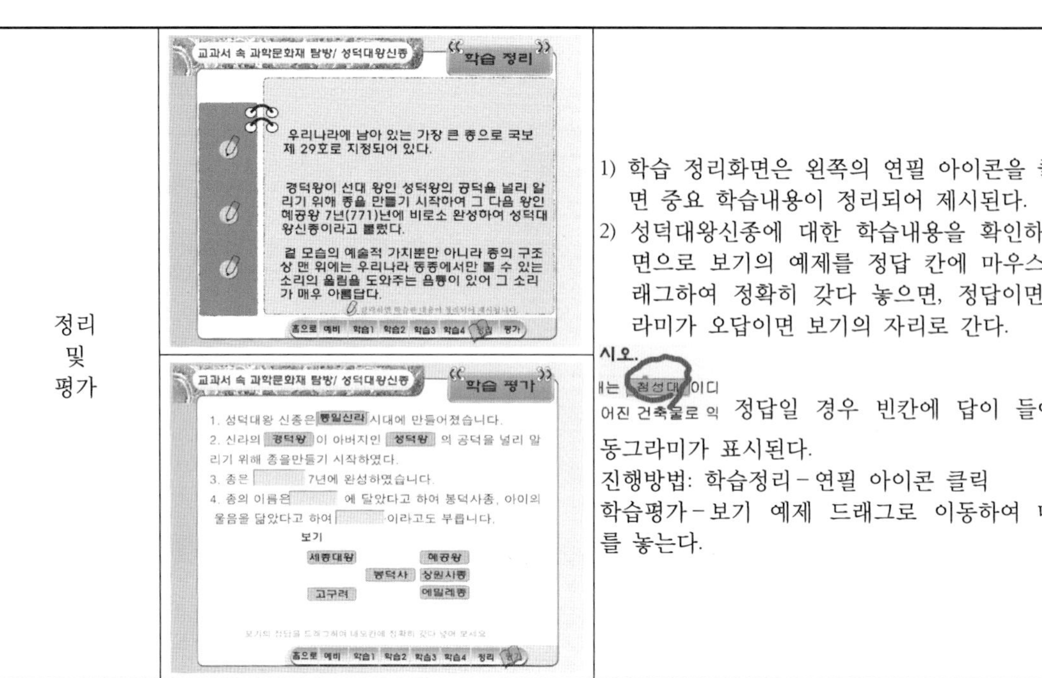 | 1) 학습 정리화면은 왼쪽의 연필 아이콘을 클릭하면 중요 학습내용이 정리되어 제시된다.
2) 성덕대왕신종에 대한 학습내용을 확인하는 화면으로 보기의 예제를 정답 칸에 마우스로 드래그하여 정확히 갖다 놓으면, 정답이면 동그라미가 오답이면 보기의 자리로 간다.
정답일 경우 빈칸에 답이 들어가고 동그라미가 표시된다.
진행방법: 학습정리 – 연필 아이콘 클릭
학습평가 – 보기 예제 드래그로 이동하여 마우스를 놓는다. |

4) 고려청자

메뉴	화면구성	활용방법 및 학습주안점
고려청자	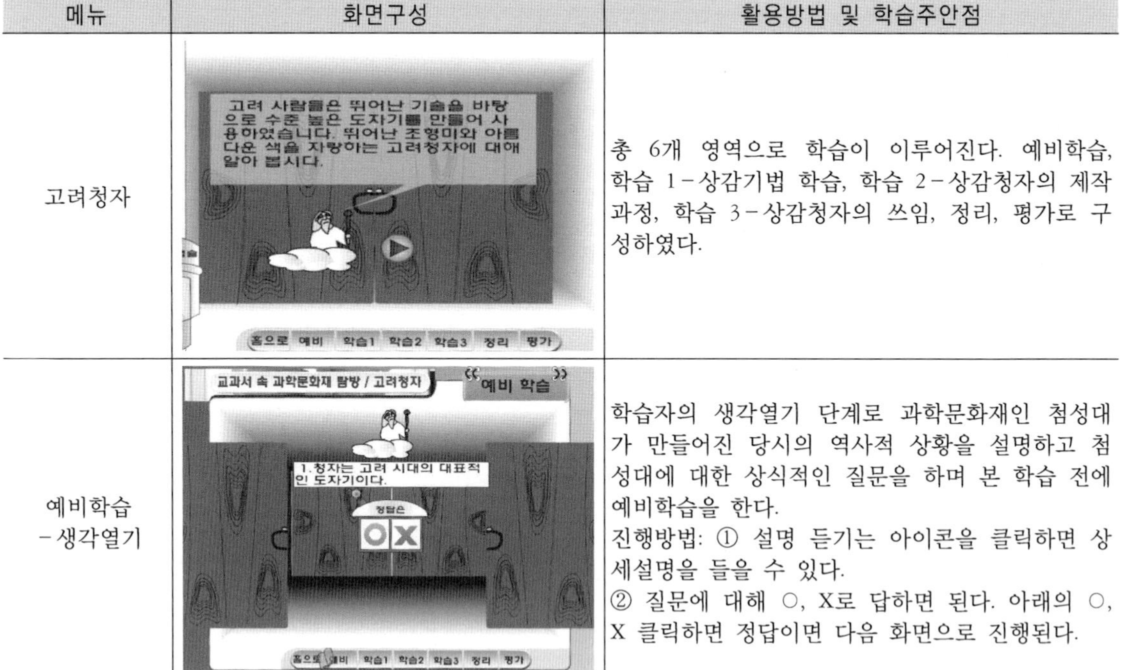	총 6개 영역으로 학습이 이루어진다. 예비학습, 학습 1 – 상감기법 학습, 학습 2 – 상감청자의 제작과정, 학습 3 – 상감청자의 쓰임, 정리, 평가로 구성하였다.
예비학습 – 생각열기		학습자의 생각열기 단계로 과학문화재인 첨성대가 만들어진 당시의 역사적 상황을 설명하고 첨성대에 대한 상식적인 질문을 하며 본 학습 전에 예비학습을 한다. 진행방법: ① 설명 듣기는 아이콘을 클릭하면 상세설명을 들을 수 있다. ② 질문에 대해 ○, X로 답하면 된다. 아래의 ○, X 클릭하면 정답이면 다음 화면으로 진행된다.

학습 1 -상감기법 이란	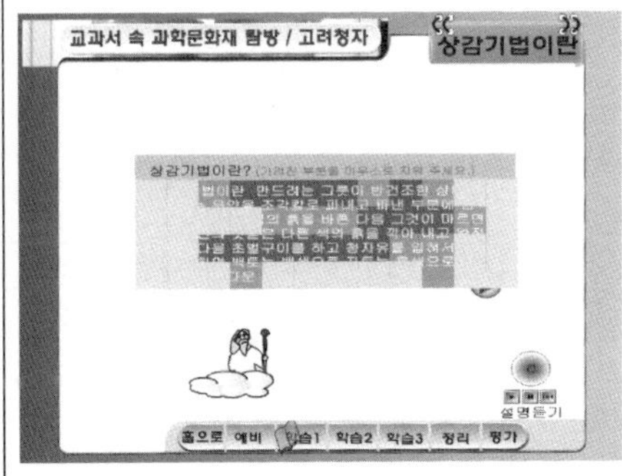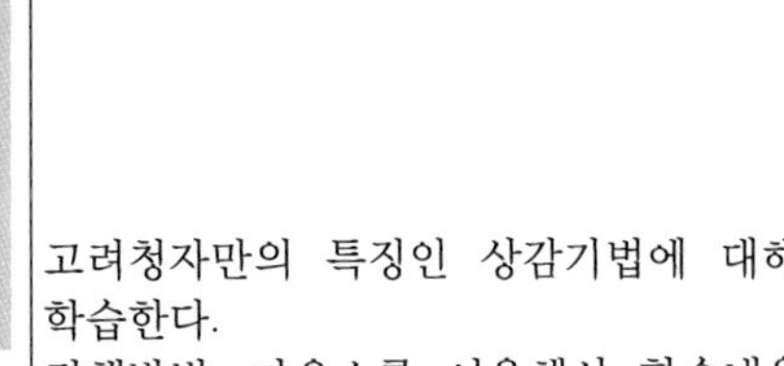	고려청자만의 특징인 상감기법에 대해 이해하고 학습한다. 진행방법: 마우스를 이용해서 학습내용을 확인하며 설명을 들을 수 있는 음성 설명을 첨부하였다. 아이콘을 클릭하며 상감기법의 특징에 대한 학습을 진행한다.
학습 2 -상감청자 제작과정		상감기법으로 고려청자를 만드는 과정을 학습, 흙반죽, 그릇 만들기, 상감기법, 굽기 등 진행방법: 아이콘을 클릭하며 학습을 진행한다.
학습 3 -다양한 쓰임		고려청자가 귀족의 사치스러운 물건이 아니라 일상생활에서 널리 사용되었음 알 수 있는 자료를 제시하고 학습한다. 진행방법: 물음표 아이콘을 클릭, 고려청자 제시, 힌트 클릭하면 용도가 나옴, 정답을 쓰고 클릭하여 정답 확인하며 학습한다.

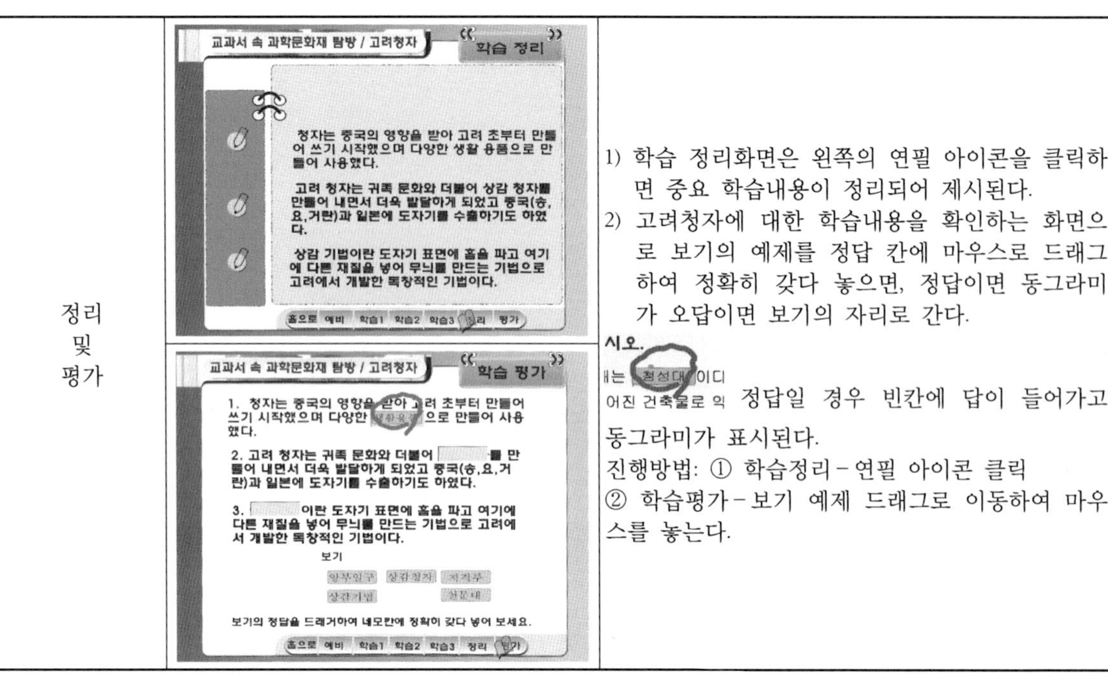

<table>
<tr><td rowspan="3">정리
및
평가</td><td></td><td>

1) 학습 정리화면은 왼쪽의 연필 아이콘을 클릭하면 중요 학습내용이 정리되어 제시된다.
2) 고려청자에 대한 학습내용을 확인하는 화면으로 보기의 예제를 정답 칸에 마우스로 드래그하여 정확히 갖다 놓으면, 정답이면 동그라미가 오답이면 보기의 자리로 간다.

</td></tr>
</table>

시오.

어진 건축물로 익 정답일 경우 빈칸에 답이 들어가고 동그라미가 표시된다.

진행방법: ① 학습정리 - 연필 아이콘 클릭
② 학습평가 - 보기 예제 드래그로 이동하여 마우스를 놓는다.

5) 금속활자

학습단계	화면구성	활용방법 및 학습주안점
금속활자	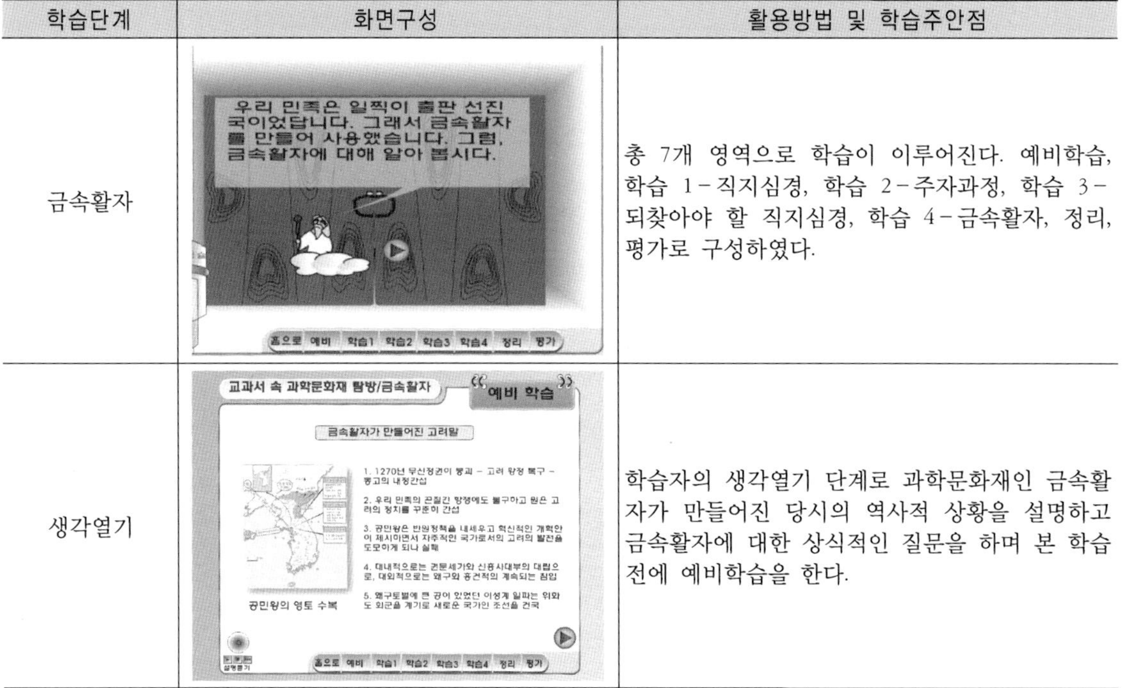	총 7개 영역으로 학습이 이루어진다. 예비학습, 학습 1 - 직지심경, 학습 2 - 주자과정, 학습 3 - 되찾아야 할 직지심경, 학습 4 - 금속활자, 정리, 평가로 구성하였다.
생각열기		학습자의 생각열기 단계로 과학문화재인 금속활자가 만들어진 당시의 역사적 상황을 설명하고 금속활자에 대한 상식적인 질문을 하며 본 학습 전에 예비학습을 한다.

생각열기	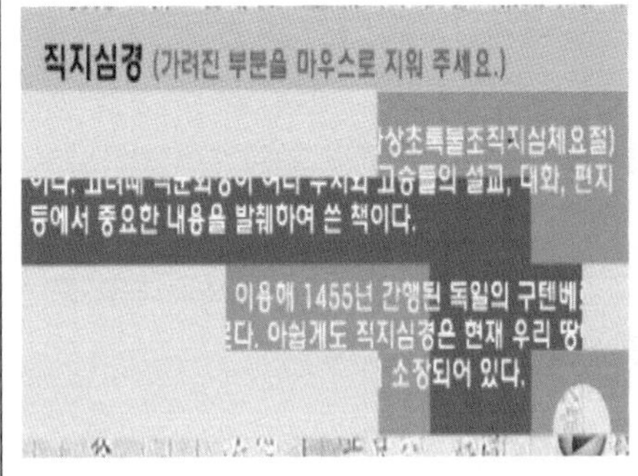	진행방법: ① 설명 듣기는 아이콘 클릭하면 상세설명을 들을 수 있다. ② 질문에 대해 ○, X로 답하면 된다. 아래의 ○, X 클릭하면 정답이면 다음 화면으로 진행된다.
학습 1 – 직지심경에 대한 학습		1) 직지심경에 대한 학습 2) 직지심경의 인쇄시기 3) 직지심경의 인쇄장소 4) 금속활자로 인쇄하였음을 학습 진행방법: ① 회색판 위를 마우스를 클릭하지 않은 상태에서 지우면서 학습 진행 ② 직지심경의 화살표 돋보기를 클릭하면 인쇄 시기, 장소, 방법에 대해 학습 진행
학습 2 – 금속활자 주자과정 알기	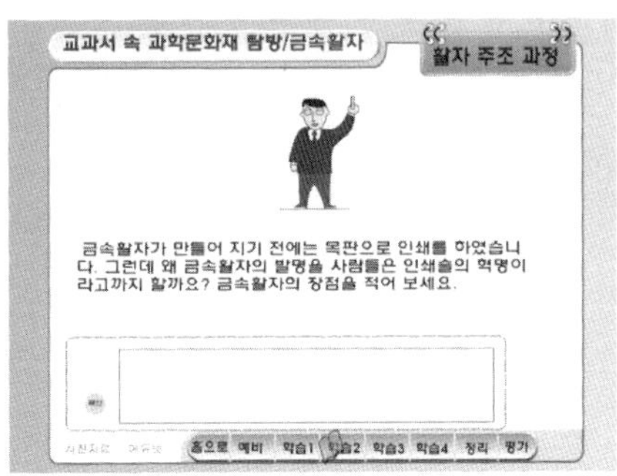	금속활자에 대한 나의 의견과 금속활자 주조과정을 학습

학습 2 - 금속활자 주자과정 알기	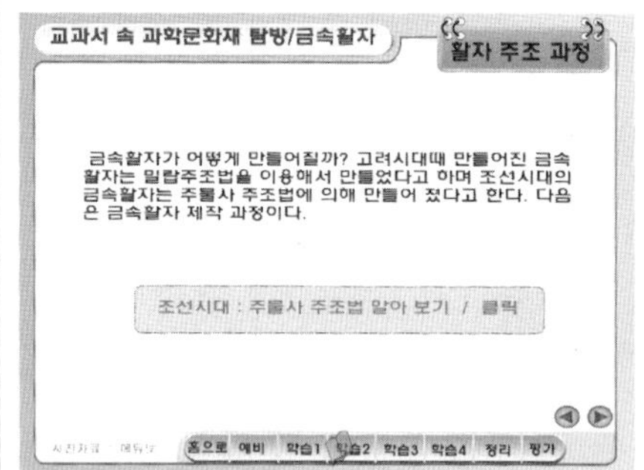	진행방법: 의견쓰기란에 자신의 의견을 쓰고 비교하며 하단의 진행 아이콘을 이용해서 학습 진행
학습 3 - 되찾아야 할 금속활자		금속활자본인 직지심경이 프랑스에 보관되어 있는 이유와 돌려받은 외규장각 문화재, 박병선 박사에 대해 학습 진행방법: 마우스를 이용해서 회색판을 지우면 학습내용이 나오고 다음 화면진행은 화살표 클릭하여 진행
학습 4 - 조상들이 사용한 금속활자	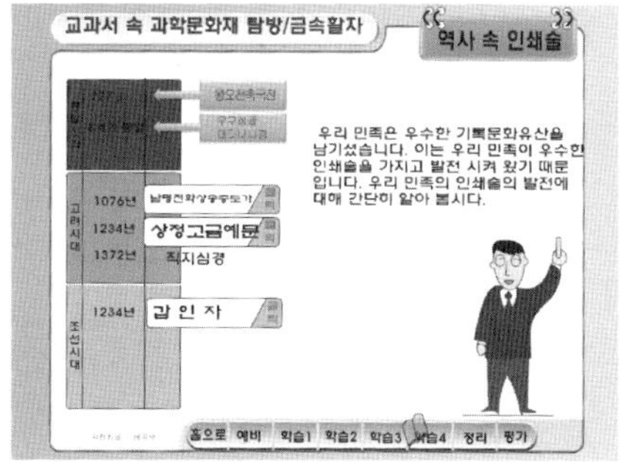	우리 조상들이 발명한 다양한 인쇄술의 역사에 대해 학습(필사본 - 목판 - 금속활자) 진행방법: 금속활자 이름의 아이콘을 클릭하면 상세한 설명이 나옴
학습 정리 및 평가	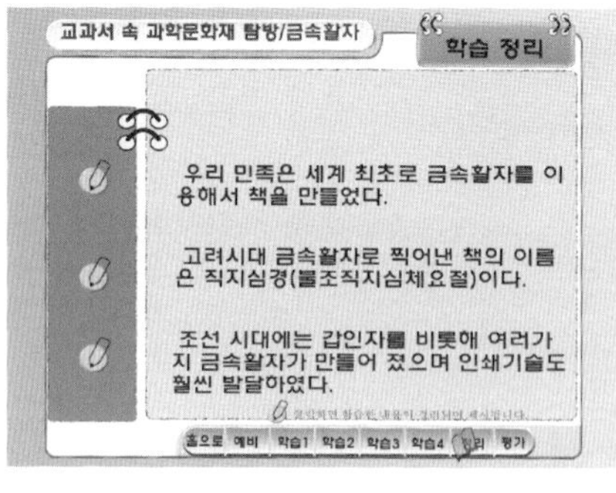	1) 학습 정리화면은 왼쪽의 연필 아이콘을 클릭하면 중요 학습내용이 정리되어 제시된다. 2) 금속활자에 대한 학습내용을 확인하는 화면으로 보기의 예제를 정답 칸에 마우스로 드래그하여 정확히 갖다 놓으면, 정답이면 동그라미가 오답이면 보기의 자리로 간다.

학습단계	화면구성	활용방법 및 학습주안점
학습 정리 및 평가	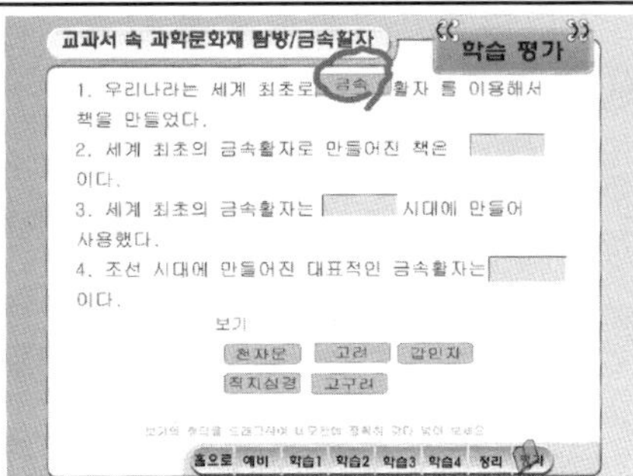	시오. ...는 ...청성대이디 어진 건축물로 익 정답일 경우 빈칸에 답이 들어가고 동그라미가 표시된다. 진행방법: ① 학습정리 - 연필 아이콘 클릭 ② 학습평가 - 보기 예제 드래그로 이동하여 마우스 놓는다.

6) 앙부일구

학습단계	화면구성	활용방법 및 학습주안점
앙부일구		총 7개 영역으로 학습이 이루어진다. 예비학습, 학습 1 - 앙부일구 명칭 익히기, 학습 2 - 간이 해시계 학습, 학습 3 - 앙부일구로 시각 읽기, 학습 4 - 앙부일구로 계절 읽기, 정리, 평가로 구성하였다.
생각열기		학습자의 생각열기 단계로 과학문화재인 앙부일구가 만들어진 당시의 역사적 상황을 설명하고 앙부일구에 대한 상식적인 질문을 하며 본 학습 전에 예비학습을 한다. 진행방법: 질문에 대해 ○, X로 답하면 된다. 아래의 ○, X 클릭하면 정답이면 다음 화면으로 진행된다.
학습 1 - 앙부일구 명칭학습		앙부일구의 각 부분에 대한 명칭 익히기 진행방법: 마우스를 이용해서 회색판을 지우면 학습내용이 나오고 다음 화면진행은 화살표 클릭하여 진행

학습 2 - 간이해시계 만들기	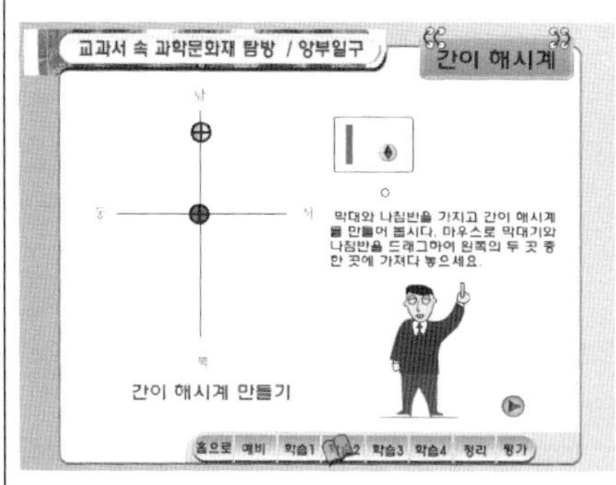 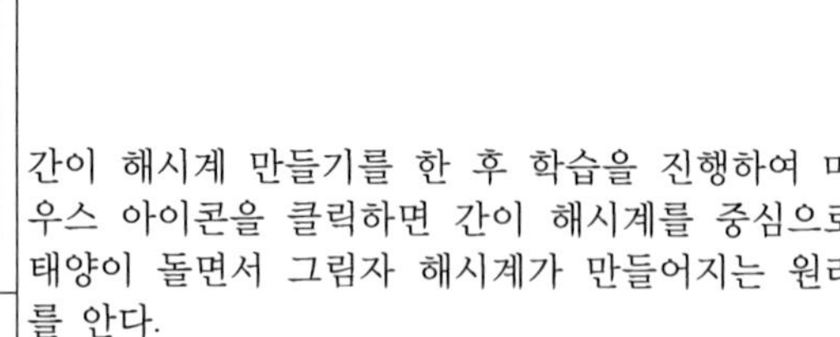	간이 해시계 만들기를 한 후 학습을 진행하여 마우스 아이콘을 클릭하면 간이 해시계를 중심으로 태양이 돌면서 그림자 해시계가 만들어지는 원리를 안다. 진행방법: 막대기와 나침반을 드래그하여 이동하여 위치시킨 후 화면진행 후 마우스 클릭한다.
학습 3 - 시각읽기 (옛날 시각 알기)	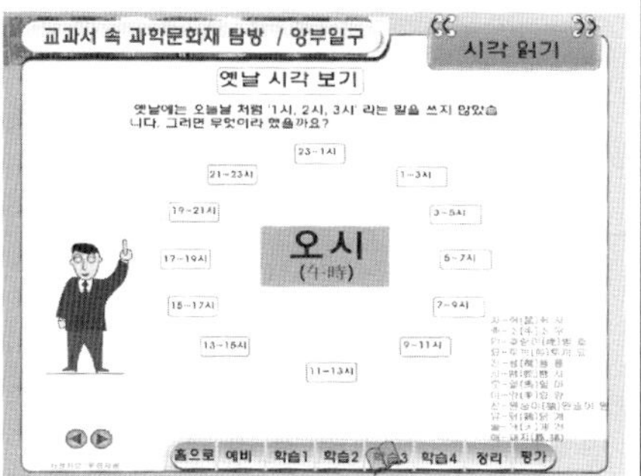	옛날과 오늘날의 시각을 부르는 말이 다름을 학습한다. 이는 앙부일구와 시각보기의 예비학습 단계이다. 진행방법: 해당 시간을 클릭하면 그 시각에 해당하는 옛말이 나타남
학습 4 - 시각 읽기	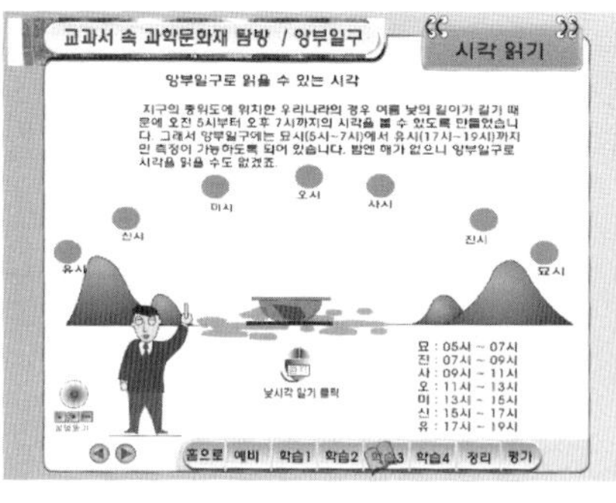	왜 앙부일구에는 24시간을 다 측정하지 못하는 이유 설명 – 묘시부터 유시까지 측정이 가능한지를 학습한다. 또한 음성설명을 들으려면 설명듣기 아이콘을 클릭한다. 진행방법: 중간의 마우스 클릭하면 태양이 움직이며 낮 시간을 알려줌, 화살표 클릭 다음 학습화면으로 이동

학습 5 - 시각읽기 예제풀이	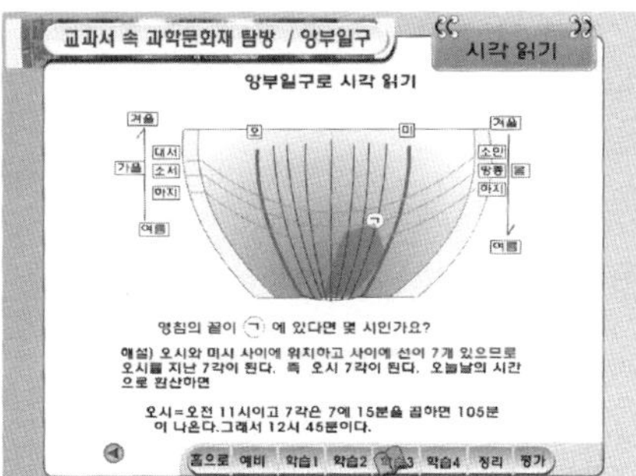	앙부일구로 시각 읽기를 앙부일구를 이용해 실제 시각 읽기 예제문제: 오시와 미시를 확대하여 본 것으로 ㉠ 지점을 시각 읽기 해설, 정확히 오시 7각이므로 오시＝오전 11시이고 7각은 7에 15분을 곱하면 105분이 나온다. 그래서 12시 45분이다. 진행방법: 마우스를 누르면 자세한 설명이 나온다.
학습 6 - 계절읽기	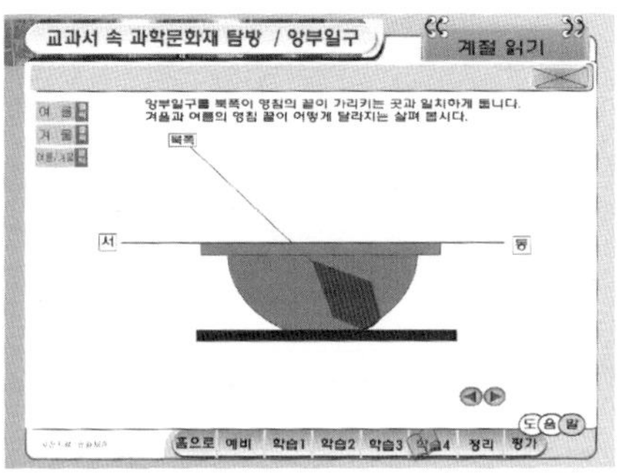	앙부일구의 계절 선에 대한 설명 계절, 음성 설명을 들을 수 있다. 진행방법: 설명 듣기 아이콘 클릭하면 음성 설명을 들을 수 있다.
학습 7 - 계절읽기	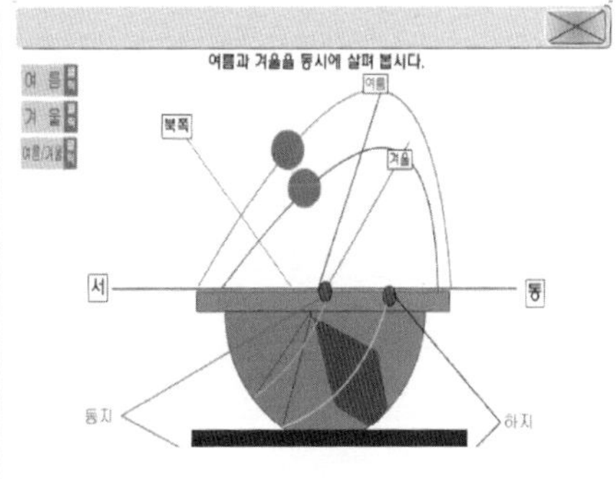	앙부일구의 계절 선에 대한 설명 계절에 따른 태양의 남중고도 달라짐에 따라 그림자의 길이가 다르고 그에 따른 절기를 볼 수 있는 앙부일구의 원리에 대한 설명을 애니메이션 처리하였다. 진행방법: 계절 아이콘을 누르면 태양이 움직임, 학습 진행은 화살표 아이콘
학습 8 - 계절읽기 예제풀이	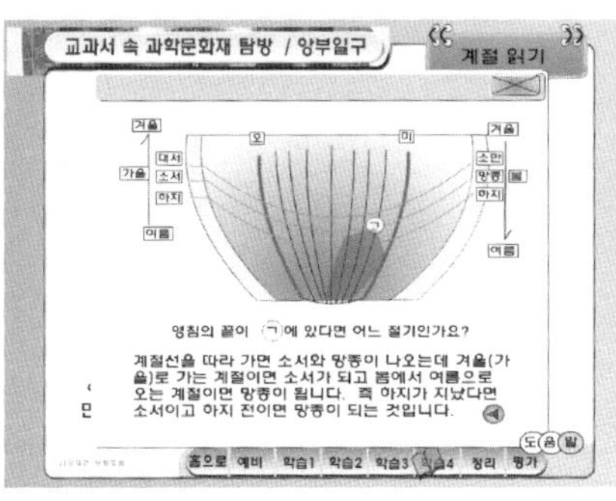	앙부일구로 절기 읽기를 앙부일구를 이용해 실제 절기 읽기 예제문제: ㉠ 지점을 절기 읽기 해설. 정확히 소서와 망종의 절기선에 영침의 끝이 위치하고 있다. 망종이나 소서이다. 여름에서 가을로 가는 계절이면 소서이고 봄에서 하지 전의 여름으로 가는 계절이면 망종이 된다. 진행방법: 마우스를 누르면 자세한 설명이 나온다.

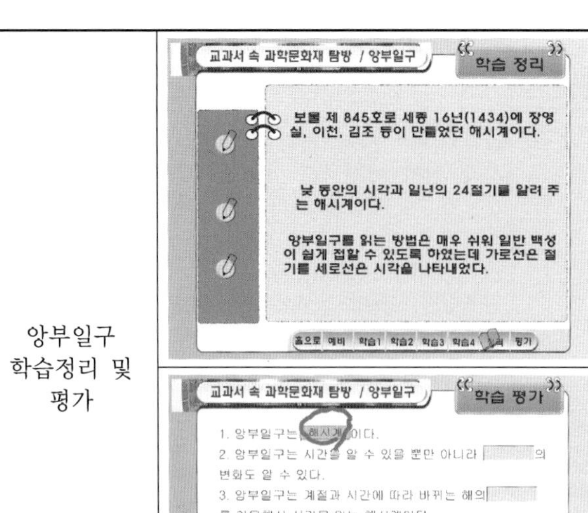

메뉴	화면구성	활용방법 및 학습주안점
앙부일구 학습정리 및 평가		1) 학습 정리화면은 왼쪽의 연필 아이콘을 클릭하면 중요 학습내용이 정리되어 제시된다. 2) 앙부일구에 대한 학습내용을 확인하는 화면으로 보기의 예제를 정답 칸에 마우스로 드래그하여 정확히 갖다 놓으면, 정답이면 동그라미가 오답이면 보기의 자리로 갑니다. 정답일 경우 빈칸에 답이 들어가고 동그라미가 표시된다. 진행방법: ① 학습정리 - 연필 아이콘 클릭 ② 학습평가 - 보기 예제 드래그로 이동하여 마우스 놓는다.

7) 자격루

메뉴	화면구성	활용방법 및 학습주안점
자격루	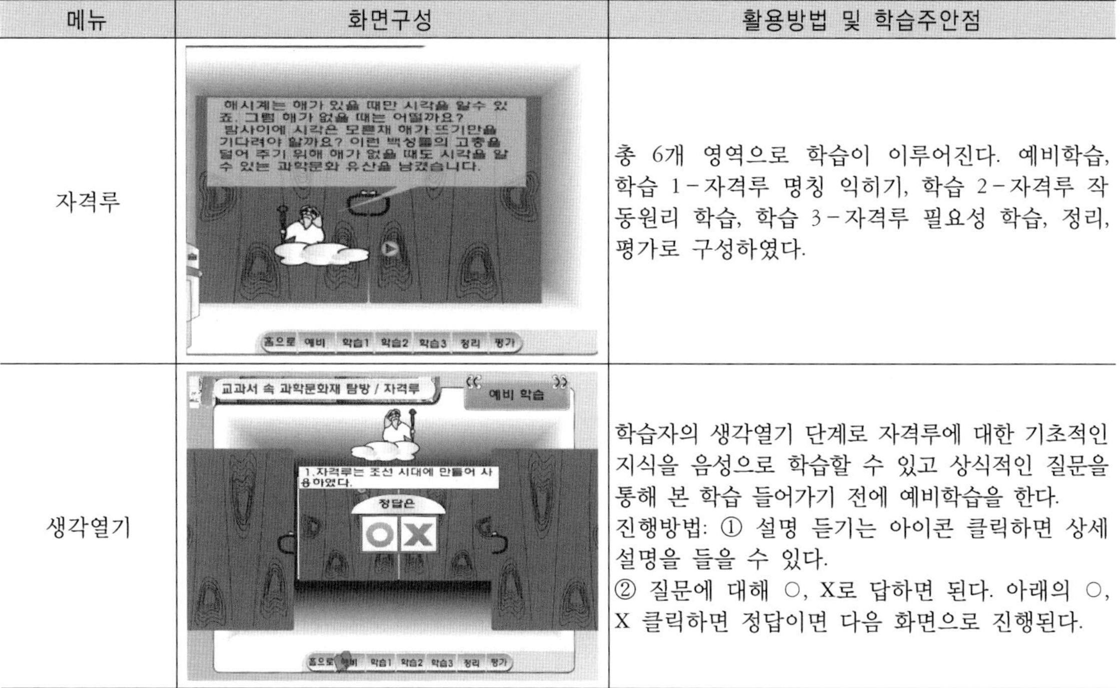	총 6개 영역으로 학습이 이루어진다. 예비학습, 학습 1-자격루 명칭 익히기, 학습 2-자격루 작동원리 학습, 학습 3-자격루 필요성 학습, 정리, 평가로 구성하였다.
생각열기		학습자의 생각열기 단계로 자격루에 대한 기초적인 지식을 음성으로 학습할 수 있고 상식적인 질문을 통해 본 학습 들어가기 전에 예비학습을 한다. 진행방법: ① 설명 듣기는 아이콘 클릭하면 상세 설명을 들을 수 있다. ② 질문에 대해 ○, X로 답하면 된다. 아래의 ○, X 클릭하면 정답이면 다음 화면으로 진행된다.

학습 1 - 자격루 명칭 익히기	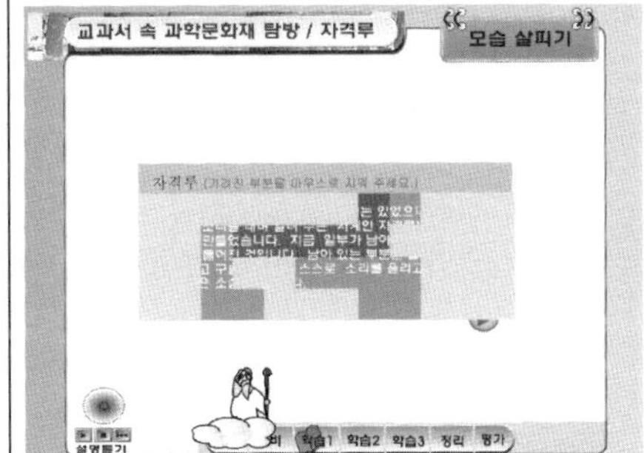	자격루에 대한 기초지식을 익히고 자격루 각 부분에 대한 명칭 익히기 진행방법: ① 마우스를 이용해서 회색판을 지우면 학습내용이 나오고 다음 화면진행은 화살표 클릭하여 진행 ② 물음표 아이콘 클릭하면 각 부분의 설명으로 이동
학습 2 - 자격루의 움직이는 원리	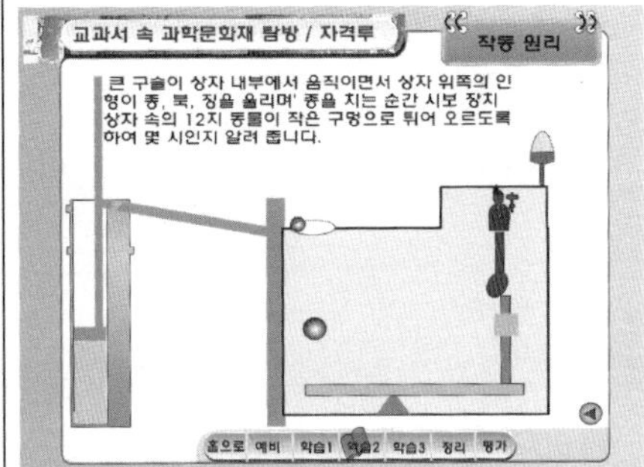	자격루의 움직이는 원리를 애니매이션화해서 설명하였다. 큰 물통(대파수호)에서 작은 물통(소파수호)으로 물의 흐름과 작은 구슬의 움직임, 작은 구슬에 의한 큰 구슬의 움직임, 큰 구슬이 지레를 움직이고 지레가 각종 인형과 징소리를 내게 한다. 진행방법: 화살표 아이콘으로 클릭하면 물방울이 움직이면서 자격루의 작동원리를 설명한다.
학습 3 - 자격루의 필요성	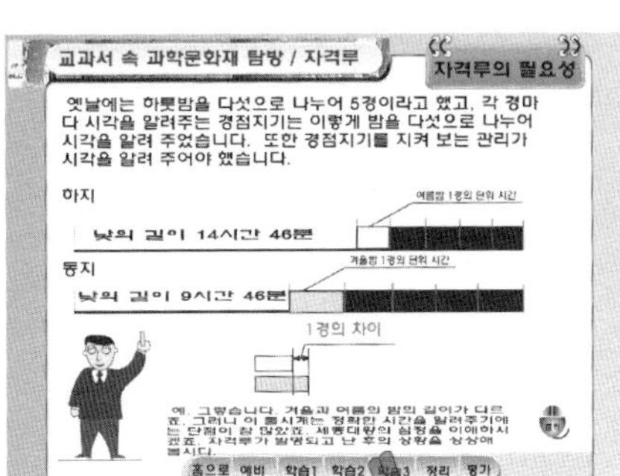	계절마다 밤의 길이가 달라 경점지기의 불편함을 설명하고 자격루의 필요성을 인식시킴 진행방법: 아이콘 클릭 여름과 겨울의 밤길이가 다름을 알 수 있음
		자격루가 만들어지기 전 경점지기의 불편함 설명과 자격루의 편리함 설명 진행방법: 아이콘 클릭으로 진행

<table>
<tr><td>자격루 정리
평가</td><td>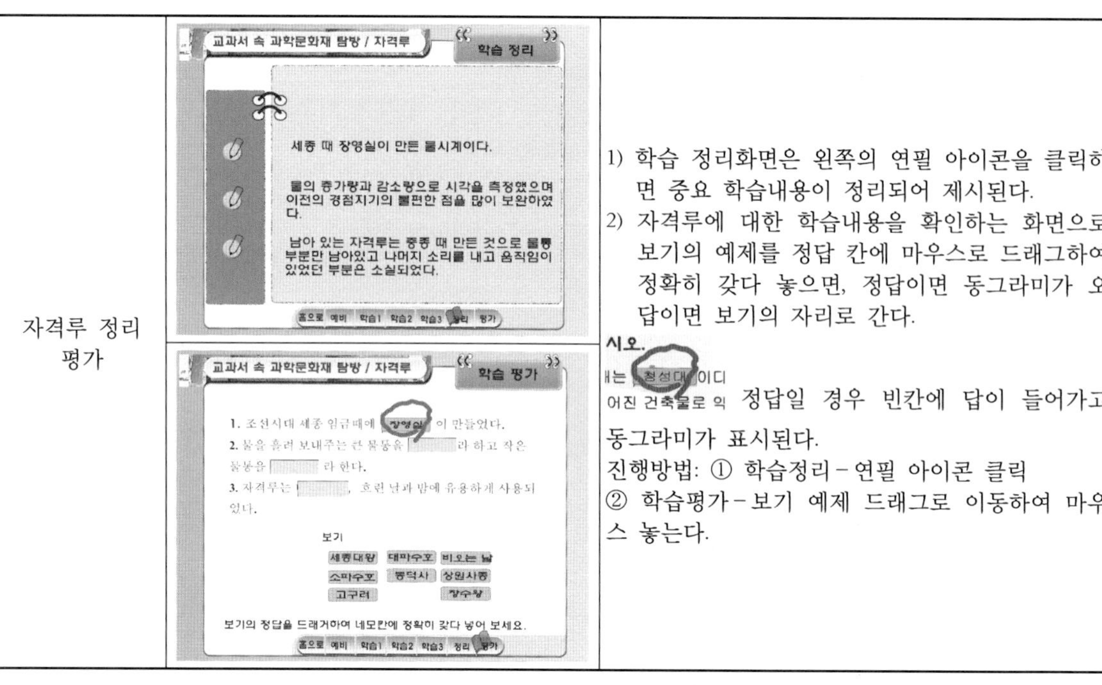</td><td>1) 학습 정리화면은 왼쪽의 연필 아이콘을 클릭하면 중요 학습내용이 정리되어 제시된다.
2) 자격루에 대한 학습내용을 확인하는 화면으로 보기의 예제를 정답 칸에 마우스로 드래그하여 정확히 갖다 놓으면, 정답이면 동그라미가 오답이면 보기의 자리로 간다.
정답일 경우 빈칸에 답이 들어가고 동그라미가 표시된다.
진행방법: ① 학습정리 - 연필 아이콘 클릭
② 학습평가 - 보기 예제 드래그로 이동하여 마우스 놓는다.</td></tr>
</table>

8) 측우기

메뉴	화면구성	활용방법 및 학습주안점
측우기	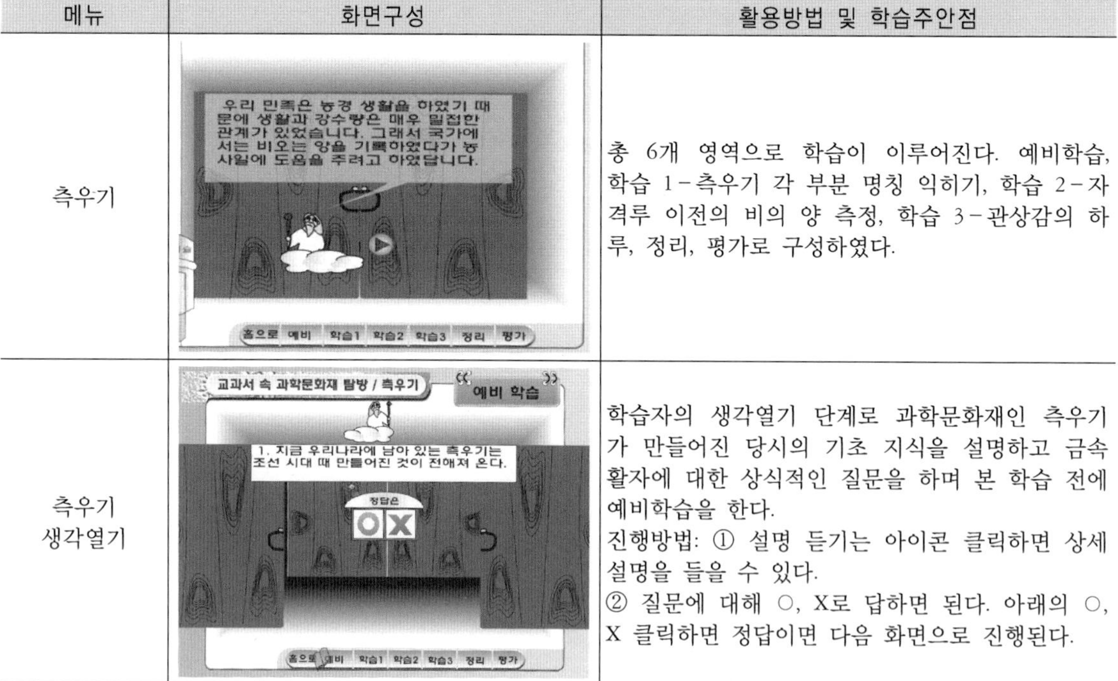	총 6개 영역으로 학습이 이루어진다. 예비학습, 학습 1-측우기 각 부분 명칭 익히기, 학습 2-자격루 이전의 비의 양 측정, 학습 3-관상감의 하루, 정리, 평가로 구성하였다.
측우기 생각열기		학습자의 생각열기 단계로 과학문화재인 측우기가 만들어진 당시의 기초 지식을 설명하고 금속활자에 대한 상식적인 질문을 하며 본 학습 전에 예비학습을 한다. 진행방법: ① 설명 듣기는 아이콘 클릭하면 상세 설명을 들을 수 있다. ② 질문에 대해 ○, X로 답하면 된다. 아래의 ○, X 클릭하면 정답이면 다음 화면으로 진행된다.

학습 1 - 측우기 명칭	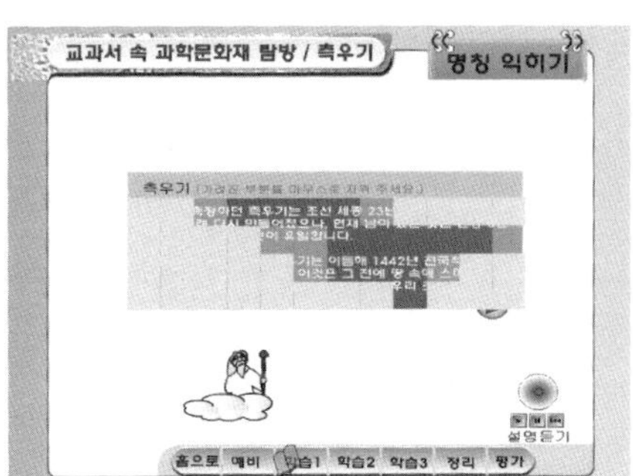	1) 측우기 기초 학습 확인하기 2) 측우기 각 부분에 대한 명칭 익히기 3) 측우기 새겨진 명문에 대해 학습 4) 측우기와 측우대의 상세사진 보기 진행방법: ① 마우스를 이용해서 회색판을 지우면 학습내용이 나오고 다음 화면진행은 화살표 클릭하여 진행 ② 물음표 아이콘 클릭하면 각 명칭으로 이동 측우기, 측우대 사진 확대/축소 아이콘 실행
학습 2 - 측우기 발명 필요성	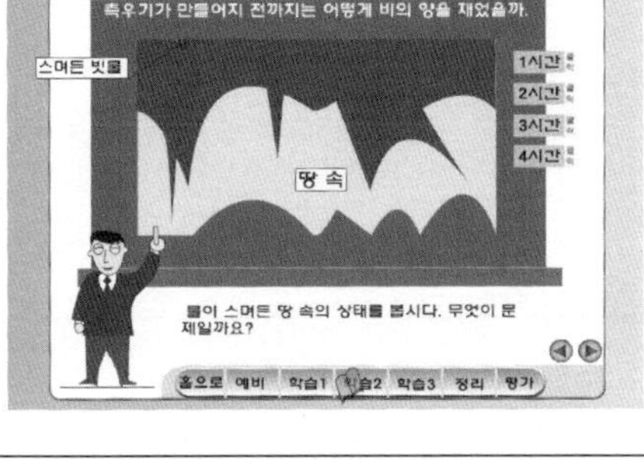 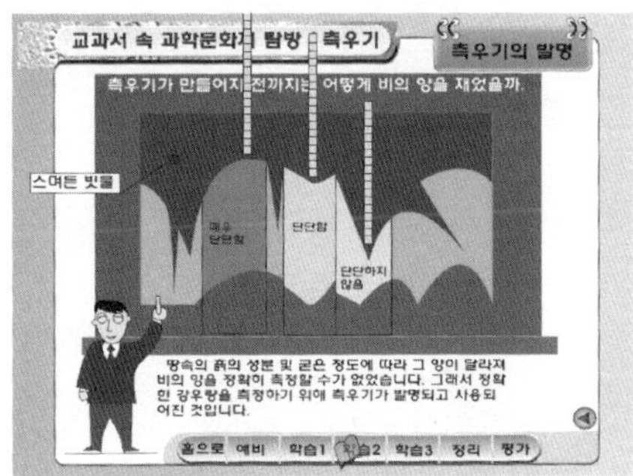	측우기 이전에는 땅속에 빗물이 스며드는 정도로 강우량 측정의 불합리성을 학습하고 측우기 발명의 필요성 학습 진행방법: 화살표 아이콘 클릭으로 학습 진행
학습 3 - 관상감 관원의 하루		비 오는 날 관상감 관원의 하루를 예상해보고 측우기를 이용한 강우측정과 기록내용 학습 진행방법: 화살표 아이콘 클릭으로 학습 진행

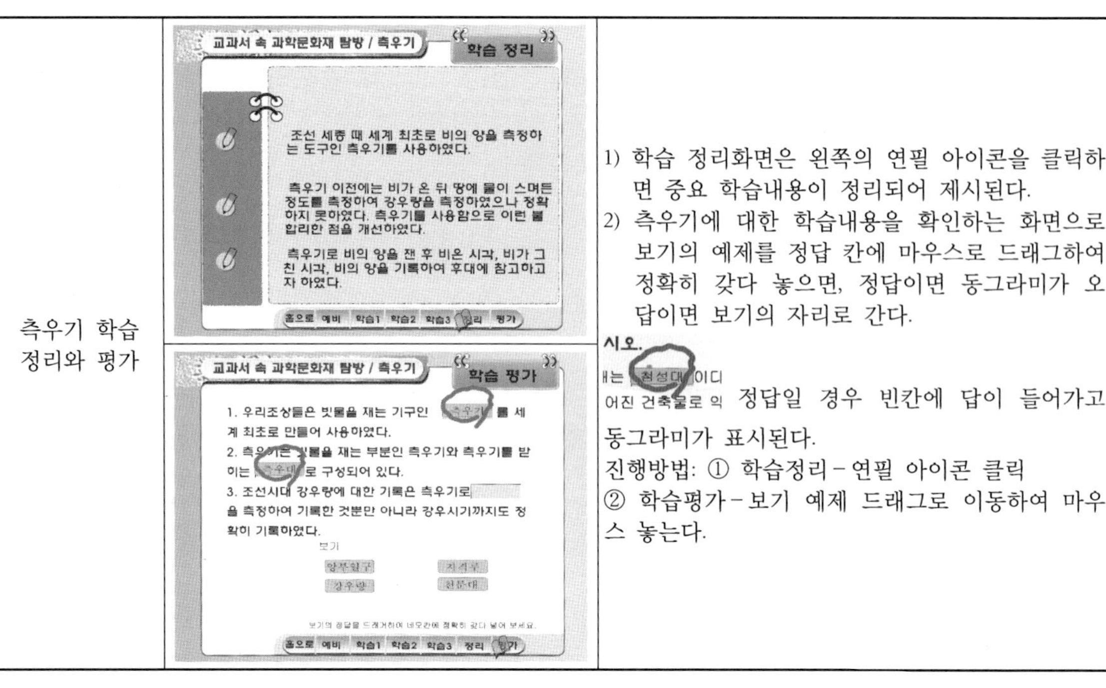

측우기 학습 정리와 평가		1) 학습 정리화면은 왼쪽의 연필 아이콘을 클릭하 면 중요 학습내용이 정리되어 제시된다. 2) 측우기에 대한 학습내용을 확인하는 화면으로 보기의 예제를 정답 칸에 마우스로 드래그하여 정확히 갖다 놓으면, 정답이면 동그라미가 오 답이면 보기의 자리로 간다. 정답일 경우 빈칸에 답이 들어가고 동그라미가 표시된다. 진행방법: ① 학습정리 – 연필 아이콘 클릭 ② 학습평가 – 보기 예제 드래그로 이동하여 마우 스 놓는다.

9) 장경판전

학습단계	화면구성	활용방법 및 학습주안점
장경판전	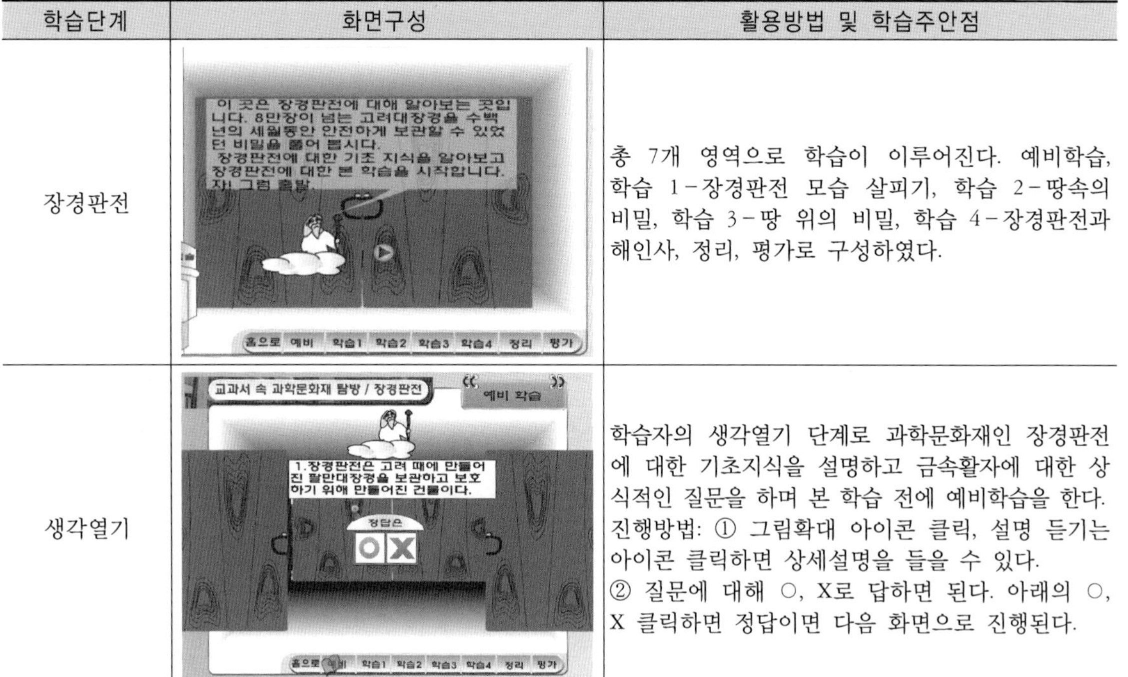	총 7개 영역으로 학습이 이루어진다. 예비학습, 학습 1 – 장경판전 모습 살피기, 학습 2 – 땅속의 비밀, 학습 3 – 땅 위의 비밀, 학습 4 – 장경판전과 해인사, 정리, 평가로 구성하였다.
생각열기		학습자의 생각열기 단계로 과학문화재인 장경판전에 대한 기초지식을 설명하고 금속활자에 대한 상식적인 질문을 하며 본 학습 전에 예비학습을 한다. 진행방법: ① 그림확대 아이콘 클릭, 설명 듣기는 아이콘 클릭하면 상세설명을 들을 수 있다. ② 질문에 대해 ○, X로 답하면 된다. 아래의 ○, X 클릭하면 정답이면 다음 화면으로 진행된다.

학습 1 －장경판전 보기		1) 장경판전의 간략한 설명 2) 수다라장 입구 보기 3) 법보전 보기 4) 수다라장 내부 보기 등을 학습 진행방법: 장경판전에 대한 간략한 설명이 나온다. 닫기 아이콘을 클릭한 후 돋보기 아이콘을 클릭하면 해당 지점에서 장경판전의 모습을 볼 수 있다.
학습 2 －장경판전의 땅속의 비밀		장경판전의 첫 번째 비밀인 땅속의 비밀에 대한 학습을 한다. 장경판전을 만들 당시 땅속에 소금과 숯을 넣어 벌레와 습기에 대장경이 상하지 않게 하였음을 학습한다. 진행방법: 제시된 화면에서 지시된 아이콘 클릭으로 학습을 진행한다.
학습 3 －장경판전의땅 위의 비밀	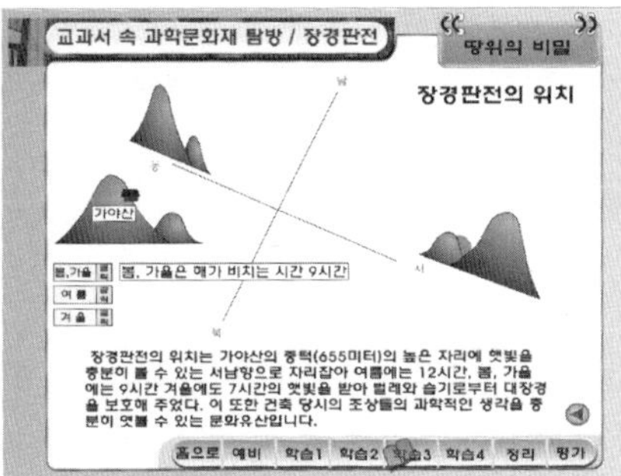	장경판전의 두 번째 비밀인 땅 위의 비밀에 대한 학습을 한다. 장경판전은 전면과 후면 창의 크기를 달리하여 통풍이 잘 되게 하였고 해의 방향을 생각하여 건축함으로 벌레, 습기로부터 보호되었음을 애니메이션 효과로 학습을 한다. 진행방법: 마우스를 클릭하여 진행하며 아래의 장경판전의 위치에 대한 학습은 계절 아이콘을 클릭하여 진행한다.
장경판전과 해인사에 관한 학습		1) 장경판전의 건축내력에 대해 학습 2) 해인사에 대한 간단한 소개 진행방법: ① 마우스를 누르지 않은 상태에서 회색면을 왕복하면 회색면이 지워지면서 설명이 보인다. ② 사진 확대 아이콘 클릭 사진 확대 보기

<table>
<tr><td rowspan="2">정리
및
평가</td><td>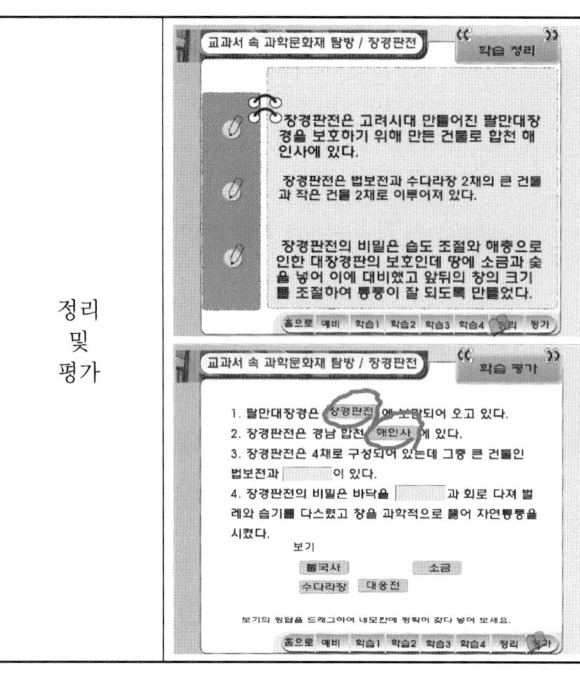</td><td>1) 학습 정리화면은 왼쪽의 연필 아이콘을 클릭하면 중요 학습내용이 정리되어 제시된다.
2) 장경판전에 대한 학습내용을 확인하는 화면으로 보기의 예제를 정답 칸에 마우스로 드래그하여 정확히 갖다 놓으면, 정답이면 동그라미가, 오답이면 보기의 자리로 간다.
진행방법: ① 학습정리-연필 아이콘 클릭
② 학습평가-보기 예제 드래그로 이동하여 마우스 놓는다.</td></tr>
</table>

10) 간단히 알아보기(화약, 목화, 한글, 농사직설, 제주 돌담)

메뉴	화면구성	활용방법 및 학습주안점
간단히 알아보기 -목화, 화약, 한글, 농사직설	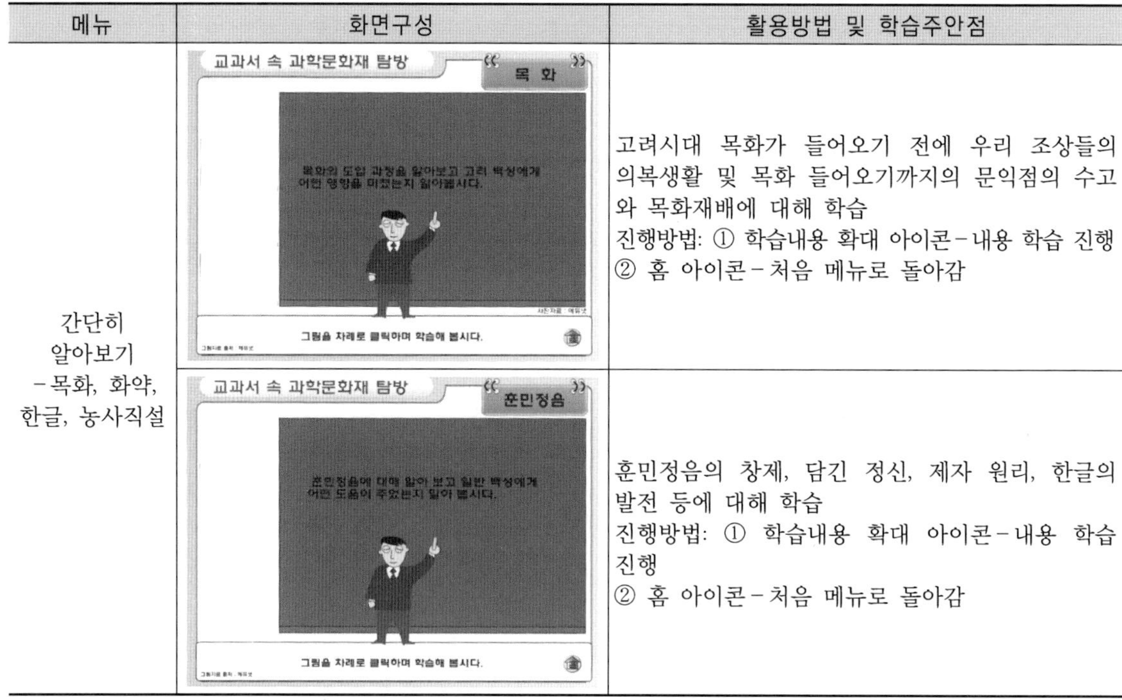	고려시대 목화가 들어오기 전에 우리 조상들의 의복생활 및 목화 들어오기까지의 문익점의 수고와 목화재배에 대해 학습 진행방법: ① 학습내용 확대 아이콘-내용 학습 진행 ② 홈 아이콘-처음 메뉴로 돌아감
		훈민정음의 창제, 담긴 정신, 제자 원리, 한글의 발전 등에 대해 학습 진행방법: ① 학습내용 확대 아이콘-내용 학습 진행 ② 홈 아이콘-처음 메뉴로 돌아감

Ⅴ. 보조 자료

1. 과학문화재 파일

1) 주요 내용 및 특색

보조자료는 주 자료(웹 자료) 학습 후 전체 학습 및 학습내용 정리활동에 활용할 수 있는 자료로 주 자료를 보완할 수 있는 자료이다. 본 보조자료 특색은 내용 중에 웹에서 다루지 않은 신문의 활용이다. NIE 학습은 이미 학교현장에서 학습활동 시간에 많이 활용하는 자료활용 방법 중의 하나인데 본 연구주제의 학습목표를 달성하기에 아주 좋은 장점이 있는 자료로 활용하였고 학습활동 중 그 효과 면에서도 아주 좋았던 것 같다.

2. 게임 놀이판

- 개별활동이 다 끝난 뒤 모둠별 학습 정리용으로 활용

보조자료 파일

Ⅵ. 수업의 실제

교과	사회	지도 일시		대상	5학년	지도 교사	김수환
단원	3. 유교 전통이 자리 잡은 조선			차시	6/17	교과서	사회 109~110쪽 사탐 84~85쪽
학습주제	조선 전기 발달된 과학기술에 대해 알아보기			수업모형	탐구 학습모형		
학습목표	• 조선 전기 백성들의 생활을 개선하기 위한 노력과 과학적 업적에 대해 알 수 있다. • 이들의 쓰임을 목적에 따라 분류할 수 있다.						

학습 단계	학습 과정	교수학습 활동		시간 (분)	자료(□) 및 유의점(※)
		교사	학생		
문제 파악	탐구상황 제시	◎ 동기 유발하기 ○ 여러분은 지금이 몇 시인지 어떻게 확인합니까? - 손목시계나 벽시계, 휴대전화, 컴퓨터의 시계 등 ○ 오늘날의 시계가 없었던 조선시대에는 어떻게 시간을 확인하였을까요? - 태양의 높이나 해시계 등 ◎ 학습문제 제시		5′	
	학습문제 확인	조선 전기 백성들의 생활을 개선하기 위한 노력과 업적에 대해 알아보고, 이들의 쓰임을 목적에 따라 분류해봅시다.			
탐색 및 입증	자료수집 및 자료분석	◎ 『농사직설』에 대해 알아보기 ○ 조선이 백성들의 생활을 안정시키기 위해 가장 노력을 기울인 부분은 무엇입니까? - 농사, 농사짓는 법 등 ○ 세종이 농업생산을 높이기 위해 백성들에게 보급한 책은 무엇입니까? - 『농사직설』입니다. ○ 『농사직설』의 내용이 무엇인지 인터넷에 연결하여 프로그램으로 학습해봅시다. - http://iedujeju.x－y.net로 접속하여 농사직설 개별학습 ○ 『농사직설』은 백성들에게 어떤 도움을 주었을까요? - 농사를 짓는 데 농작물을 심을 시기를 알려주었다 등 ◎ 세종 때의 과학기술에 대해 알아보기 ○ 웹 자료에 연결하여 학습하여 봅시다. - http://iedujeju.x－y.net로 접속하여 농사직설 개별학습 ○ 장영실은 현재 어떤 분야의 일을 하는 사람과 비슷합니까? - 과학자, 기술자, 천문학자와 비슷합니다. ○ 장영실이 만든 과학기구들에는 어떤 것이 있는지 알아봅시다. - 앙부일구, 자격루, 혼천의 등이 있습니다. ○ 과학기구의 발명은 백성들에게 어떤 도움을 주었습니까? - 시각과 절기를 정확히 알 수 있게 되어 일상생활과 농사에 도움이 되었습니다.		20′	① 웹 자료 ※ 조선의 경제는 농업 경제이기 때문에 백성의 생활을 안정시키기 위해서는 농사가 중요했다. 조선 전기 백성들의 생활을 개선시키기 위한 노력과 과학적 업적들이 대부분 농사나 날씨와 관련이 있다. ② 웹 자료 ※ 장영실이 혼자 만든 것이 아니라 그 당시 많은 사람들이 힘을 모아 만들었음에 유의한다.

탐색 및 입증	자료수집 및 자료분석	○ 세종 때 만들어진 갑인자는 무엇인지 알아봅시다. - 금속활자입니다. ○ 금속활자의 의의에 대해 알아봅시다. - 목판은 책을 만드는 데 비용과 시간이 많이 들면서 한 종류의 책만 펴낼 수 있었습니다. 반면 금속활자는 제작하는 데 기술력이 필요하지만 활자판 제작에 드는 시간과 비용은 목판에 비해 적게 듭니다. 또한 한번 활자를 만들어 놓으면 다양한 종류의 책을 인쇄할 수 있고 장기간 보관하기도 용이합니다.		
일반화	증거를 통해 결론 도출	◎ 목적에 따라 분류하기 ○ 조선 전기 백성들의 생활개선을 위한 다양한 노력들과 그 결과들을 모아, 이를 쓰임별로 분류해봅시다. - 백성들에게 쉽게 말과 글을 쓰고 읽게 하기 위한 것: 『훈민정음』 - 도덕서 편찬을 통한 유교의 도리를 배우고 실천하게 하기 위한 것:『삼강행실도』 - 우수 농사기술 보급을 통해 백성들의 생활을 향상시키기 위한 것:『농사직설』 - 시간을 정확히 측정하여 생활을 편리하게 하기 위한 것: 앙부일구, 자격루 - 천체 관측을 통해 사계절의 변화를 예측하기 위한 것: 혼천의,『칠정산』 - 금속활자를 활용하여 많은 책을 보다 쉽게 출간하기 위한 것: 갑인자	10′	※ 이러한 발명품들로 인해 백성들의 삶이 어떻게 달라졌을지, 백성들이 조선왕조에 대해 어떻게 생각했을지 추론해볼 수 있도록 한다.
정리	활동정리	◎ 학습내용 정리하기 ○ 조선 전기 백성들의 생활과 문화, 과학 기술을 발전시키기 위해 노력한 왕과 신하는 누구입니까? - 세종과 장영실, 집현전 학자들입니다. ○ 그들이 이룩한 업적의 의미를 생각해봅시다. - 백성들의 삶을 위해 노력하였습니다. ◎ 차시 예고하기 ○ 다음 시간에는 경국대전의 의미에 대해 알아보겠습니다.	5′	

※ 평가계획

평가내용	구분	평가기준	평가방법
① 조선 전기 백성들의 생활을 개선하기 위한 노력과 과학적 업적에 대해 알고 있는가? ② 조선 전기의 과학기술의 쓰임을 목적에 따라 분류할 수 있는가?	매우 잘함	• 조선 전기 백성들의 생활을 개선하기 위한 노력과 과학적 업적에 대해 다양하게 알고, 이들의 쓰임을 목적에 따라 정확히 분류할 수 있다.	관찰법
	잘함	• 조선 전기 백성들의 생활을 개선하기 위한 노력과 과학적 업적에 대해 대략적으로 알고, 이들의 쓰임을 목적에 따라 분류할 수 있다.	
	보통	• 조선 전기 백성들의 생활을 개선하기 위한 노력과 과학적 업적에 대해 대략적으로 알고 있으나, 이들의 쓰임을 목적에 따라 분류하는 것을 어려워한다.	
	노력 요함	• 조선 전기 백성들의 생활을 개선하기 위한 노력과 과학적 업적에 대해 알지 못하고, 이들의 쓰임을 목적에 따라 분류할 수 없다.	

Ⅶ. 일반화 방안

1. 주 자료의 일반화 방안

본 자료의 일반화 방안은 웹자료의 경우 언제든지 인터넷(http://iedujeju.x－y.net) 접속이 가능한 곳에서 접속하여 개별학습이 가능하다. 학교의 컴퓨터실이나 가정의 인터넷 접속이 가능한 곳이면 언제든지 접속이 가능하도록 하였다. 또한 도메인환경 설정 시 일일접속량을 충분히 두었기에 접속량이 폭주하지 않는 이상 언제든지 접속이 가능한 상태이다. 실제 학교현장에서 테스트할 때 동시다발로 접속을 해본 결과 안정된 서비스를 확인하였다.

2. 보조자료의 일반화 방안

보조자료의 제작은 인터넷 검색을 통한 교사의 노력이 필요하다. 선생님들의 교재연구 시간에 충분히 자작 NIE자료로 제작하여 본 수업에 활용할 수 있을 것이다. 공개된 프리웨어 프로그램인 캡처 프로그램(또는 익스플로러에서 제공하는 캡처 기능의 사용)을 사용할 수 있으면 워드 프로그램에서 제작하여 사용할 수 있다.

3. 자료 제작비용

자료 제작의 비용은 보조자료의 제작 시 아주 실비의 비용만이 소요되어 활용 면에서는 무난하리라 여겨진다.

구입 물품	가격	비고
어도비 웹프리미엄 CS5 (교사/학생용 버전)	구입	본 비용은 제작자(웹 자료 제작한 출품 교사)인 교사의 소프트웨어 구입비용으로 웹 자료를 활용하는 현장에서 활용하는 교사의 경우 구입비용 들지 않음
파일 구입 및 설명서 제작비용	실비	현장 활용 시 활용교사가 지출하는 비용

모듈 자료 목록

번호	자료형태	파일명	크기	자료설명	비고
1	모듈	csdgj.swf	178KB	첨성대 구조 학습	개발
2	모듈	csdms.swf	61KB	첨성대 모습 학습	〃
3	모듈	csdus.swf	97KB	첨성대 건축의 우수성	〃
4	모듈	csdor.swf	426KB	천문관 가상 시나리오	〃
5	모듈	csdor.swf	23KB	첨성대에 대한 이견	〃
6	모듈	csd01.swf	89KB	첨성대 준비학습	〃
7	모듈	csdpg.swf	32KB	첨성대 학습평가	〃
8	모듈	csdjr.swf	24KB	첨성대 학습정리	〃
9	모듈	sdjjr.swf	33KB	성덕대왕신종 학습정리	〃
10	모듈	sdjms.swf	275KB	성덕대왕신종 보기	〃
11	모듈	sdjsr.swf	247KB	성덕대왕신종 소리 듣기	〃
12	모듈	sdjsh.swf	268KB	종소리 실험	〃
13	모듈	sdjpg.swf	39KB	성덕대왕신종 평가	〃
14	모듈	sdjtj.swf	438KB	타종식 가상 인터뷰	〃
15	모듈	sdj01.swf	33KB	성덕대왕신종 준비학습	〃
16	모듈	gs01.swf	40KB	금속활자 준비학습	〃
17	모듈	gsbg.swf	164KB	금속활자	〃
18	모듈	gshb.swf	49KB	직지심경 내용 익히기	〃
19	모듈	gsjj.swf	310KB	금속활자 주조과정	〃
20	모듈	gsjr.swf	39KB	금속활자 정리	〃
21	모듈	gspg.swf	34KB	금속활자 평가	〃
22	모듈	gss.swf	484KB	여러 금속활자들	〃
23	모듈	ag01.swf	43KB	앙부일구 준비학습	〃
24	모듈	agih.swf	34KB	앙부일구 해시계 원리	〃
25	모듈	agjr.swf	31KB	앙부일구 정리	〃
26	모듈	agms.swf	139KB	앙부일구 부분 명칭	〃
27	모듈	agpg.swf	34KB	앙부일구 평가	〃
28	모듈	agts.swf	535KB	앙부일구 계절 시간읽기	〃
29	모듈	jg01.swf	114KB	장경판전 준비학습	〃

30	모듈	jgds.swf	41KB	장경판전 땅속의 비밀	개발
31	모듈	jgdu.swf	196KB	장경판전 땅 위의 비밀	〃
32	모듈	jgjr.swf	31KB	장경판전 정리	〃
33	모듈	jgms.swf	415KB	장경판전 명칭	〃
34	모듈	jgpg.swf	42KB	장경판전 평가	〃
35	모듈	jgys.swf	150KB	장경판전 내력	〃
36	모듈	jgrwr.swf	126KB	자격루 작동원리	〃
37	모듈	jgr01.swf	53KB	자격루 준비학습	〃
38	모듈	jgrjr.swf	24KB	자격루 정리	〃
39	모듈	jgrms.swf	138KB	자격루 명칭 학습	〃
40	모듈	jgrpy.swf	251KB	자격루 필요성	〃
41	모듈	kgrpg.swf	32KB	자격루 평가	〃
42	모듈	cug01.swf	40KB	측우기 준비학습	〃
43	모듈	cugday.swf	152KB	관상감 관원 하루	〃
44	모듈	cugjr.swf	23KB	측우기 정리	〃
45	모듈	cugmj.swf	34KB	측우기 평가	〃
46	모듈	cugmo.swf	996KB	측우기 부분 명칭 학습	〃
47	모듈	cugpil.swf	31KB	측우기 발명의 필요성	〃
48	모듈	grcj.swf	655kb	고려청자	〃
49	모듈	hy.swf	942kb	화약	〃
50	모듈	mh.swf	955kb	목화	〃
51	모듈	hm.swf	934kb	훈민정음	〃
52	모듈	ns.swf	966kb	농사직설	〃
53	그래픽	csd.jpg	26KB	첨성대 그림	〃
54	그래픽	guide.jpg	23KB	신선 - 가이드	〃
55	그래픽	people.jpg	18KB	사람들	〃

*연구자 성명 : 김 수 환

소속/직위 : 제주 제주북초등학교 교사

e-mail : ygjmfn@hanmail.net

C·P : 010-5126-2536

참고문헌

제1장 '2010 특수교육 교육과정' 적용 효율성을 위한 학교수준 교육과정 '개발' 방안

강경숙 외(2004). **특수학교 교육과정 국제동향 분석.** 서울: 서울 멀티넷.

강성종(2009). 일반학교 교육과정과 특수학교 교육과정 연계를 위한 시론(始論). **초등교육연구,** 22(2). 99~122.

강성종(2009). 통합교육 환경에서 학교수준 교육과정의 효율적인 적용을 위한 검토 과제, **중복 · 지체부자유아연구.** 52(4). 245~269.

곽병선(1997). **교육과정,** 서울: 배영사.

곽병선(2003). 제7차 초 · 중등학교 교육과정에 대한 비판적 회고와 발전전망, **교육과학연구.** 33(2). 1~19.

교육과학기술부(2008a). **초등학교 교육과정 해설(I).** 서울: 대한교과서주식회사.

교육과학기술부(2008b). **중학교 교육과정 해설서(I).** 서울: 대한교과서주식회사.

교육과학기술부(2010). **특수교육 교육과정 [별책1].**

교육인적자원부 · 경상남도교육청(2008). **세계 각국의 교육과정[Ⅷ] – 총론 비교 –.** 창원: 파워프린트.

권낙원 · 민용성 · 최미정(2008). **학교 교육과정 개발론.** 서울: 학지사.

권순우 · 김병하(2005). 학교중심 교육과정 개발 과정과 개발된 프로그램의 주요 특성 연구, **언어치료연구.** 14(2). 39~66.

김경자(2000). **학교 교육과정론.** 서울: 교육과학사.

김인(2003). 학교교육과정의 재해석: 교사의 역할을 중심으로, **교육과정연구.** 21(3). 363~384.

김용신 · 김남규(2008). **초등학교 교육과정 해설.** 서울: 교육과학사.

김정권 · 이유훈(2002). **특수교육과정 운영론,** 서울: 도서출판 특수교육.

김정한(2001). 교육과정 개발을 위한 국가, 지방, 학교의 역할과 과제, **동아교육논총.** 27. 61~76.

김춘일 · 이유훈(1994). **학교중심 교육과정의 이론과 실제.** 서울: 도서출판 특수교육.

박순경(2006). 한국 교육과정에서의 '범교과학습'의 실태와 개선 방안, **교육과정연구.** 24(2). 159~182.

박창언(2005). 학교 교육과정 편성과 운영에서 교무회의의 역할 정립에 관한 연구, **교육과정연구.** 23(2). 133~155.

박한숙(2009). 2007 개정 교육과정 통합교과 교과서 개발 경험에 대한 내러티브 탐구: 세 초등교사 이야기, **교육방법연구.** 21(1). 89~113.

소경희 · 채선희 · 정미경 · 김희순(2000). **교육과정 · 교육평가 국제비교 연구(Ⅱ).** 서울: 한국교육

과정평가원.

이원희 외(2008). **교육과정과 수업**. 서울: 교육과학사.

정영근(2000). SBCD(School Based Curriculum Development)에 따른 교육과정 개발 방법의 고찰, **교육과정연구**. 18(2). 297~322.

조덕주(2002). 학교 교육과정 개발의 의의 및 개발방안에 대한 재고 - 교원의 전문성과 자율성을 중심으로 - , **교육과정연구**. 20(3). 23~44.

주일본대한민국대사관(2007). **일본의 문부 과학 백서**. 일본: 재단법인 한국교육재단.

文部科學省(2009). 新しい學習指導要領. 文部科學省 2009.07.01 열람.

Campbell, R. J.(1985). *Developing the primary school curriculum.* NY: Holt. Rinehart and Winston.

Commonwealth Department of Education, Science and Training(2009). National goals for schooling. Australian Government Australian Education International 2009.06.30 열람.

Crriculum Development and Supplemental Materials Commission(2009). Curriculum frameworks & instructional materials. California Department of Education 2009.06.30 열람.

Marsh, C.(1992). *Key Concepts for Understanding Curriculum. London:* The Falmer Press.

Marsh, C. et al.(1990). *Reconceptualizing School -based Curriculum Development.* London: The Falmer Press.

Peter, R. H.(2005). *Designing the School Curriculum. Allyn & Bacon.* 강현석 외 옮김(2006). 학교 교육과정 설계론의 새 지평. 서울: 아카데미프레스.

Print, M.(1993). *Curriculum development and design(2nd eds.).* NSW: Allen & Unwin.

Qualifications and Curriculum Authority(2009). International Review of Curriculum and Assessment Frameworks Internet Archive. QCA 2009.07.10. 열람.

Sabar, N.(1985). School -based Curriculum Development. *Journal of Curriculum Studies.* 17(1). 22~49.

Schubert, W. H.(1995). Historical perspectives and possibilities in elementary school subject teaching in America. 21세기를 대비한 초등 교과교육학의 정립과 교수학습방법의 탐색. 46~85.

Skilbeck, M.(1984). *School -based curriculum development.* London: Harper and Row Publishers.

Tyler, R. W.(1949). *Basic principles of curriculum and instruction.* 진영은 옮김(2002). 교육과정과 수업 지도의 기본원리. 서울: 양서원.

United States Department of Education(2009). The federal role in education. USDOE 2009.06.30. 열람.

제2장 한·미·일 초등학교 역사 커리큘럼(Curriculum) 검토를 통한 역사영역의 다문화교육 지도방안

加藤 文三(1987). 근대역사학의 100년, 埼玉대학.

경상북도교육청(2009). 행복한 어울림! 함께하는 다문화교육(장학자료 - 34).

교육과학기술부(2008). **초등학교 교육과정 해설(Ⅲ)**.

교육과학기술부(2009). 2009 개정 교육과정 총론. Http://curri.mest.go.kr/main.jsp?idx = 010301

권오현(2005). 탈식민의 과제와 한국의 국사교과서., **역사교육론집**. 역사교육학회.

金達壽(1983). 日本の中の朝鮮文化. 講談社.

김영식(2000). 일본에 있어서 국제이해교육의 현상과 과제 – 다문화교육으로의 패러다임 변환이 시사하는 것. 나라교육대학.

김영식(2000). 특별활동 및 재량활동 시간을 활용한 국제이해교육. 한일합동교육연구회 6회 교류회 보고서.

김영식(2010). 역사 이야기를 통해 알아보는 한·일 관계사. 영한문화사.

김영식(2010). 우수한 수업실천을 위한 초등사회과교육. 영한문화사.

남호엽(2008). 초등학교 사회과교육과정에 나타난 다문화교육의 논리, **사회과교육연구** 제15권 제3호. 한국사회과교육학회.

남호엽(2011). 오키나와. 동아시아 그리고 한국사회과교육. 한국사회과교육연구학회 50권.

大槻 健(1996). 제3차 교과서 공격을 단죄하는 길. 교과서에서 사라질 수 없는 전쟁의 진실. 청목서점.

桐谷正信(1998). 1980년대 아메리카역사학에 있어서의 '새로운 사회사' 논쟁 – 다양성과 통일성에 대한 상황. **쯔쿠바사회과연구** 제17호.

明石書店(2000). 歷史に見る日本·韓國·朝鮮.

文部科學省(2008, 平成 20년). 소학교 학습지도요령.

박상준(2008). 다문화사회의 시민성 육성을 위한 초등 사회과 전통문화 교육과정의 구성 방향. 한국사회과교육연구학회 제47권 1호.

박선웅 외(2010). 다문화교육 연구학교의 프로그램에 대한 비판적 분석, **시민교육연구** 42권 2호. 한국사회과교육학회.

松井やより(1996). 일본의 국제신용을 떨어뜨리는 것은 누구인가?. 교과서에서 사라질 수 없는 전쟁의 진실. 청목서점.

안병환(2009). 다문화교육의 현황과 다문화교육 접근방향 탐색, **한국교육논단** 제8권 제2호. 한국교육포럼.

윤해동(2000). 내파하는 민족주의, **역사문제연구** 제5호. 역사문제연구소.

이원순(1994). **한국에서 본 일본의 역사교육.** 청목서점.

정재정(1991). 한국사교육의 반성과 새로운 방향의 탐색. 한·일양국 간 이해증진을 위한 역사교과서관계자 학술세미나. 한국교육개발원.

정재정(1998). 포럼소묘, **21세기 역사교육과 역사교과서.** 유네스코한국위원회.

坂井俊樹(1996). 동북아시아지역의 교육과제와 사회과시민적 자질론의 재검토, **사회과교육연구** 74. 일본사회과교육학회.

James A. Banks(1995). **사회과교수법과 교재연구.** 교육과학사.

National Center for History In the school ed.(1996). National standards for history. basic edition (http://nchs.ucla.edu/Standards/,http://www.educationworld.com/standards/national/soc_sci/index.shtml).

제3장 창의·인성교육 초등 사회과 수업모델 개발연구

교육인적자원부(2007). 사회과교육과정 편성·운영의 실제.

교육과학기술부(2009). 2009 개정 초·중등학교 교육과정 총론.

교육과학기술부(2009). 2009 개정 교육과정(2009.12.23 고시).

교육과학기술부(2009). 2009 개정 교육과정 창의적 체험활동 시안 개발연구.

교육과학기술부(2010). 2009 개정 교육과정에 따른 연구 · 선도학교 담당자 워크숍 자료.

김성경(2007). 초등 사회과 수업에서 창의적 사고 기법의 적용.

김영순(2010). 인천광역시 창의 · 인성교육 교장단 워크숍 자료.

김호진(2009). 창의적 사고기법이 사회과 학업성취도에 미치는 영향.

무안운남초등학교(2006). 창의성교육 프로그램 적용을 통한 창의적 생각 키우기. 전라남도무안교육청 지정 창의성 교육 연구학교 연구보고서.

문용린(2010.2). 이제는 창의 · 인성교육이다. 한국과학창의재단 칼럼.

배창호(2006). 초등 사회과 창의성 교육프로그램 개발과 적용.

전경원(2003). **창의성과 동기유발.** 서울: 창지사.

전라남도교육청(2007). 2007 개정 교육과정 연수자료.

충남연산초등학교(2005). 다양한 체험활동을 통한 바른 심성 기르기. 충청남도교육청 지정 인성교육 연구학교 연구보고서.

특별연구교사 장학자료. 전라남도교육청. 창의성 촉진을 위한 각 교과별 발문법.

인천광역시교육청 http://www.ice.go.kr

전국교수학습지원센터 http://classroom.kice.re.kr/kice/center_link.html

제주도교수학습지원센터 http://edujeju.net/index.jsp

중앙교수학습센터(에듀넷) http://www.edunet4u.net/student/index.jsp

창의인성교과연구회 http://yechana.com/

창의체험 통합정보넷 http://www.crezone.net/index.do

초등사회과창의인성교육 http://educafe.edunet4u.net/sostudy

제4장 지방자치단체에서의 종합적인 관광인프라 구축방안 – '광주광역시 광산구'를 중심으로

광주광역시 광산구(2009). 희망광산 건설 5개년 계획. 광주: 광주광역시 광산구청.

광주광역시(2002). 제3차 광주권 관광개발계획. 광주: 광주광역시청.

광주광역시(2004). 광주 관광 유치객 기본계획(안). 광주: 광주광역시청.

광주광역시(2012). 제5차 광주권 관광개발계획. 광주: 광주광역시청.

권태흠(2006). 지방자치단체의 주민참여 활성화 방안에 관한 연구. 대구: 영남대학교 대학원 석사학위논문.

박중하(2004). 지방자치단체의 지역 관광 활성화 정책에 관한 연구수필문학. 서울: 건국대학교 대학원 석사학위논문.

서태양(2002). **문화관광론.** 서울: 대왕사.

전라남도(2002). 제3차 전남권 관광개발계획. 광주: 전라남도청.

조명환 외(1999). **현대 관광학 원론.** 서울: 기문사.

주종대(2001). **문화관광개발론.** 서울: 대왕사.

채경희(1997). 한국 지방자치단체의 관광산업 활성화 방안. 서울: 건국대학교 대학원 석사학위논문.

채용식(2003). **지역관광정책개발론.** 서울: 현학사.

곽병선(1993). 현명하고 책임 있는 시민 양성: KEDI 모형, **한국의 진로와 민주시민교육**. 서울: 한
　　국교육개발원. 9(1). 49~76.

교육인적자원부(2005). **교육과정 해설집**. 서울: 대한교과서주식회사.

교육인적자원부(2006). **제8차 교육과정 시안 설명집**. 서울: 대한교과서주식회사.

김왕근(1999). 세계화와 다중 시민성 교육의 관계에 대한 연구, **시민교육연구**. 28, 45~68.

김해성(1995). 시민 사회의 성격과 시민의 역할, **사회와 교육**. 21. 한국사회과교육학회. 137~154.

이돈희(1992). 민주시민 교육을 위한 교육 개혁의 과제, **한국의 진로와 민주시민교육**. 서울: 한국
　　교육개발원. 9(1), 9~28.

이운발(2005). 사회과 목표로서의 민주시민 자질에 대한 의미 탐색, **한국교육**. 32(1), 3~26.

이진석(1995). 사회과 학습목표로서의 시민성 원리와 내용구성 방법으로서의 통합성 원리에 대한
　　사적 고찰, **사회와 교육**. 20, 173~191.

전득주 외(1992). **한국의 민주화와 민주시민 교육**. 서울: 평민사.

전숙자(1992). 미래 한국의 시민사회와 사회과교육의 역할, **교과교육연구**. 서울: 이화여자대학교
　　교육대학원. 23(1), 22~45.

전숙자(2006). **사회과교육의 통합적 구성과 교수학습 설계**. 서울: 교육과학사.

정세구(1989). **민주시민 교육**. 서울: 교육과학사.

차경수(2006). **사회과교육과정과 지도법**. 서울: 학문사.

차경수(1994). **세계화와 시민교육**. 서울대학교 사회교육연구소.

차경수(1990). 시민교육에 있어서 사회적 능력의 개념과 지도 방법, **민주문화논총** 1(5). 10~20.

한국교육개발원(1999). **민주시민교육론**. 서울: 국정교과서주식회사.

한국교육과정평가원(2000). **21세기 한국교육의 방향**. 제8차 교육과정기초연구공개세미나자료집.

한면희(2006). **사회과교육**. 서울: 교육과학사.

한면희(2000). 21세기에 대비하는 사회과교육의 과제, **사회과교육**. 28(1), 30~35.

한봉희(1997). 21세기에 대비한 민주시민 교육의 방향, **사회과교육학연구**. 창간호, 25~36.

Dynneson, T. L. & Gross, R. E.(1982). *Citizenship Education and the Social Studies: Which is Which?*. Social
　　Studies. 73, 229~234.

Engle, S. H. & Ochoa, A. S.(1986). *A Curriculum for Democratic Citizenship*. Social Education. 50, 514~525.

Engle, S. H. & Ochoa, A. S.(1988). *Education for democratic citizenship*. Teachers College Press.

Gross, R. E. & Dynneson, T. L.(1991). Social Science Perspectives on Citizenship Education Teachers
　　College Press. 1~42.

Jarolimek, J.(1981). *The Social Studies: an Overview*. The Social Studies. NSSE. 3~19.

Longstreet, W. S.(1985). *Citizenship: The Phantom Core of Social Studies Curriculum*. Theory and Research
　　in Social Education. 13, 21~20.

Newman, F. M.(1974). *Education for citizen action*. MrCutrhan Publishing Co. 4~5.

Newman, F. M., Bertoccie A., & Landsness, R. M.(1977). *Skill in Citizen Action*. Madison WI: Citizen
　　Participation Curriculum Project.

Newman, F. M.(1977). *Building a Rationale for Civic Education.* National Council for the Social Studies Bulletin. 52, 1~33.

Newman, F. M.(1986). *Priorities for the Future: Toward a Common Agenda.* Social Education. 50(4), 240~250.

Parker, W. C. & jarolimiek, J.(1997). *Social studies in elementary education.* 10th ed. Clumbus. OH: Merrill. Prentice — Hall.

Parker, W. C.(1989). *Social studies in elementary education.* Macmillan publishing.

Randall, R. E.(1988). *Citizenship in the 21st Century.* Education and Society. 1(2), 17~20.

Shaver, J. P.(1981). *Citizenship. Values and Morality in Social Studies.* The Social Studies. NSSE. 105~125.

제6장 '2009 개정 교육과정' 도입 · 적용에 따른 사회과 교수학습 방법의 개선방향 탐구

강대현(2008). **시민교육과 사회과.** 파주: 한국학술정보(주).

강인애(1999). **구성주의와 교과교육.** 서울: 문음사.

강현석 · 주동범(2010). **현대 교육과정과 교육평가.** 서울: 학지사.

교육과학기술부(2009). **고등학교 교육과정 해설(총론).** 고양: 한국시각장애인연합회.

교육과학기술부(2009). **중학교 교육과정 해설(총론).** 고양: 한국시각장애인연합회.

교육과학기술부(2009). **초등학교 교육과정 해설(총론).** 고양: 한국시각장애인연합회.

교육과학기술부(2009). **2009 개정 교육과정.** 고양: 한국시각장애인연합회.

교육과학기술부 · 광주광역시교육청(2010). **2009 개정 교육과정에 대한 올바른 이해.** 광주: 영문화사.

구정화(2005). 초등 사회과 면대면 및 온라인 토론수업 비교연구, **시민교육연구** 제34권 제1호. 1~23.

국가교육과학기술자문회의(2009). 미래형 교육과정 구상(안). 제8차 국민 대토론회 자료집(2009.07.24).

권낙원(1996). **토의수업의 이론과 실제.** 서울: 현대교육출판사.

권낙원 · 민용성 · 최미정(2010). **학교 교육과정 개발론.** 서울: 학지사.

권오정 · 김영석(2008). **사회과교육의 구조와 쟁점.** 파주: 교육과학사.

김용찬(2011). **정치교육과 법 교육.** 파주: 교육과학사.

김정호(1992). 사회과 탐구의 논리와 적용상의 문제, **사회와 교육** 제16권. 21~35. 한국사회과교육 연구회.

김현주(2005). 인지발달론적 가치교육의 한계와 보완적 접근모색, **시민교육연구** 제37집. 제4호. 1~20. 한국사회과교육학회.

남경희 역(2001). **사회과 교수 · 학습론.** 서울: 교육과학사.

노경주 등(2001). **논쟁문제교육의 이론과 실제.** 서울: 원미사.

모경환 · 최유리(2003). 사회과 문제 중심 학습의 효과분석, **사회와 교육** 제35권. 89~114. 한국사회 과교육연구회.

박상준(2011). **사회과교육.** 파주: 교육과학사.

박선미(2011). **사회과 평가론.** 서울: 학지사.

박선미 · 류재택(2003). 사회과 내용재구성 이렇게 합시다. 한국교육과정평가원.

박선미 · 이명희 · 박인옥(2002). 초등학교 사회과 교수학습 방법과 자료개발. 한국교육과정평가원.

박윤경(2003). 사회과 수준별 교육과정 실행에 관한 연구, **시민교육연구** 제35권. 제1호. 143~172.

한국사회과교육학회.

박은종(2008). **한국 사회과교육과정 탐구: 분석 및 모형개발 탐색**. 파주: 한국학술정보(주).

박은종(2010). **사회과 교재연구와 교수학습법 탐구**. 파주: 한국학술정보(주).

박은종(2011). **창의적 체험활동 교육과정의 실행: 이론과 실제**. 파주: 한국학술정보(주).

박은종(2011). '2009년 개정 교육과정' 적용에 따른 교육과정 설계자·실행자로서의 교원의 역할 탐색, **교육연구** 25집 제1권. 19~46. 공주대학교 교육연구소.

백순근(1997). 수행평가의 이론적 기초. 수행평가의 이론과 실제. 한국교육평가연구회.

백순근(2009). 고등학교 사회과 수행평가의 이론과 실제. 한국교육과정평가원.

사회과교육연구 모임 역(2005). **21세기 사회과교육연구의 핵심 쟁점들**. 서울: 교육과학사.

사회교육연구회(2001). **지식과 사고**. 서울: 학문사.

서재천(2004). **초등사회과교육**. 서울: 유천.

설규주(2001). 사회과 논쟁문제 수업, **사회와 교육** 제33권. 163~190. 한국사회과교육연구회.

손병노(1996). 사회과 협동학습의 의의와 이론적 토대, **사회와 교육** 제29권. 22~44. 한국사회과교육연구회.

신동로(2010). **교육과정 및 교육평가**. 서울: 형설출판사.

이상우(2011). **살아 있는 협동학습**. 서울: 시그마프레스.

이성은·오은순·성기옥(2002). **초·중등 교실을 위한 새 교수법**. 서울: 교육과학사.

이성호(2010). **교육과정 개발과 평가**. 파주: 양서원.

이종일(1998). **사회과 학습평가의 새로운 경향: 수행평가를 중심으로**. 서울: 교육과학사.

이종일(2001). **과정 중심 사회과교육**. 서울: 교육과학사.

이진석(1999). 사회과교육에서 문제해결학습의 재구성, **사회와 교육** 제28권. 11~21. 한국사회과교육연구회.

이태근(1992). 사회과에서의 탐구의 성격과 과제, **사회와 교육** 제16권. 1~8. 한국사회과교육연구회.

이해명(2011). **현대 교육과정 및 평가**. 서울: 교육아카데미.

전성연 편(2001). **교수학습의 이론적 탐색**. 서울: 원미사.

전숙자(2001). **사회과교육의 새로운 이해**. 서울: 교육과학사.

정문성(2003). 사회과 주제 중심 통합학습에서 NIE의 활용 방안, **사회과교육** 제42권. 제3호. 5~21.

정성무 외(2002). **ICT와 함께하는 사회과 수업하기**. 서울: 교육학술정보원.

조국남(2003). 사회과기능영역 학습방법 개선에 관한 연구: 전략적 읽기를 중심으로, **사회와 교육** 제35권. 201~226. 한국사회과교육연구회.

조영달(2000). 교실경제실험의 경제교육적 적합성 연구, **시민교육연구** 제30권. 한국사회과교육학회.

차경수(1996). **현대의 사회과교육**. 서울: 학문사.

차경수·모경환(2011). **사회과교육**. 서울: 동문사.

차조일(1999). 사회과 개념수업모형의 이론적 문제점과 해결방안, **사회와 교육** 제29권. 22~44. 한국사회과교육연구회.

최병모(1985). 사회과 탐구 수업의 특징과 그의 적용을 위한 과제, **사회와 교육** 제9권. 17~32. 한국사회과교육연구회.

최용규 역(2003). **살아있는 사회과교육.** 서울: 학지사.

충청남도교육청(2010). 창의적 체험활동 길라잡이. 교육과정 운영 장학자료. 제2010 - 420호.

한국교육과정평가원(2009). 2009 개정 초·중등학교 교육과정(총론). 시안 개발 연구.

한국교육과정학회(2010). **교육과정: 이해와 개발.** 파주: 교육과학사.

한국교육정책연구소(2009). 학교 교육과정 자율화를 위한 교육 선진화 방안 연구. 정책연구자료. 제2009 - 01호.

한국사회과교육연구회(2011). **다문화교육의 이론과 실제.** 파주: 한국학술정보(주).

한면희·김용찬·정문성 역(1998). **사회과 창의적 교수법.** 서울: 교육과학사.

한면희(2011). **사회과교육론.** 서울: 교육과학사.

Banks. J. A. & Cleg. Jr. A. A.(1991). *Teaching Strategies for the Social Studies; Inquiry, Valuing, and Decision - Making,* New York: Longman.

Barr. R. D. & Barth. J. L. & Shermis. S. S.(1977). *Defining the Social Studies,* Bulletin 51, NCSS.

Bligh. D. A.(2000). What's the use of lectures. San Francisco: Jossey - Bass Publishers.

Bruner. J.(1961). *The Process of Education,* MA: Harvard University.

Dewey. J.(1910). *How We Think,* Boston: Heath.

Engle. S. H.(1960). *Decision Making: the Heart of Social Studies Instruction,* Social Education, November, 301~306.

Fenton. E.(1966). *Teaching the New Social Studies in Secondary Schools: An Inductive Approach.* NY: Holt. Rinehart and Winston. Inc.

Ginnis. P.(2002). *The Teacher's Toolkit,* Crown House Pub.

Hurst. J. Kinney. M. & Weiss. S.(1983). *The Decision Making Process,* Theory and Research in Social Studies, 11(3), 17~43.

Joyce B. & Weil M. (2004). *Models of teaching,* NJ: Prentice - Hall.

Martorella. P. H.(1985). *Elementary Social Studies: Developing Reflective, Competent and Concerned Citizen,* Boston: Little, Brown and Company.

Massialas. B. & hurst. J.(1978). *Social Studies in a New Era: The Elementary School as a Laboratory,* NY: Longman.

Nelson. J. L. & Michaelis. J. U.(1980). *Secondary Social Studies Instruction, Curriculum, Evaluation,* NJ: Prentice - hall, Inc.

Parker. W. C.(2001). *Social Studies in Elementary Education,* NJ: Merrill Prentice Hall.

Sharan. Y. & Sharan, S.(1990). *Group Investigation expands Cooperative Learning,* Educational Leadership, 47(4), 17~21.

Sharan. Y. & Sharan. S.(1994). *What do we want to study? How should we go about it? Group Investigation in the Cooperative Social Studies Classroom, In Cooperative Learning in Social Studies: A Handbook for Teachers,* edited by R. J. Stahl, NY: Addison - Wesley Publishing Company, 257~276.

Slavin. E. R.(1990). *Cooperative Learning: Theory, Research, and Practice, Boston,* Allyn and Bacon.

Stahl. R. J.(1994). *Cooperative Learning: A Social Studies Context and an Overview, In Cooperative Learning*

+*in Social Studies: A Handbook for Teachers,* edited by R. J. Stahl, New York: Addison−Wesley Publishing Company, 1~17.

Tankard. G. G(1974). *Curriculum Improvement: An Administrator's Guide,* Paker Publishing Co.

VanSickle. R. L.(1992). *Cooperative Learning, Properly Implemented, Works: Evidence from Research in Classrooms, In Cooperative Learning in the Social Studies Classroom: An invitation to Social Studies,* edited by Robert J. Stahl & Ronald L. VanSickle, Washington. D. C.: National Council for the Social Studies, 16~20.

Vygotsky. L.(1962). *Though and Language.* Mass: MIT Press.

Woolever. R. M. & Scott, K. P.(1988). *Active Learning in Social Studies: Promoting Cognitive and Social Growth,* Boston: Scott, Foresman and Company.

Young. M. F. D.(1998). *The curriculum of the future,* London: Falmer Press.

제7장 한 · 중 · 일 3국의 역내교역 의존도 분석연구

국민은행(2007). 국제산업연관표를 이용한 한국 · 중국 · 일본의 상호의존관계분석.

김완중(2011). 동아시아 국가의 역내 수출구조와 경쟁력 변화 분석, **동북아경제연구** Vol.23, No.1.

김창남(2010). 21세기 동북아지역의 국제분업체계와 한국의 통상전략.

김창남(2008). 韓國政府とFTAの戰略的. 東アジア經營學會誌, 第1号 11月(東京).

김창남(2006). 한국 제조업부문의 기술혁신과 국제경쟁력. 동아대학교 동아논집 제43호.

김창남 외(1998). **동북아지역의 경제협력 구도와 전망.** 서울: 도서출판 삶과 꿈.

김창남 외(1997). **現代 韓國經濟發展論.** 부산: 유풍출판사.

이창재 외(2011). 동북아 경제협력에서 동아시아 경제통합까지: 동아시아 시대를 향하여. KIEP 연구 보고서(2011). 11−02.

이홍배(2005). 한중일 3국간 산업별 무역연관효과 분석. 동북아경제연구(한국동북아경제학회). Vol.17. No.1.

통계청. http://www.kostat.go.kr/

ADB, Key Indicators for Asia and the Pacific 2008. Manila.

KIEP(2008). 한 · 중 · 일 3국의 FTA 비교분석과 동북아 역내국간 FTA 추진방안.

KIEP(2003). 한 · 중 · 일 무역규범의 비교분석과 FTA에 대한 시사점.

KIEP(2004). 한 · 중 · 일 분야별 경제협력의 현황과 발전방향.

World Bank(July 1. 2008). World Development Database.

제8장 놀이학습을 활용한 초등 사회과 창의 · 인성교육 방안

교육인적자원부(2007). 사회과교육과정 편성 · 운영의 실제.

교육과학기술부(2009). 2009 개정 초 · 중등학교 교육과정 총론.

문용린(2010). 이제는 창의인성교육이다. 한국과학창의재단 칼럼.

중앙교수학습센터(에듀넷) http://www.edunet4u.net/student/index.jsp

제9장 통일교육의 활성화 방안과 교수학습 방법론 연구

강정윤(1998). 고등학교 통일교육의 활성화 방안에 관한 연구. 제주대학교 교육대학원. 석사논문.
고성관(2001). 우리나라 통일교육의 변천과정과 발전방향에 관한 연구. 서원대학교 교육대학원. 석사논문.
고성호(1996). 민족동질성 회복을 위한 통일교육의 방향. 제주대학교 교육대학원. 석사논문.
교육부(2001). **교육마당** 21. 6월호. 15~16.
남북문제연구소(2005). **통일문답.** 서울.
남북문화통합교육원(2005). 새터민청소년교육의 현황과 과제.
남북한 화해·협력을 위한 학교 통일교육의 실태분석을 통한 문제점 및 발전적 개선방안(2003.8). 서울 오류남초등학교.
민주평화통일자문회의(2000.5). 통일문제 및 학교통일교육 실태 조사 결과.
서민경(2004). 학교통일교육의 개선방향 연구. 인하대학교 교육대학원 석사논문.
서울특별시교육연구원. 새터민학생의 학교생활 적응 프로그램 개발.
성신여자대학교(2002). **남북통합을 위한 윤리교육적 과제.** 서울: 제6회 윤촌학술대회.
신세호 외(1993). **독일교육통합과 파생문제점 분석 연구.** 서울: 한국교육개발원.
안병식(2001). 고등학교 통일교육에 관한 연구. 단국대학교 교육대학원 석사논문.
안성준(1995). 북한의 정치사회화에 관한연구. 석사학위논문. 동국대학교.
이용필(1994). 통일정책의 패러다임으로서의 민족공동체의 개념과 기능. 민족통일연구원 편, **민족공동체 통일방안의 이론체계와 실천방향.** 서울: 민족통일연구원.
이우용(2006.6). 제7차 교육과정과 통일교육. 교육마당 21. 교육부.
조정기. 중등사회과의 통일교육에 관한연구. 박사학위논문.
조휘제(2007). 통일대비 학교통일교육 활성화 방안연구. 동국대학교 대학원 박사학위논문.
차우규(2011). 교과과정의 통일교육 현황과 과제. 통일부 통일교육원 심포지엄 자료.
통일교육원(2011). 통일 미래를 준비하는 통일교육 발전 심포지엄.
통일부(2011). **2011 통일교육 학교용 지침서.** 서울: 통일교육원.
한국교육개발원(1993). 독일 교육통합과 파생문제점 분석연구. 수탁연구.

제10장 사회과 교과서 속 과학문화재 탐구

과학기술처(1996). 전통과학기기의 복원기술개발. 2차년도. 과학기술처.
교육과학기술부(2011). **사회 교과서(5학년).** 두산동아.
교육과학기술부(2011). **사회과 탐구(5학년).** 두산동아.
교육과학기술부(2010). **사회과부도.** 두산동아.
교육과학기술부(2011). **사회 교사용 지도서.** 두산동아.
김경진(2004). 강진 고려청자의 특성 분석 및 재현에 관한 연구. 호남대학교 석사학위논문.

문화재청(2007). 570년 만의 조선왕조 첨단과학 자격루 복원제작. 문화재청.

이승철(2007). 금속활자 직지의 효과적인 학습을 위한 애니메이션활용 교육콘텐츠에 관한 연구: 초
등학교용 교육콘텐츠의 비교분석을 중심으로. 홍익대학교 석사학위논문.

이혜주(2002). 앙부일구의 모형제작과 활용효과에 대한 연구. 서울교육대학교 석사학위논문.

장경수(2004). 3D Scanning System을 이용한 문화재디지털복원에 관한 연구. 성균관대학교 석사학
위논문.

최남섭(2008). 해인사 장경판전을 통해 본 목조건축유산 보존 연구. 성균관대학교 석사학위논문.

최성영(2004). 성덕대왕 신종의 종소리 특성 규명 및 재현에 관한 연구. 숭실대학교 박사학위논문.

최용규 외(2006). 초 · 중학교 문화재 교육 활성화 방안 연구. 한국교원대학교 사회과학교육연구소.

한국과학문화재단(2006). 교육용콘텐츠 수요조사 결과보고서: 사이언스올 교사회원 대상. 한국과학
문화재단.

홍경모(2008). 과학교육 학습자료로서의 제주 전통 돌담에 대한 연구. 제주대학교 석사학위논문.

학교교육과정 실행과
사회과교육의 탐구

초 판 인 쇄 | 2012년 9월 7일
초 판 발 행 | 2012년 9월 7일

지 은 이 | 한국사회과교육연구회
펴 낸 이 | 채종준
펴 낸 곳 | 한국학술정보㈜
주　　소 | 경기도 파주시 문발동 파주출판문화정보산업단지 513-5
전　　화 | 031) 908-3181(대표)
팩　　스 | 031) 908-3189
홈페이지 | http://ebook.kstudy.com
E-mail | 출판사업부　publish@kstudy.com
등　　록 | 제일산-115호(2000. 6. 19)

ISBN　　978-89-268-3797-9　93370 (Paper Book)
　　　　　　978-89-268-3798-6　95370 (e-Book)